Deep Learning from Scratch 5

밑바닥부터 시작하는 딥러닝 5

| 표지 설명 |

표지 그림은 유령실고기robust ghost pipefish다. 몸길이는 16cm 정도이며 형태와 색상이 다양하다. 위장 능력이 뛰어나 해초처럼 보이게 몸을 변화시킬 수 있고, 털 모양의 돌기로 윤곽을 숨기기도 한다. 환경에 따라 색상을 바꾸기도 하는데 대략 하루가 걸린다. 암컷은 수컷보다 크며, 배지느러미가 확장되어 알을 보관하는 육아낭 역할을 한다. 수명이 짧고 일생에 한 번만 번식한다. 일부 일처 생태를 가지며 항상 쌍으로 함께 다닌다. 동아프리카, 홍해부터 호주, 피지, 일본 남부에 이르는 열대 인도-태평양에 주로 서식하며, 한국에서도 2007년 경북 영덕 연안에서 발견된 바 있다.

밑바닥부터 시작하는 딥러닝 5
10단계로 익히는 이미지 생성 모델의 원리

초판 1쇄 발행 2024년 10월 15일
초판 2쇄 발행 2025년 1월 13일

지은이 사이토 고키 / **옮긴이** 개앞맵시(이복연) / **펴낸이** 전태호
펴낸곳 한빛미디어(주) / **주소** 서울시 서대문구 연희로2길 62 한빛미디어(주) IT출판2부
전화 02-325-5544 / **팩스** 02-336-7124
등록 1999년 6월 24일 제 25100-2017-000058호 / **ISBN** 979-11-6921-296-0   93000

총괄 송경석 / **책임편집** 홍성신 / **기획·편집** 이윤지 / **교정** 강신원
디자인 표지 박정우 내지 최연희 / **전산편집** 다인
영업 김형진, 장경환, 조유미 / **마케팅** 박상용, 한종진, 이행은, 김선아, 고광일, 성화정, 김한솔 / **제작** 박성우, 김정우

이 책에 대한 의견이나 오탈자 및 잘못된 내용은 출판사 홈페이지나 아래 이메일로 알려주십시오.
파본은 구매처에서 교환하실 수 있습니다. 책값은 뒤표지에 표시되어 있습니다.
한빛미디어 홈페이지 www.hanbit.co.kr / 이메일 ask@hanbit.co.kr

Copyright © Hanbit Media, Inc. 2024
Authorized translation of the Japanese edition of ゼロから作るDeep Learning ❺ー生成モデル編 ©2024 Koki Saitoh. All Rights Reserved. This translation is published and sold by permission of O'Reilly Japan, Inc., the owner of all rights to publish and sell the same.

이 책의 저작권은 오라일리재팬과 한빛미디어(주)에 있습니다.
저작권법에 의해 보호를 받는 저작물이므로 무단 복제 및 무단 전재를 금합니다.

지금 하지 않으면 할 수 없는 일이 있습니다.
책으로 펴내고 싶은 아이디어나 원고를 메일(writer@hanbit.co.kr)로 보내주세요.
한빛미디어(주)는 여러분의 소중한 경험과 지식을 기다리고 있습니다.

Deep Learning from Scratch 5

밑바닥부터 시작하는 딥러닝 5

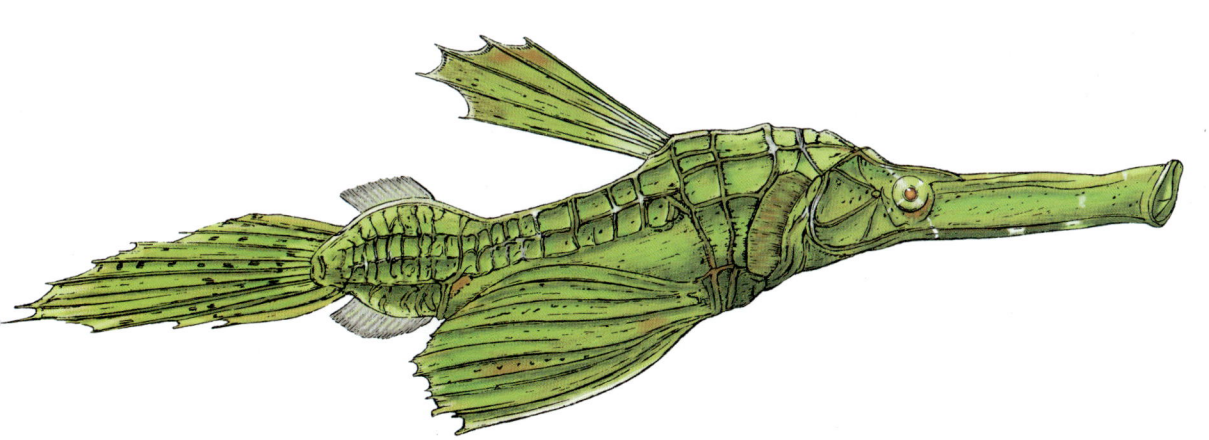

O'REILLY® 한빛미디어

지은이 · 옮긴이 소개

지은이 사이토 고키(斎藤 康毅)

1984년 나가사키 현 쓰시마 출생. 도쿄공업대학교 공학부를 졸업하고 도쿄대학대학원 학제정보학부 석사 과정을 수료했다. 현재는 기업에서 인공지능 관련 연구·개발에 매진하고 있다. 『밑바닥부터 시작하는 딥러닝』 시리즈 집필 외에 『파이썬 인 프랙티스』, 『밑바닥부터 만드는 컴퓨팅 시스템』, 『Building Machine Learning Systems with Python』 등을 일본어로 옮겼다.

옮긴이 개앞맵시(이복연) wegra.lee@gmail.com

고려대학교 컴퓨터학과를 졸업하고 삼성전자에서 자바 가상 머신, 스마트폰 플랫폼, 메신저 서비스 등을 개발했다. 주 업무 외에 분산 빌드, 지속적 통합, 앱 수명주기 관리 도구, 애자일 등 동료 개발자들에게 실질적인 도움을 주는 일에 관심이 많았다. 그 후 창업전선에 발을 들여 좌충우돌하다가 개발자 커뮤니티에 기여하는 더 나은 방법을 찾아 출판 시장에 뛰어들었다.

『밑바닥부터 시작하는 딥러닝』 시리즈, 『구글 엔지니어는 이렇게 일한다』, 『리팩터링 2판』, 『JVM 밑바닥까지 파헤치기』, 『이펙티브 자바 3판』 등을 번역했다.

- 페이스북: facebook.com/dev.loadmap
- 브런치: brunch.co.kr/@wegra

추천사

믿고 보는 『밑바닥부터 시작하는 딥러닝』이 새로운 시리즈로 돌아왔습니다. 책을 끝까지 읽고 나니 왜 여전히 많은 사람이 이 시리즈를 딥러닝 입문서로 선택하는지 다시 한번 알게 되었습니다. 이 책은 제목 그대로 딥러닝 개념을 이론부터 차근차근 설명하고 코드로 구현하는 방법까지 꼼꼼히 설명합니다. 특히 이번 편은 전 세계가 주목하는 생성형 AI의 핵심인 확산 모델에 대해 다룹니다. VAE부터 확산 모델에 이르기까지, 최신 생성형 인공지능의 탄생 배경에 깔린 이론들을 탄탄한 흐름 속에서 익힐 수 있습니다.

딥러닝을 책으로 공부하다 보면 크게 두 가지 아쉬움을 느끼게 됩니다. 하나는 이론과 실습의 균형이 잘 잡힌 개념서를 찾기 어렵다는 것이고, 다른 하나는 최신 이론을 책으로 접하기가 쉽지 않다는 점입니다. 하지만 이번 편은 두 마리 토끼를 다 잡았다고 생각합니다. 확산 모델을 깊게 파고들고 싶은 분들에게 이 책은 무엇보다 도움이 될 것입니다.

강민재, 성균관대학교 전자전기공학부

우리 일상 속에서 생성형 AI가 점점 더 다양하게 활용되고 있습니다. 이 기술을 다루려는 개발자가 처음 마주하는 장애물은 아마도 생성형 AI의 기반이 되는 여러 확률 이론일 것입니다. 논문을 통해 배울 수 있다고 하지만, 기반 지식이 없는 상태에서는 그 내용을 제대로 파악하고 적용하기가 어려울 수 있습니다. 다른 『밑바닥부터 시작하는 딥러닝』 시리즈와 마찬가지로 이 책 역시 생성 모델에 대한 기본 지식부터 수식 증명까지 단계별로 설명하는 방식을 따르고 있습니다. 수식에 대한 상세한 설명과 함께 실제 코드 구현까지 다루고 있기 때문에, 수식에 어려움을 겪거나 생성 모델의 기초를 탄탄히 다지고자 하는 사람에게 좋은 길잡이가 될 것입니다.

강찬석, LG전자 소프트웨어 엔지니어

딥러닝을 공부해본 사람이라면 누구나 한 번쯤은 『밑바닥부터 시작하는 딥러닝』 시리즈를 접해봤을 것입니다. 『밑바닥부터 시작하는 딥러닝』은 딥러닝의 이해와 활용의 지평을 넓히는 데 기여한 바가 적지 않다고 생각합니다. 이번 다섯 번째 편에서는 생성 모델에 관한 내용을 담고 있습니다. 생성 모델은 새로운 데이터를 만들어내는 기술로서, 2022년 이후 AI 연구의 핵심으로 자리 잡았습니다. AI 분야를 제대로 이해하기 위해서는 수학 토대가 필수인데 생성 모델은 더 많은 수학적 지식을 요구합니다.

이번 책 역시 시리즈 내내 유지해온 기조인 기초부터 최신 모델까지 밑바닥부터 하나하나 다져 올라가는 방식으로 설명하고 있습니다. 생성 모델을 이루는 고전 모델부터 확산 모델에 이르기까지, 수학적 개념을 가능한 한 쉽게 풀어내고 코드로 이해를 돕습니다. 생성 모델에 관심이 있다면 이 책을 통해 차근차근 기초를 쌓은 다음 최신 논문 등으로 살을 붙여 나간다면, 분명 해당 분야에 대한 깊이 있는 통찰력을 갖춘 전문가로 성장할 수 있을 것입니다. 딥러닝 입문서로 이만한 책이 있을까요?

김용회, 숭실대학교 인공지능IT융합학과 박사과정

이 책은 확산 모델에 필요한 기초 지식부터 세부적인 내용 그리고 코드까지 단계별로 이해할 수 있도록 잘 구성되어 있습니다. 공개된 다른 자료과 비교했을 때 훨씬 직관적이고 이해하기 쉽게 설명하고 있어 많은 분에게 도움이 될 것임을 확신합니다.

김지훈, 서울대학교병원 연구원

드디어 생성형 AI를 다루는 『밑바닥부터 시작하는 딥러닝』 시리즈가 출간되었습니다. 기존 시리즈의 명성에 이어 생성 모델을 안내하는 대표 도서 중 하나로 자리잡을 것으로 기대됩니다. 생성 모델 분야에서 6년 넘게 일하고 있지만 원리를 설명하기 어려울 때가 있었습니다. 이 책은 기대 이상으로 생성 모델을 명쾌하게 설명하고 있어 이후에도 많은 도움이 될 것 같습니다. 이미 생성 모델을 공부한 분에게도 이 책을 강력히 추천합니다.

김형섭, 생성형 AI 엔지니어

지난 몇 년 동안 이미지 생성 모델의 발전은 많은 것을 바꿔 놓았습니다. 누구나 창의력을 발휘해 이미지와 비디오를 쉽게 만들 수 있게 되었으며 이는 예술 분야와 시장에도 큰 변화를 가져왔습니다. 이렇게 생성 모델이 발전하게 된 배경에는 복잡한 수학 원리가 있습니다. 수학은 생성 모델에 매료된 이들에게는 진입 장벽으로, 관련 종사자들에게는 지속적인 도전 과제로 남아 있습니다.

『밑바닥부터 시작하는 딥러닝』 시리즈는 주제의 기초 개념부터 시작해 점차 깊은 이해를 돕는 방식으로 정평이 났습니다. 이번에도 생성 모델의 첫걸음인 확률 기초부터 수학적 원리와 그를 구현해낸 코드까지, 수학이나 프로그래밍에 낯선 독자라도 쉽게 접근하고 이해할 수 있도록 구성되어 있습니

다. 필수적인 내용만 담는 시리즈의 특성도 반영되어, 생성 모델의 핵심 지식을 쌓을 수 있도록 안내합니다. 이 책의 흐름을 차근차근 따라가다 보면, 최신 논문과 기술 문헌을 탐색하기가 한결 더 편해질 것입니다.

박광석, 모두의연구소_아이펠 AI 교육

최신 딥러닝 모델을 공부하기 시작할 때, 어디서부터 손을 대야 할지 막막한 경우가 많습니다. 특히 『밑바닥부터 시작하는 딥러닝 5』에서 다루는 확산 모델과 같은 생성 모델들은 확률 분포의 기초부터 공부해야 할지, 이전의 생성 모델들을 먼저 이해하고 넘어가야 할지, 아니면 도구를 사용해 간단히 생성만 해보는 것이 좋을지 고민됩니다.

이 책은 바로 이러한 고민을 덜어주기 위해 확률 이론의 기초부터 EM 알고리즘, VAE, 확산 모델까지 이론과 실습을 아우르는 체계적인 커리큘럼을 제공합니다. 독자들은 기초부터 차근차근 배우며 실전 코딩을 통해 생성 모델의 원리를 깊이 있게 이해할 수 있습니다. 이미지와 비디오 생성 모델에 관심 있는 모든 분에게 이 책을 추천합니다.

박정현, SSG.COM 머신러닝 엔지니어

2022년, 생성형 AI의 눈부신 발전은 우리에게 새로운 가능성을 제시했습니다. 이러한 혁신의 중심에는 '생성 모델'이 자리잡고 있습니다. 『밑바닥부터 시작하는 딥러닝 5』는 이 복잡한 생성 모델의 세계를 쉽고 명쾌하게 안내하며 독자들이 직접 모델을 구현하고 실험해볼 수 있도록 돕습니다. 이 책은 단순히 기술을 설명하는 데 그치지 않습니다. 생성 모델의 근본 원리를 수학적으로 깊게 다루면서도 독자의 이해를 돕기 위해 다양한 예시와 시각 자료를 풍부하게 활용합니다. 특히 최신 기술인 확산 모델을 10단계로 나누어 상세히 설명한 부분이 이 책의 강점입니다.

생성형 AI에 관심 있는 모든 이에게 필수적인 지침서로서, 딥러닝 초보자부터 생성 모델을 더욱 깊이 이해하고 싶은 전문가까지 모두에게 강력히 추천합니다. 기초부터 최신 기술에 이르기까지 체계적으로 학습할 수 있도록 도와줄 것입니다.

이석곤, AI/빅데이터팀 수석

이번 편에서는 정규 분포, 다변량 정규 분포, 최대 가능도 추정, 가우스 혼합 모델, VAE 등의 주제를 깊게 다루어 매우 유익합니다. 정규 분포부터 시작해 확산 모델에 이르기까지 수식을 먼저 살펴보고 코드로 옮기는 과정을 자세히 안내합니다. 각 수식과 기호도 친절히 설명하므로 이해하는 데 많은 도움이 됩니다. 파이썬과 기본 수학 지식만 있어도 책에서 설명하는 확률과 통계에 기반한 내용을 이해할 수 있습니다. 차근차근 읽어나가다 보면 저자가 말하고자 하는 바를 깨닫게 됩니다. 학습할 때 옆에 두고 꾸준히 참고할 수 있는 좋은 책입니다.

이승표, 서버 프로그래머

『밑바닥부터 시작하는 딥러닝 5』는 확산 모델만 설명하는 데 그치지 않고 모델을 이해하는 데 필수적인 수학 지식을 꼼꼼하게 설명합니다. 또한 파이토치, 사이파이, 넘파이를 적절하게 활용한 코드 덕분에 독자가 읽고 실습할 때 어렵지 않다는 점도 이 책의 장점입니다. 확산 모델 이론에 대해 탐구하고 싶은 분에게 추천하며 딥러닝 수학에 자신이 없는 분에게도 큰 도움이 될 것입니다.

이영빈, 모두의연구소_아이펠 AI 교육

『밑바닥부터 시작하는 딥러닝 5』는 생성형 AI의 핵심인 확산 모델을 이해하고자 하는 모든 이에게 필독서라 할 수 있습니다. 이 책은 복잡한 수학적 개념을 체계적으로 설명하고 있으며, 직접 모델을 작성하고 테스트할 수 있도록 지원합니다. 정규 분포, 최대 가능도 추정, EM 알고리즘, VAE 등 필수적인 수학적 배경을 체계적으로 설명하고 있으며, 확산 모델의 원리를 깊이 있게 이해할 수 있습니다. 이론과 실습을 균형 있게 공부하고 싶은 분, 생성 모델에 대하여 깊이 있게 공부하고자 하는 분에게 적합합니다. 이 책은 초보자부터 전문가까지 다양한 학습자에게 활용도 높은 유익한 정보를 제공합니다. 특히 생성형 AI 관련 기반 기술을 배우고자 하는 개발자와 연구자에게 일독을 권합니다.

전준규, 농협정보시스템 DT LAB

최근 확산 모델은 이미지 생성, 목소리 합성 등 다양한 분야에서 눈부신 성과를 보이며 인공지능 기술의 핵심으로 자리잡고 있습니다. 그러나 확산 모델을 제대로 이해하기 위해서는 상당한 수학적 지식이 필요합니다. 이 책은 이러한 어려움을 해결해줍니다. 시리즈의 명성을 이어받아 말 그대로 '밑바닥부터' 시작하여 복잡한 확산 모델의 개념을 단계적으로 설명합니다. 정규 분포라는 기초 개념을 시작으로 최대 가능도 추정, EM 알고리즘, VAE를 거쳐 최종적으로 확산 모델에 이르기까지, 각 단계별로 필요한 수학적 개념을 명확하고 이해하기 쉽게 풀어냅니다. 이 책은 확산 모델을 이해하고 응용하고자 하는 모든 이에게 든든한 길잡이가 될 것입니다.

조원양, 스마트사운드 AI융합팀 리더

2024년 현재, 우리는 이른바 생성형 AI가 대세인 시대를 살고 있습니다. AI 챗봇과 질의응답부터 소프트웨어 개발, 문학, 영화, 심지어 TV 광고와 같은 인간의 창작 활동의 영역까지 이제는 우리 생활에서 생성형 AI가 활용되지 않는 영역을 찾기가 어려울 정도입니다. 생성형 AI 기술을 활용한 서비스로 ChatGPT와 더불어 가장 주목을 받고 있는 서비스는 아마도 미드저니나 스테이블 디퓨전과 같은 이미지 생성 서비스일 것입니다. 텍스트 몇 글자를 입력하기만 하면 곧바로 원하는 이미지를 만들어주는 것을 보고 정말 특이점이 도래한 것 같은 느낌을 받았습니다. 이 서비스의 근간에 바로 확산 모델이라는 수학적 이론이 담긴 생성형 AI 기술이 숨어 있습니다.

이 책은 확산 모델의 이론적 배경과 구현 과정에 대해 제목처럼 밑바닥부터 하나씩 차근차근 설명하고 있습니다. 특히 파이썬 언어로 그 과정을 실제 구현해보는 내용까지 포함되어 있어, 전체적인 이론과 흐름을 이해하는 데 많은 도움이 됩니다. 수학이 익숙하지 않은 분은 개인적으로 부록 D의 기호와 수식 부분을 먼저 살펴보고 책 내용을 읽는 것도 추천합니다. 모쪼록 이 책을 통해 여러분도 생성 모델을 이해하고 깨닫는 즐거움을 느끼셨으면 좋겠습니다.

최성욱, 삼성전자 VD사업부 Security Lab

들어가며

2022년은 신종 코로나 바이러스가 기승을 부리는 가운데 AI 분야가 크게 진전한 한 해였습니다. 우리의 상상을 아득히 뛰어넘는 이미지를 AI가 만들어내기 시작한 것입니다. 대표적으로 스테이블 디퓨전$^{Stable\ Diffusion}$, 미드저니^{Midjourney}, DALL-E 등을 들 수 있습니다. 이미지 생성 AI는 다양한 분야에서 주목받고 다양한 목적으로 활용되고 있습니다. 눈여겨볼 점은 이들 AI의 배후에는 딥러닝을 통한 '생성 모델' 기술이 활용되고 있다는 사실입니다. 다르게 말하면 2022년은 생성 모델에서 축적된 기술이 한꺼번에 꽃핀 해라고 할 수 있습니다.

이 책의 주제는 바로 이러한 생성 모델입니다. **생성 모델**$^{generative\ model}$이란 새로운 데이터를 생성하는 기술을 말합니다. 이 책은 생성 모델이라는 큰 틀에서 고전 모델부터 최첨단 기술까지를 폭넓게 다룹니다. 시작은 정규 분포와 최대 가능도 추정(MLE)과 같은 기본적인 내용입니다. 이어서 가우스 혼합 모델(GMM)과 기댓값 최대화 알고리즘(EM 알고리즘)을 배우고, 이후 딥러닝을 이용한 방법으로 넘어갑니다. 구체적으로 변이형 오토인코더(VAE), 계층형 VAE, 확산 모델을 차례로 만들면서 이론과 구현 방법을 모두 배웁니다.

확산 모델은 뛰어난 성능으로 생성 AI 분야에 혁명을 일으켰습니다. 이 책은 종착점인 확산 모델에 이르는 과정을 10단계로 나누어 설명합니다. 10단계의 과정은 하나의 이야기로 이어지며 각 단계마다 생성 모델에서 중요한 기술을 익히게 됩니다.

재미는 디테일에 있다

이 책은 생성 모델의 메커니즘을 가감 없이 설명합니다. 단순히 이미지나 결과를 전달하는 데 그치지 않고 '왜 그렇게 되는지'와 '어떻게 그 결과를 얻을 수 있는지'도 빼놓지 않았습니다. 이를 위해 수식을 세심하게 다루며 작은 부분까지 신경 썼습니다. 기술을 깊이 이해하려면 결국은 디테일한 부분까지 배워야 합니다. 하지만 다행히도 기술의 디테일에 재미난 요소들이 담겨 있습니다.

미적분학과 선형대수학 등의 수학 이론과 파이썬 기초를 알고 있다면 이 책을 읽기가 한결 수월할 것입니다. 아주 기본적인 내용만 이해하고 있어도 충분합니다. 특히 수학 이론은 책 안에서 차근차근 복습하면서 진행할 수 있도록 구성했습니다. 어려운 수식이 가끔 등장하지만 건너뛰어도 책 전체를 이해하는 데는 문제가 없도록 꾸몄습니다.

> **NOTE_** 절 제목에 붙은 ✪ 기호는 고급 수식을 다루고 있다는 표시입니다. 해당 절들은 건너뛰어도 큰 그림을 이해하는 데 지장이 없도록 배려했습니다.

이야기 흐름

정규 분포로부터 확산 모델에 이르는 10단계(10개 장) 여정

이것이 이 책의 큰 틀이자 줄거리입니다. 이러한 여정에는 이 책만의 특징과 재미가 가득 담겨 있습니다. 그래서 먼저 큰 흐름을 파악할 수 있도록 전체 내용을 요약해 소개하겠습니다. 자세한 내용은 책 본문에서 차근차근 알아봅니다(세세한 부분에도 재미가 있으니 기대해주세요). 지금은 큰 흐름에만 집중합시다. 중간에 모르는 용어가 나올 수 있지만 책 본문을 읽다 보면 자연스럽게 알게 될 것입니다.

사람의 키 분포

나이가 같은 남성 집단이 있습니다. 다음 그림은 이 집단의 키 분포입니다. 좌우 대칭인 산 모양이죠. 이런 형태를 '종 모양'이라고도 합니다. 생성 모델의 목표는 이러한 분포를 수학적으로 표현하는 것입니다.

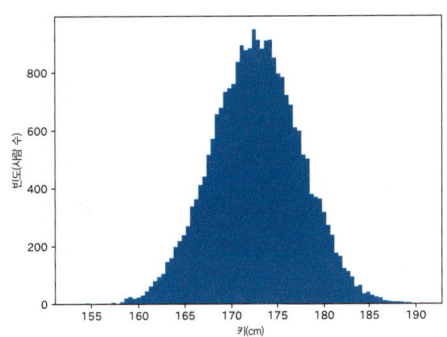

시작은 정규 분포부터

정규 분포는 종 모양 곡선으로 표현되는 확률 분포입니다. 세상에는 정규 분포로 표현할 수 있는 대상이 아주 많습니다. 방금 보았듯이 키 분포도 정규 분포로 표현할 수 있습니다. 정규 분포의 형태는 평균(μ)과 표준 편차(σ)라는 두 매개변수에 의해 결정됩니다.

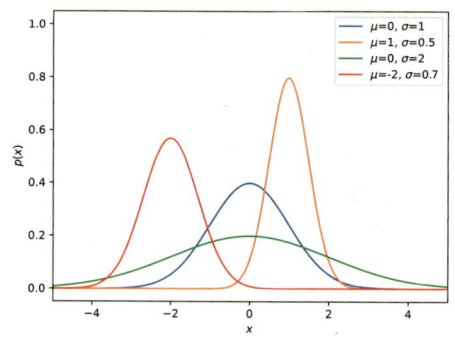

최대 가능도 추정

정규 분포로 현상을 정확하게 표현하려면 정규 분포의 매개변수를 조율하여 형태를 데이터에 맞추는 작업(적합화^{fit})을 해야 합니다. 그 방법이 '최대 가능도 추정'입니다. 최대 가능도 추정은 어떤 데이터 x가 관측될 확률 $p(x)$를 가장 커지게 하는지 매개변수를 추정하는 기법입니다. 정규 분포의 최대 가능도 추정 값은 수식을 풀면 쉽게 구할 수 있습니다.

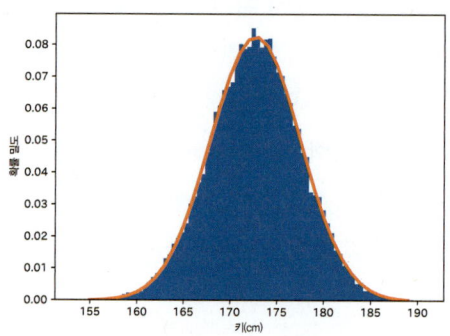

1차원에서 다차원으로

키는 1차원 데이터였습니다. 이번에는 '키와 몸무게'라는 2차원 데이터를 생각해봅시다. 이를 시각화한 것이 다음 그림입니다. 2차원 데이터도 똑같이 최대 가능도 추정을 이용해 최적의 매개변수를 추정할 수 있습니다. 그림의 등고선은 최대 가능도 추정 후의 2차원 정규 분포를 나타냅니다.

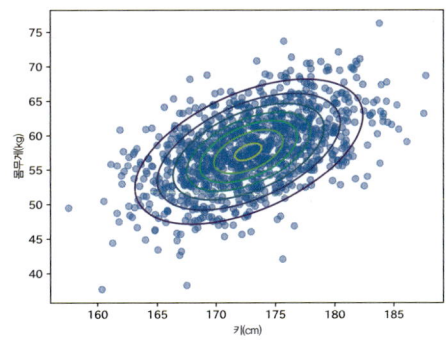

산이 두 개

다음 대상은 '산이 두 개'인 샘플 데이터입니다. 이러한 형태의 데이터는 정규 분포 하나로는 표현할 수 없습니다. 그래서 등장한 것이 '가우스 혼합 모델(GMM)'입니다. 가우스 혼합 모델은 정규 분포 여러 개를 조합한 기법입니다. 따라서 산이 두 개여도 표현할 수 있습니다.

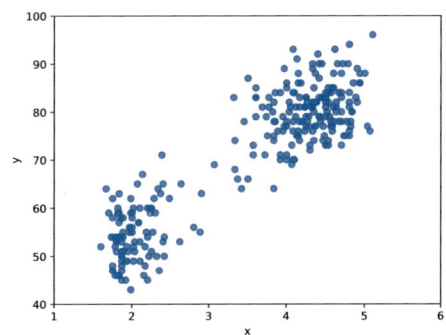

보이지 않는 것들(잠재 변수)

두 개의 산을 표현할 때는 데이터가 어느 산에 속하는지 나타내는 '잠재 변수'를 사용합니다. 잠재 변수란 직접 관찰할 수 없는 변수입니다. 한편 관찰 가능한 데이터는 '관측 변수'라고 합니다. 다음 그림은 잠재 변수 z로부터 관측 변수 x가 생성되는 관계를 나타냅니다.

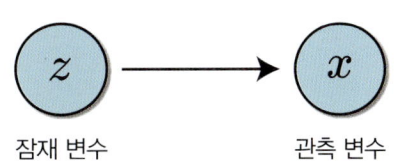

잠재 변수의 대가

가우스 혼합 모델은 잠재 변수를 이용하기 때문에 모델(수식)이 복잡합니다. 따라서 정규 분포가 하나일 때처럼 수식을 푸는 방식으로는 최대 가능도 추정의 해를 구할 수 없습니다. 여기서 등장하는 것이 'EM 알고리즘(기댓값 최대화 알고리즘)'입니다. 이 알고리즘을 통해 최적의 매개변수를 추정할 수 있으며, 산이 두 개인 모델에도 정규 분포를 적용할 수 있습니다.

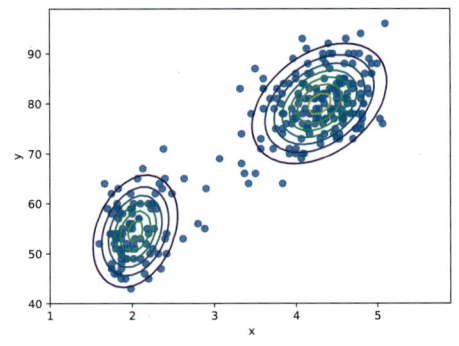

위대한 신경망

한 걸음 더 나아가 신경망을 도입해보겠습니다. 신경망을 이용하면 샘플 데이터에 더 잘 들어맞는 분포를 학습시킬 수 있습니다. 다음 그림에서 (1)은 하나의 정규 분포, (2)는 가우스 혼합 모델, (3)은 신경망을 도입한 'VAE(변이형 오토인코더)' 모델입니다. 신경망을 도입하면 (3)처럼 복잡한 데이터까지도 표현해내는 유연한 모델을 얻을 수 있습니다.

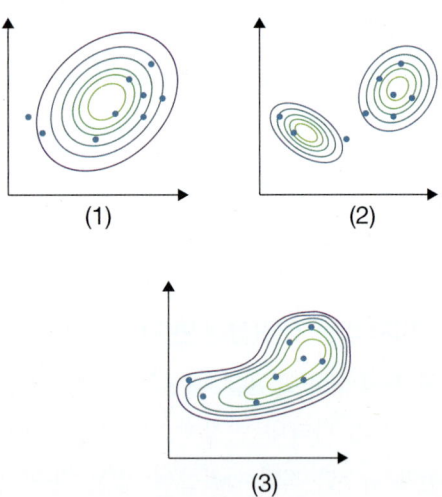

VAE로 이미지 생성

VAE도 가우스 혼합 모델과 마찬가지로 잠재 변수가 있는 모델입니다. 잠재 변수에서 관측 변수로 변환할 때 신경망을 사용하고(디코더), 그 반대로 변환할 때는 또 다른 신경망을 사용합니다(인코더). VAE의 학습 알고리즘은 EM 알고리즘을 발전시켜 이끌어낼 수 있습니다.

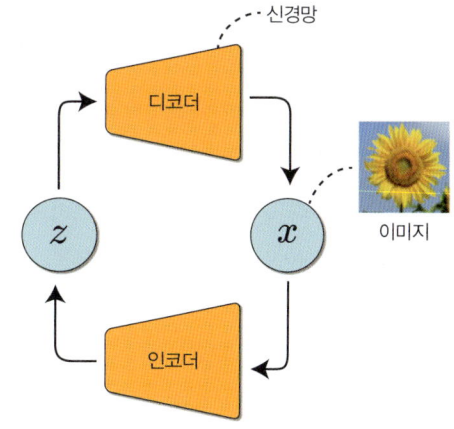

잠재 변수 계층화

VAE는 자체로 상당히 복잡한 대상을 표현할 수 있지만 잠재 변수를 계층화하여 표현력을 더 개선할 수 있습니다. 이것이 바로 '계층형 VAE'입니다. 계층형 VAE란 VAE에 잠재 변수를 여러 개 도입한 모델입니다. 잠재 변수는 인접한 잠재 변수로부터만 영향을 받습니다. 이렇게 계층화를 거치면 더 복잡한 대상도 표현할 수 있습니다.

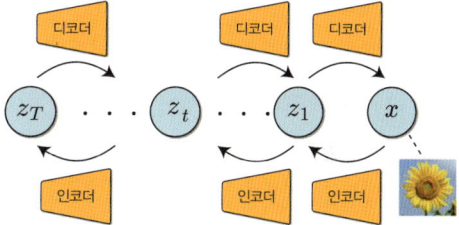

노이즈로 데이터 파괴

VAE의 계층을 늘리면 잠재 변수가 많아지는 만큼 신경망으로 처리할 것도 많아집니다. 따라서 처리 시간이 길어지는 문제와 매개변수 추정이 어려워지는 문제 등이 생깁니다. 이 문제들을 해결하기 위해 '관측 변수에서 잠재 변수로의 변환'을 단순한 '노이즈 추가'로 대체합니다(노이즈는 정규 분포에서 생성). **이 아이디어를 기점으로 확산 모델을 끄집어낼 수 있습니다**. 노이즈를 추가하면서 데이터를 파괴하는 과정을 확산 과정이라고 합니다.

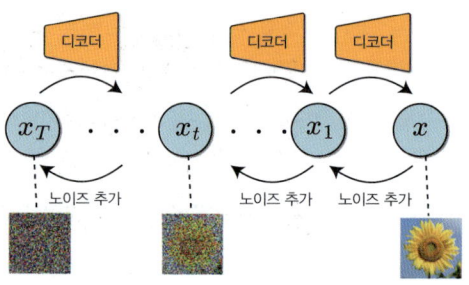

조건 추가

지금까지의 주제는 단순히 데이터 x의 확률 분포 $p(x)$를 모델링하는 것이었습니다. 하지만 어떤 조건 y가 주어졌을 때 x의 확률, 즉 수식으로는 $p(x \mid y)$로 표현되는 조건부 확률을 모델링해야 더 유용합니다. 예컨대 숫자 이미지를 생성한다면 조건 없는 확산 모델에서는 무작위로 아무 숫자나 생성합니다. 반면 조건부 확산 모델에서는 8과 같은 클래스를 조건으로 주어 원하는 숫자 이미지를 만들어 낼 수 있습니다.

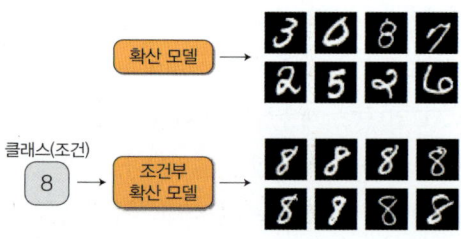

첨단 이미지 생성 AI

스테이블 디퓨전 같은 이미지 생성 AI도 조건부 확산 모델과 원리는 같습니다. 여기에 몇 가지 기법을 더해 다음 그림과 같은 고품질의 이미지를 생성합니다. 이 책에서는 스테이블 디퓨전을 비롯한 첨단 이미지 생성 AI에서 사용하는 기술들을 개괄적으로 살펴봅니다.

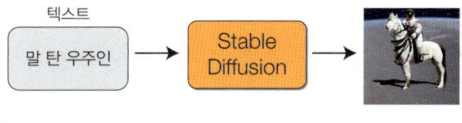

* * * * * * *

이상이 이 책의 줄거리입니다. 확산 모델에 이르는 전체 과정을 하나의 스토리로 엮어서 중요한 기술들을 서로 잇고 개선하면서 나아가도록 구성했습니다. 이러한 스토리 흐름도 재밌게 봐주셨으면 좋겠습니다. 스토리의 각 단락을 다루는 장^{chapter}은 다음 그림과 같습니다.

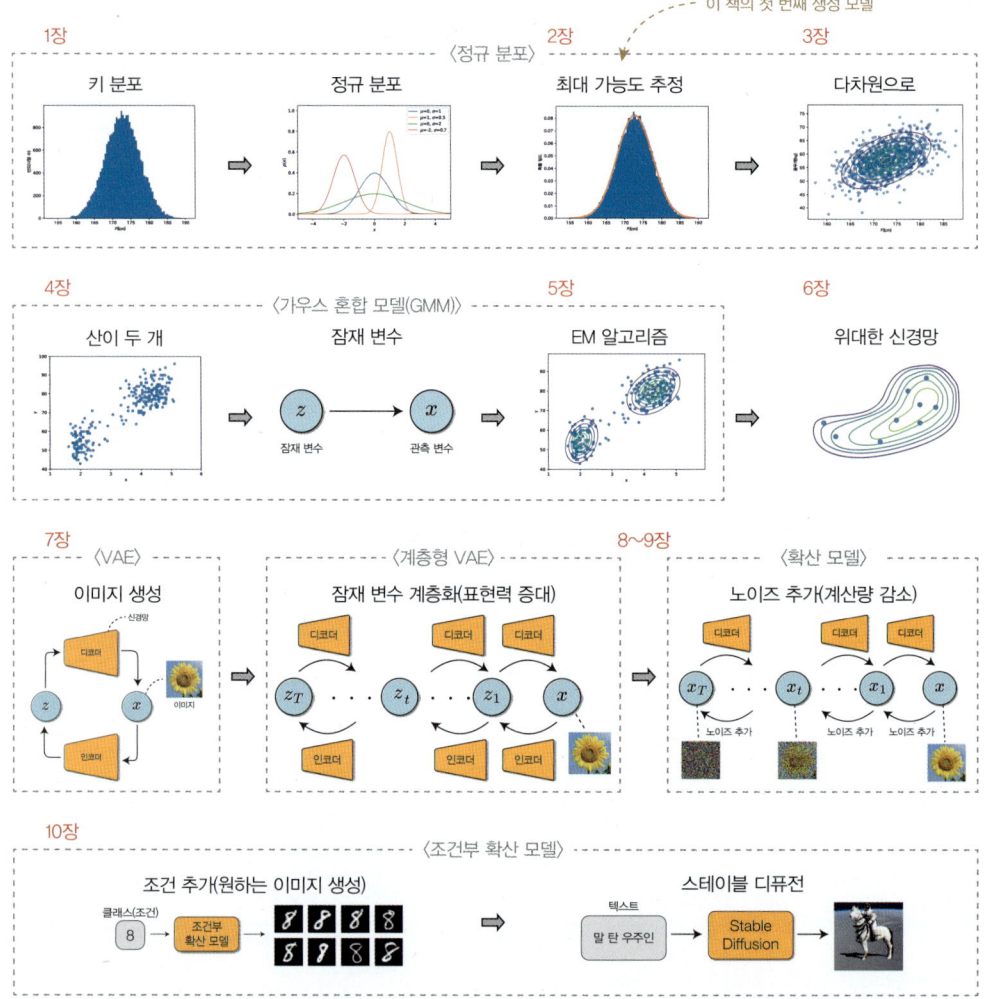

이제 준비가 끝났습니다. 지금부터 생성 모델의 세계로 여행을 떠납니다. 이 책을 통해 생성 모델의 매력과 가능성 그리고 그 디테일에 담긴 재미에 푹 빠져들기를 바랍니다.

> **NOTE_** 이 책은 확산 모델과 이미지 생성 AI에 초점을 맞췄습니다. ChatGPT로 대표되는 대규모 언어 모델 Large Language Model(LLM)에 대해서는 시리즈 다음 편에서 다루겠습니다.

필수 소프트웨어

이 책에서 사용하는 파이썬 버전과 라이브러리는 다음과 같습니다.

- 파이썬 3
- 넘파이 Numpy
- 사이파이 SciPy
- 맷플롯립 Matplotlib
- 파이토치 PyTorch
- 토치비전 Torchvision
- tqdm(진행률 표시줄 출력용 라이브러리)

파이토치는 2.x 버전을 사용합니다. 다른 라이브러리들은 버전에 크게 구애받지 않습니다. 참고로 책에서 사용한 각 라이브러리 버전은 깃허브 저장소의 requirements.txt 파일에 기록해 두었습니다.*

예제 파일 구성

이 책에서 사용하는 코드는 다음의 깃허브 저장소에서 얻을 수 있습니다.

- https://github.com/WegraLee/deep-learning-from-scratch-5

이 저장소의 폴더는 [표 1]처럼 구성되어 있습니다.

---

* 이 책에서 사용하는 라이브러리들은 pip3 install -r requirements.txt 명령으로 설치할 수 있습니다.

표 1 예제 깃허브 저장소 폴더 구성

폴더명	설명
step01	1장에서 사용하는 소스 코드
step02	2장에서 사용하는 소스 코드
...	...
step10	10장에서 사용하는 소스 코드
notebooks	1장부터 10장까지의 소스 코드(주피터 노트북 형식)

또한 예제 코드 깃허브 저장소 첫 페이지에서 [그림 1]과 같은 표를 확인할 수 있습니다. 해당 버튼을 클릭하면 즉시 Google Colab과 Kaggle Notebook 등의 클라우드 서비스에서 노트북을 열어 실행할 수 있습니다.

그림 1 클라우드 서비스에서 실행 가능한 코드 제공

단계	Colab	Kaggle	Studio Lab
1. 정규 분포	Open in Colab	Open in Kaggle	Open Studio Lab
2. 최대 가능도 추정	Open in Colab	Open in Kaggle	Open Studio Lab
3. 다변량 정규 분포	Open in Colab	Open in Kaggle	Open Studio Lab
4. 가우스 혼합 모델	Open in Colab	Open in Kaggle	Open Studio Lab
5. EM 알고리즘	Open in Colab		Open Studio Lab
6. 신경망	Open in Colab	Open in Kaggle	Open Studio Lab
7. 변이형 오토인코더	Open in Colab	Open in Kaggle	Open Studio Lab
8. 확산 모델 이론	Open in Colab	Open in Kaggle	Open Studio Lab
9. 확산 모델 구현	Open in Colab	Open in Kaggle	Open Studio Lab
10. 확산 모델 응용	Open in Colab	Open in Kaggle	Open Studio Lab

일러두기

- 본문에서 [1]과 같은 위첨자는 참고문헌 번호를 뜻합니다.

CONTENTS

지은이·옮긴이 소개 ·· 4
추천사 ·· 5
들어가며 ·· 10

CHAPTER 1 정규 분포

1.1 확률의 기초 ·· 31
    1.1.1 확률 변수와 확률 분포 ·· 31
    1.1.2 확률 분포의 종류 ·· 33
    1.1.3 기댓값과 분산 ··· 34
1.2 정규 분포 ··· 36
    1.2.1 정규 분포의 확률 밀도 함수 ·· 37
    1.2.2 정규 분포 코드 ·· 38
    1.2.3 매개변수의 역할 ··· 40
1.3 중심 극한 정리 ··· 42
    1.3.1 중심 극한 정리란? ·· 42
    1.3.2 중심 극한 정리 실험 ·· 43
1.4 표본 합의 확률 분포 ·· 46
    1.4.1 표본 합의 기댓값과 분산 ·· 46
    1.4.2 코드로 확인 ··· 47
    1.4.3 균등 분포의 평균과 분산 ✪ ··· 49
1.5 우리 주변의 정규 분포 ·· 51

CHAPTER 2 최대 가능도 추정

2.1 생성 모델 개요 ··· 55
    2.1.1 생성 모델의 목표 ·· 55

CONTENTS

	2.1.2 모집단과 샘플	56
2.2	실제 데이터로 생성 모델 구현	57
	2.2.1 키 데이터셋 불러오기	58
	2.2.2 정규 분포를 따르는 생성 모델	59
2.3	최대 가능도 추정 이론	62
	2.3.1 가능도 최대화	62
	2.3.2 미분을 사용하여 최댓값 찾기	64
	2.3.3 정규 분포의 최대 가능도 추정 ★	66
2.4	생성 모델의 용도	69
	2.4.1 새로운 데이터 생성	70
	2.4.2 확률 계산	72

CHAPTER 3 다변량 정규 분포

3.1	넘파이와 다차원 배열	75
	3.1.1 다차원 배열	75
	3.1.2 넘파이의 다차원 배열	77
	3.1.3 원소별 연산	78
	3.1.4 벡터의 내적과 행렬 곱	79
3.2	다변량 정규 분포	81
	3.2.1 다변량 정규 분포 공식	81
	3.2.2 다변량 정규 분포 구현	88
3.3	2차원 정규 분포 시각화	89
	3.3.1 3D 그래프 그리기	90
	3.3.2 등고선 그리기	93
	3.3.3 2차원 정규 분포 그래프	93
3.4	다변량 정규 분포의 최대 가능도 추정	97

3.4.1 최대 가능도 추정하기	97
3.4.2 최대 가능도 추정 구현	99
3.4.3 실제 데이터 사용	101

CHAPTER 4 가우스 혼합 모델

4.1	우리 주변의 다봉 분포	105
	4.1.1 다봉 분포 데이터셋	107
4.2	가우스 혼합 모델 데이터 생성	109
	4.2.1 GMM을 따르는 데이터 생성	110
	4.2.2 데이터 생성 코드	110
4.3	가우스 혼합 모델의 수식	112
	4.3.1 확률 복습	112
	4.3.2 GMM 수식	113
	4.3.3 GMM 구현	115
4.4	매개변수 추정의 어려움	117
	4.4.1 GMM의 매개변수 추정	118

CHAPTER 5 EM 알고리즘

5.1	KL 발산	121
	5.1.1 수식 표기법 변경	121
	5.1.2 KL 발산 정의식	122
	5.1.3 KL 발산과 최대 가능도 추정의 관계	125
5.2	EM 알고리즘 도출 ①	127
	5.2.1 잠재 변수가 있는 모델	128

CONTENTS

      5.2.2 임의의 확률 분포 $q(z)$ ························· **130**

  5.3 EM 알고리즘 도출 ② ····························· **132**

      5.3.1 ELBO(증거 하한) ····························· **132**

      5.3.2 드디어 EM 알고리즘으로 ······················· **134**

      5.3.3 다수의 데이터로 확장 ························· **137**

      5.3.4 $\log p(x; \theta_{\text{new}}) \geq \log p(x; \theta_{\text{old}})$ 증명 ✪ ········· **138**

  5.4 GMM과 EM 알고리즘 ✪ ··························· **139**

      5.4.1 EM 알고리즘의 E-스텝 ✪ ····················· **139**

      5.4.2 EM 알고리즘의 M-스텝 ✪ ····················· **141**

  5.5 EM 알고리즘 구현 ································· **147**

      5.5.1 데이터셋과 GMM 코드 ························· **147**

      5.5.2 E-스텝과 M-스텝 구현 ························ **149**

      5.5.3 데이터 생성 ································· **152**

CHAPTER 6 신경망

  6.1 파이토치와 경사법 ································· **155**

      6.1.1 파이토치 설치 ································ **155**

      6.1.2 텐서 계산 ···································· **156**

      6.1.3 경사법 ······································· **157**

  6.2 선형 회귀 ·· **162**

      6.2.1 토이 데이터셋 ································ **162**

      6.2.2 선형 회귀 이론 ······························· **164**

      6.2.3 선형 회귀 구현 ······························· **166**

  6.3 매개변수와 옵티마이저 ···························· **169**

      6.3.1 Parameter 클래스와 Module 클래스 ··········· **170**

      6.3.2 옵티마이저 ··································· **172**

6.4	신경망 구현	173
	6.4.1 비선형 데이터셋	174
	6.4.2 선형 변환과 활성화 함수	175
	6.4.3 신경망 구현	176
6.5	토치비전과 데이터셋	178
	6.5.1 토치비전 설치	178
	6.5.2 MNIST 데이터셋	179
	6.5.3 전처리	180
	6.5.4 데이터 로더	181

CHAPTER 7 변이형 오토인코더

7.1	VAE와 디코더	183
	7.1.1 하나의 정규 분포	184
	7.1.2 가우스 혼합 모델(GMM)	184
	7.1.3 VAE와 디코더	185
	7.1.4 EM 알고리즘의 문제점	187
7.2	VAE와 인코더	188
	7.2.1 EM 알고리즘에서 VAE로	188
	7.2.2 전체 데이터셋에 적용	191
7.3	ELBO 최적화	194
	7.3.1 ELBO 평가	194
	7.3.2 재매개변수화 트릭	199
7.4	VAE 구현	200
	7.4.1 구현 전략	200
	7.4.2 VAE 코드	201
	7.4.3 학습 코드	205
	7.4.4 새로운 이미지 생성	207

CONTENTS

CHAPTER 8 확산 모델 이론

8.1 VAE에서 확산 모델로 · · · · · · **209**
    8.1.1 VAE 복습 · · · · · · **210**
    8.1.2 잠재 변수 계층화 · · · · · · **210**
    8.1.3 확산 모델로 · · · · · · **211**

8.2 확산 과정과 역확산 과정 · · · · · · **212**
    8.2.1 확산 과정 · · · · · · **213**
    8.2.2 역확산 과정 · · · · · · **214**

8.3 ELBO 계산 ① · · · · · · **216**
    8.3.1 확산 모델의 ELBO · · · · · · **216**
    8.3.2 ELBO 식 전개 · · · · · · **218**

8.4 ELBO 계산 ② · · · · · · **221**
    8.4.1 $q(x_t \mid x_0)$의 식 · · · · · · **222**
    8.4.2 ELBO의 근삿값 · · · · · · **223**
    8.4.3 $q(x_t \mid x_0)$ 도출 ✪ · · · · · · **228**

8.5 ELBO 계산 ③ · · · · · · **231**
    8.5.1 $q(x_{t-1} \mid x_t, x_0)$의 식 · · · · · · **232**
    8.5.2 ELBO의 근삿값 · · · · · · **233**
    8.5.3 $q(x_{t-1} \mid x_t, x_0)$ 도출 ✪ · · · · · · **236**

8.6 확산 모델의 학습(알고리즘) · · · · · · **238**
    8.6.1 신경망은 무엇을 예측하는가? · · · · · · **239**
    8.6.2 원본 데이터를 복원하는 신경망 · · · · · · **240**
    8.6.3 노이즈를 예측하는 신경망 · · · · · · **241**
    8.6.4 새로운 데이터 샘플링 · · · · · · **243**

CHAPTER 9 확산 모델 구현

- **9.1** U-Net · 245
  - 9.1.1 U-Net이란? · 246
  - 9.1.2 U-Net 구현 · 248
- **9.2** 사인파 위치 인코딩 · 251
  - 9.2.1 사인파 위치 인코딩이란? · 251
  - 9.2.2 사인파 위치 인코딩 구현 · 251
  - 9.2.3 U-Net에 통합 · 253
- **9.3** 확산 과정 · 256
  - 9.3.1 $q(x_t \mid x_{t-1})$로부터 샘플링 · 257
  - 9.3.2 이미지 확산 과정 · 258
  - 9.3.3 $q(x_t \mid x_0)$으로부터 샘플링 · 260
  - 9.3.4 Diffuser 클래스 구현 · 263
- **9.4** 데이터 생성 · 264
  - 9.4.1 노이즈 제거 처리 · 265
  - 9.4.2 데이터 생성 구현 · 266
- **9.5** 확산 모델의 학습(구현) · 268
  - 9.5.1 확산 모델 학습 코드 · 268
  - 9.5.2 학습 결과 · 271

CHAPTER 10 확산 모델 응용

- **10.1** 조건부 확산 모델 · 273
  - 10.1.1 확산 모델에 조건 추가 · 274
  - 10.1.2 조건부 확산 모델 구현 · 276
- **10.2** 점수 함수 · 279

CONTENTS

	10.2.1 점수 함수란?	279
	10.2.2 [식 10.1]의 증명 ✪	281
10.3	분류기 가이던스	282
	10.3.1 분류기란?	283
	10.3.2 분류기 가이던스 도출	283
10.4	분류기 없는 가이던스	286
	10.4.1 분류기 없는 가이던스 개념	286
	10.4.2 분류기 없는 가이던스 구현	288
10.5	스테이블 디퓨전	290
	10.5.1 스테이블 디퓨전의 구조	291
	10.5.2 Diffusers 라이브러리	294

APPENDIX A 다변량 정규 분포의 최대 가능도 추정법 도출 ✪

A.1	μ의 최대 가능도 추정	298
A.2	2차 형식의 미분([식 A.4]의 증명)	300
A.3	Σ의 최대 가능도 추정	303
A.4	대각합과 미분([식 A.12]의 증명)	305

APPENDIX B 옌센 부등식

B.1	볼록 함수와 옌센 부등식	309
B.2	오목 함수와 로그 함수	311
B.3	ELBO 도출	313

APPENDIX C 계층형 VAE의 이론과 구현 ★

- C.1 2계층 VAE의 구성요소 ········· 315
- C.2 ELBO의 식 전개 ········· 317
- C.3 몬테카를로 방법에 따른 ELBO의 근삿값 ········· 320
- C.4 2계층 VAE 구현 ········· 323
- C.5 구현 코드 ········· 324

APPENDIX D 수식 기호 목록

- D.1 이 책에서 사용하는 기호 ········· 327
- D.2 이 책에서 사용하는 수식 ········· 328

마치며 ········· 331
참고문헌 ········· 332
찾아보기 ········· 336

CHAPTER 1

정규 분포

첫 주제는 정규 분포(가우스 분포)입니다. 정규 분포는 통계학에서 가장 중요한 확률 분포이며, 자연과 인간 사회의 다양한 현상에서 자주 관찰됩니다. 물론 이 책에도 자주 등장합니다. 이번 장에서는 정규 분포를 수식으로 이해한 다음 코드로 구현해봅니다. 정규 분포를 잘 아는 분은 이번 장을 건너뛰어도 좋습니다. 그럼 시작하겠습니다.

1.1 확률의 기초

세상에는 불확실한 것이 많습니다. 그래서 어떤 일이 일어날지 완벽하게 예측하기 어렵고, '반드시 이렇게 될 것이다'라고 단언할 수 있는 일은 많지 않습니다. 이러한 불확실성에 맞서기 위해 우리는 확률을 활용합니다. 이번 절에서는 확률의 기초를 복습하겠습니다.

1.1.1 확률 변수와 확률 분포

확률 변수random variable는 얻을 수 있는 값이 확률적으로 결정되는 변수입니다. 1부터 6까지의 눈이 있는 주사위를 생각해보죠. 주사위를 굴려서 나오는 눈은 실제로 굴려보기 전에는 알 수 없습니다. 하지만 나오는 눈이 확률적으로 결정된다고 가정하면 이 불확실성을 정량적으로 설명할 수 있습니다. 주사위의 눈을 확률 변수 x라 하고, 특정 눈이 나올 확률을 $p(x)$라고 합시다.

예를 들어 눈 하나가 나올 확률은 $p(x=1)$로 표기합니다.

확률 분포probability distribution는 일어날 수 있는 모든 값에 대해 그 확률을 나타낸 것입니다. 예를 들어 [표 1-1]은 주사위의 눈 {1, 2, 3, 4, 5, 6}의 값 각각에 대한 확률을 기록한 확률 분포입니다.

표 1-1 주사위 눈의 확률 분포

주사위의 눈 x	1	2	3	4	5	6
확률 $p(x)$	$\frac{1}{6}$	$\frac{1}{6}$	$\frac{1}{6}$	$\frac{1}{6}$	$\frac{1}{6}$	$\frac{1}{6}$

이 표가 발생 가능한 값 모두의 확률을 표현한다면 '확률 변수 x는 [표 1-1]의 확률 분포를 따른다'라고 말합니다. 그리고 이 확률 분포를 바탕으로 실제 값이 생성됩니다. 이때 확률 분포에서 실제로 얻은 값 하나하나를 **관측값**observed value 또는 **관측 데이터**라고 하며, 단순히 **값** 혹은 **데이터**라고도 합니다. 그리고 관측값의 집합을 **샘플**sample 또는 **표본**이라고 합니다(그림 1-1).

그림 1-1 확률 분포, 샘플, 관측값

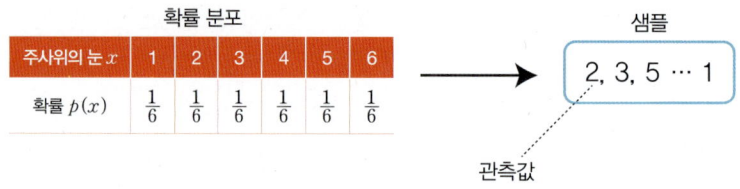

또한 [표 1-1]의 확률 분포는 각 눈이 나올 확률이 모두 $\frac{1}{6}$로 동일합니다. 이러한 확률 분포를 **균등 분포**uniform distribution라고 합니다. 물론 주사위의 확률 분포가 꼭 균등 분포일 필요는 없습니다. 단, 확률 분포로 성립하려면 다음 두 조건을 만족해야 합니다.

확률 분포가 되기 위한 조건

N개의 이산값 $\{x_1, x_2 \cdots x_N\}$을 취하는 확률 변수를 x라 하겠습니다. 또한 편의상 $p(x=x_k)$를 $p(x_k)$로 단순화해 표기했습니다.

1. 각 값의 발생 확률은 모두 0 이상 1 이하

$$0 \leq p(x_k) \leq 1 \quad (k = 1, 2 \cdots N)$$

2. 모든 확률을 다 더하면 1

$$\sum_{k=1}^{N} p(x_k) = 1$$

> **WARNING_** 통계학이나 확률론에서 확률 변수는 대문자로, 관측값은 소문자로 표기하는 것이 관례입니다 (예: 확률 변수 X, 관측값 x). 단, 이 책의 내용을 이해하는 데는 대소문자 구분이 필요하지 않습니다(오히려 초심자에게 혼란을 줄 수 있습니다). 그래서 이 책에서는 확률 변수를 소문자로만 표기하겠습니다.

1.1.2 확률 분포의 종류

확률 분포는 이산 확률 분포와 연속 확률 분포로 나뉩니다. **이산 확률 분포**는 확률 변수가 이산값 (1, 2, 3과 같이 딱딱 떨어지는 값)을 취하는 분포입니다. 앞의 주사위 예도 이산 확률 분포입니다. 반면 **연속 확률 분포**는 확률 변수가 연속적인 값을 취합니다. 예를 들어 키와 기온은 연속 확률 분포입니다(그림 1-2).

그림 1-2 이산 확률 분포와 연속 확률 분포

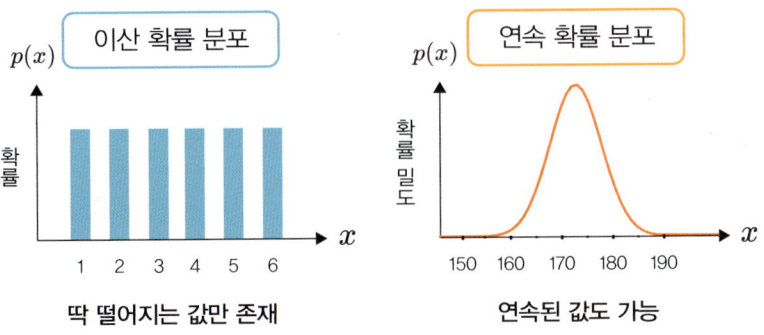

그림에서 보듯 이산 확률 변수에서 $p(x)$는 확률을 나타냅니다. 한편 연속 확률 변수에서 $p(x)$는 확률 밀도를 나타냅니다. 확률 밀도는 '확률 밀도 함수'라고도 합니다.

> **NOTE_** 연속 확률 변수의 경우, 예컨대 'x = 170일 **확률**은 0.08이다'라는 말은 잘못된 표현입니다. $p(x)$는 확률 밀도이지 확률이 아닙니다. 정확하게 표현하려면 'x = 170일 **확률 밀도**는 0.08이다'라고 해야 합니다.

연속 확률 분포의 경우에도 확률을 구할 수 있습니다. 더 정확하게는 'x가 특정 구간에 있을 확률'을 구할 수 있으며 그 값은 '특정 구간의 곡선 아래 면적'에 해당합니다. 예를 들어 x가 $170 \leq x \leq 180$ 구간에 있을 확률은 [그림 1-3]과 같이 적분 $\int_{170}^{180} p(x)dx$로 구할 수 있습니다.

그림 1-3 x가 $170 \leq x \leq 180$ 구간에 있을 확률은 해당 구간의 곡선 아래 면적으로 구할 수 있다.

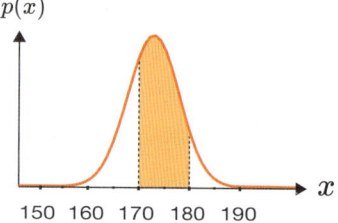

또한 연속 확률 분포도 확률 분포로 성립하려면 다음 두 조건을 만족해야 합니다.

1. (모든 x에서) 확률 밀도는 0 이상

$$p(x) \geq 0$$

2. 전체 구간에서 확률 밀도의 적분값은 1

$$\int_{-\infty}^{\infty} p(x)dx = 1$$

1.1.3 기댓값과 분산

확률 분포의 특징을 나타내는 중요한 값으로 기댓값과 분산이 있습니다. **기댓값**expected value은 한 번의 관측으로 얻을 수 있는 값의 평균입니다. 그래서 기댓값을 가리켜 단순히 평균이라고 부르기도 합니다. 기댓값을 정의하는 식은 다음과 같습니다.

이산 확률 분포일 때

$$\mathbb{E}[x] = \sum_{k=1}^{N} x_k p(x_k)$$

연속 확률 분포일 때

$$\mathbb{E}[x] = \int_{-\infty}^{\infty} x p(x) dx$$

이 책에서는 기댓값을 $\mathbb{E}[x]$ 형태로 표기합니다. 기댓값은 얻을 수 있는 모든 가능한 값과 그 일이 일어날 확률의 곱을 더한 값으로 표현합니다. 이산 확률 분포에서는 합($\sum$)으로, 연속 확률 분포에서는 적분($\int$)으로 구할 수 있습니다.

> **NOTE_** 이 책에서는 확률 변수 x의 기댓값을 $\mathbb{E}[x]$로, 분산을 $\mathrm{Var}[x]$로 표기합니다. 또한 기댓값을 μ로, 분산을 σ^2으로 표현하기도 합니다. μ는 '뮤', σ는 '시그마'라고 읽습니다.

다음은 **분산**variance입니다. 분산은 다음 식으로 표현합니다.

$$\mathrm{Var}[x] = \mathbb{E}[(x-\mu)^2]$$

보다시피 분산은 x와 μ의 차를 제곱하고 그 기댓값을 구해 얻습니다. 분산은 기댓값 μ를 중심으로 확률 변수의 값이 어느 정도 분산되어 있는지를 나타냅니다. 분산이 작을수록 확률 변수가 취할 수 있는 값이 기댓값 주변에 모여 있다는 뜻입니다. 이산 확률 분포와 연속 확률 분포에서 분산은 각각 다음처럼 계산할 수 있습니다.

이산 확률 분포일 때

$$\begin{aligned}\mathrm{Var}[x] &= \mathbb{E}[(x-\mu)^2] \\ &= \sum_{k=1}^{N}(x_k-\mu)^2 p(x_k)\end{aligned}$$

연속 확률 분포일 때

$$\text{Var}[x] = \mathbb{E}[(x-\mu)^2]$$
$$= \int_{-\infty}^{\infty} (x-\mu)^2 p(x) dx$$

> **NOTE_** 분산의 제곱근을 취한 값을 **표준 편차**standard deviation라고 합니다. 즉, 분산이 σ^2일 때 표준 편차는 σ입니다. 분산은 원래 데이터와 기댓값의 차이의 제곱이므로 그 단위가 원래 데이터와 다릅니다. 한편 분산의 제곱근을 취해 표준 편차를 구하면 단위가 원래의 데이터와 같아지므로 직관적으로 쉽게 이해할 수 있습니다.

간단한 확률 분포라면 수식을 계산하여 기댓값과 분산을 구할 수 있습니다. 이산 확률 분포인 [그림 1-1]의 주사위 예(균등 분포)에서 기댓값, 분산, 표준 편차를 구해보죠. 다음과 같이 계산할 수 있습니다.

$$\mu = 1 \cdot \frac{1}{6} + 2 \cdot \frac{1}{6} + 3 \cdot \frac{1}{6} + 4 \cdot \frac{1}{6} + 5 \cdot \frac{1}{6} + 6 \cdot \frac{1}{6}$$
$$= 3.5$$
$$\sigma^2 = (1-3.5)^2 \cdot \frac{1}{6} + (2-3.5)^2 \cdot \frac{1}{6} + (3-3.5)^2 \cdot \frac{1}{6} +$$
$$(4-3.5)^2 \cdot \frac{1}{6} + (5-3.5)^2 \cdot \frac{1}{6} + (6-3.5)^2 \cdot \frac{1}{6}$$
$$= 2.916\cdots$$
$$\sigma = \sqrt{2.916\cdots}$$
$$= 1.707\cdots$$

이상으로 확률의 기초를 복습해보았습니다. 이어서 정규 분포에 대해 알아봅시다.

1.2 정규 분포

확률 분포에는 균등 분포, 이항 분포 등 몇 가지 대표적인 분포가 존재합니다. 그중에서도 **정규 분포**normal distribution는 특히 중요한 확률 분포입니다. 정규 분포는 독일의 수학자 '카를 프리드리히 가우스'의 이름을 따서 가우스 분포라고도 합니다. 이번 절에서는 정규 분포를 수식으로 알아본 다음, 이어서 파이썬으로 코딩까지 해보겠습니다.

1.2.1 정규 분포의 확률 밀도 함수

정규 분포는 연속 확률 분포입니다. 확률 변수 x가 평균이 μ이고 표준 편차가 σ인 정규 분포를 따른다고 가정해보죠. 이때 정규 분포의 확률 밀도 함수는 다음 식으로 정의합니다.

$$p(x) = \frac{1}{\sqrt{2\pi}\sigma} e^{-\frac{(x-\mu)^2}{2\sigma^2}}$$

이 식에서 e는 네이피어 상수(자연로그의 밑, 오일러 상수)를 나타내며, 값은 $e = 2.71828\cdots$ 입니다. 네이피어 상수의 지수 표기인 $e^\bigcirc$는 지수 부분을 읽기 쉽게 하기 위해 $\exp(\bigcirc)$ 형태로도 표기합니다. 이 책에서는 후자의 표기법을 사용하여 앞의 식을 다음과 같이 표기합니다.

$$p(x) = \frac{1}{\sqrt{2\pi}\sigma} \exp\left(-\frac{(x-\mu)^2}{2\sigma^2}\right)$$

이 식에서 $p(x)$는 'x를 인수로 받아 확률 밀도를 반환하는 함수'로 해석할 수 있습니다. 여기서 정규 분포의 모양은 μ와 σ에 의해 결정되는데, 이처럼 확률 분포의 모양을 결정하는 요인을 **매개변수**parameter라고 합니다. 한편 매개변수인 μ와 σ도 인수에 추가하여 확률 밀도 함수를 $p(x; \mu, \sigma)$ 형태로 표기하기도 합니다.

$$p(x; \mu, \sigma) = \frac{1}{\sqrt{2\pi}\sigma} \exp\left(-\frac{(x-\mu)^2}{2\sigma^2}\right)$$

그런데 매개변수를 인수로 추가할 때 쉼표(,)가 아닌 세미콜론(;)을 썼습니다. 이는 확률 변수와 매개변수를 구분하기 위함입니다. 즉, 세미콜론 왼쪽은 확률 변수를, 오른쪽은 매개변수를 뜻합니다. 예컨대 $p(a, b; c, d, e)$에서 각 변수는 [그림 1-4]와 같은 역할을 합니다.

그림 1-4 세미콜론(;)의 왼쪽 인수들은 확률 변수를, 오른쪽 인수들은 그 외의 변수(매개변수 등)를 뜻한다.

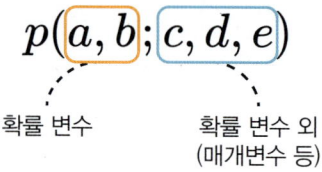

> **NOTE_** 확률 변수는 값이 확률적으로 결정됩니다. 반면 매개변수의 값은 그렇지 않습니다. 매개변수의 값은 누군가가 적당히 정할 수도 있고, 어떤 기준에 따라 적절한 값을 설정할 수도 있습니다. 물론 매개변수도 확률적으로 다룰 수 있지만, 이 책에서는 그렇게 하지 않습니다. 매개변수를 확률로 다루는 방식을 **베이지안 접근법**Bayesian approach이라고도 합니다.

정규 분포는 특수한 확률 분포이기 때문에 수식으로 표기할 때 p가 아닌 $\mathcal{N}$을 쓰기도 합니다. $\mathcal{N}$은 Normal Distribution의 머리글자 'N'에서 따온 기호입니다. 이때 정규 분포는 다음 식으로 표현합니다.

$$\mathcal{N}(x; \mu, \sigma) = \frac{1}{\sqrt{2\pi}\sigma} \exp\left(-\frac{(x-\mu)^2}{2\sigma^2}\right)$$

1.2.2 정규 분포 코드

정규 분포를 코드로 작성해봅시다. 수식을 그대로 코드로 옮기면 다음과 같습니다.

```python
import numpy as np

def normal(x, mu=0, sigma=1):
    y = 1 / (np.sqrt(2 * np.pi) * sigma) * np.exp(-(x - mu)**2 / (2 * sigma**2))
    return y
```
step01/norm_dist.py

수식의 평균 μ를 코드에서는 변수 mu에, 표준 편차 σ를 sigma에 대응시켰습니다. 평균과 표준 편차의 기본값은 각각 0(mu=0)과 1(sigma=1)입니다. 평균이 0이고 표준 편차가 1인 정규 분포를 **표준 정규 분포**라고 하며 수식으로는 다음처럼 표현합니다.

$$\mathcal{N}(x; \mu=0, \sigma=1) = \frac{1}{\sqrt{2\pi}} \exp\left(-\frac{x^2}{2}\right)$$

이어서 정규 분포를 시각화하는 코드를 살펴보겠습니다.

```
                                                            step01/norm_dist.py
import matplotlib.pyplot as plt

x = np.linspace(-5, 5, 100)   # [-5, -4.8989899, -4.7979798 … 5]
y = normal(x)

plt.plot(x, y)
plt.xlabel('x')
plt.ylabel('y')
plt.show()
```

여기서 x에는 -5에서 5까지 범위를 똑같은 간격으로 나눈 100개의 값이 담겨 있습니다. 이러한 x의 원소 각각에 정규 분포 함수 normal()을 적용하면 y를 구할 수 있습니다. 이 x와 y를 그래프로 표현하면 [그림 1-5]와 같습니다.

그림 1-5 평균 0, 표준 편차 1인 정규 분포

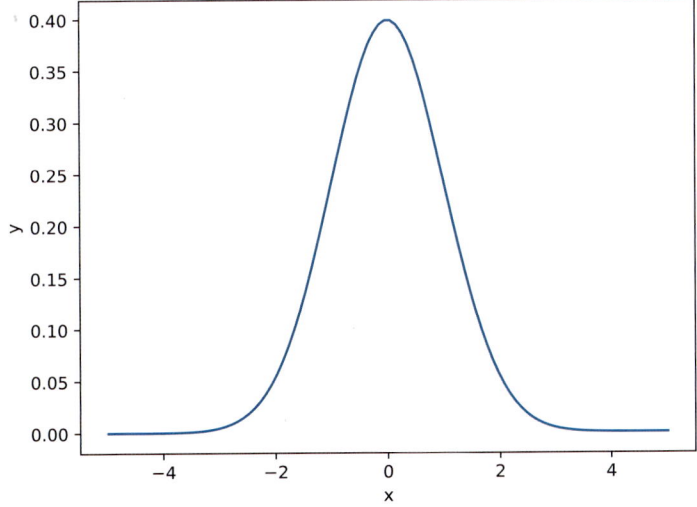

[그림 1-5]는 평균 0, 표준 편차 1인 정규 분포입니다. 평균인 0을 중심으로 좌우 대칭인 산 모양입니다. 이러한 곡선의 형태를 **종 모양 곡선**bell curve이라고도 합니다.

1.2.3 매개변수의 역할

정규 분포에는 평균(μ)과 표준 편차(σ)라는 두 가지 매개변수가 존재합니다. 두 매개변수의 값에 따라 정규 분포의 형태가 결정됩니다. 이번 절에서는 이 매개변수들의 값을 바꿔가며 정규 분포의 모양이 어떻게 변하는지 살펴보겠습니다. 우선 표준 편차 sigma는 고정하고, 평균 mu만을 변경하여 그래프를 그려봅니다(그림 1-6). 코드는 다음과 같습니다.

```
x = np.linspace(-10, 10, 1000)

y0 = normal(x, mu=-3)
y1 = normal(x, mu=0)
y2 = normal(x, mu=5)

plt.plot(x, y0, label='$\mu$=-3')
plt.plot(x, y1, label='$\mu$=0')
plt.plot(x, y2, label='$\mu$=5')
plt.legend()
plt.xlabel('x')
plt.ylabel('y')
plt.show()
```
step01/norm_param.py

그림 1-6 평균이 각각 -3, 0, 5인 정규 분포(표준 편차는 모두 1)

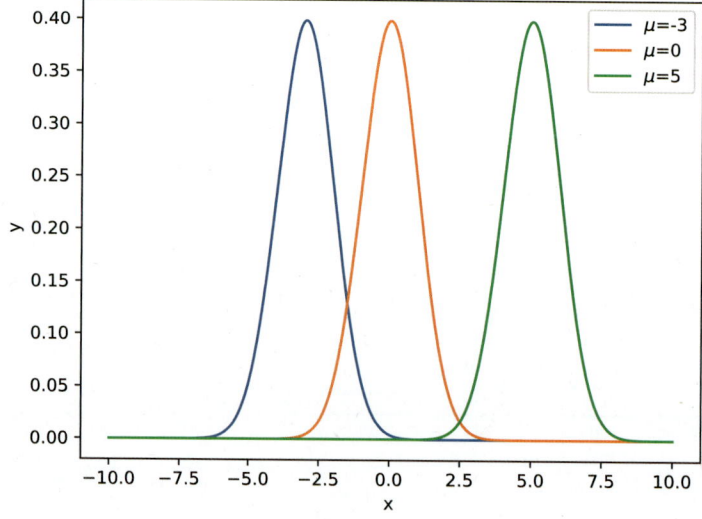

산의 모양은 모두 같지만 확률 밀도가 최대가 되는 위치가 다릅니다. $\mu = 0$인 정규 분포에서는 $x = 0$에서, $\mu = -3$인 정규 분포는 $x = -3$에서 값이 최대가 됩니다. 이처럼 산 정상의 위치는 평균인 μ가 결정합니다. 다음으로 정규 분포의 표준 편차를 변경해보겠습니다.

```
                                                        step01/norm_param.py
y0 = normal(x, mu=0, sigma=0.5)
y1 = normal(x, mu=0, sigma=1)
y2 = normal(x, mu=0, sigma=2)

plt.plot(x, y0, label='$\sigma$=0.5')
plt.plot(x, y1, label='$\sigma$=1')
plt.plot(x, y2, label='$\sigma$=2')
plt.legend()
plt.xlabel('x')
plt.ylabel('y')
plt.show()
```

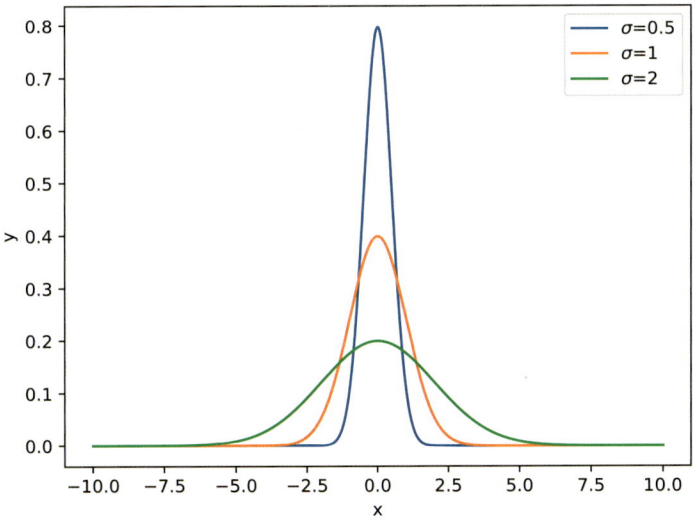

그림 1-7 표준 편차가 각각 0.5, 1, 2인 정규 분포(평균은 모두 0)

이번에는 평균을 모두 0으로 고정했습니다. 이 상태로 표준 편차를 변경하면 산의 모양이 바뀝니다. $\sigma = 0.5$인 정규 분포는 폭이 좁고 높습니다. 반면 $\sigma = 2$인 정규 분포는 넓고 낮습니다. 이처럼 표준 편차가 커질수록 산은 낮고 넓어집니다.

1.3 중심 극한 정리

정규 분포가 가장 중요한 확률 분포인 이유는 **중심 극한 정리**central limit theorem로 설명할 수 있습니다. 중심 극한 정리는 통계학에서 가장 아름다운 정리로 손꼽힙니다. 이번 절에서는 중심 극한 정리를 설명하고 실험을 통해 이 정리가 성립함을 알아봅니다.

1.3.1 중심 극한 정리란?

임의의 확률 분포 $p(x)$가 있다고 합시다. 이때 $p(x)$는 어떤 확률 분포라도 상관없습니다. $p(x)$에서 독립적으로 생성된 N개의 데이터를 $\{x^{(1)}, x^{(2)} \cdots x^{(N)}\}$이라고 한다면, 그 **표본 평균**sample average은 다음 식으로 표현할 수 있습니다.

$$\bar{x} = \frac{x^{(1)} + x^{(2)} + \cdots + x^{(N)}}{N}$$

여기서 흥미로운 일이 벌어집니다. $p(x)$의 확률 분포가 무엇이든 표본 평균 $\bar{x}$의 분포는 샘플 크기가 커질수록, 즉 N이 커질수록 정규 분포에 가까워집니다. 그리고 그 분산은 $p(x)$의 분산의 $\frac{1}{N}$배가 됩니다(그림 1-8).

그림 1-8 중심 극한 정리

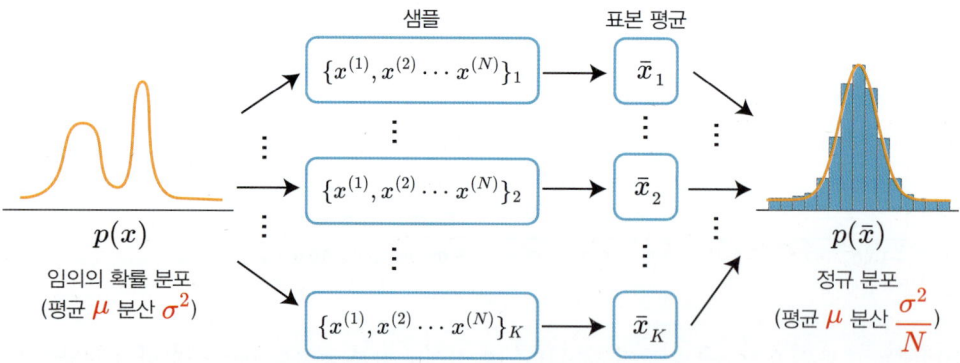

[그림 1-8]은 중심 극한 정리를 표현한 그림입니다. 임의의 확률 분포 $p(x)$가 있고 그 확률 분포로부터 무작위로 N개의 샘플 $\{x^{(1)}, x^{(2)} \cdots x^{(N)}\}$을 추출하여 샘플들의 표본 평균 $\bar{x}$를 구

합니다. 표본 평균을 구하는 이 과정을 여러 번(그림에서는 K번) 반복하면 표본 평균 $\bar{x}$의 분포를 알 수 있습니다. $p(x)$가 평균이 μ이고 분산이 σ^2인 확률 분포라고 가정하면, 표본 평균 $\bar{x}$의 분포는 평균이 μ이고 분산이 $\frac{\sigma^2}{N}$인 정규 분포에 가까워집니다. 다음 절에서는 실험을 통해 이러한 성질이 성립함을 확인하겠습니다.

> **NOTE_** 중심 극한 정리를 증명하려면 높은 수준의 수리통계학 지식이 필요하여 이 책에서는 다루지 않습니다. 관심 있는 분은 수리통계학 도서를 참고하기 바랍니다.

1.3.2 중심 극한 정리 실험

중심 극한 정리는 수식으로 증명할 수 있지만, 여기서는 실험을 통해 이 정리가 성립함을 확인합니다. 다음 코드부터 시작하겠습니다.

```python
import numpy as np

N = 3    # 샘플 크기

xs = []
for n in range(N):
    x = np.random.rand()    # 균등 분포로부터 무작위 샘플링
    xs.append(x)

x_mean = np.mean(xs)    # 표본들의 평균 계산
print(x_mean)
```

실행 결과

```
0.5659601119372673
```

중심 극한 정리에서 중요한 점은 $p(x)$가 어떤 확률 분포이든($p(x)$의 평균과 분산만 알 수 있다면), 표본 평균의 분포는 정규 분포에 가까워진다는 사실입니다. 지금 코드에서는 $p(x)$를 균등 분포로 설정했습니다. 균등 분포에서 표본 평균의 분포가 정말 정규 분포에 가까워지는지 살펴봅시다.

앞의 코드에서 np.random.rand()는 0 이상 1 미만의 무작위 수를 균등 분포로 생성합니다. 샘플 크기는 N으로 설정하고 균등 분포에서 생성된 무작위 수들을 리스트 xs에 담습니다. 마지막으로 np.mean(xs) 코드에서 표본 평균을 구합니다.

다음으로 앞의 코드에서 수행한 작업을 1만 번 수행한 후, 그때 표본 평균의 분포를 그래프로 그려보겠습니다.

```python
step01/sample_avg.py
import numpy as np
import matplotlib.pyplot as plt

x_means = []
N = 1  # 우선 샘플 크기가 1인 경우부터

for _ in range(10000):
    xs = []
    for n in range(N):
        x = np.random.rand()  # 균등 분포로부터 샘플링
        xs.append(x)
    mean = np.mean(xs)  # 표본 평균
    x_means.append(mean)

# 그래프 그리기
plt.hist(x_means, bins='auto', density=True)
plt.title(f'N={N}')
plt.xlabel('x')
plt.ylabel('Probability Density')  # y축은 '확률 밀도'
plt.xlim(-0.05, 1.05)   # x축 범위
plt.ylim(0, 5)          # y축 범위
plt.show()
```

히스토그램을 그리려면 plt.hist()를 사용합니다. 인수 bins와 density의 의미는 [표 1-2]와 같습니다.

표 **1-2** plt.hist()의 인수

인수	설명
bins	데이터 구간(bin) 생성 방법을 지정한다. auto로 설정하면 입력 데이터에 따라 적절한 데이터 구간을 자동으로 설정해준다.
density	세로축의 의미를 변경한다. False로 설정하면 각 구간에 포함된 데이터 개수가 된다. True로 설정하면 확률 밀도가 되도록 조정하며, 이때 히스토그램의 면적은 1이 된다.

한편 그래프의 x축 범위를 $-0.05 \sim 1.05$로 설정하고, y축은 $0 \sim 5$로 설정하였습니다. 뒤이어 N의 값을 변경한 후의 그래프들과 비교하기 편하도록 한 설정입니다. 이제 코드를 실행하면 결과는 [그림 1-9]와 같습니다. 샘플 크기가 1이므로(N=1) 균일한 분포를 유지합니다.

그림 1-9 표본 평균 히스토그램(샘플 크기는 1)

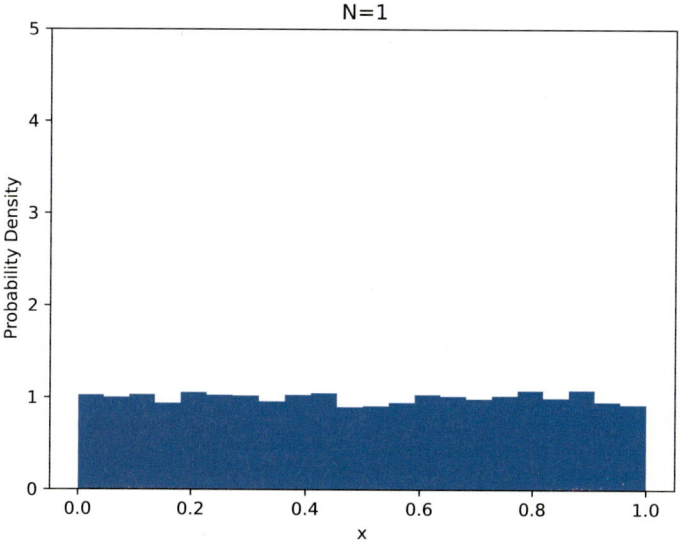

그럼 샘플 크기 N을 변경해가며 실험해보겠습니다. [그림 1-10]은 N=1, N=2, N=4, N=10 으로 설정해 실행한 결과입니다.

그림 1-10 샘플 크기를 변경한 표본 평균 히스토그램

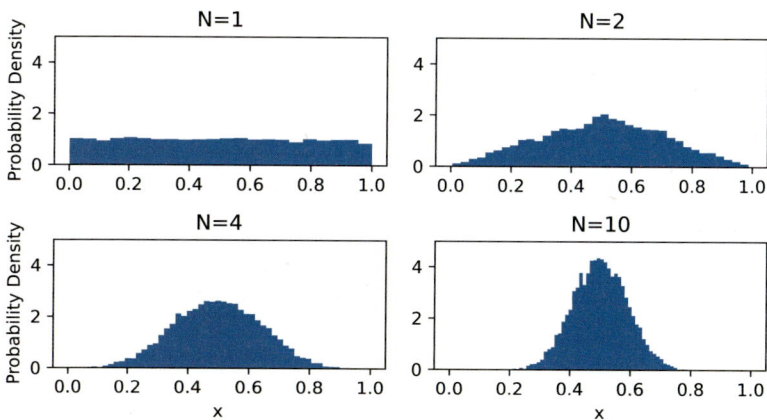

앞서와 마찬가지로 N=1이면 균등 분포지만, 값이 커질수록 정규 분포에 가까워짐을 알 수 있습니다. N=4에서는 거의 정규 분포처럼 보입니다. 그리고 N이 커질수록 산의 폭이 좁아집니다. 즉, 분산이 작아짐을 확인할 수 있습니다.

1.4 표본 합의 확률 분포

중심 극한 정리에 의해, 평균이 μ이고 분산이 σ^2인 확률 분포 $p(x)$로부터 독립적으로 추출한 샘플 $\{x^{(1)}, x^{(2)} \cdots x^{(N)}\}$의 표본 평균은 N이 커질수록 평균이 μ이고 분산이 $\frac{\sigma^2}{N}$인 정규 분포에 가까워짐을 알 수 있습니다. 이때 표본 평균은 다음 식으로 표현합니다.

$$\bar{x} = \frac{x^{(1)} + x^{(2)} + \cdots + x^{(N)}}{N}$$

다음으로 생각해볼 문제는 표본 평균이 아닌 '표본 합'입니다. 표본 합은 다음 식으로 표현합니다.

$$s = x^{(1)} + x^{(2)} + \cdots + x^{(N)}$$

표본 합 s는 어떤 확률 분포에 가까울까요?

1.4.1 표본 합의 기댓값과 분산

표본 합은 $s = N\bar{x}$로 단순히 $\bar{x}$에 N을 곱한 값입니다. $\bar{x}$가 정규 분포에 가까워진다면, 그것을 N배로 늘린 s도 정규 분포에 가까워짐은 자명합니다. 이제 남은 일은 어떤 형태의 정규 분포인가, 즉 확률 분포 $p(s)$의 평균(기댓값)과 분산이 어떤 형태인가 하는 문제입니다. 수식으로는 다음처럼 표현할 수 있습니다.

> **문제** $\mathbb{E}[\bar{x}] = \mu$, $\text{Var}[\bar{x}] = \frac{\sigma^2}{N}$일 때 $\mathbb{E}[N\bar{x}]$와 $\text{Var}[N\bar{x}]$를 구하라.

이 문제를 해결하기 위해 다음 공식을 사용합니다.

$$\mathbb{E}[Nx] = N\mathbb{E}[x]$$

여기서 N은 상수입니다. 상수의 곱셈은 $\mathbb{E}$ 밖으로 꺼낼 수 있습니다. 이 공식이 성립함은 다음과 같이 증명할 수 있습니다.

$$\begin{aligned}\mathbb{E}[Nx] &= \int Nxp(x)dx \\ &= N\int xp(x)dx \\ &= N\mathbb{E}[x]\end{aligned}$$

그럼 앞의 문제를 풀어보겠습니다. N이 상수이므로 식을 다음처럼 확장할 수 있습니다.

$$\begin{aligned}\mathbb{E}[N\bar{x}] &= N\mathbb{E}[\bar{x}] \\ &= N\mu\end{aligned}$$

$$\begin{aligned}\text{Var}[N\bar{x}] &= \mathbb{E}[(N\bar{x} - N\mu)^2] \\ &= \mathbb{E}[N^2(\bar{x} - \mu)^2] \\ &= N^2\mathbb{E}[(\bar{x} - \mu)^2] \\ &= N^2\text{Var}[\bar{x}] \\ &= N^2\frac{\sigma^2}{N} \\ &= N\sigma^2\end{aligned}$$

이로부터 표본 합 s의 분포는 평균이 $N\mu$이고 분산이 $N\sigma^2$인 정규 분포에 가까워지는 것으로 나타났습니다.

1.4.2 코드로 확인

이번 실험의 대상은 0과 1 사이의 균등 분포로부터 추출한 샘플입니다. 0과 1 사이 균등 분포의 평균은 $\frac{1}{2}$이고, 분산은 $\frac{1}{12}$입니다(균등 분포의 평균과 분산 계산법은 바로 다음 절에서 설명합니다). 따라서 샘플 크기가 N인 표본 합의 분포는 평균이 $\frac{N}{2}$이고 분산이 $\frac{N}{12}$인 정규 분포에 가까워집니다(그림 1-11).

그림 1-11 균등 분포에서 N개를 추출한 표본 합의 분포

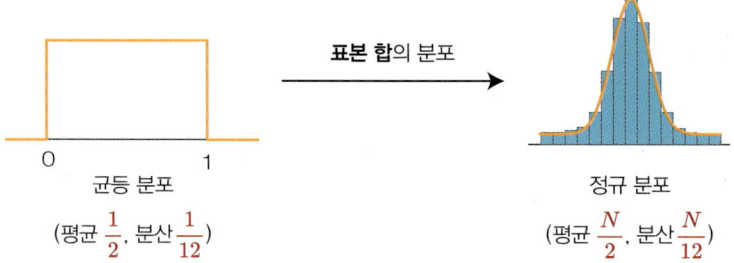

실제 표본 합의 분포를 코드로 확인해봅시다.

step01/sample_sum.py
```python
import numpy as np
import matplotlib.pyplot as plt

x_sums = []
N = 5

for _ in range(10000):
    xs = []
    for n in range(N):
        x = np.random.rand()  # 균등 분포로부터 무작위 수 추출
        xs.append(x)
    t = np.sum(xs)  # 표본 합 계산
    x_sums.append(t)

# 정규 분포
def normal(x, mu=0, sigma=1):
    y = 1 / (np.sqrt(2 * np.pi) * sigma) * np.exp(-(x - mu)**2 / (2 * sigma**2))
    return y
x_norm = np.linspace(-5, 5, 1000)
mu = N / 2
sigma = np.sqrt(N / 12)
y_norm = normal(x_norm, mu, sigma)

# 그래프 그리기
```

```
plt.hist(x_sums, bins='auto', density=True)
plt.plot(x_norm, y_norm)
plt.title(f'N={N}')
plt.xlim(-1, 6)  # x축의 범위를 -1~6으로 설정
plt.show()
```

N=5로 설정하여 총 5개짜리 표본 합의 분포를 히스토그램으로 그렸습니다. 표본 합은 np.sum(xs)로 구합니다. 코드를 실행하면 [그림 1-12]를 얻을 수 있습니다.

그림 1-12 표본 합의 히스토그램(샘플 크기는 5)

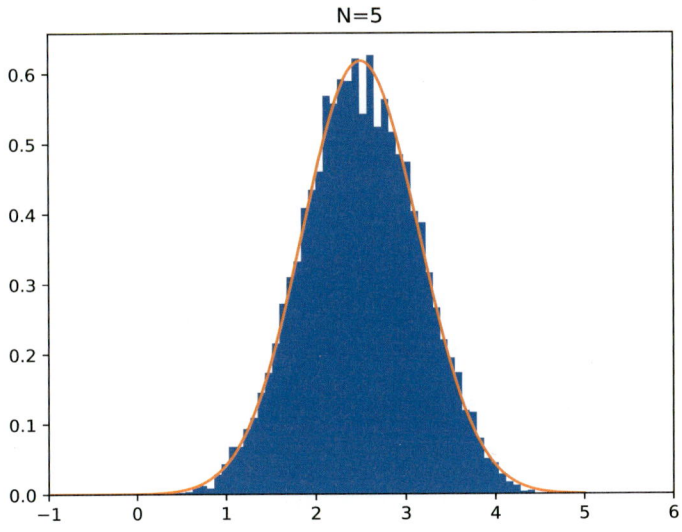

히스토그램은 정규 분포 형태를 띠고 있습니다. 수식으로 그린 정규 분포(평균 $\frac{N}{2}$, 분산 $\frac{N}{12}$)인 주황색 곡선과도 잘 일치합니다. 이번에는 균등 분포가 대상이었지만, 임의의 확률 분포에서 생성되는 표본 합도 정규 분포에 가까워집니다.

1.4.3 균등 분포의 평균과 분산 ⭐

마지막으로, 0과 1 사이의 균등 분포인 [그림 1-13]의 평균이 $\frac{1}{2}$이고 분산이 $\frac{1}{12}$임을 증명하겠습니다.

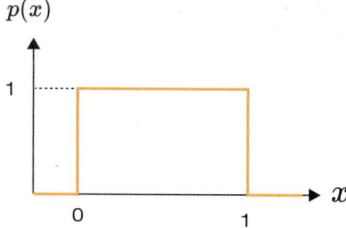

그림 1-13 0과 1 사이의 균등 분포 그래프

균등 분포의 평균과 분산은 정의식에 따라 계산할 수 있습니다. 먼저 평균 μ를 계산해보겠습니다.

$$\begin{aligned}
\mu &= \int_{-\infty}^{\infty} xp(x)dx \\
&= \int_{-\infty}^{0} x \underbrace{p(x)}_{=0} dx + \int_{0}^{1} x \underbrace{p(x)}_{=1} dx + \int_{1}^{\infty} x \underbrace{p(x)}_{=0} dx \\
&= \int_{0}^{1} x dx \\
&= \left[\frac{1}{2}x^2\right]_{0}^{1} \\
&= \frac{1}{2}
\end{aligned}$$

균등 분포 $p(x)$는 0에서 1 사이에서만 1이며 그 외에는 0입니다. 식으로 나타내면 다음과 같습니다.

$$\int_{-\infty}^{\infty} xp(x)dx = \int_{0}^{1} xdx$$

이어서 분산 σ^2을 구해봅시다.

$$\begin{aligned}
\sigma^2 &= \int_{-\infty}^{\infty} (x-\mu)^2 p(x)dx \\
&= \int_{0}^{1} \left(x - \frac{1}{2}\right)^2 dx \\
&= \int_{0}^{1} \left(x^2 - x + \frac{1}{4}\right) dx
\end{aligned}$$

$$= \left[\frac{1}{3}x^3 - \frac{1}{2}x^2 + \frac{1}{4}x\right]_0^1$$
$$= \frac{1}{3} - \frac{1}{2} + \frac{1}{4}$$
$$= \frac{1}{12}$$

이상으로 0에서 1 사이 균등 분포의 평균은 $\frac{1}{2}$이고 분산이 $\frac{1}{12}$임을 증명했습니다.

1.5 우리 주변의 정규 분포

중심 극한 정리를 통해 임의의 확률 분포의 표본 평균과 표본 합은 정규 분포에 가까워짐을 알 수 있습니다. 이러한 특징 덕에 우리 주변 곳곳에서 정규 분포를 볼 수 있습니다. 이번 절에서는 주변에서 볼 수 있는 정규 분포의 예를 몇 가지 소개합니다.

> **NOTE_** 정규 분포는 영어로 Normal Distribution이라고 합니다. 여기서 Normal이 '표준' 혹은 '전형적'이라는 뜻이죠. 흔히 볼 수 있는 전형적인 분포라고 해서 '정규 분포'라는 이름이 붙었습니다.

측정 오차

실험에서와 같이 어떤 기구로 한 가지를 여러 번 측정하는 상황에서 정규 분포를 흔히 볼 수 있습니다. 특히 관리가 잘 되고 환경이 잘 갖춰진 상태에서의 측정값은 정규 분포의 형태를 보입니다. 그런데 왜 정규 분포일까요?

측정 오차는 여러 요인이 복합적으로 작용하여 발생한다고 볼 수 있습니다. 여기서는 단순화하여 오차에 영향을 주는 요인이 N개 있으며, 각 요인에 따른 오차는 독립적으로 무작위하게 발생한다고 가정합시다.* 이때 첫 번째 요인의 오차를 $\varepsilon^{(1)}$로, 두 번째 요인의 오차를 $\varepsilon^{(2)}$, … 과 같이 표기하면 최종 오차는 다음 식과 같이 요인 N개의 오차를 모두 더한 값이 됩니다.

---

* 오차 요인들이 서로 연관되어 있을 수 있기 때문에 이 전제 조건이 반드시 옳다고는 할 수 없습니다.

$$\varepsilon = \varepsilon^{(1)} + \varepsilon^{(2)} + \cdots + \varepsilon^{(N)}$$

각 오차에는 무작위성이 존재하며 오차의 합은 ε입니다. 그렇다면 N이 커질수록 오차의 총합 ε은 정규 분포에 가까워집니다. 만약 정규 분포에서 벗어난 분포가 나온다면 측정 기기가 고장 났거나 측정자가 실수한 건 없는지 등의 다른 가능성을 생각해보아야 합니다.

제품 크기

제품의 크기도 정규 분포를 보입니다. 한 예로 편의점에서 판매하는 생수를 생각해봅시다. 500mL짜리 똑같은 생수병을 여러 개 모아서 무게를 측정한다면 평균이 500g 부근인 정규 분포를 보일 것입니다. 이 결과에는 측정 오차도 포함되지만, 오차가 없는 정확한 무게를 측정할 수 있다고 가정하더라도 그 분포는 정규 분포일 것입니다. 왜 정규 분포일까요?

제품이 완성되기까지는 많은 공정을 거쳐야 합니다. 이때 공정마다 작은 오차가 생길 것이고 이러한 오차들이 최종 제품에 누적됩니다. 예를 들어 물이 조금 더 담기거나 페인트가 조금 적게 칠해지거나 스티커가 살짝 커지는 등의 작은 차이들이 쌓일 것입니다. 이처럼 다양한 차이가 쌓이면 결국 정규 분포에 가까워집니다. 이러한 이유로 제품의 크기는 정규 분포가 될 가능성이 크고 실제로도 그렇습니다.

사람의 키

같은 나이, 같은 성별의 사람들 키도 정규 분포로 근삿값을 구할 수 있다고 알려져 있습니다. [그림 1-14]는 일본 17세 남학생의 키 분포입니다. 보다시피 정규 분포를 잘 따르고 있습니다. 왜 정규 분포일까요?

그림 1-14 17세 남학생의 키 분포(2016년 기준)[1]

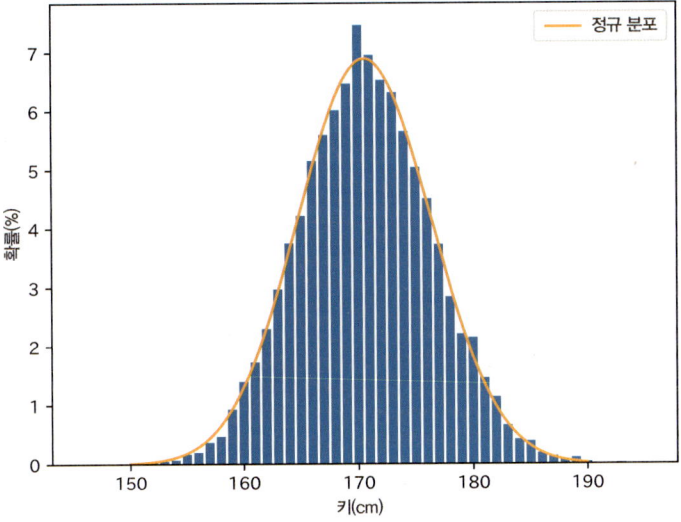

사람의 키를 결정하는 요인은 여러 가지입니다. 예를 들어 유전, 식습관, 운동, 가정환경, 생활 환경 등 다양한 요인이 복합적으로 작용할 것입니다. 이때 각 요인이 (어느 정도) 독립적으로 발생한다면, 그 합으로 인한 키의 분포는 정규 분포에 가깝다고 볼 수 있습니다.*

이처럼 우리 주변에서 정규 분포를 흔히 볼 수 있습니다. 더구나 정규 분포는 수식으로 다루기도 쉬워서 머신러닝과 통계학에서 특히 많이 사용됩니다.

---

* 사실 이 설명에 명확한 근거가 있는 것은 아닙니다. 키의 분포가 정규 분포에 가까운 것은 단순히 우연일지도 모릅니다.

CHAPTER 2

최대 가능도 추정

지난 장에서 세상에는 정규 분포와 비슷한 분포가 많다는 사실을 이야기했습니다. 이번 장에서는 그러한 분포에 대해 정규 분포를 적합fit시키는 방법을 알아봅니다. 그 방법은 바로 '최대 가능도 추정Maximum Likelihood Estimation (MLE)'입니다. 이번에 배울 내용이 이 책에서 소개하는 첫 번째 생성 모델입니다.

2.1 생성 모델 개요

2장은 생성 모델에 대한 설명으로 문을 열겠습니다. 생성 모델의 목표는 무엇이고 어떻게 만드는지를 알아보며 생성 모델을 이해해봅니다.

2.1.1 생성 모델의 목표

생성 모델의 목표는 특정 데이터 x의 확률 분포 $p(x)$를 모델링(수식으로 표현)한 다음, 마치 그 집단에서 선택된 것 같은 유사 데이터를 새롭게 생성하는 것입니다. 다르게 표현하면, 실제 데이터와 구분하기 어려운 데이터를 새로 생성해 내는 모델을 만드는 것이 목표입니다. 예를 들어 [그림 2-1]과 같이 어떤 집단의 키 확률 분포를 정규 분포로 표현했다면 이는 훌륭한 생성 모델입니다.

그림 2-1 정규 분포를 따르는 생성 모델 예

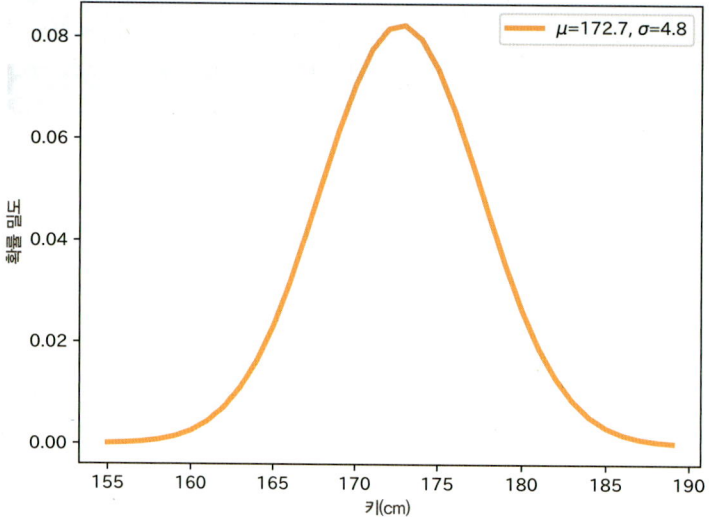

이 그래프는 평균이 172.7이고 표준 편차가 4.8인 정규 분포를 보입니다. 이렇게 집단의 특징을 모델링하는 것이 생성 모델의 목표입니다. 이렇게 하려면 확률 분포의 매개변수(정규 분포의 경우 평균과 표준 편차)를 추정해야 합니다. 적절한 매개변수를 설정하는 작업을 **매개변수 추정**parameter estimation 또는 **추론**inference이라고 합니다. 왜 추정이라 하는지 궁금할 수도 있습니다. 이유를 알려면 먼저 모집단에 대해 알아야 합니다.

2.1.2 모집단과 샘플

모집단population은 주로 통계학에서 쓰는 용어로, 대상의 전체 집합을 말합니다. 일반적으로 모집단의 규모는 방대합니다. 여론 조사에서 볼 수 있듯이 통계학에서는 제한된 수의 샘플만으로 모집단의 특성을 추정하는 일을 합니다(그림 2-2).

그림 2-2 모집단과 샘플의 관계

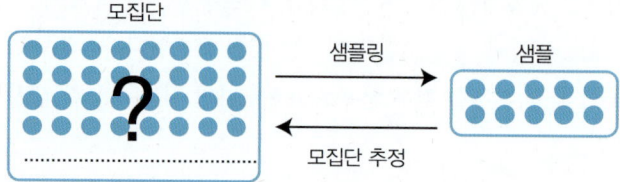

생성 모델에서도 샘플을 사용하여 모집단을 추정합니다. 생성 모델이라는 맥락에서 모집단은 '샘플을 뒷받침하는 확률 분포'입니다. 그 확률 분포를 **모집단 분포**population distribution라고 합니다 (그림 2-3).

그림 2-3 생성 모델에서 모집단 분포와 샘플의 관계

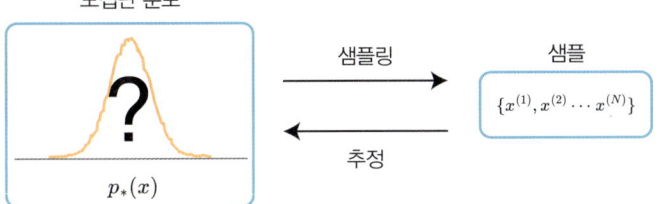

[그림 2-3]에서는 샘플이 따르는 확률 분포를 $p_*(x)$로 표기했습니다. 모집단 분포인 $p_*(x)$를 얻을 수 있다면 이상적이지만, 현실적으로 모집단 분포를 직접 알 수는 없습니다. 그래서 샘플을 바탕으로 모집단 분포를 추정합니다. 이때 일반적으로 다음 두 가지 작업을 수행합니다.

1. **모델링**: 모집단 분포를 '매개변수로 조정 가능한 확률 분포'로 비슷하게 표현할 수 있다고 가정한다.
2. **매개변수 추정**: 모델링 결과로 만들어진 확률 분포가 샘플 데이터에 부합하도록 매개변수를 추정한다.

이처럼 모델링과 매개변수 추정 작업을 통해 생성 모델이 만들어집니다. 첫 번째 모델링에서는 정규 분포와 같이 매개변수로 제어할 수 있는 확률 분포를 설정합니다. 그런 다음 매개변수 추정에서는 샘플과 가장 잘 부합하도록 매개변수를 조정합니다. 이때 최대 가능도 추정 기법을 사용합니다. 최대 가능도 추정에 대해서는 2.3절에서 설명합니다.

2.2 실제 데이터로 생성 모델 구현

이번 절에서는 실제 관측 데이터를 이용하여 생성 모델을 구현합니다. 사용하는 데이터셋은 SOCR 데이터[2]입니다. 이 데이터셋에는 1993년 당시 18세인 홍콩인들의 키 데이터 2만 5천 건이 담겨 있습니다. 단, 데이터 자체는 실제 조사 결과를 바탕으로 만들어진 가상의 데이터입니다. 이 데이터셋을 다루기 쉽도록 수정*한 파일을 예제 코드 깃허브 저장소에 올려두었습니다. 디렉터리 위치는 step02이며 파일 이름은 height.txt입니다.

---

* 단위를 인치에서 센티미터로 변환했습니다.

2.2.1 키 데이터셋 불러오기

키 데이터셋을 불러와 히스토그램을 그려보겠습니다.

```python
import os
import numpy as np
import matplotlib.pyplot as plt

path = os.path.join(os.path.dirname(__file__), 'height.txt')  # 절대 경로 생성
xs = np.loadtxt(path)      # 파일 불러오기
print(xs.shape)            # (25000,)

plt.hist(xs, bins='auto', density=True)
plt.xlabel('Height(cm)')
plt.ylabel('Probability Density')
plt.show()
```

step02/hist.py

__file__은 실행 중인 파일의 경로를 뜻하며(step02/hist.py) os.path.dirname(__file__)은 실행 파일의 디렉터리를 가져오는 코드입니다. 여기서는 os.path.join() 함수를 이용하여 파이썬 코드가 실행되는 디렉터리와 height.txt를 결합하여 파일의 절대 경로를 만들었습니다. 그리고 절대 경로를 np.loadtxt() 함수에 건네 height.txt 파일을 불러옵니다. 이렇게 하여 파일에 담긴 데이터를 1차원 배열로 불러올 수 있습니다.

> **NOTE_** 파일을 불러올 때 상대 경로가 아닌 절대 경로를 지정했습니다. 파이썬을 실행하는 디렉터리와 파일이 있는 디렉터리가 달라도 제대로 동작하도록 하기 위해서입니다.
> 한편 주피터 노트북에서는 __file__을 사용할 수 없어서 이 코드를 실행하면 오류가 납니다. 노트북 형식의 파일은 notebooks/02_mle.ipynb에 준비되어 있으니 노트북으로 실행하고 싶은 분은 참고하기 바랍니다.

결과적으로 xs는 2만 5천 개의 원소를 담은 1차원 배열이 됩니다. xs를 히스토그램으로 그리면 [그림 2-4]와 같습니다.

그림 2-4 키 데이터셋 히스토그램

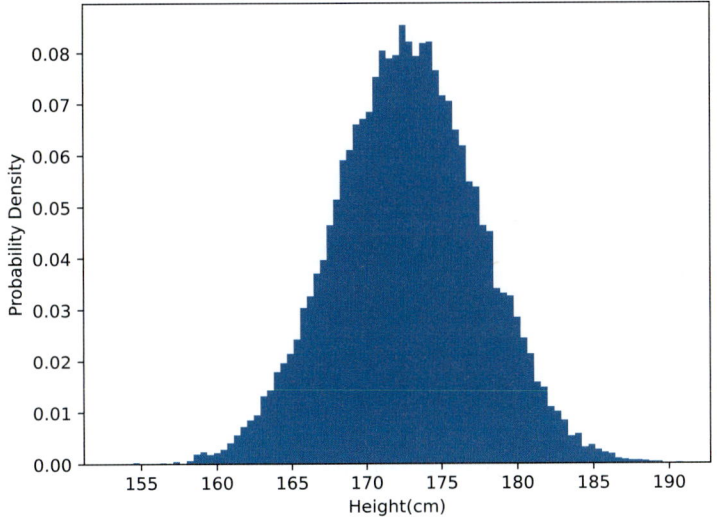

그래프를 보면 정규 분포와 비슷합니다. 따라서 키의 확률 분포를 정규 분포로 모델링하겠습니다.

2.2.2 정규 분포를 따르는 생성 모델

이제 정규 분포를 따르는 생성 모델을 구현합니다. 여기서 우리가 하는 일은 다음과 같습니다.

1. **모델링**: 키 데이터가 정규 분포라고 가정
2. **매개변수 추정**: 샘플을 기반으로 정규 분포의 매개변수를 추정

이 두 작업을 통해 생성 모델을 만들 것입니다. 첫 번째 작업인 모델링은 앞 절에서 이미 완료했습니다. 다음은 매개변수 추정 차례입니다. 구체적으로 할 일은 [그림 2-5]와 같이 샘플을 바탕으로 정규 분포의 매개변수를 추정하는 것입니다.

그림 2-5 정규 분포의 매개변수 추정

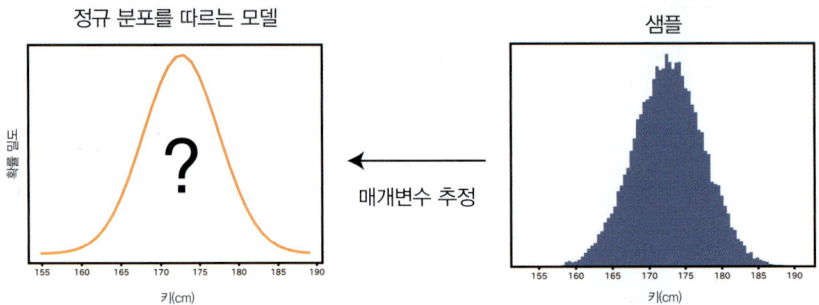

매개변수를 추정하는 방법으로 최대 가능도 추정이 있습니다. 최대 가능도 추정을 이용하여 샘플에 가장 잘 들어맞는 매개변수를 추정할 수 있습니다. 결론부터 말하면 정규 분포의 매개변수는 '샘플의 평균'과 '샘플의 표준 편차'입니다. 결과를 도출하는 과정은 다음 절에서 설명하기로 하고, 지금은 샘플의 평균과 표준 편차를 구해보겠습니다.

```
# xs는 25000개의 원소로 이루어진 1차원 배열
mu = np.mean(xs)
sigma = np.std(xs)

print(mu)
print(sigma)
```

실행 결과

```
172.70250853667997
4.830167473396299
```

샘플 데이터의 평균은 np.mean()으로, 표준 편차는 np.std()로 확인할 수 있습니다. 출력 결과를 보면 평균은 172.7…이고 표준 편차는 4.8…입니다. 이렇게 구한 평균과 표준 편차가 샘플에 가장 잘 맞는 매개변수입니다. 그럼 앞서 살펴본 히스토그램에 정규 분포 그래프를 덧씌워보겠습니다.

step02/fit.py

```
mu = np.mean(xs)
sigma = np.std(xs)
```

```python
# 정규 분포 함수
def normal(x, mu=0, sigma=1):
    y = 1 / (np.sqrt(2 * np.pi) * sigma) * np.exp(-(x - mu)**2 / (2 * sigma**2))
    return y

x = np.linspace(150, 190, 1000)
y = normal(x, mu, sigma)

# 그래프 그리기
plt.hist(xs, bins='auto', density=True)
plt.plot(x, y)
plt.xlabel('Height(cm)')
plt.ylabel('Probability Density')
plt.show()
```

코드를 실행하면 [그림 2-6]을 얻을 수 있습니다. 보다시피 히스토그램과 정규 분포가 잘 들어 맞습니다.

그림 2-6 키 데이터셋의 히스토그램과 정규 분포

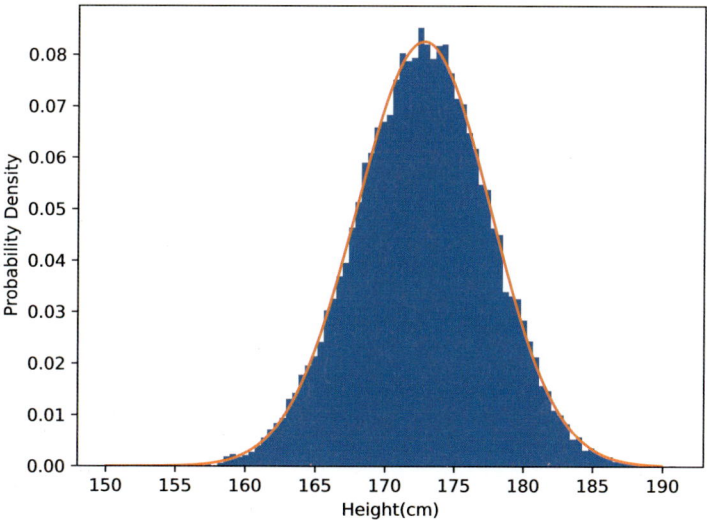

2.3 최대 가능도 추정 이론

앞 절에서는 샘플로부터 정규 분포의 매개변수를 추정했습니다. 구체적으로 N개의 관측 데이터 $\{x^{(1)}, x^{(2)} \dots x^{(N)}\}$을 얻었을 때, 다음 식에 따라 정규 분포의 매개변수를 추정하였습니다.

$$\hat{\mu} = \frac{1}{N} \sum_{n=1}^{N} x^{(n)} \qquad \text{[식 2.1]}$$

$$\hat{\sigma} = \sqrt{\frac{1}{N} \sum_{n=1}^{N} (x^{(n)} - \hat{\mu})^2} \qquad \text{[식 2.2]}$$

정규 분포의 평균을 $\hat{\mu}$ 기호로, 표준 편차를 $\hat{\sigma}$ 기호로 표현합니다(추정된 값은 $\hat{\mu}$처럼 모자[hat]를 씌우고, '뮤-햇'이라고 읽습니다). 이 식과 같이 $\hat{\mu}$은 샘플의 평균으로, $\hat{\sigma}$은 샘플의 표준 편차로 추정합니다. 그렇다면 이 식들이 성립함은 어떻게 알 수 있을까요? 열쇠는 최대 가능도 추정에 있습니다. 이번 절에서는 최대 가능도 추정을 이용하여 앞의 식들을 이끌어내 보겠습니다.

2.3.1 가능도 최대화

매개변수 θ에 의해 모양이 결정되는 확률 분포가 있다고 합시다. 매개변수가 θ라면, 데이터 x를 얻을 수 있는 확률 밀도는 $p(x; \theta)$로 표현합니다.

> **NOTE_** 이번에는 정규 분포에 한정하지 않고 임의의 매개변수 θ에 의해 분포가 결정되는 확률 분포를 생각해봅시다. 정규 분포라면 $\theta = \{\mu, \sigma\}$라고 생각할 수 있습니다.

다음으로 샘플 $\mathcal{D} = \{x^{(1)}, x^{(2)} \dots x^{(N)}\}$을 얻은 경우를 생각해봅시다. 각 데이터는 확률 분포 $p(x; \theta)$에 따라 독립적으로 생성된다고 가정합니다. 이때 샘플 $\mathcal{D}$를 얻을 수 있는 확률 밀도는 다음 식으로 표현할 수 있습니다.

$$p(\mathcal{D};\theta) = p(x^{(1)};\theta)\ p(x^{(2)};\theta)\ \cdots\ p(x^{(N)};\theta)$$
$$= \prod_{n=1}^{N} p(x^{(n)};\theta)$$

N개의 데이터를 얻을 수 있는 확률 밀도는 각 데이터의 확률 밀도의 곱입니다. 각 데이터가 독립적으로 생성된다고 가정했기 때문입니다. $p(\mathcal{D};\theta)$는 매개변수를 θ로 설정했을 때 샘플 $\mathcal{D}$를 얻을 수 있는 확률 밀도를 뜻합니다. 이러한 $p(\mathcal{D};\theta)$를 'θ를 인수로 받는 함수'로 간주하여 다음과 같은 식을 정의할 수도 있습니다.

$$L(\theta) = p(\mathcal{D};\theta)$$

이 $L(\theta)$를 **가능도**likelihood 또는 **가능도 함수**likelihood function라고 합니다. 가능도란 매개변수 θ를 인수로 받는 함수이며, 어떤 매개변수 θ에 대해 샘플 $\mathcal{D}$가 일어날 가능성을 확률 밀도로 표현합니다. 덧붙여서, $L(\theta)$와 $p(\mathcal{D};\theta)$가 같기 때문에 ($L(\theta)$ 같은 함수를 새로 정의하지 않고) 보통은 $p(\mathcal{D};\theta)$를 가능도라고 부릅니다. 이 책에서도 앞으로 $p(\mathcal{D};\theta)$를 가능도라고 하겠습니다.*

최대 가능도 추정은 가능도 $p(\mathcal{D};\theta)$를 최대화하는 매개변수 θ를 찾는 기법입니다. 예컨대 가능도를 최대화하는 매개변수를 $\hat{\theta}$이라고 하면, 매개변수가 $\hat{\theta}$일 때 샘플이 관찰될 확률이 가장 높습니다. 즉, $\hat{\theta}$일 때 모델이 샘플에 가장 잘 맞는다는 뜻입니다.

최대 가능도 추정은 실제로는 가능도 $p(\mathcal{D};\theta)$가 아니라 **로그 가능도** $\log p(\mathcal{D};\theta)$를 최대화합니다. 로그를 취하는 편이 계산하기 더 편리한 경우가 많기 때문입니다. 그리고 로그 함수는 단조 증가 함수이므로 $p(\mathcal{D};\theta)$를 최대화하는 θ 값과 $\log p(\mathcal{D};\theta)$를 최대화하는 θ 값이 일치합니다. 여기서 말하는 로그는 정확하게는 '자연로그'를 뜻합니다. 수식으로는 $\log_e x$입니다. 이 책에서는 $\log_e x$를 간단히 $\log x$로 표기합니다.

---

* $p(\mathcal{D};\theta)$를 가능도라고 부를 때는 암묵적으로 $p(\mathcal{D};\theta)$가 인수 θ를 받는 함수라고 간주합니다.

> **'곱의 로그'는 '로그들의 합'**
>
> 로그를 계산할 때는 다음 식이 성립합니다(a와 b는 0 이상의 실수).
>
> $$\log ab = \log a + \log b$$
>
> 이 공식을 이용하면 $\log p(\mathcal{D}; \theta)$를 계산하기 쉬워집니다. 잠시 후 2.3.3절에서 활용합니다.

곧이어 로그 가능도를 최대화하는 방법을 살펴볼 텐데, 그전에 간단한 함수를 예로 들어 최댓값을 구하는 방법을 살펴보겠습니다.

2.3.2 미분을 사용하여 최댓값 찾기

이번 절에서는 다음 함수를 대상으로 y를 최대화하는 x의 값을 구합니다.

$$y = -2x^2 + 3x + 4$$

최댓값을 구할 때 중요한 것은 미분입니다. y의 x에 대한 미분은 $\frac{dy}{dx}$로 표현하며, 계산하면 다음과 같습니다.

$$\frac{dy}{dx} = -4x + 3$$

이로부터 임의의 x에 대한 미분을 계산할 수 있습니다. 예를 들어 $x = 0$일 때의 미분은 3입니다. $x = 0$에서 x를 미세한 값 δ만큼 변화시키면 y는 3δ만큼 변한다는 뜻입니다. 이처럼 미분은 임의의 x에서 y가 변하는 비율을 말합니다. 즉, [그림 2-7]과 같이 미분은 접선의 기울기에 해당합니다.

그림 2-7 미분과 접선의 기울기

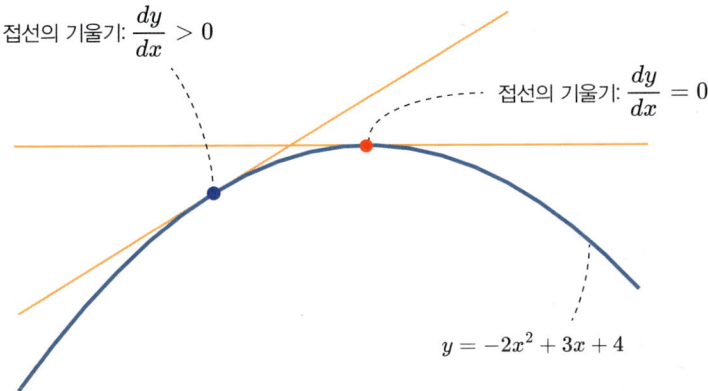

그림에서 알 수 있듯이 그래프는 간단한 형태이며 미분이 0인 곳에 최댓값이 존재함을 알 수 있습니다. 따라서 그래프보다는 다음 식을 풀면 최댓값의 위치를 곧바로 구할 수 있습니다.

$$\frac{dy}{dx} = -4x + 3 = 0$$

답은 $x = \frac{3}{4}$입니다. 이처럼 수식을 풀어 해를 구하는 것을 '해석적^{analytic}으로 풀 수 있다' 또는 '닫힌 해$^{closed\ form\ solution}$를 구할 수 있다'라고 합니다.

> **NOTE_** 함수에 따라서는 미분이 0인 곳이 최댓값이 아닐 수도 있습니다. $y = ax^2 + bx + c$ 같은 2차 함수에서 2차항 계수가 음수인 경우($a < 0$)에만 미분이 0인 곳에 최댓값이 있습니다.

다음으로는 가능도 최대화 문제를 생각해봅시다. 풀이법은 이번 절에서 제시한 방법과 같습니다. 로그 가능도의 매개변수 θ에 대한 미분을 구하고 이를 0으로 설정하여 해석적으로 풀 수 있습니다. 그 해는 [식 2.1]과 [식 2.2]가 됩니다. 이제 도출 과정을 살펴봅시다.

2.3.3 정규 분포의 최대 가능도 추정 ⭐

다시 이야기하지만 정규 분포의 확률 밀도는 다음 식으로 표현합니다.

$$\mathcal{N}(x; \mu, \sigma) = \frac{1}{\sqrt{2\pi}\sigma} \exp\left(-\frac{(x-\mu)^2}{2\sigma^2}\right)$$

여기서 N개의 관측 데이터로 구성된 샘플 $\mathcal{D} = \{x^{(1)}, x^{(2)} \cdots x^{(N)}\}$을 얻었다고 해봅시다. 이때의 확률은 다음 식으로 표현합니다.

$$p(\mathcal{D}; \mu, \sigma) = \prod_{n=1}^{N} \frac{1}{\sqrt{2\pi}\sigma} \exp\left(-\frac{(x^{(n)}-\mu)^2}{2\sigma^2}\right)$$

따라서 로그 가능도는 다음 식으로 표현할 수 있습니다.

$$\begin{aligned}
\log p(\mathcal{D}; \mu, \sigma) &= \log \prod_{n=1}^{N} \frac{1}{\sqrt{2\pi}\sigma} \exp\left(-\frac{(x^{(n)}-\mu)^2}{2\sigma^2}\right) \\
&= \log \prod_{n=1}^{N} \frac{1}{\sqrt{2\pi}\sigma} + \log \prod_{n=1}^{N} \exp\left(-\frac{(x^{(n)}-\mu)^2}{2\sigma^2}\right) \\
&= \log \left(\frac{1}{\sqrt{2\pi}\sigma}\right)^N + \sum_{n=1}^{N} \frac{-(x^{(n)}-\mu)^2}{2\sigma^2} \\
&= -\frac{N}{2} \log 2\pi\sigma^2 - \frac{1}{2\sigma^2} \sum_{n=1}^{N} (x^{(n)} - \mu)^2
\end{aligned}$$

식을 전개할 때 $\log ab = \log a + \log b$가 성립하는 성질을 이용했습니다. 마지막 식의 μ에 주목하면 로그 가능도는 μ의 2차 함수임을 알 수 있습니다. 이 2차 함수는 2차항 계수가 음수이므로($-\frac{1}{2\sigma^2} < 0$) 미분이 0인 위치에 최댓값이 존재합니다.

이제 미분을 계산해봅시다. $L(\mu, \sigma) = \log p(\mathcal{D}; \mu, \sigma)$로 정의하면 $\frac{\partial L}{\partial \mu}$은 다음 식과 같습니다.

$$\frac{\partial L}{\partial \mu} = \frac{1}{\sigma^2} \sum_{n=1}^{N} (x^{(n)} - \mu)$$

> **NOTE_** $L(\mu, \sigma)$에는 μ와 σ라는 두 가지 변수가 쓰였습니다. 변수가 둘 이상일 때의 미분을 **편미분**이라 하고 $\frac{\partial L}{\partial \mu}$과 같이 표기합니다. 편미분은 다른 변수들은 고정하고 하나의 변수에 대해서만 미분을 수행합니다. 예를 들어 $\frac{\partial L}{\partial \mu}$은 μ만 변수로 간주하고 그 외의 변수는 고정한 후 미분합니다(즉, 상수로 간주).

$L(\mu, \sigma)$의 최댓값은 $\frac{\partial L}{\partial \mu} = 0$ 위치에 있습니다. 다음과 같이 식을 전개하면 해를 구할 수 있습니다.

$$\frac{1}{\sigma^2} \sum_{n=1}^{N} (x^{(n)} - \mu) = 0$$
$$\Leftrightarrow \sum_{n=1}^{N} (x^{(n)} - \mu) = 0$$
$$\Leftrightarrow \sum_{n=1}^{N} \mu = \sum_{n=1}^{N} x^{(n)}$$
$$\Leftrightarrow N\mu = \sum_{n=1}^{N} x^{(n)}$$
$$\therefore \mu = \frac{1}{N} \sum_{n=1}^{N} x^{(n)}$$

$\Leftrightarrow$ 기호는 두 식이 서로 같음을 뜻합니다. $\therefore$는 결과를 나타내는 기호로 '따라서' 정도로 읽습니다. 방금 전개한 식에서 μ가 $\frac{1}{N} \sum_{n=1}^{N} x^{(n)}$일 때 최댓값을 가짐을 알 수 있습니다. 여기서는 다음과 같이 $\hat{\mu}$ 기호로 표현하겠습니다.

$$\hat{\mu} = \frac{1}{N} \sum_{n=1}^{N} x^{(n)} \quad \text{[식 2.1]}$$

정규 분포의 평균은 [식 2.1]과 같이 $\hat{\mu}$일 때 로그 가능도가 최대가 됩니다. 여기서 $\hat{\mu}$은 표본 평균입니다.

다음은 표준 편차 σ 차례입니다. $\mu = \hat{\mu}$일 때 로그 가능도를 σ에 대해 최대화하는 것이 목표입니다. $\mu = \hat{\mu}$일 때의 로그 가능도는 다음 식과 같습니다.

$$\log p(\mathcal{D}; \mu = \hat{\mu}, \sigma) = -\frac{N}{2}\log 2\pi\sigma^2 - \frac{1}{2\sigma^2}\sum_{n=1}^{N}(x^{(n)} - \hat{\mu})^2$$

로그 가능도를 최대화하는 σ의 값도 (μ와 마찬가지로) 해석적으로 구할 수 있습니다. 즉, 미분을 구하고 그 값이 0이 되도록 수식을 전개하여 구할 수 있습니다. 로그 가능도의 σ에 대한 미분에서는 $\frac{d}{d\sigma}(\log 2\pi\sigma^2)$을 계산해야 합니다. 이 부분을 먼저 계산해보겠습니다.

$$\begin{aligned}
\frac{d}{d\sigma}(\log 2\pi\sigma^2) &= \frac{d}{d\sigma}(\log 2\pi + \log \sigma^2) && (\log ab = \log a + \log b)\\
&= \underbrace{\frac{d}{d\sigma}(\log 2\pi)}_{0} + \frac{d}{d\sigma}(\log \sigma^2) && (\text{상수의 미분은 0})\\
&= \frac{d}{d\sigma}(2\log \sigma) && (\log a^b = b\log a)\\
&= 2\frac{d}{d\sigma}\log \sigma && (\frac{d}{da}\log a = \frac{1}{a})\\
&= \frac{2}{\sigma}
\end{aligned}$$

이로부터 다음과 같이 식을 전개할 수 있습니다.

$$\begin{aligned}
\frac{\partial}{\partial\sigma}\log p(\mathcal{D}; \mu = \hat{\mu}, \sigma) &= -\frac{N}{2}\underbrace{\frac{\partial}{\partial\sigma}(\log 2\pi\sigma^2)}_{\frac{2}{\sigma}} - \frac{\partial}{\partial\sigma}\left(\frac{1}{2\sigma^2}\sum_{n=1}^{N}(x^{(n)} - \hat{\mu})^2\right)\\
&= -\frac{N}{2}\frac{2}{\sigma} - \frac{1}{2}(-2)\sigma^{-3}\sum_{n=1}^{N}(x^{(n)} - \hat{\mu})^2\\
&= -\frac{N}{\sigma} + \sigma^{-3}\sum_{n=1}^{N}(x^{(n)} - \hat{\mu})^2
\end{aligned}$$

이렇게 구한 미분의 값을 0이라 한다면 다음 식을 얻을 수 있습니다.

$$\frac{N}{\sigma} = \sigma^{-3} \sum_{n=1}^{N} (x^{(n)} - \hat{\mu})^2$$

$$\Leftrightarrow \sigma^2 = \frac{1}{N} \sum_{n=1}^{N} (x^{(n)} - \hat{\mu})^2$$

$$\therefore \sigma = \sqrt{\frac{1}{N} \sum_{n=1}^{N} (x^{(n)} - \hat{\mu})^2}$$

마지막으로 방금 구한 표준 편차를 $\hat{\sigma}$ 기호를 사용하여 다음과 같이 표현합니다.

$$\hat{\sigma} = \sqrt{\frac{1}{N} \sum_{n=1}^{N} (x^{(n)} - \hat{\mu})^2} \qquad \text{[식 2.2]}$$

이상에서 정규 분포의 매개변수는 최대 가능도 추정에 의해 [식 2.1]과 [식 2.2]인 것으로 밝혀졌습니다.

2.4 생성 모델의 용도

지금까지 생성 모델을 구현했습니다. 구체적으로는 키 데이터를 대상으로 다음 두 작업을 수행했습니다.

1. **모델링**: 키 데이터가 정규 분포라고 가정
2. **매개변수 추정**: 최대 가능도 추정으로 정규 분포의 매개변수를 추정

이상의 두 단계를 거쳐 생성 모델을 만들었으며 이를 코드로 작성하면 다음과 같습니다.

```python
import os
import numpy as np
import matplotlib.pyplot as plt

path = os.path.join(os.path.dirname(__file__), 'height.txt')
```

```
xs = np.loadtxt(path)

mu = np.mean(xs)
sigma = np.std(xs)

print(mu)        # 172.7…
print(sigma)     # 4.8…
```

이 코드를 실행하면 평균이 172.7…이고 표준 편차가 4.8…인 정규 분포를 얻습니다. 참고로 매개변수 추정을 **학습**이라고도 합니다. 즉, 이상으로 생성 모델의 학습이 완료되었습니다.

그렇다면 학습된 생성 모델로는 무엇을 할 수 있을까요? 이번 절에서는 학습된 생성 모델을 어떻게 활용할 수 있는지를 알아보겠습니다.

2.4.1 새로운 데이터 생성

생성 모델을 사용하면 새로운 데이터를 생성할 수 있습니다. 앞에서 키 데이터셋을 이용하여 키를 평균 172.7…, 표준 편차 4.8…의 정규 분포로 모델링할 수 있었습니다. 이제 이 정규 분포로부터 새로운 데이터를 생성할 수 있습니다.

넘파이에는 정규 분포를 따르는 무작위 수를 생성하는 np.random.normal() 함수가 있습니다. 이 함수의 인수는 다음 세 가지입니다.

```
np.random.normal(loc=0.0, scale=1.0, size=None)
```

loc은 평균, scale은 표준 편차에 해당합니다. size는 생성할 값의 개수이며, 따로 지정하지 않으면 기본값인 None으로 설정됩니다. None이면 1개만 생성합니다. 다음 코드 예처럼 이 함수를 사용하면 새로운 키 데이터 샘플을 얻을 수 있습니다.

```
sample = np.random.normal(mu, sigma)
print(sample)  # 173.94102467238662
```

이제 새로운 데이터를 생성할 수 있게 되었습니다. 이 데이터(지금 예에서는 173.94…)는 키 데이터셋에 없는 새로운 데이터입니다. 새로운 데이터이면서 키 데이터셋의 특징을 지니고 있습니다.

다음으로 생성 모델에서 1만 개의 샘플을 추출하여, 즉 1만 개의 새로운 데이터를 생성하여 그 분포를 살펴보겠습니다(그림 2-8).

```python
step02/generate.py
import os
import numpy as np
import matplotlib.pyplot as plt

path = os.path.join(os.path.dirname(__file__), 'height.txt')
xs = np.loadtxt(path)

mu = np.mean(xs)
sigma = np.std(xs)
samples = np.random.normal(mu, sigma, 10000)

plt.hist(xs, bins='auto', density=True, alpha=0.7, label='original')
plt.hist(samples, bins='auto', density=True, alpha=0.7, label='generated')
plt.xlabel('Height(cm)')
plt.ylabel('Probability Density')
plt.legend()
plt.show()
```

그림 2-8 키 데이터 히스토그램(파란색은 실제 데이터, 주황색은 생성된 데이터)

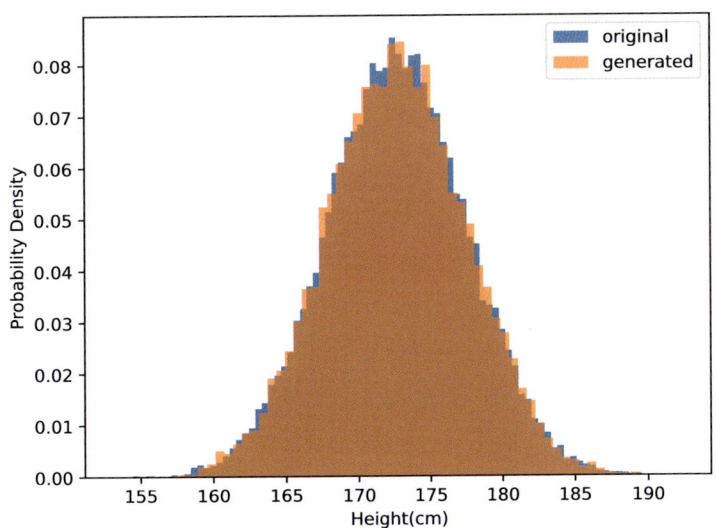

보다시피 두 분포가 거의 일치합니다. 우리의 생성 모델이 관측 데이터의 특징을 잘 포착하여 비슷한 데이터를 새로 생성할 수 있다는 뜻입니다. 이번에는 '키'라는 1차원의 단순한 데이터를 다뤘지만 다음 장에서 소개할 복잡한 생성 모델이라면 이미지와 같은 다차원 데이터, 예컨대 사람의 얼굴 이미지를 새로 생성할 수도 있습니다.

그림 2-9 생성 모델로 생성한 얼굴 이미지(논문[3]에서 인용)

[그림 2-9]와 같은 이미지를 생성하려면 적절한 딥러닝 모델을 고안하고 대량의 데이터로 학습시켜야 합니다. 그렇더라도 생성 모델을 만드는 과정은 이번 장에서 키 데이터로 한 작업과 똑같이 모델링과 매개변수 추정을 통해 이루어집니다.

2.4.2 확률 계산

확률 분포를 알면 어떤 값이 얼마나 발생하기 쉬운지(또는 어려운지)를 알 수 있습니다. 연속 확률 분포에서 확률을 구하려면 확률 밀도 $p(x)$를 적분해야 합니다. 정규 분포라면 적분을 해석적으로, 즉 수식을 풀어 구할 수 있습니다. 해석적으로 구하기 어려운 경우에는 몬테카를로 방법을 이용하여 근사적으로 구할 수 있습니다.

> **NOTE_ 몬테카를로 방법**Monte Carlo method은 무작위 수를 이용하여 수치 문제를 근사적으로 해결하는 방법의 총칭입니다. 해석적 해법이 존재하지 않는 계산이나 고차원 적분 등에 유용합니다. 몬테카를로 방법에 대해서는 5.1.3절에서 설명합니다.

사이파이SciPy 라이브러리에는 정규 분포의 적분을 해석적으로 구하는 cdf() 함수가 준비되어 있습니다. 다음은 정규 분포의 누적 분포 함수cumulative distribution function를 구하는 코드입니다.

```
scipy.stats.norm.cdf(x, loc=0, scale=1)
```

cdf() 함수의 인수 중 loc은 평균, scale은 표준 편차입니다. x에 적절한 스칼라값을 입력하면 'x 이하의 값이 발생할 확률'을 반환합니다. 사용법은 다음과 같습니다.

```python
from scipy.stats import norm

x = 1.0
p = norm.cdf(x, loc=0, scale=1)

print(p)  # 0.8413447460685429
```

코드를 실행하면 p는 0.84…라고 나옵니다. 이 값은 [그림 2-10]에서 볼 수 있듯이 x <= 1 구간에서 표준 정규 분포의 면적이며 그 값은 곧 x <= 1이 될 확률을 뜻합니다.

그림 2-10 정규 분포(평균 0, 표준 편차 1)의 $x \leq 1$ 구간 면적

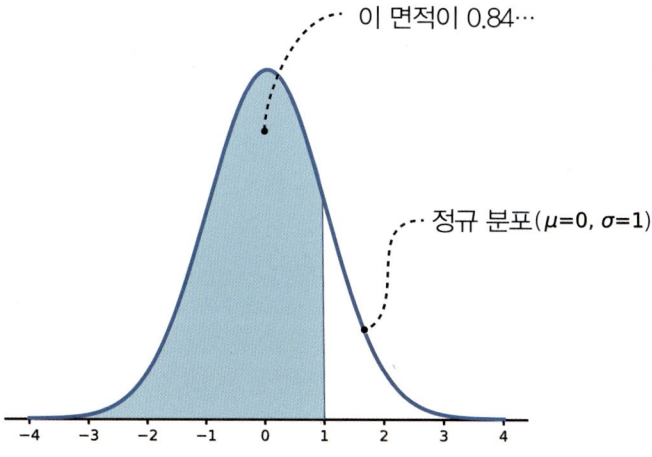

cdf() 함수를 이용하면 키 데이터의 정규 분포에 대해서도 확률을 계산할 수 있습니다. 예를 들어 다음과 같은 코드를 작성할 수 있습니다.

```python
# step02/prob.py
import os
import numpy as np
from scipy.stats import norm

path = os.path.join(os.path.dirname(__file__), 'height.txt')
xs = np.loadtxt(path)
mu = np.mean(xs)
sigma = np.std(xs)

p1 = norm.cdf(160, mu, sigma)
print('p(x <= 160):', p1)     # 키가 160cm 이하일 확률

p2 = norm.cdf(180, mu, sigma)
print('p(x > 180):', 1-p2)    # 키가 180cm보다 클 확률
```

실행 결과

```
p(x <= 160): 0.004271406830855
p(x > 180): 0.06541774339950823
```

norm.cdf(x, mu, sigma)는 평균이 mu, 표준 편차가 sigma인 정규 분포에서 값이 x 이하일 확률을 알려줍니다. 그래서 norm.cdf(160, mu, sigma)는 키가 160cm 이하일 확률을 반환합니다. 키가 180cm보다 클 확률은 1에서 180cm 이하일 확률을 빼서 구합니다.

이렇게 산출된 확률은 다양한 의사결정에 활용할 수 있습니다. 키를 예로 들면, 키의 예상 범위를 확률에 기초해 결정한 다음, 문 높이를 몇 cm로 하면 몇 %의 사람이 허리를 굽히지 않고 드나들 수 있는지 등을 정량적으로 계산할 수 있습니다.

CHAPTER 3

다변량 정규 분포

지금까지 살펴본 정규 분포는 하나의 실숫값(스칼라)에 대한 정규 분포였습니다. 이번 장에서는 여러 개의 실수로 이루어진 벡터의 정규 분포, 즉 다변량 정규 분포에 대해 알아보겠습니다. 먼저 벡터와 행렬 같은 기초 개념을 복습한 다음, 이어서 다변량 정규 분포를 시각화하고 최대 가능도를 추정하는 순서로 진행합니다.

3.1 넘파이와 다차원 배열

이 책에는 벡터와 행렬이 자주 등장합니다. 이번 절에서는 관련 내용을 빠르게 훑어보며 이어지는 심화 내용을 이해할 수 있도록 준비하겠습니다.

3.1.1 다차원 배열

다차원 배열은 값(원소) 여러 개를 한꺼번에 처리하기 위한 데이터 구조입니다. 원소의 배열에는 방향이 있으며, 이 방향을 **축**axis이라고 하고 축의 개수를 **차원**dimension이라고 합니다. [그림 3-1]은 다차원 배열의 예입니다.

그림 3-1 스칼라, 벡터, 행렬의 예

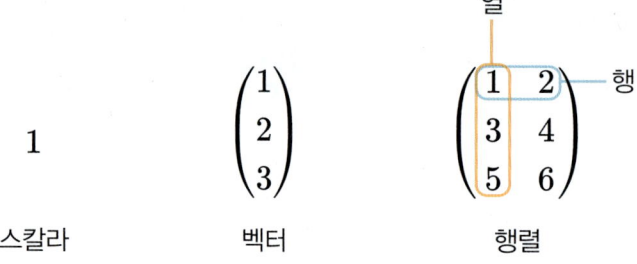

그림의 왼쪽부터 0차원 배열, 1차원 배열, 2차원 배열입니다. 각각을 **스칼라**, **벡터**, **행렬**이라고 합니다. 스칼라는 단순히 숫자 하나를 나타냅니다. 벡터는 숫자들이 한 축을 따라 나열되고, 행렬은 두 축을 따라 나열됩니다. 행렬에서 가로 방향을 **행**row, 세로 방향을 **열**column이라고 합니다. 그래서 [그림 3-1]의 오른쪽 행렬을 '3행 2열 행렬'이라고 하며 '3 × 2 행렬'로 표기합니다.

> **NOTE_** 다차원 배열을 **텐서**tensor라고도 합니다. [그림 3-1]의 예에서는 왼쪽부터 0층 텐서, 1층 텐서, 2층 텐서라고 합니다.

벡터는 단순한 개념이지만, 표현 방법에는 두 가지가 있다는 점에 유의해야 합니다. [그림 3-2]에서 보는 것처럼 세로로 정렬하는 방법(=열 벡터)과 가로로 정렬하는 방법(=행 벡터)이 있습니다.

그림 3-2 벡터를 표현하는 두 가지 방법

$$\begin{pmatrix} 1 \\ 2 \\ 3 \end{pmatrix} \qquad \begin{pmatrix} 1 & 2 & 3 \end{pmatrix}$$

열 벡터　　　　행 벡터

이 책에서는 벡터를 열 벡터로 취급합니다. 또한 벡터나 행렬을 수식에서 문자로 나타낼 때는 $\boldsymbol{x}$와 $\boldsymbol{W}$처럼 굵게 표기하여 스칼라와 구분합니다.

한편 벡터를 다룰 때는 차원이라는 단어에 주의해야 합니다. 예를 들어 [그림 3-2]의 벡터는 세 개의 원소가 나란히 나열되어 있기 때문에 '3차원 벡터'라고도 합니다. 이처럼 벡터의 차원은 벡터의 원소 수를 의미합니다. 한편 배열에서의 차원은 전혀 다른 의미입니다. 예를 들어 '3차원 배열'이라고 할 때의 차원은 (원소가 아닌) 축이 3개라는 뜻입니다.

> **NOTE_** 파이썬 코드에서 행렬을 이용하여 벡터를 표현한다면 열 벡터와 행 벡터 중 어느 형태로 취급하는지를 명확하게 알 수 있습니다. 예를 들어 원소 수가 N인 벡터를 행 벡터로 취급한다면 $1 \times N$(1행 N열) 형상의 행렬로 표현합니다. 반면 열 벡터로 취급할 때는 $N \times 1$(N행 1열) 형상의 행렬로 표현합니다.

3.1.2 넘파이의 다차원 배열

넘파이로 벡터와 행렬을 만들어봅시다.

```python
import numpy as np

x = np.array([1, 2, 3])

print(x.__class__)   # 클래스 이름
print(x.shape)       # 형상
print(x.ndim)        # 차원 수
```
step03/numpy_basis.py

실행 결과

```
<class 'numpy.ndarray'>
(3,)
1
```

이처럼 벡터와 행렬은 np.array() 함수로 만들 수 있습니다. 이 함수는 다차원 배열인 np.ndarray 인스턴스를 생성합니다. np.ndarray 인스턴스는 유용한 메서드와 인스턴스 변수를 많이 제공하는데 지금 예에서는 인스턴스 변수인 .shape와 .ndim을 이용했습니다. .shape는 다차원 배열의 형상을, .ndim은 차원 수를 나타냅니다. 앞의 결과를 보면 x는 원소가 3개인 1차원 배열입니다. 따라서 벡터임을 알 수 있습니다.

이어서 2차원 배열일 때는 어떻게 출력되는지 보시죠.

```
W = np.array([[1, 2, 3],
              [4, 5, 6]])
print(W.ndim)
print(W.shape)
```

step03/numpy_basis.py

실행 결과

```
2
(2, 3)
```

출력 결과로부터 W는 2차원 배열이고, 2 × 3 행렬임을 알 수 있습니다.

3.1.3 원소별 연산

앞에서 살펴본 것처럼 숫자의 집합을 다차원 배열로 구성할 수 있습니다. 이번 절에서는 다차원 배열을 이용하여 간단한 계산을 해보겠습니다. 먼저 **원소별 연산**입니다.

```
W = np.array([[1, 2, 3], [4, 5, 6]])
X = np.array([[0, 1, 2], [3, 4, 5]])

print(W + X)
print('---')
print(W * X)
```

step03/numpy_basis.py

실행 결과

```
[[ 1  3  5]
 [ 7  9 11]]
---
[[ 0  2  6]
 [12 20 30]]
```

이 코드는 형상이 같은 두 넘파이 다차원 배열에 대해 사칙연산인 +와 *를 수행합니다. 이때 다차원 배열의 원소마다 독립적으로 연산이 이루어집니다. 이것이 넘파이로 수행하는 다차원 배열의 '원소별 연산'입니다. 참고로 원소별 곱을 **아다마르 곱**Hadamard product이라고도 합니다. 이어서 벡터의 내적과 행렬 곱에 대해 알아보겠습니다.

3.1.4 벡터의 내적과 행렬 곱

다음과 같이 원소 수가 D인 두 벡터 x와 y가 있습니다.

$$x = \begin{pmatrix} x_1 \\ x_2 \\ \vdots \\ x_D \end{pmatrix} \qquad y = \begin{pmatrix} y_1 \\ y_2 \\ \vdots \\ y_D \end{pmatrix}$$

이때 벡터의 내적을 구하는 수식은 다음과 같습니다.

$$x \cdot y = x_1 y_1 + x_2 y_2 + \cdots + x_D y_D$$

수식에서 알 수 있듯이 **벡터의 내적**은 두 벡터의 대응하는 원소들의 곱을 모두 더한 값입니다.

다음은 행렬 곱입니다. 행렬 곱은 [그림 3-3]처럼 계산합니다.

그림 3-3 행렬 곱 계산 방법

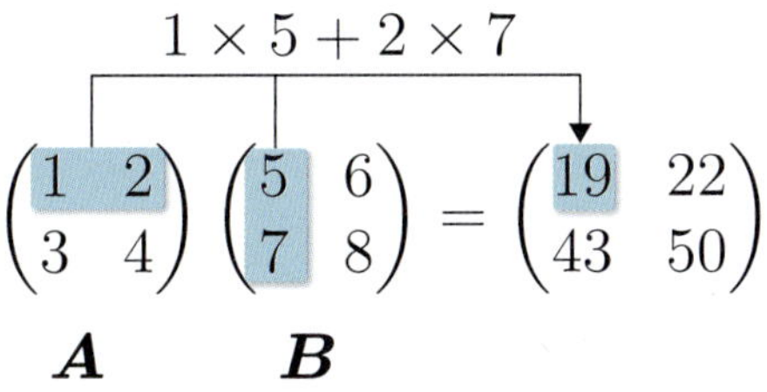

$$\overbrace{1 \times 5 + 2 \times 7}$$
$$\underbrace{\begin{pmatrix} 1 & 2 \\ 3 & 4 \end{pmatrix}}_{A} \underbrace{\begin{pmatrix} 5 & 6 \\ 7 & 8 \end{pmatrix}}_{B} = \begin{pmatrix} 19 & 22 \\ 43 & 50 \end{pmatrix}$$

그림과 같이 **행렬 곱**은 왼쪽 행렬의 행 벡터(가로 방향)와 오른쪽 행렬의 열 벡터(세로 방향) 사이의 내적을 계산하여 새로운 행렬의 원소를 만듭니다. 예를 들어 A의 1행과 B의 1열의 내적이 결과 행렬의 1행 1열 위치의 원소가 되고, A의 2행과 B의 1열의 내적이 결과 행렬의 2행 1열 위치의 원소가 되는 식입니다.

이제 벡터의 내적과 행렬 곱을 파이썬으로 구현해봅시다. np.dot() 함수를 이용하면 됩니다.

step03/numpy_basis.py
```
# 벡터의 내적
a = np.array([1, 2, 3])
b = np.array([4, 5, 6])
y = np.dot(a, b)
print(Y)
```

```
# 행렬 곱
A = np.array([[1, 2], [3, 4]])
B = np.array([[5, 6], [7, 8]])
Y = np.dot(A, B)
print(Y)
```

실행 결과

```
32
[[19 22]
 [43 50]]
```

이처럼 벡터의 내적과 행렬 곱은 모두 np.dot()으로 계산할 수 있습니다. np.dot(x, y)의 인수가 모두 1차원 배열이면 벡터의 내적을 계산하고, 인수가 2차원 배열이면 행렬 곱을 계산합니다. 한편 @ 연산자를 사용해도 벡터의 내적과 행렬 곱을 계산할 수 있습니다.

```
a @ b   # np.dot(a, b)와 같음

A @ B   # np.dot(A, B)와 같음
```

또한 [그림 3-4]에서 보듯 행렬 곱을 계산할 때는 형상에 주의해야 합니다.

그림 3-4 행렬 곱에서는 대응하는 차원의 원소 수를 일치시킨다(지금 예에서는 n).

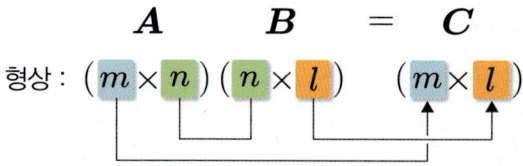

그림의 예에서 $m \times n$ 행렬 A와 $n \times l$ 행렬 B를 곱한 결과 $m \times l$ 행렬 C가 만들어졌습니다. 이때 행렬 A와 B의 대응하는 차원의 원소 수 n이 일치해야 합니다. 그리고 행렬 C는 행렬 A와 같은 수의 행을, 행렬 B와 같은 수의 열을 갖게 됩니다.

3.2 다변량 정규 분포

지금까지 살펴본 정규 분포는 실숫값(스칼라) 하나짜리가 대상이었습니다. 예를 들어 키의 분포를 정규 분포로 표현할 때는 관측값의 대상이 키 하나뿐이었습니다. 다음으로 생각해볼 문제는 실숫값 여러 개로 구성된 벡터의 정규 분포입니다. 다음처럼 원소가 키와 몸무게인 벡터를 생각해봅시다.

$$x = \begin{pmatrix} 키 \\ 몸무게 \end{pmatrix}$$

이렇게 벡터로 정리하면, 예를 들어 A씨는 (175cm, 50kg)이고 B씨는 (160cm, 53kg)이라는 측정 데이터를 얻을 수 있습니다. 이러한 벡터로 구성된 데이터 분포를 정규 분포로 표현해보는 것이 이번 주제입니다(그림 3-5).

그림 3-5 1차원 정규 분포(왼쪽)와 2차원 정규 분포(오른쪽)의 예

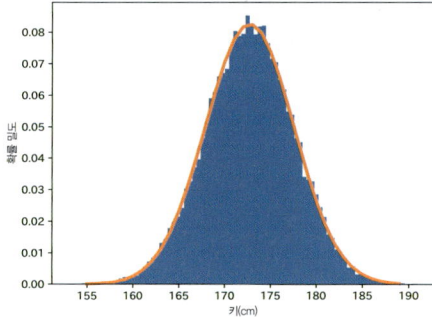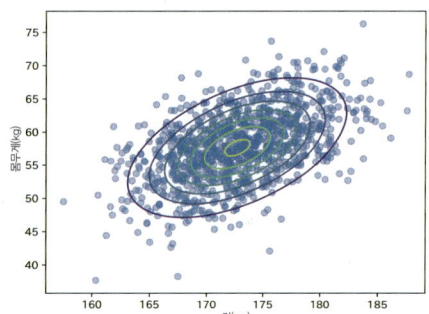

왼쪽 그림은 1차원 정규 분포이고 오른쪽은 2차원 정규 분포입니다. 여기서 말하는 차원은 벡터의 차원을 뜻합니다. 스칼라는 1차원 벡터로 볼 수 있으므로 스칼라를 대상으로 하는 정규 분포를 1차원 정규 분포라고 부를 수 있습니다.

3.2.1 다변량 정규 분포 공식

이번 절에서 다룰 확률 변수 x의 형태는 다음과 같습니다.

$$x = \begin{pmatrix} x_1 \\ x_2 \\ \vdots \\ x_D \end{pmatrix}$$

x는 D개의 확률 변수를 모아놓은 벡터입니다. 또한 x는 분포가 같은 D개의 독립적인 샘플이 아닙니다. x의 각 원소는 (키와 몸무게처럼) 서로 연관된 데이터로 간주합니다. 이때 x에 대한 정규 분포는 다음 식으로 표현합니다.

$$\mathcal{N}(x; \mu, \Sigma) = \frac{1}{\sqrt{(2\pi)^D |\Sigma|}} \exp \left\{ -\frac{1}{2}(x-\mu)^\top \Sigma^{-1} (x-\mu) \right\} \quad \text{[식 3.1]}$$

이 식에서는 행렬식 $|\Sigma|$, 전치 $(x-\mu)^\top$, 역행렬 Σ^{-1} 등의 계산이 이루어지고 있습니다. 계산 방법은 잠시 뒤에 설명하기로 하고, 먼저 μ와 Σ에 주목해보겠습니다. μ는 **평균 벡터**, Σ는 **공분산 행렬**입니다. Σ는 σ(시그마)의 대문자이며 공분산 행렬을 나타낼 때 관례적으로 자주 사용하는 기호입니다. μ와 Σ는 다음 원소로 구성됩니다.

$$\mu = \begin{pmatrix} \mu_1 \\ \mu_2 \\ \vdots \\ \mu_D \end{pmatrix} \qquad \Sigma = \begin{pmatrix} \sigma_{11} & \sigma_{12} & \cdots & \sigma_{1D} \\ \sigma_{21} & \sigma_{22} & \cdots & \sigma_{2D} \\ \vdots & \vdots & \ddots & \vdots \\ \sigma_{D1} & \sigma_{D2} & \cdots & \sigma_{DD} \end{pmatrix}$$

이번에는 D차원의 데이터가 대상이므로 평균 벡터 μ는 원소가 D개로 이루어진 벡터입니다. 그리고 공분산 행렬 Σ는 $D \times D$ 행렬이 되며, 대각선 성분은 각 변수의 분산을, 그 외 성분은 각 변수 사이의 공분산을 나타냅니다(그림 3-6).

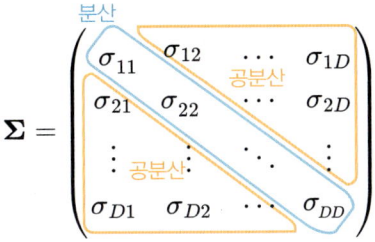

그림 3-6 공분산 행렬의 원소

그림에서 보듯 확률 변수 x_i의 분산은 σ_{ii}입니다. 이 σ_{ii}의 값에 따라 x_i가 얼마나 흩어져 있는 데이터인지가 결정됩니다. 또한 확률 변수 x_i와 x_j의 공분산은 σ_{ij}로 표현합니다. 이 σ_{ij}에 따라 두 변수의 연관성이 결정됩니다.

이어서 다변량 정규 분포 공식인 [식 3.1]에서 사용된 다음 네 가지 용어가 무엇인지 하나씩 알아보겠습니다.

- 공분산
- 전치
- 행렬식
- 역행렬

공분산

확률 변수 x_i의 분산은 다음 식으로 구할 수 있습니다.

$$\text{Var}[x_i] = \mathbb{E}[(x_i - \mu_i)^2]$$

공분산covariance은 분산의 일반화 버전입니다. 여기서는 확률 변수 x_i와 x_j의 공분산을 $\text{Cov}[x_i, x_j]$로 표현합니다. 그러면 공분산은 다음 식으로 표현할 수 있습니다.

$$\text{Cov}[x_i, x_j] = \mathbb{E}[(x_i - \mu_i)(x_j - \mu_j)]$$

[식 3.2]

공분산 공식에서 $i=j$라고 하면 $\mathbb{E}[(x_i - \mu_i)(x_j - \mu_j)] = \mathbb{E}[(x_i - \mu_i)^2]$이 되어 앞의 분산 계산 공식과 일치합니다. 그래서 공분산을 분산의 일반화 버전이라고 볼 수 있습니다.

> **NOTE_** 공분산은 인수 순서가 바뀌어도 값이 같습니다. 즉, $\text{Cov}[x_i, x_j] = \text{Cov}[x_j, x_i]$입니다. 그래서 Σ의 σ_{ij}와 σ_{ji}는 같은 값으로 설정합니다. 다음에 설명할 전치 기호를 사용하면 $\Sigma = \Sigma^\top$입니다. 이러한 행렬을 **대칭 행렬**symmetric matrix이라고 합니다.

전치

$(\boldsymbol{x} - \boldsymbol{\mu})^\top$에서 쓰인 기호 $\top$는 전치transpose를 뜻합니다. 행렬의 전치는 [그림 3-7]과 같이 행과 열을 바꾼 행렬을 말합니다.

그림 3-7 전치의 예

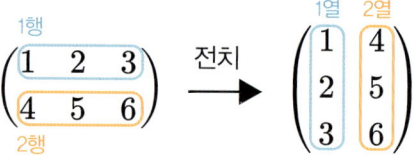

벡터의 경우 열 벡터의 전치는 행 벡터가 되고 행 벡터의 전치는 열 벡터가 됩니다(그림 3-8).

그림 3-8 벡터 전치

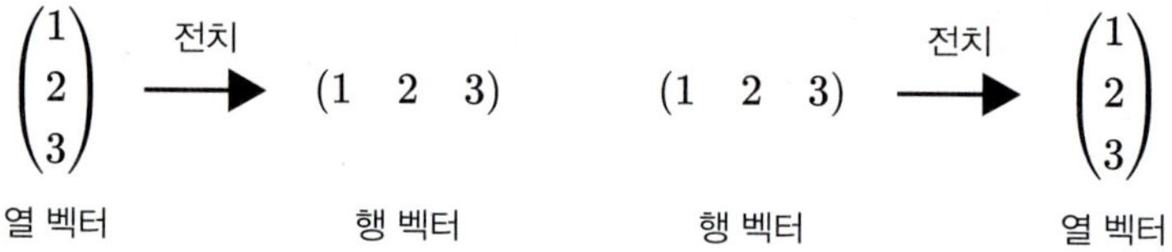

$$\begin{pmatrix} 1 \\ 2 \\ 3 \end{pmatrix} \xrightarrow{\text{전치}} \begin{pmatrix} 1 & 2 & 3 \end{pmatrix} \qquad \begin{pmatrix} 1 & 2 & 3 \end{pmatrix} \xrightarrow{\text{전치}} \begin{pmatrix} 1 \\ 2 \\ 3 \end{pmatrix}$$

열 벡터　　　　　행 벡터　　　　　행 벡터　　　　　열 벡터

또한 벡터의 내적을 전치를 사용해 표현할 수 있습니다. 예컨대 $\boldsymbol{x}$와 $\boldsymbol{y}$가 열 벡터라면 그 내적은 $\boldsymbol{x}^\top \boldsymbol{y}$로 표현할 수 있습니다.

> **NOTE_** 원소가 D개인 열 벡터는 $D \times 1$ 행렬로 간주할 수 있습니다. $D \times 1$ 행렬의 전치는 $1 \times D$ 행렬이 되며, 이는 곧 원소가 D개인 행 벡터가 됩니다. 이처럼 벡터도 행렬로 통일하여 취급할 수 있습니다.

넘파이에서는 .T 속성으로 행렬을 전치할 수 있습니다. 예제 코드로 살펴봅시다.

```
import numpy as np

A = np.array([[1, 2, 3], [4, 5, 6]])
print(A)
print('---')
print(A.T)  # 전치
```

step03/numpy_matrix.py

실행 결과

```
[[1 2 3]
 [4 5 6]]
---
[[1 4]
 [2 5]
 [3 6]]
```

행렬식

|Σ|은 행렬식^{determinant}을 뜻합니다. 행렬식은 (행과 열의 원소 수가 같은) 정사각 행렬의 특징을 나타내는 지표입니다. 행렬식은 결국 스칼라값(하나의 값)으로 귀결됩니다. 행렬식의 계산 방법은 이 책에서는 중요하지 않으므로 생략하겠습니다. 간략하게 2 × 2 행렬식을 계산하는 방법만 소개합니다.

$$\mathbf{A} = \begin{pmatrix} a_{11} & a_{12} \\ a_{21} & a_{22} \end{pmatrix}$$

$$|\mathbf{A}| = a_{11}a_{22} - a_{12}a_{21}$$

구체적인 값을 대입하여 계산해보면 다음과 같습니다.

$$\mathbf{A} = \begin{pmatrix} 3 & 4 \\ 5 & 6 \end{pmatrix}$$

$$|\mathbf{A}| = 3 \times 6 - 4 \times 5 = -2$$

이와 같이 결과는 −2입니다. 스칼라값이죠. $D \times D$의 행렬식도 마찬가지로 스칼라값이 됩니다 ($D > 2$). 넘파이에서는 np.linalg.det() 함수를 사용하여 행렬식을 구할 수 있습니다.

```
A = np.array([[3, 4], [5, 6]])
d = np.linalg.det(A)  # 행렬식
print(d)
```
step03/numpy_matrix.py

실행 결과

```
-1.9999999999999971
```

np.linalg.det() 함수의 구현 방식 때문에 오차가 살짝 존재하지만*, 결과는 −2와 매우 가깝게 나왔습니다.

역행렬

Σ^{-1}과 같이 행렬의 오른쪽 위에 −1이 붙은 행렬은 역행렬inverse matrix을 뜻합니다. 역행렬은 행렬식이 0이 아닌 행렬에만 존재하며 원래 행렬과 곱하면 단위행렬이 됩니다. 수식으로 쓰면 다음과 같습니다.

$$AA^{-1} = A^{-1}A = I$$

$$I = \begin{pmatrix} 1 & 0 & \cdots & 0 \\ 0 & 1 & \cdots & 0 \\ \vdots & \vdots & \ddots & \vdots \\ 0 & 0 & \cdots & 1 \end{pmatrix}$$

여기서 **I**는 단위행렬입니다. 단위행렬unit matrix은 대각선 성분이 모두 1이고 나머지 성분이 모두 0인 정사각 행렬입니다. 역행렬 계산 방법은 이 책의 주제와 상관없으므로 생략합니다. 간략하게 2×2 역행렬을 계산하는 방법만 소개하겠습니다.

---

* LU 분해에 의한 반복 계산 때문에 작은 오차가 생길 수 있습니다.

$$\mathbf{A} = \begin{pmatrix} a_{11} & a_{12} \\ a_{21} & a_{22} \end{pmatrix}$$

$$\mathbf{A}^{-1} = \frac{1}{|\mathbf{A}|} \begin{pmatrix} a_{22} & -a_{12} \\ -a_{21} & a_{11} \end{pmatrix}$$

구체적인 값을 대입하여 계산해봅시다.

$$\mathbf{A} = \begin{pmatrix} 3 & 4 \\ 5 & 6 \end{pmatrix}$$

$$\mathbf{A}^{-1} = \frac{1}{3 \times 6 - 4 \times 5} \begin{pmatrix} 6 & -4 \\ -5 & 3 \end{pmatrix}$$
$$= \begin{pmatrix} -3 & 2 \\ 2.5 & -1.5 \end{pmatrix}$$

넘파이에서는 np.linalg.inv() 함수로 역행렬을 구할 수 있습니다.

step03/numpy_matrix.py

```
A = np.array([[3, 4], [5, 6]])
B = np.linalg.inv(A)   # 역행렬

print(B)
print('---')
print(A @ B)   # 역행렬과의 행렬 곱
```

실행 결과

```
[[-3.   2. ]
 [ 2.5 -1.5]]
---
[[ 1.0000000e+00 -8.8817842e-16]
 [ 0.0000000e+00  1.0000000e+00]]
```

3장 다변량 정규 분포   **87**

> **NOTE_** (옮긴이) 역행렬과의 행렬 곱 결과가 단위행렬이어야 하는데 1행 2열의 값이 0이 아닙니다. 이 값을 10진수로 변환하면 $-8.8817842 \times 10^{-16}$입니다. 즉, 0에 가까운 매우 작은 값입니다. 정확하게 0이 나오지 않은 이유는 컴퓨터에서 부동소수점 수를 계산하는 방식(IEEE 754)에 따른 어쩔 수 없는 오차 때문입니다.
> 다음과 같이 행렬 곱 결과의 원소 타입을 정수(int)로 바꿔 다시 출력하면 깔끔한 단위행렬이 출력됩니다.
>
> ```python
> print((A @ B).astype(int))
> ```
>
> 실행 결과
> ```
> [[1 0]
>  [0 1]]
> ```

3.2.2 다변량 정규 분포 구현

이번에는 다변량 정규 분포를 코드로 구현해봅시다. 수식은 다음과 같습니다.

$$\mathcal{N}(\boldsymbol{x}; \boldsymbol{\mu}, \boldsymbol{\Sigma}) = \frac{1}{\sqrt{(2\pi)^D |\boldsymbol{\Sigma}|}} \exp\left\{-\frac{1}{2}(\boldsymbol{x}-\boldsymbol{\mu})^\top \boldsymbol{\Sigma}^{-1}(\boldsymbol{x}-\boldsymbol{\mu})\right\} \quad \text{[식 3.1]}$$

step03/numpy_matrix.py
```python
def multivariate_normal(x, mu, cov):
    det = np.linalg.det(cov)
    inv = np.linalg.inv(cov)
    D = len(x)
    z = 1 / np.sqrt((2 * np.pi) ** D * det)
    y = z * np.exp((x - mu).T @ inv @ (x - mu) / -2.0)
    return y
```

인수 x, mu, cov는 모두 ndarray 인스턴스입니다. 이 세 인수의 형상은 [표 3-1]의 조건을 충족해야 합니다.

표 3-1 세 인수의 형상

인수	형상 (D는 1 이상의 정수)
x	(D, 1) 또는 (D,)
mu	(D, 1) 또는 (D,)
cov	(D, D)

x와 mu의 형상은 (D, 1)이므로 명확하게 열 벡터입니다. 또한 넘파이의 특성상, 이번 경우 x와 mu가 (D,)여도 올바르게 계산할 수 있습니다. 그럼 이제 multivariate_normal() 함수를 사용해봅시다. 먼저 2차원 벡터로 시도하겠습니다.

```
x = np.array([[0], [0]])     # 또는 np.array([0, 0])
mu = np.array([[1], [2]])    # 또는 np.array([1, 2])
cov = np.array([[1, 0],
                [0, 1]])

y = multivariate_normal(x, mu, cov)
print(y)
```
step03/numpy_matrix.py

실행 결과
```
[[0.01306423]]
```

여기서는 평균 벡터 mu와 공분산 행렬 cov를 적절히 설정하여 (0, 0)의 확률 밀도를 계산했습니다. 결과에서 보듯 출력된 확률 밀도는 원소가 하나라서 스칼라값으로 간주할 수 있습니다.

3.3 2차원 정규 분포 시각화

이번 절에서는 2차원 정규 분포를 그래프로 그립니다. 먼저 맷플롯립^{Matplotlib} 라이브러리를 이용하여 3D 그래프를 그리는 방법을 알아보겠습니다.

3.3.1 3D 그래프 그리기

맷플롯립으로 3D 그래프를 그리려면 plot_surface() 함수를 사용합니다. 사용 예를 보겠습니다.

```python
# step03/plot_3d.py
import numpy as np
import matplotlib.pyplot as plt

X = np.array([[-2, -1, 0, 1, 2],
              [-2, -1, 0, 1, 2],
              [-2, -1, 0, 1, 2],
              [-2, -1, 0, 1, 2],
              [-2, -1, 0, 1, 2]])
Y = np.array([[-2, -2, -2, -2, -2],
              [-1, -1, -1, -1, -1],
              [0, 0, 0, 0, 0],
              [1, 1, 1, 1, 1],
              [2, 2, 2, 2, 2]])
Z = X ** 2 + Y ** 2

ax = plt.axes(projection='3d')  # 3D 그래프를 그리도록 설정
ax.plot_surface(X, Y, Z, cmap='viridis')  # viridis라는 컬러 맵 사용
ax.set_xlabel('x')
ax.set_ylabel('y')
ax.set_zlabel('z')
plt.show()
```

ax.plot_surface(X, Y, Z, cmap='viridis')의 인수에 주목합시다. X, Y, Z는 모두 (5, 5) 형상의 2차원 배열입니다. X와 Y는 코드에서와 같으며 [그림 3-9]처럼 격자 모양으로 늘어선 점들에 해당합니다.

그림 3-9 X와 Y에 대응하는 격자점

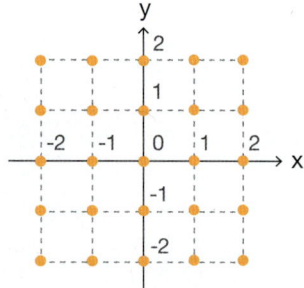

그리고 Z에는 각 격자점의 3차원 값을 설정했습니다. 예를 들어 X[0, 0]은 -2이고 Y[0, 0]은 -2이므로, Z[0, 0]에는 $x = -2$이고 $y = -2$일 때의 z 값을 설정합니다. 지금 코드에서는 Z = X ** 2 + Y ** 2 코드에서 원소별 연산이 이루어지기 때문에 모든 격자점의 값이 한 번에 계산됩니다. 코드를 실행하면 [그림 3-10]의 그래프를 얻을 수 있습니다.

그림 3-10 맷플롯립으로 그린 3D 그래프

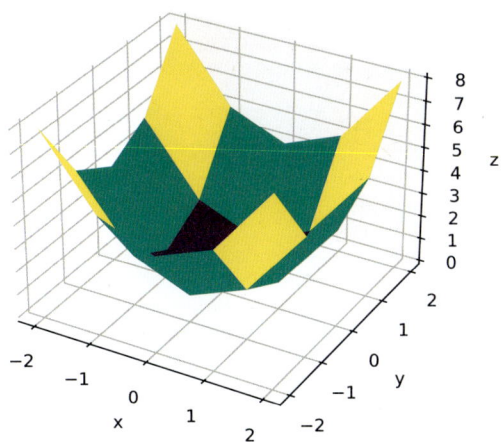

이번에는 격자점 형태가 5 × 5이기 때문에 각진 3D 그래프가 되었습니다. 격자점의 간격을 더 세밀하게 설정하면 더 부드러운 그래프를 만들 수 있습니다. 이럴 때 np.meshgrid()를 이용하면 편리합니다. 어떻게 사용하는지 살펴봅시다.

```python
xs = np.arange(-2, 2, 0.1)  # -2에서 2까지 0.1 단위로 값 생성
ys = np.arange(-2, 2, 0.1)

X, Y = np.meshgrid(xs, ys)
Z = X ** 2 + Y ** 2

ax = plt.axes(projection='3d')
ax.plot_surface(X, Y, Z, cmap='viridis')
ax.set_xlabel('x')
ax.set_ylabel('y')
ax.set_zlabel('z')
plt.show()
```

step03/plot_3d.py

3장 다변량 정규 분포

np.arange(-2, 2, 0.1) 코드는 -2에서 2까지의 숫자를 0.1 단위로 생성합니다. 즉, [-2, -1.9, -1.8 ⋯ 1.8, 1.9]라는 1차원 배열을 만듭니다(마지막 2는 포함되지 않습니다). 이 1차원 배열을 np.meshgrid()에 제공하면 3D 그래프에 대응하는 격자점용 2차원 배열이 생성됩니다. 정확하게는 [표 3-2]의 배열이 생성됩니다.

표 3-2 생성되는 배열

변수명	배열	형상
xs	[-2, -1.9, -1.8 ⋯ 1.9]	(40,)
ys	[-2, -1.9, -1.8 ⋯ 1.9]	(40,)
X	[[-2, -1.9, -1.8 ⋯ 1.9], [-2, -1.9, -1.8 ⋯ 1.9], ⋯ [-2, -1.9, -1.8 ⋯ 1.9]]	(40, 40)
Y	[[-2, -2, -2 ⋯ -2], [-1.9, -1.9, -1.9 ⋯ -1.9], ⋯ [1.9, 1.9, 1.9 ⋯ 1.9]]	(40, 40)

밀도를 높인 새로운 격자점들을 이용하면 [그림 3-11]과 같은 매끄러운 그래프를 얻을 수 있습니다.

그림 3-11 고밀도의 3D 그래프

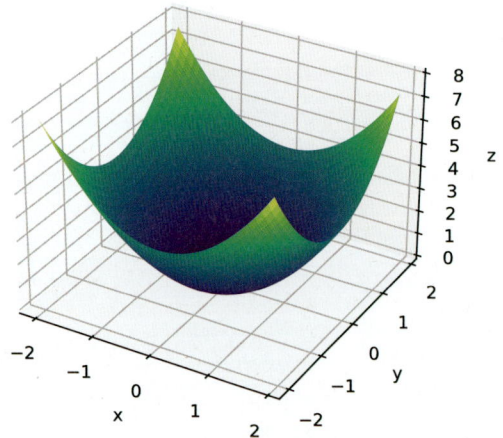

3.3.2 등고선 그리기

앞에서 사용한 plot_surface()는 함수의 곡면^{surface}을 그립니다. 이와는 또 다른 표현으로 등고선이 있습니다. 등고선 그리기는 contour() 함수를 사용합니다.

```python
x = np.arange(-2, 2, 0.1)
y = np.arange(-2, 2, 0.1)

X, Y = np.meshgrid(x, y)
Z = X ** 2 + Y ** 2

ax = plt.axes()
ax.contour(X, Y, Z)   # 등고선 그리기
ax.set_xlabel('x')
ax.set_ylabel('y')
plt.show()
```

step03/plot_3d.py

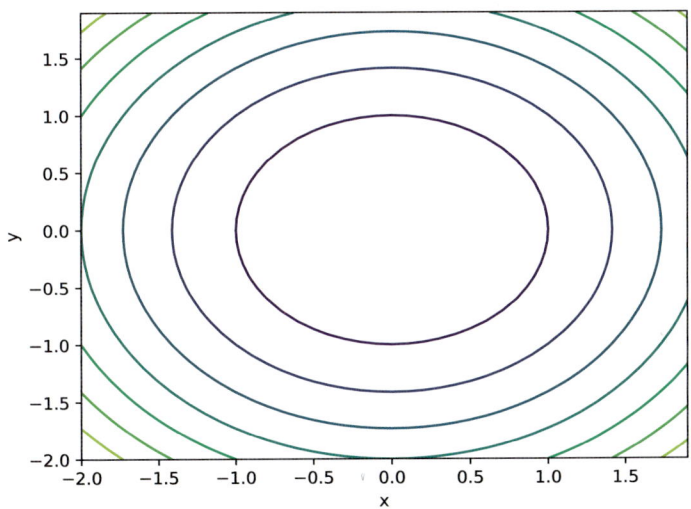

그림 3-12 등고선 그래프

3.3.3 2차원 정규 분포 그래프

이제 2차원 정규 분포를 시각화해봅시다. 다시 한번 다변량 정규 분포의 공식을 함께 제시합니다.

$$\mathcal{N}(\boldsymbol{x}; \boldsymbol{\mu}, \boldsymbol{\Sigma}) = \frac{1}{\sqrt{(2\pi)^D |\boldsymbol{\Sigma}|}} \exp\left\{-\frac{1}{2}(\boldsymbol{x} - \boldsymbol{\mu})^\top \boldsymbol{\Sigma}^{-1}(\boldsymbol{x} - \boldsymbol{\mu})\right\} \qquad \text{[식 3.1]}$$

코드는 다음과 같습니다.

step03/plot_norm.py

```python
import numpy as np
import matplotlib.pyplot as plt

def multivariate_normal(x, mu, cov):  # 다변량 정규 분포
    det = np.linalg.det(cov)
    inv = np.linalg.inv(cov)
    D = len(x)
    z = 1 / np.sqrt((2 * np.pi) ** D * det)
    y = z * np.exp((x - mu).T @ inv @ (x - mu) / -2.0)
    return y

mu = np.array([0.5, -0.2])    # ❶
cov = np.array([[2.0, 0.3],   # ❷
                [0.3, 0.5]])

xs = ys = np.arange(-5, 5, 0.1)
X, Y = np.meshgrid(xs, ys)
Z = np.zeros_like(X)

for i in range(X.shape[0]):
    for j in range(X.shape[1]):
        x = np.array([X[i, j], Y[i, j]])
        Z[i, j] = multivariate_normal(x, mu, cov)

# 그래프 그리기
fig = plt.figure()
# 3D 곡면 그래프
ax1 = fig.add_subplot(1, 2, 1, projection='3d')  # ❸
ax1.set_xlabel('x')
ax1.set_ylabel('y')
ax1.set_zlabel('z')
ax1.plot_surface(X, Y, Z, cmap='viridis')

# 등고선
ax2 = fig.add_subplot(1, 2, 2)
ax2.set_xlabel('x')
ax2.set_ylabel('y')
```

```
ax2.contour(X, Y, Z)
plt.show()
```

그림 3-13 정규 분포의 3D 그래프(왼쪽)와 등고선(오른쪽)

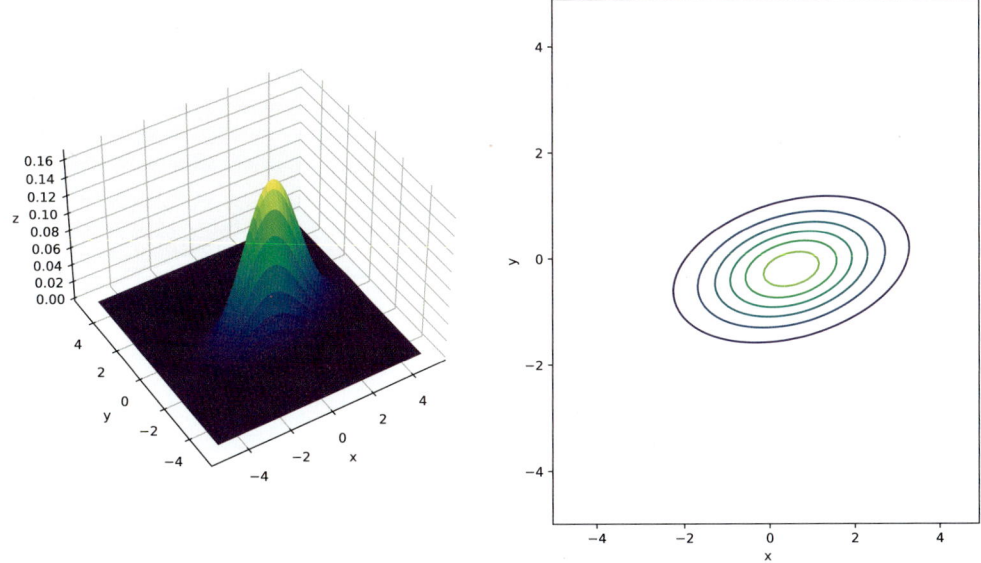

❸에서는 fig.add_subplot()을 사용하여 하나의 캔버스에 여러 개의 그래프를 그립니다. fig. add_subplot(1, 2, 1…)처럼 인수로 3개의 정수를 건네면 됩니다. 처음 두 인수는 캔버스의 영역을 몇 행과 몇 열로 나눌지 지정합니다. 첫 번째 인수가 행 수, 두 번째 인수가 열 수입니다. 세 번째 인수는 다음으로 그릴 그래프의 영역 번호입니다. 이번에는 캔버스가 1행 2열로 분할되어 왼쪽 영역의 번호는 1, 오른쪽은 2에 해당합니다.

앞의 코드에서 ❶ 평균 벡터는 (0.5, −0.2)이고, 그 위치에 산의 정상이 자리합니다. 또한 ❷ 공분산 행렬에 따라 산의 넓이가 결정됩니다. cov[0, 0]은 x의 분산, 즉 x 방향의 퍼짐 정도를 나타냅니다. cov[1, 1]은 y의 분산, 즉 y 방향의 퍼짐 정도를 나타냅니다. cov[0, 1]과 cov[1, 0]은 x와 y의 공분산입니다. 공분산 행렬은 대칭 행렬($\Sigma = \Sigma^\top$)이므로 cov[0, 1]과 cov[1, 0]은 같은 값으로 설정합니다.

> **NOTE_** 공분산은 두 변수의 관련성을 나타냅니다. 공분산이 양수일 때는 변수 하나의 값이 증가하면 다른 변수의 값도 증가하는 경향이 있다는 뜻입니다. 이를 양의 상관관계라고 합니다. 공분산이 음수일 때는 한 변수가 증가하면 다른 변수는 감소하는 경향이 있다는 뜻입니다. 이를 음의 상관관계라고 합니다. 공분산이 0에 가까우면 두 변수는 관련이 없다는 뜻입니다.

이어서 공분산 행렬의 역할을 살펴보기 위해 공분산 행렬의 값을 바꿔가며 2차원 정규 분포의 등고선을 그려보겠습니다.

그림 3-14 공분산 행렬에 따른 등고선 차이

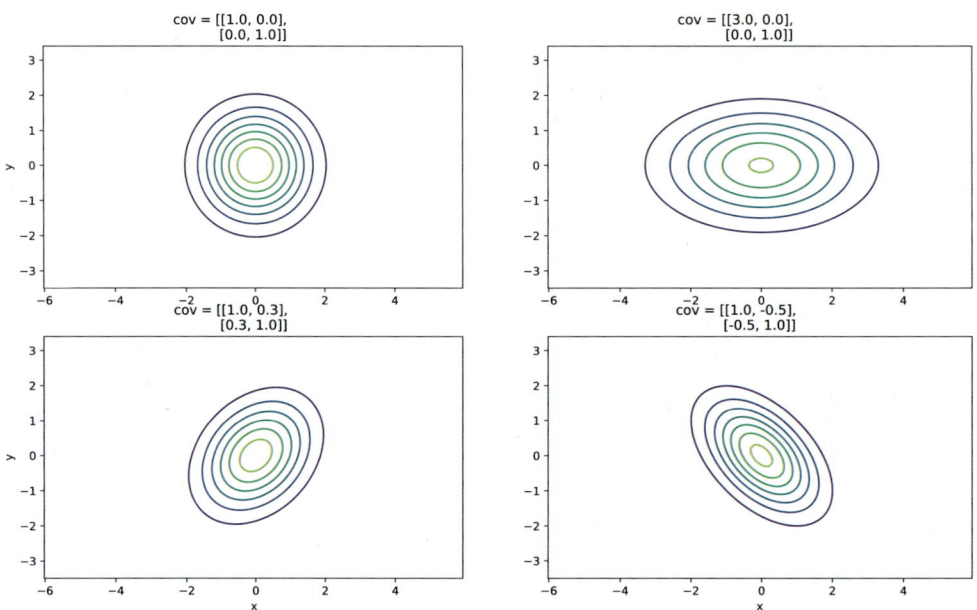

그림의 등고선은 공분산 행렬의 설정에 따라 2차원 정규 분포가 어떻게 변하는지를 나타냅니다. 오른쪽 위 그래프처럼 공분산 행렬의 대각선 원소(분산)가 크면 분포는 그 축을 따라 더 넓게 퍼집니다. 한편 왼쪽 아래 그래프처럼 비대각선 원소(공분산)의 값이 양수면 분포가 $y = x$ 선을 따라 기울어짐을 알 수 있습니다. 두 변수에 양의 상관관계가 있다는 뜻입니다. 반대로 오른쪽 아래 그래프처럼 공분산의 값이 음수면 분포가 $y = -x$ 선을 따라 기울어지며, 음의 상관관계가 있음을 보여줍니다.

3.4 다변량 정규 분포의 최대 가능도 추정

지금까지는 1차원 정규 분포를 대상으로 최대 가능도를 추정했습니다. 이번 절에서는 대상을 다변량 정규 분포로 확장하여 최대 가능도 추정을 수행합니다.

3.4.1 최대 가능도 추정하기

먼저 D차원 벡터 $\boldsymbol{x}$의 정규 분포 식을 살펴봅시다($\boldsymbol{\mu}$는 평균 벡터, $\boldsymbol{\Sigma}$는 공분산 행렬).

$$\mathcal{N}(\boldsymbol{x}; \boldsymbol{\mu}, \boldsymbol{\Sigma}) = \frac{1}{\sqrt{(2\pi)^D |\boldsymbol{\Sigma}|}} \exp\left\{-\frac{1}{2}(\boldsymbol{x}-\boldsymbol{\mu})^\top \boldsymbol{\Sigma}^{-1}(\boldsymbol{x}-\boldsymbol{\mu})\right\} \quad \text{[식 3.1]}$$

다음으로 이 정규 분포로부터 샘플 $\mathcal{D} = \{\boldsymbol{x}^{(1)}, \boldsymbol{x}^{(2)}, \ldots, \boldsymbol{x}^{(N)}\}$을 얻은 경우를 생각해봅시다. 이 샘플을 얻을 수 있는 확률 밀도는 다음 식으로 표현할 수 있습니다.

$$p(\mathcal{D}; \boldsymbol{\mu}, \boldsymbol{\Sigma}) = \mathcal{N}(\boldsymbol{x}^{(1)}; \boldsymbol{\mu}, \boldsymbol{\Sigma})\, \mathcal{N}(\boldsymbol{x}^{(2)}; \boldsymbol{\mu}, \boldsymbol{\Sigma}) \,\cdots\, \mathcal{N}(\boldsymbol{x}^{(N)}; \boldsymbol{\mu}, \boldsymbol{\Sigma})$$
$$= \prod_{n=1}^{N} \mathcal{N}(\boldsymbol{x}^{(n)}; \boldsymbol{\mu}, \boldsymbol{\Sigma})$$

$p(\mathcal{D}; \boldsymbol{\mu}, \boldsymbol{\Sigma})$는 매개변수를 $\boldsymbol{\mu}, \boldsymbol{\Sigma}$로 설정했을 때 샘플 $\mathcal{D}$를 얻을 수 있는 확률 밀도입니다. $\boldsymbol{\mu}, \boldsymbol{\Sigma}$를 인수로 받는 함수로 간주할 수도 있습니다. 이 경우 $p(\mathcal{D}; \boldsymbol{\mu}, \boldsymbol{\Sigma})$를 가능도라고 합니다. 최대 가능도 추정은 가능도를 최대화하는 매개변수를 구합니다. 단, 가능도의 로그를 취하는 편이 계산하기 편리하므로 $L(\boldsymbol{\mu}, \boldsymbol{\Sigma}) = \log p(\mathcal{D}; \boldsymbol{\mu}, \boldsymbol{\Sigma})$를 대상으로 합니다. 이때 가능도 최댓값의 위치는 다음 식을 풀어서 구할 수 있습니다.

$$\frac{\partial L}{\partial \boldsymbol{\mu}} = 0 \qquad \frac{\partial L}{\partial \boldsymbol{\Sigma}} = 0$$

여기서 $L(\boldsymbol{\mu}, \boldsymbol{\Sigma})$는 스칼라, $\boldsymbol{\mu}$는 벡터, $\boldsymbol{\Sigma}$는 행렬이라는 점에 유의합시다. $\frac{\partial L}{\partial \boldsymbol{\mu}}$은 $L(\boldsymbol{\mu}, \boldsymbol{\Sigma})$의 $\boldsymbol{\mu}$에 대한 미분입니다. 그리고 $\frac{\partial L}{\partial \boldsymbol{\Sigma}}$은 $L(\boldsymbol{\mu}, \boldsymbol{\Sigma})$의 $\boldsymbol{\Sigma}$에 대한 미분입니다. $\frac{\partial L}{\partial \boldsymbol{\mu}}$과 $\frac{\partial L}{\partial \boldsymbol{\Sigma}}$처럼 벡터나 행렬에 대한 미분은 기울기gradient라고도 합니다. 이 미분을 요소까지 적어보겠습니다.

$$\boldsymbol{\mu} = \begin{pmatrix} \mu_1 \\ \mu_2 \\ \vdots \\ \mu_D \end{pmatrix} \qquad \frac{\partial L}{\partial \boldsymbol{\mu}} = \begin{pmatrix} \frac{\partial L}{\partial \mu_1} \\ \frac{\partial L}{\partial \mu_2} \\ \vdots \\ \frac{\partial L}{\partial \mu_D} \end{pmatrix}$$

$$\boldsymbol{\Sigma} = \begin{pmatrix} \sigma_{11} & \cdots & \sigma_{1i} & \cdots & \sigma_{1D} \\ \vdots & \ddots & & & \vdots \\ \sigma_{i1} & & \sigma_{ii} & & \sigma_{iD} \\ \vdots & & & \ddots & \vdots \\ \sigma_{D1} & \cdots & \sigma_{Di} & \cdots & \sigma_{DD} \end{pmatrix} \qquad \frac{\partial L}{\partial \boldsymbol{\Sigma}} = \begin{pmatrix} \frac{\partial L}{\partial \sigma_{11}} & \cdots & \frac{\partial L}{\partial \sigma_{1i}} & \cdots & \frac{\partial L}{\partial \sigma_{1D}} \\ \vdots & \ddots & & & \vdots \\ \frac{\partial L}{\partial \sigma_{i1}} & & \frac{\partial L}{\partial \sigma_{ii}} & & \frac{\partial L}{\partial \sigma_{iD}} \\ \vdots & & & \ddots & \vdots \\ \frac{\partial L}{\partial \sigma_{D1}} & \cdots & \frac{\partial L}{\partial \sigma_{Di}} & \cdots & \frac{\partial L}{\partial \sigma_{DD}} \end{pmatrix}$$

$\frac{\partial L}{\partial \boldsymbol{\mu}} = \mathbf{0}$과 $\frac{\partial L}{\partial \boldsymbol{\Sigma}} = \mathbf{0}$ 두 방정식은 해석적으로 풀 수 있습니다. 여기서는 결과만 살펴봅니다. 풀이 과정은 부록 A에 있으니 관심 있는 분은 참고하기 바랍니다. 두 방정식을 풀면 다음 식을 얻을 수 있습니다.

$$\hat{\boldsymbol{\mu}} = \frac{1}{N} \sum_{n=1}^{N} \boldsymbol{x}^{(n)} \qquad \text{[식 3.3]}$$

$$\hat{\boldsymbol{\Sigma}} = \frac{1}{N} \sum_{n=1}^{N} (\boldsymbol{x}^{(n)} - \hat{\boldsymbol{\mu}})(\boldsymbol{x}^{(n)} - \hat{\boldsymbol{\mu}})^{\top} \qquad \text{[식 3.4]}$$

이것이 최대 가능도 추정을 통해 얻을 수 있는 결과입니다. 참고로 이 식에 등장하는 벡터의 형상은 [표 3-3]과 같습니다.

표 3-3 벡터의 형상

변수	형상
$\boldsymbol{x}^{(n)}$	$D \times 1$
$\boldsymbol{x}^{(n)} - \hat{\boldsymbol{\mu}}$	$D \times 1$
$(\boldsymbol{x}^{(n)} - \hat{\boldsymbol{\mu}})^{\top}$	$1 \times D$

또한 [그림 3-15]에 따르면 $(\boldsymbol{x}^{(n)} - \hat{\boldsymbol{\mu}})(\boldsymbol{x}^{(n)} - \hat{\boldsymbol{\mu}})^\top$ 의 형상은 $D \times D$임을 알 수 있습니다.

그림 3-15 $(\boldsymbol{x}^{(n)} - \hat{\boldsymbol{\mu}})(\boldsymbol{x}^{(n)} - \hat{\boldsymbol{\mu}})^\top$ 의 형상

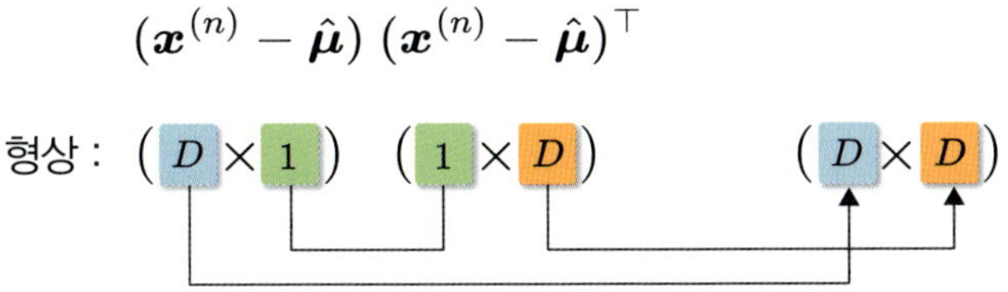

$$(\boldsymbol{x}^{(n)} - \hat{\boldsymbol{\mu}})\ (\boldsymbol{x}^{(n)} - \hat{\boldsymbol{\mu}})^\top$$

형상: $(D \times 1)\ (1 \times D)\ \ \ \ (D \times D)$

3.4.2 최대 가능도 추정 구현

이제 [식 3.3]과 [식 3.4]를 코드로 구현해봅시다. 여기서는 더미 데이터를 사용한 코드를 살펴봅니다.

```python
import numpy as np

np.random.seed(0)

N = 10000
D = 2
xs = np.random.rand(N, D)   # 균등 분포로부터 더미 데이터 생성

mu = np.sum(xs, axis=0)     # ❶
mu /= N

cov = 0

for n in range(N):
    x = xs[n]
    z = x - mu
    z = z[:, np.newaxis]    # ❷
    cov += z @ z.T

cov /= N

print(mu)
print(cov)
```

실행 결과

```
[0.49443495 0.49726356]
[[ 0.08476319 -0.00023128]
 [-0.00023128  0.08394656]]
```

이 코드에서 xs는 0에서 1 사이에 균일하게 분포된 무작위 수이며 형상은 (N, D)입니다. 원소가 D개인 벡터(D차원 벡터)가 N개 있는 데이터 구조입니다. 이 데이터에 대해 최대 가능도 추정을 수행하여 최적의 매개변수인 mu와 cov를 얻습니다.

❶ np.sum(xs, axis=0)에서는 인수를 axis=0으로 설정하여 0번째 축을 따라 합을 구합니다. 형상이 (N, D)인 2차원 배열에서 0번째 축은 N의 축(차원)을 뜻합니다.

❷ z[:, np.newaxis]는 새로운 축을 추가합니다. z의 형상은 원래 (D,)였지만 이 코드를 실행하면 (D, 1)로 변합니다.

앞의 코드는 이해하기 쉽도록 풀어서 구현했지만, 넘파이가 제공하는 함수를 이용하면 다음처럼 간단하게 값을 구할 수도 있습니다.

```
mu = np.mean(xs, axis=0)
cov = np.cov(xs, rowvar=False)
```

np.mean()은 평균을 구합니다. axis=0 인수를 지정하면 0번째 축을 따라 평균을 계산합니다. 이어서 np.cov()는 공분산 행렬을 구합니다. rowvar 인수를 False로 지정했기 때문에 각 행을 하나의 데이터로 취급하여 공분산 행렬을 계산합니다. rowvar의 기본값은 True입니다. 값을 True로 지정하면 np.cov()는 각 열을 하나의 데이터로 취급하여 공분산 행렬을 계산합니다.

> **NOTE_** 1.4.3절에서는 0에서 1 사이 균등 분포의 평균과 분산이 각각 $\frac{1}{2}$과 $\frac{1}{12} = 0.083\cdots$임을 보였습니다. 앞의 출력 결과를 보면 mu의 원소 각각은 대략 $\frac{1}{2}$이고, cov의 대각선 원소들은 대략 0.083입니다. 또한 np.random.rand(N, D)가 생성하는 텐서의 원소들은 서로 독립적이기 때문에 cov의 비대각선 원소들의 값은 0에 가깝게 만들어집니다.

3.4.3 실제 데이터 사용

이제 실제 데이터를 이용하여 다변량 정규 분포의 최대 가능도 추정에 대해 알아봅시다. 지난번과 마찬가지로 SOCR 데이터[2]를 데이터셋으로 이용하지만, 이번에는 키와 몸무게의 쌍 데이터를 사용합니다(지난번에는 키만 추출하여 사용했습니다). 파일은 step03/height_weight.txt에 있습니다. 이 데이터셋에는 2만 5천 개의 키와 몸무게 데이터가 담겨 있습니다. 먼저 데이터를 불러옵니다.

```python
# step03/plot_dataset.py
import os
import numpy as np
import matplotlib.pyplot as plt

path = os.path.join(os.path.dirname(__file__), 'height_weight.txt')
xs = np.loadtxt(path)

print(xs.shape)
```

실행 결과

```
(25000, 2)
```

xs의 형상은 (25000, 2)입니다. 키와 몸무게로 구성된 2만 5천 개의 벡터가 있음을 뜻합니다. 이 데이터로 산점도를 그려봅시다. 2만 5천 개 중에서 처음 500개(xs[:500])만 추출하여 그리겠습니다.

```python
# step03/plot_dataset.py
small_xs = xs[:500]
plt.scatter(small_xs[:, 0], small_xs[:, 1])  # 산점도 그리기
plt.xlabel('Height(cm)')
plt.ylabel('Weight(kg)')
plt.show()
```

산점도는 plt.scatter() 함수로 그릴 수 있습니다. 지금 코드에서 X[:, 0] 또는 X[:, 1] 형태의 부분은 열 데이터를 추출한 것입니다. 코드를 실행하면 [그림 3-16]의 그래프가 그려집니다.

그림 3-16 키와 몸무게의 산점도

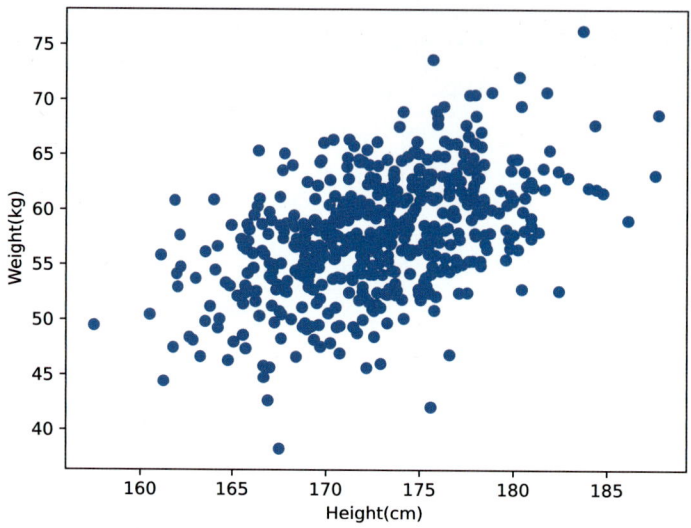

그래프를 보면 키와 몸무게는 상관관계가 있는 분포임을 알 수 있습니다. 또한 2차원 정규 분포로 잘 표현할 수 있을 것 같습니다. 이제 최대 가능도 추정을 수행해보겠습니다.

```
mu = np.mean(xs, axis=0)                              step03/mle.py
cov = np.cov(xs, rowvar=False)
```

다음으로 최대 가능도 추정으로 구한 정규 분포를 그려보겠습니다. 코드는 step03/mle.py에 있고 결과는 [그림 3-17]입니다.

그림 3-17 정규 분포의 3D 그래프(왼쪽)와 등고선(오른쪽)

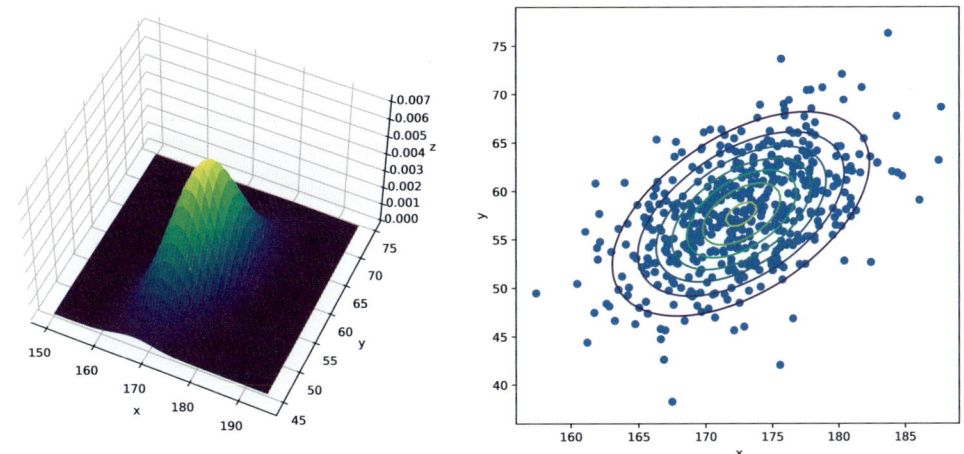

결과를 보면 데이터에 잘 들어맞음을 알 수 있습니다. 이제 다차원 데이터라도 정규 분포이기만 하면 모델링할 수 있게 되었습니다.

CHAPTER 4

가우스 혼합 모델

정규 분포는 매우 흔하지만, 정규 분포 하나만으로 표현할 수 없는 현상도 많습니다. 이번 장에서는 정규 분포 여러 개를 혼합하는 방법을 알아봅니다. 정규 분포를 혼합함으로써 산이 여러 개인 복잡한 모델을 표현할 수 있게 됩니다. 이 모델을 **가우스 혼합 모델**^{Gaussian Mixture Model}(GMM) 혹은 가우시안 혼합 모델이라고 합니다. 가우스 혼합 모델은 통계학과 머신러닝에서 널리 쓰이며 데이터 생성에도 중요한 기법입니다.

4.1 우리 주변의 다봉 분포

세상에는 산이 여러 개인 분포, 즉 **다봉 분포**^{multimodal distribution}가 의외로 많습니다. 이번 절에서는 주변에서 볼 수 있는 다봉 분포의 예를 몇 가지 소개합니다. 이어서 구체적인 다봉 데이터셋을 살펴보고 시각화하여 확인합니다.

남녀 혼합 키 분포

사람의 키는 나이와 성별을 특정한다면(예컨대 17세 남성) 정규 분포를 보인다고 알려져 있습니다. 그렇다면 성별에 제한을 두지 않는 경우는 어떨까요? [그림 4-1]은 17세 일본인의 남녀별 키 분포입니다. 그림에 따르면 남녀별로 산의 봉우리가 다릅니다. 이처럼 모집단 전체는 산이 두 개인 **쌍봉 분포**^{bimodal distribution}로 모델링됩니다.

그림 4-1 17세 남학생과 여학생의 키 분포(2016년 기준)

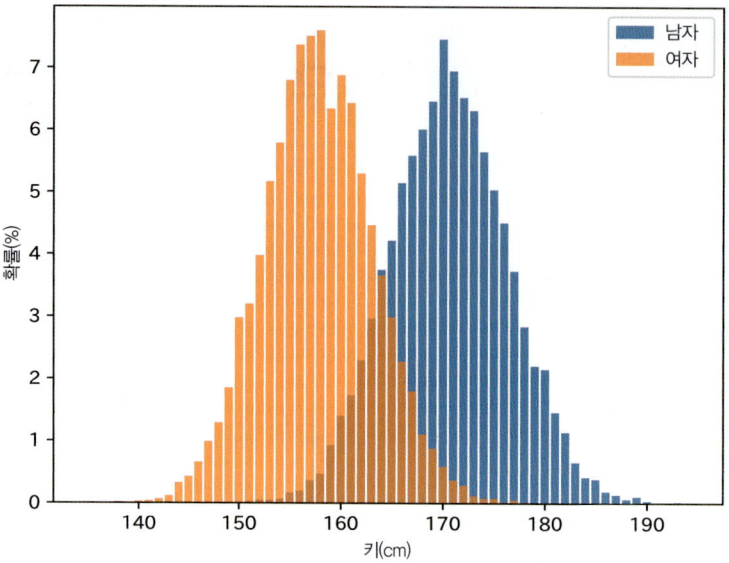

개미 몸길이

개미를 한 마리씩 잡아 몸길이를 측정하는 실험을 상상해봅시다. 많은 실험에서 개미의 몸길이는 다봉 분포임을 알 수 있습니다(그림 4-2). 개미는 역할에 따라 크기가 다르므로 개미 집단 전체로 보면 몸길이의 분포는 여러 개의 산으로 이루어져 있습니다.

그림 4-2 개미 몸길이 분포(문헌[4]을 바탕으로 작성)

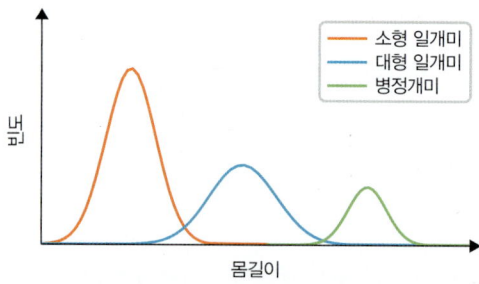

간헐천 분출

일정한 주기로 뜨거운 물을 뿜어내는 온천을 간헐천이라고 합니다. 미국 옐로스톤 국립공원에는 **올드 페이스풀 간헐천**The Old Faithful Geyser이라는 유명한 간헐천이 있습니다. 이 간헐천은 규칙적으로 분출하는데 여기서도 다봉 분포를 볼 수 있습니다(그림 4-3).

그림 4-3 올드 페이스풀 간헐천(왼쪽)과 분출 데이터로 그린 산점도(오른쪽) (사진은 문헌[5]에서 인용)

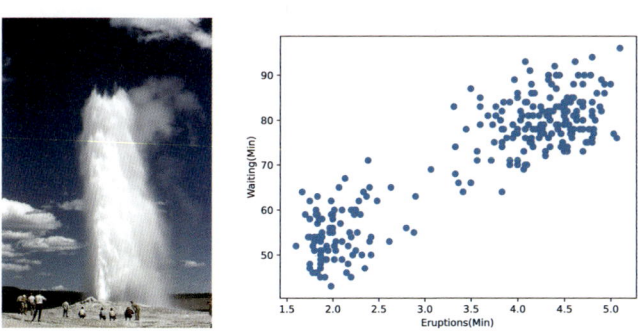

오른쪽 그래프는 일정 기간 동안 기록된 272개의 데이터로 그린 산점도로, 가로축은 분출 지속 시간이고 세로축은 분출 간격입니다. 한 번 분출하면 1분 30초에서 5분 정도 지속되며 분출 간격은 50분에서 90분 정도로 나타났습니다.

4.1.1 다봉 분포 데이터셋

[그림 4-3]의 간헐천 데이터셋을 파이썬으로 불러오는 코드를 살펴보겠습니다. 데이터셋은 step04/old_faithful.txt에서 확인할 수 있습니다.*

```
step04/old_faithful.py
import os
import numpy as np
import matplotlib.pyplot as plt

# 파일 경로 설정
path = os.path.join(os.path.dirname(__file__), 'old_faithful.txt')
xs = np.loadtxt(path)
```

---

* old_faithful.txt에는 R 언어의 data(faithful) 명령어로 이용할 수 있는 데이터셋과 동일한 데이터가 담겨 있습니다.

```
print(xs.shape)    # 형상 확인
print(xs[0])       # 첫 번째 데이터 확인
```

실행 결과

```
(272, 2)
[ 3.6 79. ]
```

데이터셋은 np.ndarray 인스턴스로 불러옵니다. 272개의 2차원 데이터가 들어 있으며 형상은 (272, 2)입니다. 첫 번째 데이터는 [3.6 79.]라고 확인되는데, 분출 시간이 3.6분이고 다음 분출까지의 간격이 79분이라는 뜻입니다. 이제 272개의 데이터 모두를 그래프로 그려보겠습니다.

step04/old_faithful.py
```python
plt.scatter(xs[:,0], xs[:,1])
plt.xlabel('Eruptions(Min)')   # 분출 지속 시간(분)
plt.ylabel('Waiting(Min)')     # 분출 간격(분)
plt.show()
```

그림 4-4 올드 페이스풀 간헐천의 분출 특성을 표현한 산점도

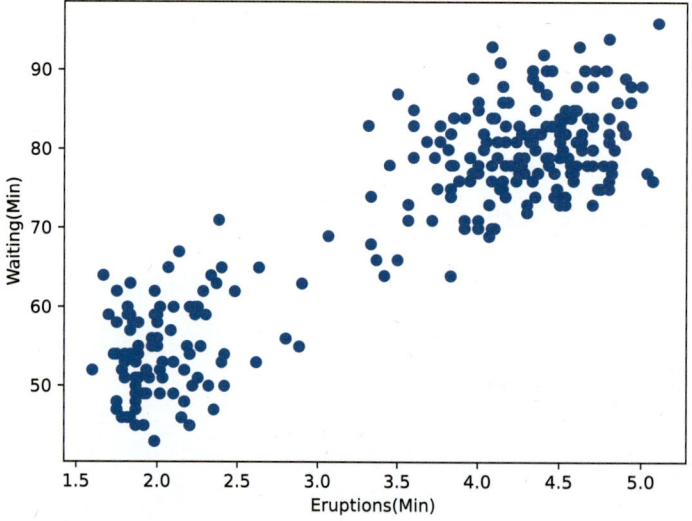

이상으로 데이터셋을 불러와 산점도를 그려보았습니다.

4.2 가우스 혼합 모델 데이터 생성

세상에는 다봉 데이터 분포가 많이 존재합니다. 다봉 분포는 정규 분포 여러 개를 조합하여 표현할 수 있습니다. 여러 정규 분포로 구성된 모델을 가우스 혼합 모델(GMM)이라 한다고 했습니다. 앞으로 목표는 GMM을 따르는 생성 모델을 만드는 것입니다. 그러기 위해 다음 두 가지 작업을 수행합니다.

1. **모델링**: 관측 데이터의 분포를 GMM으로 표현할 수 있다고 가정
2. **매개변수 추정**: GMM의 매개변수를 추정

이 두 작업을 수행하면 GMM을 따르는 생성 모델이 만들어집니다. 매개변수 추정이 끝나면 학습된 GMM을 이용하여 새로운 데이터를 생성할 수 있습니다(그림 4-5).

그림 4-5 GMM의 매개변수 추정과 데이터 생성

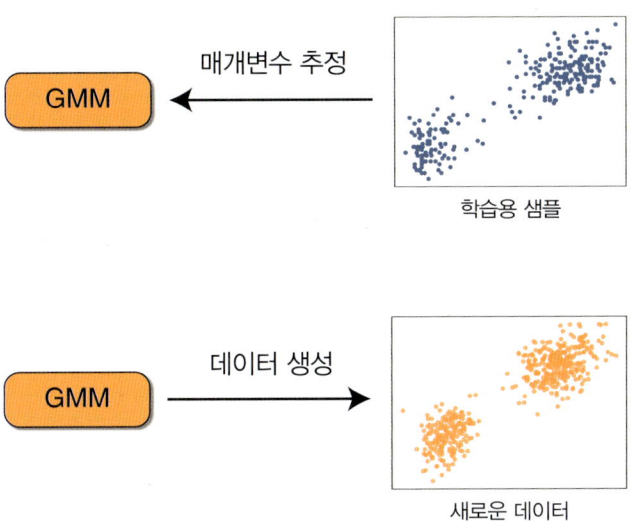

그런데 안타깝게도 GMM에서는 매개변수를 추정하기가 어렵습니다. 최대 가능도 추정을 써도 해석적으로 풀 수 없어서 EM 알고리즘과 같은 어려운 기법에 의존해야 합니다. EM 알고리즘은 5장에서 자세히 설명합니다. 이번 절에서는 먼저 GMM을 이용한 데이터 생성 방법을 알아보겠습니다. GMM의 매개변수를 잘 추정해냈다고 가정하고 추정이 끝난 GMM을 이용하여 데이터를 생성하겠습니다.

4.2.1 GMM을 따르는 데이터 생성

[그림 4-6]의 데이터를 생성하는 절차를 알아봅시다.

그림 4-6 GMM으로 생성한 샘플의 산점도

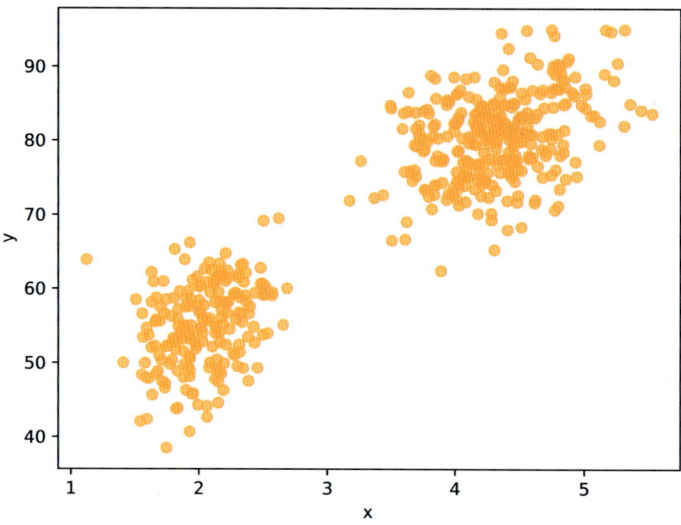

이 데이터는 다음 절차에 따라 생성할 수 있습니다.

두 개의 정규 분포를 준비한다.
반복:
  ❶ 임의의 확률 분포에 따라 두 정규 분포 중 하나를 선택한다.
  ❷ 선택한 정규 분포에서 데이터를 생성한다.

즉 정규 분포를 두 개 준비한 다음, 정규 분포 선택과 데이터 생성을 반복하면 [그림 4-6]과 같은 샘플을 얻을 수 있습니다.

4.2.2 데이터 생성 코드

다음은 [그림 4-6]의 샘플을 생성하는 코드입니다.

```python
import numpy as np

# ======= 학습된 매개변수 =======
mus = np.array([[2.0, 54.50],
                [4.3, 80.0]])
covs = np.array([[[0.07, 0.44],
                  [0.44, 33.7]],
                 [[0.17, 0.94],
                  [0.94, 36.00 ]]])
phis = np.array([0.35, 0.65])
# ================================

def sample():
    z = np.random.choice(2, p=phis)  # ❶
    mu, cov = mus[z], covs[z]
    x = np.random.multivariate_normal(mu, cov)  # ❷
    return x
```

두 정규 분포의 매개변수들을 mus과 covs 변수에 준비했습니다. 평균 벡터들은 mus에, 공분산 행렬들은 covs에 나눠 모아두었습니다. 예컨대 mus[0]과 covs[0]은 첫 번째 정규 분포의 매개변수에 해당합니다.

phis는 각 정규 분포가 선택될 확률입니다. 값이 [0.35, 0.65]이므로 첫 번째 정규 분포가 선택될 확률이 0.35이고 두 번째 정규 분포가 선택될 확률이 0.65입니다.

sample() 함수는 매개변수들을 참조하여 샘플링을 진행합니다. ❶ np.random.choice(2, p=phis) 코드는 phis 인수로 지정한 확률 분포대로 0과 1 중 하나를 샘플로 추출합니다. phis를 구성하는 원소들의 총합은 1이어야 하며, 그렇지 않으면 오류가 납니다. ❷ np.random.multivariate_normal(mu, cov)는 다변량 정규 분포에서 임의의 데이터 하나를 샘플링합니다.

다음은 방금 구현한 sample() 함수를 사용하여 데이터 500개를 추출하여 산점도를 그리는 코드입니다.

```
N = 500  # 샘플 개수
xs = np.zeros((N, 2))
for i in range(N):
```

```
        xs[i] = sample()  # 샘플 추출

plt.scatter(xs[:,0], xs[:,1], color='orange', alpha=0.7)
plt.xlabel('x')
plt.ylabel('y')
plt.show()
```

코드를 실행하면 두 개의 덩어리로 뭉친 산점도(그림 4-6)를 얻을 수 있습니다.

4.3 가우스 혼합 모델의 수식

앞 절에서는 가우스 혼합 모델(GMM)을 이용하여 데이터를 생성하는 방법을 알아보았습니다. 다음 목표는 GMM을 수식으로 표현하는 것입니다. 그러기 위해 결합 확률과 조건부 확률이 무엇인지 복습해봅시다.

4.3.1 확률 복습

확률 변수 x와 y가 있다고 가정합시다. 이때 $p(x, y)$는 x와 y가 동시에 일어날 확률이며 이를 **결합 확률**joint probability이라고 합니다. 한편 $p(x)$와 $p(y)$처럼 x와 y가 개별 사건으로 일어날 확률은 **주변 확률**marginal probability이라고 합니다.

결합 확률에서 특정 확률 변수를 제거하여 주변 확률을 구할 수 있습니다. 이를 **주변화**marginalization라고 합니다. y가 이산 변수라면 주변화는 다음 식으로 표현합니다.

$$p(x) = \sum_y p(x, y)$$

y가 연속 변수라면 주변화는 다음 식으로 표현합니다.

$$p(x) = \int p(x, y) dy$$

조건부 확률conditional probability은 특정 조건하에서의 확률을 말합니다. 수식으로는 $p(x \mid y)$로 표기합니다. $p(x \mid y)$는 y가 이미 일어난 상황에서 x의 발생 확률을 의미합니다.

마지막으로 다음은 확률론에서 중요한 **곱셈 정리**입니다.

$$p(x, y) = p(x \mid y)\, p(y)$$

이 곱셈 정리에 의해 결합 확률 $p(x, y)$, 주변 확률 $p(y)$, 조건부 확률 $p(x \mid y)$가 모두 연관되어 있음을 알 수 있습니다. 이상으로 확률에 대해 복습해보았습니다.

4.3.2 GMM 수식

GMM도 복습해봅시다. GMM은 다음 절차로 데이터를 생성합니다.

K개의 정규 분포를 준비한다.
반복:
❶ 특정 확률 분포에 따라 K개의 정규 분포 중 하나를 선택한다.
❷ 선택한 정규 분포에서 데이터를 생성한다.

여기서 ❶번 과정은 여러 후보 중 하나를 선택하는 행위입니다. 이 행위에 해당하는 확률 분포는 [그림 4-7]의 **범주형 분포**categorical distribution로 표현할 수 있습니다.

그림 4-7 매개변수가 $\phi = (0.35, 0.65)$인 범주형 분포

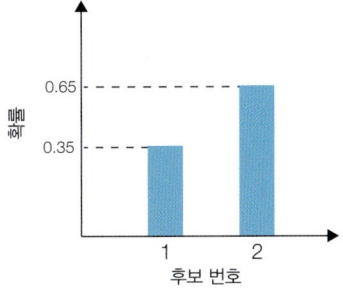

범주형 분포는 수식으로 다음처럼 표현합니다.

$$p(z = k; \phi) = \phi_k \quad \text{[식 4.1]}$$

여기서 z는 이산 확률 변수이며 1에서 K 사이의 정수 k를 취합니다. ϕ는 범주형 분포의 매개변수를 뜻합니다. 표준어 발음 표기는 '피'이지만 관습적으로 '파이'로 발음하는 경우가 훨씬 많습니다. $\phi = (\phi_1, \phi_2 \cdots \phi_K)$처럼 K개의 값으로 이루어지며 k번째 클래스가 출현할 확률이 ϕ_k입니다. 지금 예처럼 ϕ가 $(0.35, 0.65)$ 형태라면 2–클래스 범주형 분포라는 뜻입니다.

> **NOTE_** 범주형 분포의 매개변수 $\phi = (\phi_1, \phi_2 \cdots \phi_K)$는 다음 조건을 만족해야 합니다.
> - 모든 k에서 $\phi_k \geq 0$ (모든 원소는 0 이상)
> - $\sum_{k=1}^{K} \phi_k = 1$ (모든 원소의 총합은 1)

이어서 여러 개의 정규 분포를 수식으로 표현하겠습니다. 정규 분포 K개의 매개변수를 다음과 같이 준비합니다.

$$\boldsymbol{\mu} = \{\boldsymbol{\mu}_1, \boldsymbol{\mu}_2 \cdots \boldsymbol{\mu}_K\}$$
$$\boldsymbol{\Sigma} = \{\boldsymbol{\Sigma}_1, \boldsymbol{\Sigma}_2 \cdots \boldsymbol{\Sigma}_K\}$$

예를 들어 2차원 정규 분포가 2개 있다면 [그림 4-8]처럼 됩니다.

그림 4-8 두 가지 정규 분포의 예

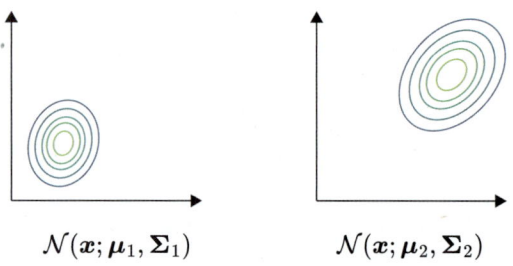

$\mathcal{N}(\boldsymbol{x}; \boldsymbol{\mu}_1, \boldsymbol{\Sigma}_1) \qquad \mathcal{N}(\boldsymbol{x}; \boldsymbol{\mu}_2, \boldsymbol{\Sigma}_2)$

이번에는 정규 분포가 K개 준비되었다고 생각해봅시다. 이때 z의 값에 따라 어느 정규 분포를 사용할지가 결정됩니다. 예를 들어 $z = k$라면, $\boldsymbol{x}$가 따르는 확률 분포는 k번째의 정규 분포입니다. 따라서 다음 공식이 성립합니다.

$$p(\boldsymbol{x} \mid z = k; \boldsymbol{\mu}, \boldsymbol{\Sigma}) = \mathcal{N}(\boldsymbol{x}; \boldsymbol{\mu}_k, \boldsymbol{\Sigma}_k)$$ [식 4.2]

생성 모델의 목표는 관측 데이터 $\boldsymbol{x}$의 확률 분포 $p(\boldsymbol{x})$를 표현해내는 것입니다. GMM에서는 확률을 주변화하여 $p(\boldsymbol{x}, z)$를 이용해 $p(\boldsymbol{x})$를 표현할 수 있습니다.

$$p(\boldsymbol{x}) = \sum_{k=1}^{K} p(\boldsymbol{x}, z = k)$$

그리고 결합 확률 $p(\boldsymbol{x}, z = k)$는 다음 식으로 표현합니다.

$$\begin{aligned} p(\boldsymbol{x}, z = k) &= p(z = k) \, p(\boldsymbol{x} \mid z = k) \quad \text{(곱셈 정리)} \\ &= \phi_k \mathcal{N}(\boldsymbol{x}; \boldsymbol{\mu}_k, \boldsymbol{\Sigma}_k) \qquad \text{([식 4.1]과 [식 4.2] 대입)} \end{aligned}$$

따라서 $p(\boldsymbol{x})$는 다음 식으로 표현할 수 있습니다.

$$p(\boldsymbol{x}) = \sum_{k=1}^{K} \phi_k \mathcal{N}(\boldsymbol{x}; \boldsymbol{\mu}_k, \boldsymbol{\Sigma}_k)$$ [식 4.3]

[식 4.3]이 수식으로 표현한 GMM입니다. 정규 분포 각각에 가중치 ϕ_k를 곱한 다음 모두 더합니다. 즉, 정규 분포의 가중 합으로 표현합니다.

> **NOTE_** GMM에서는 $\boldsymbol{x}$와 z라는 두 가지 확률 변수가 등장합니다. 매개변수 추정에서 $\boldsymbol{x}$는 학습용 관측 데이터에 해당합니다. 반면 z는 관측 데이터에 존재하지 않습니다. $\boldsymbol{x}$는 관측된 값이며 z는 관측되지 않은 값이라는 뜻입니다. 관측되지 않기 때문에 z를 **잠재 변수**latent variable라고 합니다.

4.3.3 GMM 구현

이어서 GMM의 수식인 [식 4.3]을 코드로 구현해봅시다.

step04/gmm.py

```python
import numpy as np
import matplotlib.pyplot as plt

mus = np.array([[2.0, 54.50],
                [4.3, 80.0]])
covs = np.array([[[0.07, 0.44],
                  [0.44, 33.7]],
                 [[0.17, 0.94],
                  [0.94, 36.00 ]]])
phis = np.array([0.35, 0.65])

def multivariate_normal(x, mu, cov):   # 다변량 정규 분포
    det = np.linalg.det(cov)
    inv = np.linalg.inv(cov)
    d = len(x)
    z = 1 / np.sqrt((2 * np.pi) ** d * det)
    y = z * np.exp((x - mu).T @ inv @ (x - mu) / -2.0)
    return y

def gmm(x, phis, mus, covs):   # 가우스 혼합 모델(GMM)
    K = len(phis)
    y = 0
    for k in range(K):   # 1부터 K까지
        phi, mu, cov = phis[k], mus[k], covs[k]     # 매개변수 추출
        y += phi * multivariate_normal(x, mu, cov)  # ❶ 정규 분포의 가중 합
    return y
```

gmm() 함수에서 중요한 부분은 ❶입니다. 추출한 매개변수를 이용하여 정규 분포의 가중 합을 계산하는 코드입니다. 다음으로 GMM을 시각화하겠습니다.

step04/gmm.py

```python
xs = np.arange(1, 6, 0.1)
ys = np.arange(40, 100, 0.1)
X, Y = np.meshgrid(xs, ys)
Z = np.zeros_like(X)

for i in range(X.shape[0]):
    for j in range(X.shape[1]):
        x = np.array([X[i, j], Y[i, j]])
        Z[i, j] = gmm(x, phis, mus, covs)

fig = plt.figure()
```

```python
ax1 = fig.add_subplot(1, 2, 1, projection='3d')
ax1.set_xlabel('x')
ax1.set_ylabel('y')
ax1.set_zlabel('z')
ax1.plot_surface(X, Y, Z, cmap='viridis')

ax2 = fig.add_subplot(1, 2, 2)
ax2.set_xlabel('x')
ax2.set_ylabel('y')
ax2.contour(X, Y, Z)
plt.show()
```

시각화하는 코드에 대해서는 3.3절에서 설명했습니다. 실행 결과는 [그림 4-9]와 같습니다.

그림 4-9 GMM의 히트맵(왼쪽)과 등고선(오른쪽)

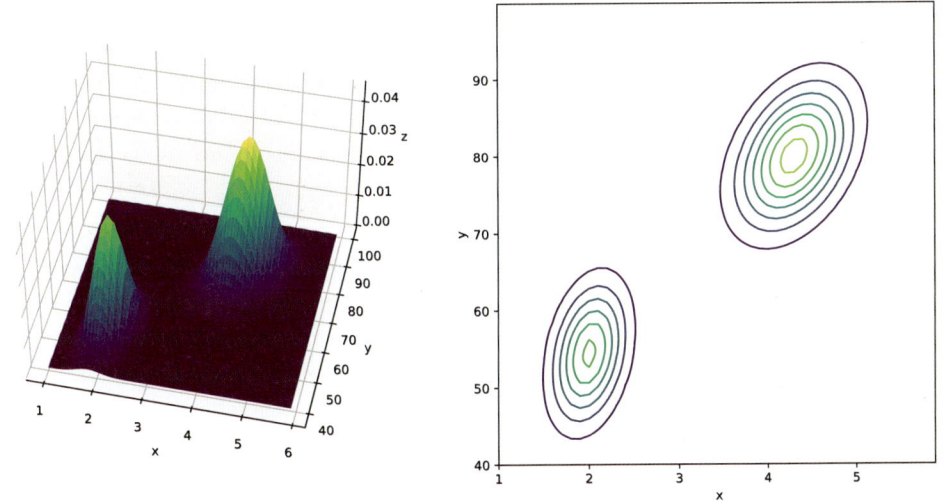

그림과 같이 산이 두 개인 분포를 시각화할 수 있습니다. 주목할 부분은 phis의 설정값입니다. 이번에는 phis=[0.35, 0.65]인 것으로 보아 산의 높이에 차이가 있음을 알 수 있습니다.

4.4 매개변수 추정의 어려움

지금까지 GMM에 대해 배웠습니다. 남은 과제는 GMM의 매개변수 추정입니다. 하지만 안타깝게도 이 문제는 쉽게 풀리지 않습니다. 이번 절에서는 GMM의 매개변수를 추정하기가 왜 어려운지 수식으로 살펴보겠습니다.

4.4.1 GMM의 매개변수 추정

GMM은 수식으로 다음과 같이 표현합니다.

$$p(\boldsymbol{x}; \boldsymbol{\phi}, \boldsymbol{\mu}, \boldsymbol{\Sigma}) = \sum_{k=1}^{K} \phi_k \mathcal{N}(\boldsymbol{x}; \boldsymbol{\mu}_k, \boldsymbol{\Sigma}_k) \qquad \text{[식 4.3]}$$

샘플로 $\mathcal{D} = \{\boldsymbol{x}^{(1)}, \boldsymbol{x}^{(2)}, \ldots, \boldsymbol{x}^{(N)}\}$을 얻었다고 해봅시다. 편의상 매개변수 $\{\boldsymbol{\phi}, \boldsymbol{\mu}, \boldsymbol{\Sigma}\}$는 묶어서 $\boldsymbol{\theta}$로 표현하겠습니다. 그러면 가능도 $p(\mathcal{D}; \boldsymbol{\theta})$는 다음 식으로 표현할 수 있습니다.

$$\begin{aligned} p(\mathcal{D}; \boldsymbol{\theta}) &= p(\boldsymbol{x}^{(1)}; \boldsymbol{\theta}) \, p(\boldsymbol{x}^{(2)}; \boldsymbol{\theta}) \, \cdots \, p(\boldsymbol{x}^{(N)}; \boldsymbol{\theta}) \\ &= \prod_{n=1}^{N} p(\boldsymbol{x}^{(n)}; \boldsymbol{\theta}) \end{aligned}$$

우리는 2장에서 최대 가능도 추정에 대해 배웠습니다. 최대 가능도 추정의 목표는 가능도를 최대화하는 매개변수 $\boldsymbol{\theta}$를 찾는 것입니다. 로그를 써서 계산하면 더 편리하므로 $p(\mathcal{D}; \boldsymbol{\theta})$를 최대화하는 대신 로그 가능도 $\log p(\mathcal{D}; \boldsymbol{\theta})$를 최대화해봅시다.

$$\begin{aligned} \log p(\mathcal{D}; \boldsymbol{\theta}) &= \log \prod_{n=1}^{N} p(\boldsymbol{x}^{(n)}; \boldsymbol{\theta}) \\ &= \sum_{n=1}^{N} \log p(\boldsymbol{x}^{(n)}; \boldsymbol{\theta}) \\ &= \sum_{n=1}^{N} \log \left(\sum_{k=1}^{K} \phi_k \mathcal{N}(\boldsymbol{x}^{(n)}; \boldsymbol{\mu}_k, \boldsymbol{\Sigma}_k) \right) \qquad \text{[식 4.4]} \end{aligned}$$

간단한 문제라면 매개변수에 대한 기울기를 구하고 그 값을 0으로 설정한 방정식으로 풀 수 있습니다. 이번 문제에서는 다음 방정식이 됩니다($L(\boldsymbol{\theta}) = \log p(\mathcal{D}; \boldsymbol{\theta})$로 정의).

$$\frac{\partial L}{\partial \phi} = 0 \qquad \frac{\partial L}{\partial \mu} = 0 \qquad \frac{\partial L}{\partial \Sigma} = 0$$

이상의 세 방정식을 풀면 좋겠지만 안타깝게도 해석적으로는 풀 수 없습니다. 이유는 [식 4.4]가 $\log \sum \cdots$ 형태이기 때문입니다. 이 형태를 **로그-합**$^{\text{log-sum}}$이라고도 합니다. 로그-합은 분석하기 어렵고 해석적으로 풀 수 없는 경우가 많습니다. 반면 **합-로그**$^{\text{sum-log}}$ 형태는 해석적으로 풀기가 더 쉽습니다.

> **NOTE_** [식 4.4]에서 예컨대 $K = 1$이면, 즉 정규 분포가 하나라면 해석적으로 풀 수 있습니다. 정규 분포는 $\exp(\cdots)$ 형태를 띠는데, 정규 분포가 하나라면 log와 exp가 상쇄되기 때문에 형태가 깔끔해집니다(그 덕분에 해석적으로 풀 수 있습니다). 하지만 log 안에 정규 분포가 둘 이상 존재하면 수식이 복잡해져서 해석적으로는 답을 얻을 수 없게 됩니다.

이처럼 GMM의 매개변수 추정은 해석적으로 풀 수 없습니다. 여기서 EM 알고리즘(기댓값 최대화 알고리즘)이 등장합니다. 이 알고리즘을 이용하면 GMM처럼 잠재 변수가 있는 모델에서 로그 가능도를 최대화하는 매개변수를 효율적으로 찾을 수 있습니다. EM 알고리즘에 대해서는 배울 것이 많기 때문에 다음 장 하나를 통째로 할애했습니다.

CHAPTER 5

EM 알고리즘

이번 장의 주제는 EM 알고리즘[6]입니다. EM은 Expectation-Maximization의 약자로, 우리말로는 기댓값 최대화 알고리즘이라고 합니다. 이 알고리즘을 이용하면 가우스 혼합 모델의 매개변수를 효율적으로 추정할 수 있습니다. 이제부터 EM 알고리즘을 도출하고 구현해봅시다.

5.1 KL 발산

EM 알고리즘을 도출하는 데는 KL 발산이 중요한 역할을 합니다. 한편 앞으로는 수식이 많아지기 때문에 표기 방식을 살짝 변경하려 합니다. 어떻게 바뀌는지부터 설명하겠습니다.

5.1.1 수식 표기법 변경

첫 번째 변경은 기댓값에 대한 것입니다. 연속 확률 변수 x가 있고 그 확률 밀도를 $p(x)$라 한다면, 함수 $f(x)$의 기댓값은 다음 식으로 표현합니다.

$$\mathbb{E}_{p(x)}[f(x)] = \int f(x)p(x)dx$$

이전까지는 기댓값을 $\mathbb{E}[f(x)]$ 형태로 표기했지만, 앞으로는 방금 식과 같이 $\mathbb{E}_{p(x)}[f(x)]$로 표기합니다. $p(x)$에 대한 기댓값임을 명시한 것입니다. 예를 들어 확률 분포 $q(x)$에 대한 기댓값은 다음처럼 표현합니다.

$$\mathbb{E}_{q(x)}[f(x)] = \int f(x)q(x)dx$$

두 번째 변경은 매개변수 표기 위치입니다. 이전까지는 매개변수 θ를 가진 확률 분포는 $p(x;\theta)$ 형태로 표기했습니다. 앞으로는 $p_\theta(x)$ 형태도 함께 사용합니다. θ의 표기 위치는 다르지만 모두 같은 수식입니다.

그림 5-1 변경된 수식 표기법

Before → After

- $\mathbb{E}[f(x)]$ ⟶ $\mathbb{E}_{p(x)}[f(x)]$

- $p(x;\theta)$ ⟶ $p_\theta(x)$

그럼 드디어 KL 발산을 만나볼 차례입니다.

5.1.2 KL 발산 정의식

쿨백–라이블러 발산 Kullback–Leibler divergence, 즉 **KL 발산**은 두 확률 분포의 차이를 측정하는 척도입니다. 두 가지 확률 분포 $p(x)$와 $q(x)$가 주어졌을 때 KL 발산은 다음 식으로 표현합니다.

$$D_{\mathrm{KL}}(p \parallel q) = \int p(x) \log \frac{p(x)}{q(x)} dx$$

이 식은 x가 연속 확률 변수일 때의 KL 발산입니다. x가 이산형이라면 다음 식으로 표현합니다.

$$D_{\mathrm{KL}}(p \parallel q) = \sum_x p(x) \log \frac{p(x)}{q(x)}$$

KL 발산에는 다음과 같은 특징이 있습니다.

- 두 확률 분포가 다를수록 값이 커진다.
- 0 이상의 값을 가지며 두 확률 분포가 같을 때만 0이 된다.
- 비대칭 척도이기 때문에 $D_{\text{KL}}(p \parallel q)$와 $D_{\text{KL}}(q \parallel p)$는 값이 다르다.

이런 특징 덕분에 KL 발산을 '두 확률 분포가 얼마나 다른지'를 나타내는 척도로 활용할 수 있습니다. 이 특징을 구체적인 사례와 함께 살펴봅시다. 이산 확률 변수를 가지는 동전 던지기를 예로 들어 설명하겠습니다. 어떤 동전의 앞면과 뒷면이 나올 확률이 다음과 같다고 가정해봅시다.

| 앞면이 나올 확률 | 70% |
| 뒷면이 나올 확률 | 30% |

이것이 바로 동전의 모집단 분포이며 기호 p로 표기하겠습니다. 이어서 어떤 사람이 이 동전의 확률 분포를 다음과 같이 추정했습니다.

| 앞면이 나올 확률 | 50% |
| 뒷면이 나올 확률 | 50% |

이렇게 추정한 확률 분포를 q라고 가정합니다. 이때 모집단 분포 p와 추정한 확률 분포 q 사이의 KL 발산은 다음과 같이 계산할 수 있습니다.

$$D_{\text{KL}}(p \parallel q) = 0.7 \log \frac{0.7}{0.5} + 0.3 \log \frac{0.3}{0.5}$$
$$= 0.082 \cdots$$

KL 발산값이 약 0.082로 나왔습니다. 이어서 다른 사람은 동전의 확률 분포를 다음과 같이 추정했습니다.

| 앞면이 나올 확률 | 20% |
| 뒷면이 나올 확률 | 80% |

모집단 분포와는 매우 다른 추정입니다. 이때의 KL 발산값을 계산해봅시다.

$$D_{\text{KL}}(p \parallel q) = 0.7 \log \frac{0.7}{0.2} + 0.3 \log \frac{0.3}{0.8}$$
$$= 0.58 \cdots$$

첫 번째 사람의 추정 때보다 값이 커졌습니다. 마지막으로 또 다른 사람이 와서 다음과 같이 추정했습니다.

앞면이 나올 확률	70%
뒷면이 나올 확률	30%

모집단 분포와 동일합니다. 이때의 KL 발산값은 다음과 같습니다.

$$D_{\text{KL}}(p \parallel q) = 0.7 \log \frac{0.7}{0.7} + 0.3 \log \frac{0.3}{0.3}$$
$$= 0.7 \log 1 + 0.3 \log 1 \qquad (\log 1 = 0)$$
$$= 0$$

p와 q가 동일한 확률 분포이므로 KL 발산은 0이 됩니다. 지금까지 결과를 정리하면 [그림 5-2]와 같습니다.

그림 5-2 세 가지 KL 발산값 비교

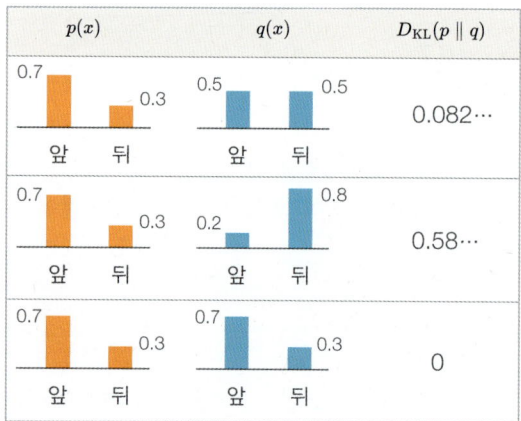

이를 통해 KL 발산은 두 확률 분포가 얼마나 다른지를 측정하는 척도로 활용할 수 있음을 알았습니다. 두 확률 분포가 일치할 때 최솟값 0이 되고 다를수록 값이 커집니다.

5.1.3 KL 발산과 최대 가능도 추정의 관계

이번 절에서는 KL 발산과 최대 가능도 추정의 관계를 더 알아봅니다. 먼저 생성 모델의 문제 설정을 다시 떠올려봅시다.

모집단 분포 $p_*(x)$가 있고, 샘플 데이터 $\{x^{(1)}, x^{(2)} \dots x^{(N)}\}$을 생성했다고 가정합시다. 우리의 관심은 매개변수 θ로 조정할 수 있는 확률 분포 $p_\theta(x)$를 사용하여 모집단 분포 $p_*(x)$에 최대한 가까운 확률 분포를 만드는 것입니다. 최대 가능도 추정에서는 다음 로그 가능도를 목적 함수(=최대화하려는 함수)로 설정합니다.

$$\log \prod_{n=1}^{N} p_\theta(x^{(n)}) = \sum_{n=1}^{N} \log p_\theta(x^{(n)})$$

이때 이러한 로그 가능도를 최대화하는 매개변수 θ는 다음 식으로 표현할 수 있습니다.

$$\hat{\theta} = \arg\max_{\theta} \sum_{n=1}^{N} \log p_\theta(x^{(n)}) \quad \text{[식 5.1]}$$

$\arg\max_{\theta}$ 기호는 최댓값을 안겨주는 인수 θ를 의미합니다(최솟값이라면 $\arg\min_{\theta}$). 이번 절에서는 KL 발산을 사용해서도 [식 5.1]을 유도할 수 있음을 확인합니다. 핵심 아이디어는 '$p_\theta(x)$를 $p_*(x)$에 최대한 가깝게 만든다'를 '$p_*(x)$와 $p_\theta(x)$의 KL 발산을 최소화한다'로 바꾸어 표현하는 것입니다. $p_*(x)$와 $p_\theta(x)$의 KL 발산은 다음 식으로 표현합니다.

$$D_{\mathrm{KL}}(p_* \| p_\theta) = \int p_*(x) \log \frac{p_*(x)}{p_\theta(x)} dx \quad \text{[식 5.2]}$$

이 식을 계산하려면 모든 x에 대해 적분해야 합니다. 하지만 $p_*(x)$의 구체적인 수식을 알 수 없어서 계산할 수 없습니다. 그래서 이 계산을 몬테카를로 방법으로 근사합니다.

몬테카를로 방법 Monte Carlo method은 무작위 수를 이용하여 복잡한 확률 분포나 기댓값 등의 근삿값을 계산하는 기법입니다. 무작위로 생성된 샘플을 이용해 문제를 시뮬레이션하고, 그 샘플에서 구한 결과의 평균을 취해 문제의 해답을 근사합니다. 지금부터 몬테카를로 방법을 사용하여 다음 기댓값을 구하는 방법을 설명합니다.

$$\mathbb{E}_{p_*(x)}[f(x)] = \int p_*(x)f(x)dx$$

여기서 $p_*(x)$는 확률 밀도이고 $f(x)$는 임의의 함수입니다. 몬테카를로 방법을 이용하면 이 식을 다음과 같이 근사할 수 있습니다.

1. 확률 분포 $p_*(x)$에 따라 샘플 $\{x^{(1)}, x^{(2)} \cdots x^{(N)}\}$을 생성한다.
2. 각 데이터 $x^{(i)}$에서 $f(x^{(i)})$를 구하고 그 평균을 구한다.

이 과정을 거쳐 앞의 적분을 근사적으로 표현할 수 있습니다. 수식으로는 다음과 같이 표현합니다.

$$\mathbb{E}_{p_*(x)}[f(x)] = \int p_*(x)f(x)dx$$
$$\approx \frac{1}{N}\sum_{n=1}^{N} f(x^{(n)}) \quad (x^{(n)} \sim p_*(x))$$

$\approx$는 '거의 같다'는 뜻입니다. $x^{(n)} \sim p_*(x)$는 '$x^{(n)}$이 확률 분포 $p_*(x)$를 따른다'는 뜻입니다. 이와 같이 몬테카를로 방법으로 함수 $f(x)$의 기댓값을 근사할 수 있습니다. 이어서 [식 5.2]에 $f(x) = \log \frac{p_*(x)}{p_\theta(x)}$를 대입하여 몬테카를로 방법을 적용합니다.

$$D_{\mathrm{KL}}(p_* \parallel p_\theta) = \int p_*(x) \underbrace{\log \frac{p_*(x)}{p_\theta(x)}}_{f(x)} dx \qquad \text{[식 5.2]}$$

$$\approx \frac{1}{N}\sum_{n=1}^{N} \underbrace{\log \frac{p_*(x^{(n)})}{p_\theta(x^{(n)})}}_{f(x)} \quad (x^{(n)} \sim p_*(x))$$

$$= \frac{1}{N}\sum_{n=1}^{N} \left(\log p_*(x^{(n)}) - \log p_\theta(x^{(n)})\right) \qquad \text{[식 5.3]}$$

지금 목표는 $D_{\text{KL}}(p_* \| p_\theta)$를 최소화하는 θ를 찾는 것입니다. 따라서 [식 5.3]에서 θ를 포함하지 않는 항은 무시할 수 있어서 다음 식이 성립합니다.

$$\arg\min_\theta D_{\text{KL}}(p_* \| p_\theta) \approx \arg\min_\theta \left(-\frac{1}{N} \sum_{n=1}^{N} \log p_\theta(x_n) \right)$$

$$= \arg\min_\theta \left(-\sum_{n=1}^{N} \log p_\theta(x_n) \right)$$

$$= \arg\max_\theta \sum_{n=1}^{N} \log p_\theta(x_n)$$

중간 수식에서는 목적 함수에 N을 곱했지만 그렇다고 해서 최솟값을 안겨주는 θ의 값은 변하지 않습니다(예컨대 $y=x^2$은 $x=0$일 때 값이 최소가 되는데, 여기에 N을 곱한 $y=Nx^2$ 역시 여전히 $x=0$에서 값이 가장 작습니다). 마지막 수식에서는 목적 함수의 부호를 반전시키면서 최솟값 인수(arg min)에서 최댓값 인수(arg max)로 바뀝니다. 이상을 통해 다음 식이 성립함을 알 수 있습니다.

$$\arg\min_\theta D_{\text{KL}}(p_* \| p_\theta) \approx \arg\max_\theta \sum_{n=1}^{N} \log p_\theta(x_n)$$

왼쪽은 KL 발산이 최소가 되는 θ이고 오른쪽은 로그 가능도가 최대가 되는 θ입니다. 즉, 둘이 같다는 결론을 얻었습니다.

5.2 EM 알고리즘 도출 ①

앞으로 다룰 문제는 가우스 혼합 모델(GMM)의 매개변수 추정입니다. GMM은 잠재 변수가 있는 확률 분포 모델입니다. 잠재 변수가 있는 모델은 다양합니다. [그림 5-3]에서 볼 수 있듯이 GMM도 그중 하나입니다.

그림 5-3 잠재 변수가 있는 모델들(HMM = Hidden Markov Model, VAE = Variable Auto Encoder)

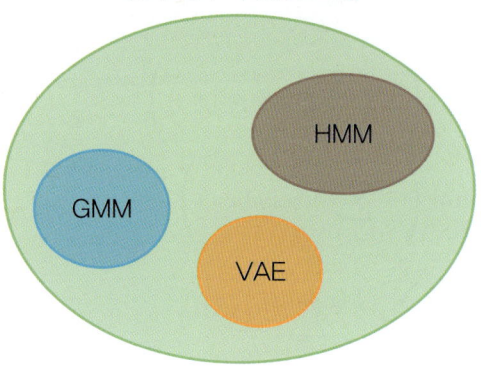

이제부터 EM 알고리즘을 도출하겠습니다. 먼저 더 큰 그룹인 '잠재 변수가 있는 모델'을 대상으로 EM 알고리즘을 도출하고, 이어서 구체적인 모델인 GMM에 EM 알고리즘을 적용하는 순서로 진행하겠습니다.

> **NOTE_** EM 알고리즘의 EM은 Expectation–Maximization(기댓값 최대화)의 약자입니다. 이 알고리즘은 잠재 변수가 있는 모델을 대상으로 Expectation(기대·예측) 단계와 Maximization(최대화) 단계를 번갈아 수행하며 매개변수를 갱신합니다.

5.2.1 잠재 변수가 있는 모델

관찰 가능한 확률 변수를 x, 잠재 변수를 z, 매개변수를 θ라고 합시다. 이때 하나의 데이터에 대한 로그 가능도는 **확률의 주변화**에 의해 다음 식으로 표현할 수 있습니다.

$$\log p_\theta(x) = \log \sum_z p_\theta(x, z)$$

여기서는 잠재 변수 z를 이산형이라고 가정하고 있지만, 연속형이라 해도 $\sum_z$가 $\int dz$로 바뀔 뿐 나머지 설명은 그대로 적용됩니다. 마찬가지로 여기서는 x, z, θ를 모두 스칼라라고 가정하지만, 벡터라 해도 이후 설명에서 달라지는 건 없습니다.

다음으로 샘플 $\mathcal{D} = \{x^{(1)}, x^{(2)}, ..., x^{(N)}\}$을 얻었다고 해봅시다. 이때 로그 가능도는 다음 식으로 표현할 수 있습니다.

$$\begin{aligned}\log p_\theta(\mathcal{D}) &= \log\left(p_\theta(x^{(1)})\, p_\theta(x^{(2)}) \cdots p_\theta(x^{(N)})\right) \\ &= \sum_{n=1}^{N} \log p_\theta(x^{(n)}) \\ &= \sum_{n=1}^{N} \log \sum_{z^{(n)}} p_\theta(x^{(n)}, z^{(n)})\end{aligned}$$

이 로그 가능도를 최대화하고 싶은데, 로그-합 형태라서 해석적으로 풀 수 없습니다. EM 알고리즘은 이 문제를 합-로그 형태로 변환하여 해결합니다.

> **NOTE_** 이후의 EM 알고리즘 도출에서는 데이터 1개를 대상으로 합니다. 1개를 대상으로 먼저 도출한 다음 N개로 확장하겠습니다.

그럼 하나의 데이터 x에 대한 로그 가능도 $\log p_\theta(x)$에 대해 생각해봅시다. $\log p_\theta(x)$는 [그림 5-4]처럼 형태가 복잡합니다.

그림 5-4 $\log p_\theta(x)$의 형태

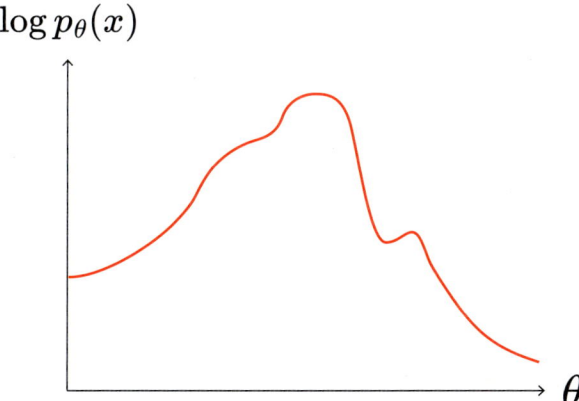

$\log p_\theta(x)$가 복잡한 이유는, 다시 말하지만 다음 식과 같이 로그-합 형태이기 때문입니다.

$$\log p_\theta(x) = \log \sum_z p_\theta(x, z)$$

로그-합을 풀기 위해 먼저 확률의 곱셈 정리를 이용해 표현해봅시다.

$$\log p_\theta(x) = \log \frac{p_\theta(x, z)}{p_\theta(z \mid x)}$$

언뜻 보면 로그-합을 해결한 듯 보이지만 조건부 확률 $p_\theta(z \mid x)$가 골칫거리입니다. 왜냐하면 $p_\theta(z \mid x)$는 베이즈 정리에 따라 다음 식으로 표현되기 때문입니다.

$$p_\theta(z \mid x) = \frac{p_\theta(x, z)}{\sum_z p_\theta(x, z)}$$

이 식의 분모에 $\sum$, 즉 합이 등장하므로 $\log p_\theta(x)$는 여전히 로그-합 형태입니다.

5.2.2 임의의 확률 분포 $q(z)$

이 문제를 해결하기 위해 $q(z)$를 등장시킵니다. $q(z)$는 임의의 확률 분포로서 문제가 되는 $p_\theta(z \mid x)$의 근사 분포로 사용합니다. 임의의 확률 분포라고 함은 '어떤 확률 분포라도 상관없다'는 뜻입니다(그림 5-5).

그림 5-5 문제의 $p_\theta(z \mid x)$와 그 대신 쓰이는 $q(z)$

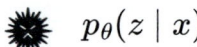 $p_\theta(z \mid x)$

😊 $q(z)$

$p_\theta(z \mid x)$ 대신 $q(z)$를 사용하기 위해 다음과 같이 식을 확장합니다.

$$\log p_\theta(x) = \log \frac{p_\theta(x,z)}{p_\theta(z\mid x)}$$

$$= \log \frac{p_\theta(x,z)}{p_\theta(z\mid x)} \frac{q(z)}{q(z)} \qquad \left(\frac{q(z)}{q(z)} = 1\text{을 곱한다.}\right)$$

$$= \log \frac{p_\theta(x,z)}{q(z)} + \log \frac{q(z)}{p_\theta(z\mid x)} \qquad \text{[식 5.4]}$$

이 식과 같이 $\frac{q(z)}{q(z)} = 1$을 곱하는 형태로 $q(z)$를 도입합니다(1을 곱해도 식은 변하지 않습니다). 이제 첫 번째 항에서는 $p_\theta(z\mid x)$를 없애고 $q(z)$로 변경할 수 있게 되었습니다. 하지만 두 번째 항에는 골칫거리인 $p_\theta(z\mid x)$가 여전히 남아 있습니다.

이 문제를 해결하는 비결이 바로 KL 발산입니다. KL 발산은 '두 확률 분포가 같을 때 최솟값 0이 된다'라는 다루기 쉬운 성질을 지니고 있습니다. 두 번째 항을 KL 발산 형태로 변형할 수 있다면 앞날이 훤해집니다(그림 5-6).

그림 5-6 두 번째 항과 KL 발산

  $\log \frac{q(z)}{p_\theta(z\mid x)}$

😊 $D_{\mathrm{KL}}(q(z) \parallel p_\theta(z|x)) = \sum_z q(z) \log \frac{q(z)}{p_\theta(z\mid x)}$

다음 목표는 두 번째 항을 KL 발산으로 표현하는 것입니다. 이를 위해 식을 다음과 같이 전개합니다.

$$
\begin{aligned}
&\log p_\theta(x) \\
&= \log p_\theta(x) \sum_z q(z) &&\left(\sum_z q(z) = 1\text{을 곱한다.}\right) \\
&= \sum_z q(z) \log p_\theta(x) &&\left(\log p_\theta(x)\text{를 }\sum\text{의 안으로}\right) \\
&= \sum_z q(z) \left(\log \frac{p_\theta(x,z)}{q(z)} + \log \frac{q(z)}{p_\theta(z\mid x)}\right) &&([\text{식 5.4}]\text{ 대입}) \\
&= \sum_z q(z) \log \frac{p_\theta(x,z)}{q(z)} + \underbrace{\sum_z q(z) \log \frac{q(z)}{p_\theta(z\mid x)}}_{\text{KL 발산}} \\
&= \sum_z q(z) \log \frac{p_\theta(x,z)}{q(z)} + D_{\text{KL}}(q(z) \parallel p_\theta(z\mid x)) &&[\text{식 5.5}]
\end{aligned}
$$

핵심은 먼저 $\log p_\theta(x)$에 $\sum_z q(z) = 1$을 곱하는 것입니다. $q(z)$는 확률 분포이므로 $\sum_z q(z) = 1$이 성립합니다. 이후 식 전개는 앞에서와 같습니다. 드디어 두 번째 항을 KL 발산으로 표현할 수 있게 되었습니다. 이 [식 5.5]가 EM 알고리즘을 유도하는 식이 됩니다.

5.3 EM 알고리즘 도출 ②

지금까지 얻은 식은 다음과 같습니다.

$$\log p_\theta(x) = \sum_z q(z) \log \frac{p_\theta(x,z)}{q(z)} + D_{\text{KL}}(q(z) \parallel p_\theta(z\mid x)) \qquad [\text{식 5.5}]$$

이번 절에서는 이 식에 대해 계속해서 더 살펴보겠습니다.

5.3.1 ELBO(증거 하한)

먼저 [식 5.5]의 KL 발산 부분에 주목해봅시다. $q(z)$는 임의의 확률 분포입니다. 그런데 어떤 확률 분포를 사용하더라도 KL 발산은 항상 0 이상입니다. 그러므로 다음 식을 얻을 수 있습니다.

$$\log p_\theta(x) = \sum_z q(z) \log \frac{p_\theta(x,z)}{q(z)} + \underbrace{D_{\mathrm{KL}}(q(z) \| p_\theta(z|x))}_{\geq 0} \quad \text{[식 5.5]}$$

$$\geq \sum_z q(z) \log \frac{p_\theta(x,z)}{q(z)}$$

KL 발산의 특성 덕에 이처럼 [식 5.5]의 첫 번째 항은 항상 로그 가능도 이하가 됩니다. 그래서 이 항을 ELBO라고 합니다. ELBO는 'Evidence Lower BOund'의 약자이며 우리말로 '증거 하한'으로 번역합니다.

> **NOTE_ 증거 하한**에서 증거는 로그 가능도 $\log p_\theta(x)$의 별칭으로 쓰입니다. 증거라는 이름은 '로그 가능도 값이 커질수록 구하고자 하는 q나 θ가 올바른 방향을 가리키고 있다는 증거'라는 말에서 유래했습니다. 하한이란 $x \geq a$를 만족할 때 'x의 하한은 a다'라는 뜻입니다. 정리하면 '증거 하한 = 로그 가능도의 최솟값'입니다.

[식 5.5]의 첫 번째 항은 ELBO라고 부르며 이 책에서는 다음처럼 표기합니다.

$$\mathrm{ELBO}(x; q, \theta) = \sum_z q(z) \log \frac{p_\theta(x,z)}{q(z)} \quad \text{[식 5.6]}$$

이 $\mathrm{ELBO}(x; q, \theta)$에는 다음과 같은 중요한 특징이 있습니다.

- 로그 가능도 $\log p_\theta(x)$의 값은 항상 $\mathrm{ELBO}(x; q, \theta)$ 이상이다.
- [식 5.5]의 $\mathrm{ELBO}(x; q, \theta)$는 합-로그 형태라서 해석적으로 계산하기 쉽다.

이로부터 $\mathrm{ELBO}(x; q, \theta)$가 더 커지도록 매개변수를 갱신하면 $\log p_\theta(x)$의 값은 그 이상이 됨을 알 수 있습니다. 따라서 직접 감당할 수 없는 $\log p_\theta(x)$ 대신에 $\mathrm{ELBO}(x; q, \theta)$를 최적화 대상으로 삼는 길을 생각해볼 수 있습니다.

> **NOTE_** ELBO는 옌센 부등식을 이용한 방법으로도 도출할 수 있습니다(젠센 부등식이라고도 합니다). 이 방법은 부록 B에서 설명하니 관심 있는 분은 참고하기 바랍니다.

5.3.2 드디어 EM 알고리즘으로

[식 5.6]의 ELBO$(x; q, \theta)$에는 $q(z)$와 θ라는 두 개의 매개변수가 있습니다. 이 매개변수들을 최적화해야 합니다(즉, ELBO를 최대로 만드는 두 매개변수의 값을 찾아야 합니다). 단, 둘을 한꺼번에 최적화하기는 어려우므로 한쪽을 고정하고 다른 매개변수를 최적화하는 작업을 반복합니다. θ를 고정하고 $q(z)$를 갱신한 다음, 이어서 $q(z)$를 고정하고 θ를 갱신하는 식입니다. 이러한 작업을 반복하면 최적의 값에 가까워질 수 있습니다.

먼저 θ를 현재 값으로 고정하고(여기서는 $\theta = \theta_{\text{old}}$로) $q(z)$의 최적화에 집중합니다. $q(z)$는 z에 대한 임의의 확률 분포입니다. $q(z)$가 어떠한 확률 분포더라도 $\log p_\theta(x) \geq$ ELBO$(x; q, \theta)$가 성립합니다. 다만 ELBO$(x; q, \theta)$가 $\log p_\theta(x)$에 얼마나 가까운지는 $q(z)$의 분포에 따라 달라집니다. 물론 ELBO$(x; q, \theta)$가 $\log p_\theta(x)$에 최대한 가까워야 합니다. 이때 다음 식이 도움됩니다.

$$\log p_\theta(x) = \text{ELBO}(x; q, \theta) + D_{\text{KL}}(q(z) \parallel p_\theta(z|x)) \quad \text{[식 5.7]}$$

[식 5.7]의 좌변 $\log p_\theta(x)$에는 $q(z)$가 등장하지 않는다는 점에 주목합시다. 핵심은 $q(z)$에 관계없이 ELBO 항과 KL (발산) 항의 합이 일정하다는 사실입니다(그림 5-7).

그림 5-7 $q(z)$가 변해도 ELBO 항과 KL 항의 합은 일정

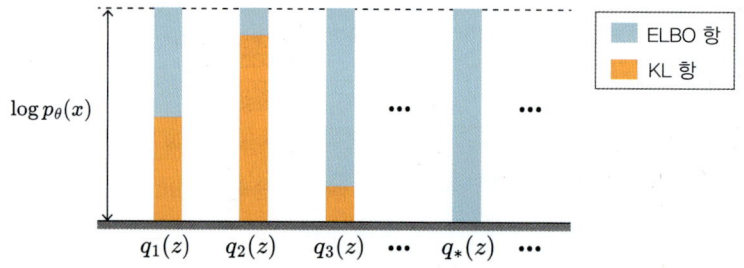

따라서 그림과 같이 KL 항이 작을수록 ELBO 항이 커짐을 알 수 있습니다. KL 발산은 두 확률 분포가 같을 때 최솟값인 0이 됩니다. 따라서 $q(z) = p_\theta(z \mid x)$일 때 KL 항은 0이고, 이때 ELBO 항이 최대가 됩니다. 정확하게는 KL 항이 0이므로 $\log p_\theta(x) =$ ELBO$(x; q, \theta)$가 됩니다.

이상에서 $q(z)$의 갱신식은 $q(z) = p_\theta(z \mid x)$로 표현할 수 있습니다. 정확히 말하면 $\theta = \theta_{\text{old}}$로 고정이기 때문에 갱신식은 $q(z) = p_{\theta_{\text{old}}}(z \mid x)$입니다. 이 식에 의한 갱신을 EM 알고리즘에서 **E-스텝**이라고 합니다. E는 'Expectation Value(기댓값)'에서 따왔습니다. 왜 기댓값인가 하면, $q(z) = p_{\theta_{\text{old}}}(z \mid x)$일 때의 ELBO가 다음 식과 같이 기댓값으로 표현되기 때문입니다.

$$\text{ELBO}(x; q = p_{\theta_{\text{old}}}(z \mid x), \theta) = \sum_z p_{\theta_{\text{old}}}(z \mid x) \log \frac{p_\theta(x, z)}{p_{\theta_{\text{old}}}(z \mid x)}$$

$$= \mathbb{E}_{p_{\theta_{\text{old}}}(z\mid x)} \left[\log \frac{p_\theta(x, z)}{p_{\theta_{\text{old}}}(z \mid x)} \right] \quad \text{[식 5.8]}$$

[그림 5-8]은 E-스텝에서 수행한 작업을 시각화한 모습입니다. 핵심은 $\theta = \theta_{\text{old}}$에서 ELBO와 로그 가능도가 일치한다는 사실입니다.

그림 5-8 E-스텝에서 로그 가능도와 ELBO의 관계

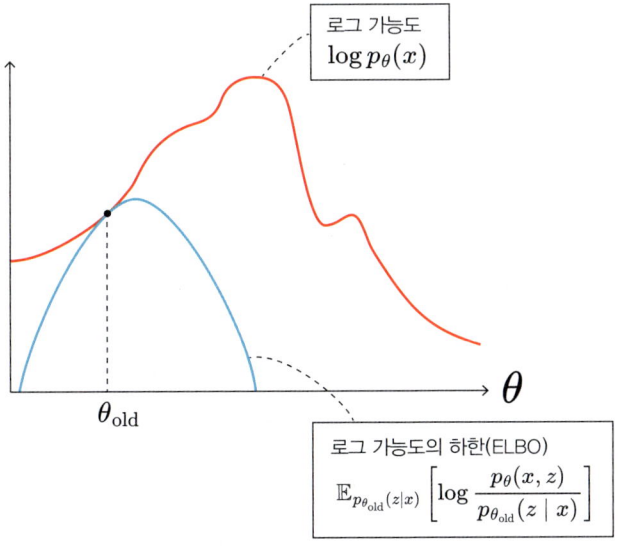

다음은 θ를 최적화할 차례입니다. 이번 최적화는 간단합니다. ELBO가 합-로그 형태라서 해석적으로 구할 수 있기 때문입니다. 구체적으로는 [식 5.8]의 θ에 대한 미분을 구하고, 이를 0으로 설정한 방정식을 풀면 됩니다. 이 작업을 EM 알고리즘의 **M-스텝**이라고 합니다. M은 'Maximization(최대화)'의 머리글자이며 ELBO를 θ에 대해 최대화한다는 의미입니다.

그림 5-9 M-스텝에서는 ELBO를 θ에 대해 최대화한다.

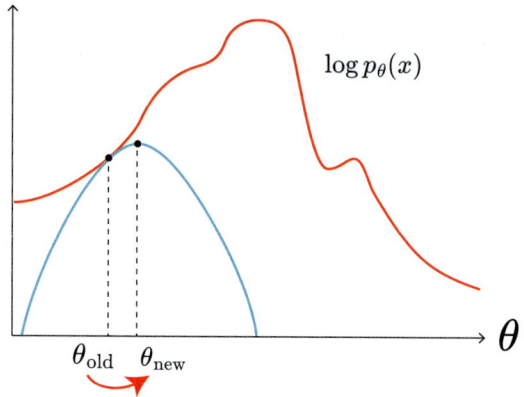

정리하면, E-스텝에서는 $q(z)$를 갱신하여 ELBO를 $\log p(x; \theta)$에 가깝게 만듭니다. M-스텝에서는 θ를 갱신하여 ELBO의 값을 높여 간접적으로 $\log p(x; \theta)$의 값을 높입니다. 이에 따라 E-스텝에서 일치시킨 $\log p(x; \theta)$와 ELBO의 값은 멀어지게 됩니다. 그러고는 다시 E-스텝을 실행하는 일을 반복합니다. 이렇게 E-스텝과 M-스텝을 번갈아 반복함으로써, $\log p(x; \theta)$의 값을 조금씩 키울 수 있습니다(그림 5-10).

그림 5-10 E-스텝과 M-스텝 반복하기

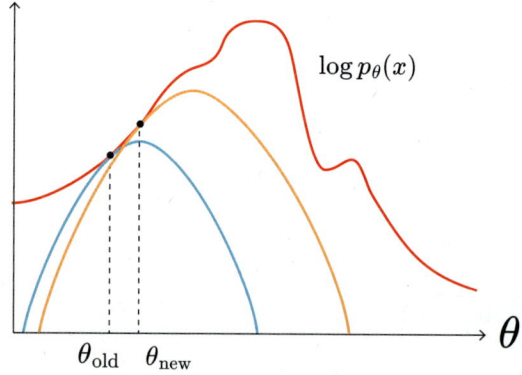

> **EM 알고리즘에서 로그 가능도의 단조 증가**
>
> EM 알고리즘의 중요한 특징으로 항상 다음 식이 성립합니다(증명은 5.3.4절 참고).
>
> $$\log p(x; \theta_{\text{new}}) \geq \log p(x; \theta_{\text{old}})$$
>
> 이 식이 의미하는 바는 EM 알고리즘을 갱신하면 로그 가능도는 무조건 단조 증가한다는 것입니다. 갱신 과정에서 로그 가능도 값이 낮아질 일은 절대로 없다는 뜻입니다.

EM 알고리즘을 계속 갱신하다 보면 로그 가능도가 더 이상 변하지 않는 시점이 찾아옵니다. 갱신을 계속해도 모델의 매개변수가 변하지 않기 때문에 EM 알고리즘의 갱신을 멈추는 시점이 되죠. 실용적으로는, 임곗값을 설정하고 로그 가능도 변화량의 절댓값이 임곗값 이하로 떨어지면 갱신 루프를 중단하는 등의 형태로 구현합니다.*

5.3.3 다수의 데이터로 확장

지금까지는 데이터 1개가 대상이었습니다. 이번에는 EM 알고리즘을 N개의 관측 데이터 $\{x^{(1)}, x^{(2)}, ..., x^{(N)}\}$으로 확장합니다. 각 데이터에 해당하는 임의의 확률 분포를 $\{q^{(1)}, q^{(2)}, ..., q^{(N)}\}$으로 N개 준비합니다. 그러면 로그 가능도와 ELBO의 관계는 다음과 같습니다.

$$\sum_{n=1}^{N} \log \sum_{z^{(n)}} p_\theta(x^{(n)}, z^{(n)}) \geq \sum_{n=1}^{N} \text{ELBO}(x^{(n)}; q^{(n)}, \theta)$$
$$= \sum_{n=1}^{N} \sum_{z^{(n)}} q^{(n)}(z^{(n)}) \log \frac{p_\theta(x^{(n)}, z^{(n)})}{q^{(n)}(z^{(n)})}$$

데이터가 하나만 있을 때와 다른 점은 $\sum_{n=1}^{N}$이 붙었다는 것입니다. 남은 일은 ELBO 최적화뿐인데 다행히도 간단합니다. 왜냐하면 데이터가 1개일 때 최적의 확률 분포 $q(z)$는 $p_\theta(z \mid x)$임을 이미 알고 있기 때문입니다. 이로부터 $\{x^{(1)}, x^{(2)}, ..., x^{(N)}\}$의 각 데이터 $x^{(n)}$에 대한 최적의 확률 분포 $q^{(n)}(z)$는 $p_\theta(z \mid x^{(n)})$이 됩니다.

---

* EM 알고리즘의 갱신 루프 종료 여부는 (로그 가능도가 아닌) 매개변수 자체의 변화를 보고 판단할 수도 있습니다.

참고로 데이터가 N개라면 갱신 루프의 종료 판단에 사용하는 로그 가능도는 '로그 가능도의 평균'을 사용할 수 있습니다. 로그 가능도의 평균은 다음 식으로 표현할 수 있습니다.

$$\frac{1}{N} \sum_{n=1}^{N} \log p(x^{(n)}; \theta)$$

이상으로 EM 알고리즘은 다음과 같이 정리할 수 있습니다.

1. **E-스텝**: $\{q^{(1)}, q^{(2)} \cdots q^{(N)}\}$ 갱신 (θ는 고정)
   각 n에 대해 $q^{(n)}(z) = p_\theta(z \mid x^{(n)})$으로 정한다.
2. **M-스텝**: θ 갱신 ($\{q^{(1)}, q^{(2)} \cdots q^{(N)}\}$은 고정)
   $\sum_{n=1}^{N} \text{ELBO}(x^{(n)}; q^{(n)}, \theta)$가 최대가 되는 θ를 해석적으로 구한다.
3. **종료 판정**: 로그 가능도(의 평균)를 계산하여 이전 로그 가능도와 비교한다. (변화량이 임곗값 이하이면 종료)

5.3.4 $\log p(x; \theta_{\text{new}}) \geq \log p(x; \theta_{\text{old}})$ 증명 ★

마지막으로 'EM 알고리즘 갱신 시 로그 가능도는 항상 단조 증가한다'를 보여주는 식 $\log p(x; \theta_{\text{new}}) \geq \log p(x; \theta_{\text{old}})$가 성립함을 증명하겠습니다. 먼저 E-스텝에서 $q_{\text{old}}(z) = p_{\theta_{\text{old}}}(z \mid x)$로 갱신하면 로그 가능도와 ELBO가 일치하므로 다음 식이 성립합니다.

$$\log p(x; \theta_{\text{old}}) = \text{ELBO}(x; q_{\text{old}}, \theta_{\text{old}})$$

M-스텝에서는 이 식의 우변을 최대화하여 θ_{new}를 얻으므로 다음 식이 성립합니다.

$$\text{ELBO}(x; q_{\text{old}}, \theta_{\text{new}}) \geq \text{ELBO}(x; q_{\text{old}}, \theta_{\text{old}})$$

그리고 다음 E-스텝에서는 $q_{\text{new}}(z) = p_{\theta_{\text{new}}}(z \mid x)$로 갱신합니다. 이때 다음 식이 성립합니다.

$$\log p(x; \theta_{\text{new}}) = \text{ELBO}(x; q_{\text{new}}, \theta_{\text{new}})$$
$$\geq \text{ELBO}(x; q_{\text{old}}, \theta_{\text{new}})$$

이를 조합하면 다음 식을 얻을 수 있습니다.

$$\log p(x; \theta_{\text{new}}) \geq \text{ELBO}(x; q_{\text{old}}, \theta_{\text{new}})$$
$$\geq \text{ELBO}(x; q_{\text{old}}, \theta_{\text{old}})$$
$$= \log p(x; \theta_{\text{old}})$$

이상으로 $\log p(x; \theta_{\text{new}}) \geq \log p(x; \theta_{\text{old}})$임을 증명했습니다.

5.4 GMM과 EM 알고리즘 ✪

앞 절에서는 잠재 변수가 있는 모델 전체를 대상으로 EM 알고리즘을 도출했습니다. 이번 절에서는 GMM이라는 구체적인 모델에 EM 알고리즘을 적용합니다.

5.4.1 EM 알고리즘의 E-스텝 ✪

GMM 복습부터 시작하겠습니다. 여기서는 관측 변수를 x로, 잠재 변수를 z로 표기합니다. z는 1에서 K까지의 이산값을 취하는 확률 변수로 가정합니다. 그리고 GMM의 매개변수를 $\boldsymbol{\theta} = \{\boldsymbol{\phi}, \boldsymbol{\mu}, \boldsymbol{\Sigma}\}$로 표현합니다(표기를 단순화하기 위해 세 가지 매개변수를 합쳐 θ 하나로 표기합니다). 원소가 K개라고 할 때 이 매개변수들은 다음과 같습니다.

$$\boldsymbol{\phi} = \{\phi_1, \phi_2 \cdots \phi_K\}$$
$$\boldsymbol{\mu} = \{\boldsymbol{\mu}_1, \boldsymbol{\mu}_2 \cdots \boldsymbol{\mu}_K\}$$
$$\boldsymbol{\Sigma} = \{\boldsymbol{\Sigma}_1, \boldsymbol{\Sigma}_2 \cdots \boldsymbol{\Sigma}_K\}$$

이때 가능도 $p(\boldsymbol{x}; \boldsymbol{\theta})$는 다음 식으로 표현합니다.

$$p(\boldsymbol{x}; \boldsymbol{\theta}) = \sum_{j=1}^{K} p(\boldsymbol{x}, z = j; \boldsymbol{\theta})$$

$$= \sum_{j=1}^{K} p(z = j; \boldsymbol{\theta}) \, p(\boldsymbol{x} \mid z = j; \boldsymbol{\theta})$$

$$= \sum_{j=1}^{K} \phi_j \mathcal{N}(\boldsymbol{x}; \boldsymbol{\mu}_j, \boldsymbol{\Sigma}_j)$$

참고로 앞으로 식 전개를 대비하여 k 대신 j 기호를 사용했습니다.

N개의 관측 데이터 $\{x^{(1)}, x^{(2)} \cdots x^{(N)}\}$을 얻었다고 해봅시다. 이때 각 데이터에 대한 로그 가능도의 평균은 다음 식으로 표현합니다. 이 값을 기준으로 EM 알고리즘의 갱신 종료 여부를 판단합니다.

$$\frac{1}{N} \sum_{n=1}^{N} \log p(\boldsymbol{x}^{(n)}; \boldsymbol{\theta}) = \frac{1}{N} \sum_{n=1}^{N} \log \sum_{j=1}^{K} \phi_j \mathcal{N}(\boldsymbol{x}^{(n)}; \boldsymbol{\mu}_j, \boldsymbol{\Sigma}_j)$$

그럼 EM 알고리즘의 E-스텝부터 살펴봅시다. E-스텝에서는 $\{\boldsymbol{\phi}, \boldsymbol{\mu}, \boldsymbol{\Sigma}\}$는 고정하고 확률 분포 $q^{(n)}(z)$를 갱신합니다. $q^{(n)}(z)$는 $x^{(n)}$이 주어지면 조건부 확률로 구할 수 있습니다. $q^{(n)}(z=k)$는 다음 식으로 표현합니다.

$$q^{(n)}(z = k) = p(z = k \mid \boldsymbol{x}^{(n)}; \boldsymbol{\theta}) \qquad \text{(조건부 확률)}$$

$$= \frac{p(\boldsymbol{x}^{(n)}, z = k; \boldsymbol{\theta})}{p(\boldsymbol{x}^{(n)}; \boldsymbol{\theta})} \qquad \text{(확률의 곱셈 정리)}$$

$$= \frac{\phi_k \mathcal{N}(\boldsymbol{x}^{(n)}; \boldsymbol{\mu}_k, \boldsymbol{\Sigma}_k)}{\sum_{j=1}^{K} \phi_j \mathcal{N}(\boldsymbol{x}^{(n)}; \boldsymbol{\mu}_j, \boldsymbol{\Sigma}_j)}$$

이후부터는 표기를 단순화하여 $q^{(n)}(z=k)$를 $q^{(n)}(k)$로 쓰겠습니다. 이상으로 E-스텝과 종료 판단을 수식으로 표현할 수 있었습니다. 요약하면 다음과 같습니다.

E-스텝

각 n, k에 대해 다음 값을 계산합니다.

$$q^{(n)}(k) = \frac{\phi_k \mathcal{N}(\boldsymbol{x}^{(n)}; \boldsymbol{\mu}_k, \boldsymbol{\Sigma}_k)}{\sum_{j=1}^{K} \phi_j \mathcal{N}(\boldsymbol{x}^{(n)}; \boldsymbol{\mu}_j, \boldsymbol{\Sigma}_j)}$$

M-스텝

(다음 절에서 알아봅니다.)

종료 판정

다음 로그 가능도를 계산하여 이전 로그 가능도와 비교합니다.

$$\frac{1}{N} \sum_{n=1}^{N} \log \sum_{j=1}^{K} \phi_j \mathcal{N}(\boldsymbol{x}^{(n)}; \boldsymbol{\mu}_j, \boldsymbol{\Sigma}_j)$$

5.4.2 EM 알고리즘의 M-스텝 ✪

이제 M-스텝이 남았습니다. M-스텝에서는 $q^{(n)}$을 고정하고 $\boldsymbol{\theta} = \{\boldsymbol{\phi}, \boldsymbol{\mu}, \boldsymbol{\Sigma}\}$를 갱신합니다. 구체적으로 ELBO를 최대화하는 매개변수를 구합니다. ELBO는 다음 식으로 표현합니다.

$$\sum_{n=1}^{N} \text{ELBO}(\boldsymbol{x}^{(n)}; q^{(n)}, \boldsymbol{\theta})$$

$$= \sum_{n=1}^{N} \sum_{j=1}^{K} q^{(n)}(j) \log \frac{p(\boldsymbol{x}^{(n)}, z^{(n)} = j; \boldsymbol{\theta})}{q^{(n)}(j)}$$

$$= \sum_{n=1}^{N} \sum_{j=1}^{K} q^{(n)}(j) \log \frac{\phi_j \mathcal{N}(\boldsymbol{x}^{(n)}; \boldsymbol{\mu}_j, \boldsymbol{\Sigma}_j)}{q^{(n)}(j)}$$

$$= \sum_{n=1}^{N} \sum_{j=1}^{K} q^{(n)}(j) \log \phi_j \mathcal{N}(\boldsymbol{x}^{(n)}; \boldsymbol{\mu}_j, \boldsymbol{\Sigma}_j) - \underbrace{\sum_{n=1}^{N} \sum_{j=1}^{K} q^{(n)}(j) \log q^{(n)}(j)}_{\{\boldsymbol{\phi}, \boldsymbol{\mu}, \boldsymbol{\Sigma}\} \text{와는 무관}}$$

여기서 주목할 점은 두 번째 항에 매개변수인 $\{\phi, \mu, \Sigma\}$가 포함되어 있지 않다는 사실입니다. M-스텝은 ELBO를 최대화하기 위한 $\{\phi, \mu, \Sigma\}$를 찾는 것이 목적이므로 두 번째 항은 무시할 수 있습니다. 따라서 목적 함수(=최대화할 대상)를 $J(\phi, \mu, \Sigma)$로 표기하면 다음처럼 표현할 수 있습니다.

$$J(\phi, \mu, \Sigma) = \sum_{n=1}^{N} \sum_{j=1}^{K} q^{(n)}(j) \log \phi_j \mathcal{N}(x^{(n)}; \mu_j, \Sigma_j)$$
$$= \sum_{n=1}^{N} \sum_{j=1}^{K} q^{(n)}(j) \left(\log \phi_j + \log \mathcal{N}(x^{(n)}; \mu_j, \Sigma_j) \right) \quad \text{[식 5.9]}$$

그럼 $J(\phi, \mu, \Sigma)$가 최대가 되는 매개변수를 구해봅시다. GMM에는 $\{\phi, \mu, \Sigma\}$라는 세 가지 매개변수가 있습니다. μ부터 시작합시다.

GMM의 매개변수 μ는 K개의 $\{\mu_1, \mu_2, \ldots, \mu_k, \ldots, \mu_K\}$로 구성됩니다. 여기서는 k번째 μ_k에 대한 미분(기울기)을 구합니다. 식을 다음처럼 전개할 수 있습니다.

$$\frac{\partial J}{\partial \mu_k} = \frac{\partial}{\partial \mu_k} \sum_{n=1}^{N} \sum_{j=1}^{K} q^{(n)}(j) \left(\log \phi_j + \log \mathcal{N}(x^{(n)}; \mu_j, \Sigma_j) \right)$$
$$= \frac{\partial}{\partial \mu_k} \sum_{n=1}^{N} \sum_{j=1}^{K} q^{(n)}(j) \log \mathcal{N}(x^{(n)}; \mu_j, \Sigma_j)$$
$$= \sum_{n=1}^{N} q^{(n)}(k) \frac{\partial}{\partial \mu_k} \log \mathcal{N}(x^{(n)}; \mu_k, \Sigma_k) \quad \text{[식 5.10]}$$

μ_k에 대해 미분하면 μ_k를 포함하지 않는 항은 모두 0이 됩니다. 그래서 다음 식이 성립합니다.

$$j = 1 \text{ 부터 } K \text{ 까지} \quad \frac{\partial}{\partial \mu_k} \log \phi_j = 0$$
$$j \neq k \text{ 이고 } j = 1 \text{ 부터 } K \text{ 까지} \quad \frac{\partial}{\partial \mu_k} \log \mathcal{N}(x^{(n)}; \mu_j, \Sigma_j) = 0$$

[식 5.10]에서 $\frac{\partial}{\partial \mu_k} \log \mathcal{N}(x^{(n)}; \mu_k, \Sigma_k)$는 다변량 정규 분포의 평균 벡터에 대한 미분입니다.

따라서 부록 A에서 도출한 [식 A.6]을 활용할 수 있습니다.

$$\frac{\partial}{\partial \boldsymbol{\mu}} \log \mathcal{N}(\boldsymbol{x}; \boldsymbol{\mu}, \boldsymbol{\Sigma}) = \boldsymbol{\Sigma}^{-1}(\boldsymbol{x} - \boldsymbol{\mu})$$ [식 A.6]

이로부터 다음과 같이 전개할 수 있습니다.

$$\frac{\partial J}{\partial \boldsymbol{\mu}_k} = \sum_{n=1}^{N} q^{(n)}(k) \, \boldsymbol{\Sigma}_k^{-1} \, (\boldsymbol{x}^{(n)} - \boldsymbol{\mu}_k)$$

여기서 $\frac{\partial J}{\partial \boldsymbol{\mu}_k} = \mathbf{0}$으로 설정하면 다음 식을 얻습니다.

$$\sum_{n=1}^{N} q^{(n)}(k) \, \boldsymbol{\Sigma}_k^{-1} \, (\boldsymbol{x}^{(n)} - \boldsymbol{\mu}_k) = \mathbf{0}$$

$$\Leftrightarrow \boldsymbol{\Sigma}_k \sum_{n=1}^{N} q^{(n)}(k) \, \boldsymbol{\Sigma}_k^{-1} \, (\boldsymbol{x}^{(n)} - \boldsymbol{\mu}_k) = \boldsymbol{\Sigma}_k \mathbf{0} \quad (\text{양변의 왼쪽에 } \boldsymbol{\Sigma}_k \text{를 곱한다.})$$

$$\Leftrightarrow \sum_{n=1}^{N} q^{(n)}(k) \, \boldsymbol{\Sigma}_k \, \boldsymbol{\Sigma}_k^{-1} \, (\boldsymbol{x}^{(n)} - \boldsymbol{\mu}_k) = \mathbf{0} \quad (q^{(n)}(k) \text{는 스칼라})$$

$$\Leftrightarrow \sum_{n=1}^{N} q^{(n)}(k) \, (\boldsymbol{x}^{(n)} - \boldsymbol{\mu}_k) = \mathbf{0}$$

$$\Leftrightarrow \sum_{n=1}^{N} q^{(n)}(k) \, \boldsymbol{\mu}_k = \sum_{n=1}^{N} q^{(n)}(k) \, \boldsymbol{x}^{(n)}$$

$$\Leftrightarrow \boldsymbol{\mu}_k \left(\sum_{n=1}^{N} q^{(n)}(k) \right) = \sum_{n=1}^{N} q^{(n)}(k) \, \boldsymbol{x}^{(n)} \quad (\boldsymbol{\mu}_k \text{와 } \sum_{n=1}^{N} \text{은 독립})$$

$$\therefore \boldsymbol{\mu}_k = \frac{\sum_{n=1}^{N} q^{(n)}(k) \, \boldsymbol{x}^{(n)}}{\sum_{n=1}^{N} q^{(n)}(k)}$$ [식 5.11]

[식 5.11]이 $\boldsymbol{\mu}_k$의 갱신식입니다. 이 식을 $k = 1$에서 K까지 계산합니다.

다음은 공분산 행렬의 $\boldsymbol{\Sigma}$입니다. $\boldsymbol{\Sigma}$에 대해서도 $\boldsymbol{\mu}$와 비슷하게 풀 수 있습니다(부록 A의 [식 A.15]를 이용합니다). 여기서는 결과만 살펴보겠습니다.

$$\Sigma_k = \frac{\sum_{n=1}^{N} q^{(n)}(k)(\boldsymbol{x}^{(n)} - \boldsymbol{\mu}_k)(\boldsymbol{x}^{(n)} - \boldsymbol{\mu}_k)^\top}{\sum_{n=1}^{N} q^{(n)}(k)} \qquad \text{[식 5.12]}$$

참고로 [식 5.12]의 $\boldsymbol{\mu}_k$는 [식 5.11]에서 갱신한 후의 값입니다.

마지막으로 $\boldsymbol{\phi} = \{\phi_1, \phi_2, \ldots, \phi_K\}$ 차례입니다. 목적 함수인 [식 5.9]에서 $\boldsymbol{\phi}$에 관련된 항은 다음 식과 같습니다.

$$\sum_{n=1}^{N} \sum_{j=1}^{K} q^{(n)}(j) \log \phi_j$$

다만 $\boldsymbol{\phi}$의 최적화는 $\boldsymbol{\mu}$일 때와 달리 제약 조건이 있습니다. $\boldsymbol{\phi}$는 다음 조건을 충족해야 합니다.*

$$\sum_{j=1}^{K} \phi_j = 1$$

이러한 제약 조건이 있는 최적화 문제는 **라그랑주 승수법**을 이용하여 풀 수 있습니다.

라그랑주 승수법(Lagrange Multiplier Method)

라그랑주 승수법은 제약이 있는 문제를 제약이 없는 문제로 바꾸어 해결하는 방법입니다. 라그랑주 승수법을 이용하면 '$g(x) = 0$이라는 조건하에서 $f(x)$를 최대화하라'라는 문제를 풀 수 있습니다. 그러기 위해 다음과 같이 정의합니다.

$$L = f(x) - \beta g(x)$$

L은 라그랑지언^{Lagrangian}이라고 하며 β는 라그랑주 승수$^{\text{Lagrange multiplier}}$라는 변수입니다. 이때 극값이 되는 x는 다음 식을 만족합니다.

$$\frac{\partial L}{\partial x} = 0 \qquad \frac{\partial L}{\partial \beta} = 0$$

---

* $\boldsymbol{\phi}$를 최적화할 때는 $\phi_j \geq 0$이라는 제약 조건이 따르는데, 이후에 얻어지는 값은 (결과적으로) 이 조건을 만족합니다. 따라서 이 제약은 무시할 수 있습니다.

이제 x와 β라는 두 가지 변수가 있습니다. 그리고 앞의 두 연립방정식을 풀면 x의 극값을 알 수 있습니다. $f(x)$에 최댓값이 존재한다면 최댓값은 이 극값 중에 존재합니다.

라그랑주 승수법을 이번 문제에 적용하면 라그랑지언 L은 다음 식으로 표현합니다.

$$L = \sum_{n=1}^{N} \sum_{j=1}^{K} q^{(n)}(j) \log \phi_j + \beta \left(\sum_{j=1}^{K} \phi_j - 1 \right)$$

이때 L의 ϕ_k에 대한 미분은 다음 식과 같습니다.

$$\frac{\partial L}{\partial \phi_k} = \sum_{n=1}^{N} q^{(n)}(k) \, \frac{\partial}{\partial \phi_k} \log \phi_k + \beta$$

$$= \sum_{n=1}^{N} \frac{q^{(n)}(k)}{\phi_k} + \beta \qquad \left(\frac{\partial}{\partial x} \log x = \frac{1}{x} \right)$$

그리고 이 식을 0으로 설정하면 다음 해를 얻을 수 있습니다.

$$\phi_k = \frac{\sum_{n=1}^{N} q^{(n)}(k)}{-\beta} \qquad \text{[식 5.13]}$$

다음으로 [식 5.13]을 제약 조건인 $\sum_{j=1}^{K} \phi_j = 1$에 대입합니다.

$$\sum_{j=1}^{K} \frac{\sum_{n=1}^{N} q^{(n)}(j)}{-\beta} = 1$$

$$\Leftrightarrow \quad -\beta = \sum_{j=1}^{K} \sum_{n=1}^{N} q^{(n)}(j)$$

$$\Leftrightarrow \quad -\beta = \sum_{n=1}^{N} \underbrace{\sum_{j=1}^{K} q^{(n)}(j)}_{1} \qquad \text{[식 5.14]}$$

$$\therefore \quad -\beta = N$$

[식 5.14]에서 $q^{(n)}(z)$는 z의 확률 분포입니다. z는 1에서 K까지 정수를 취하기 때문에 $\sum_{j=1}^{K} q^{(n)}(z=j) = 1$이 성립합니다. z에 대한 확률의 총합은 1이기 때문입니다.

마지막으로 [식 5.13]에 $-\beta = N$을 대입하여 다음 식을 얻습니다. 이로써 목적 함수인 [식 5.9]를 최대화하는 매개변수 ϕ도 구할 수 있게 되었습니다.

$$\phi_k = \frac{1}{N} \sum_{n=1}^{N} q^{(n)}(k)$$

이상으로 GMM에 대한 EM 알고리즘을 도출했습니다. 요약하면 다음과 같습니다.

E-스텝

각 n, k에 대해 다음 값을 계산합니다.

$$q^{(n)}(k) = \frac{\phi_k \mathcal{N}(\boldsymbol{x}^{(n)}; \boldsymbol{\mu}_k, \boldsymbol{\Sigma}_k)}{\sum_{j=1}^{K} \phi_j \mathcal{N}(\boldsymbol{x}^{(n)}; \boldsymbol{\mu}_j, \boldsymbol{\Sigma}_j)}$$

M-스텝

각 k에 대해 다음 값을 계산합니다.

$$\phi_k = \frac{1}{N} \sum_{n=1}^{N} q^{(n)}(k)$$

$$\boldsymbol{\mu}_k = \frac{\sum_{n=1}^{N} q^{(n)}(k)\, \boldsymbol{x}^{(n)}}{\sum_{n=1}^{N} q^{(n)}(k)}$$

$$\boldsymbol{\Sigma}_k = \frac{\sum_{n=1}^{N} q^{(n)}(k)\, (\boldsymbol{x}^{(n)} - \boldsymbol{\mu}_k)(\boldsymbol{x}^{(n)} - \boldsymbol{\mu}_k)^{\top}}{\sum_{n=1}^{N} q^{(n)}(k)}$$

종료 판정

다음 로그 가능도를 계산하여 이전 로그 가능도와 비교합니다.

$$\frac{1}{N}\sum_{n=1}^{N}\log\sum_{j=1}^{K}\phi_j\mathcal{N}(\boldsymbol{x}^{(n)};\boldsymbol{\mu}_j,\boldsymbol{\Sigma}_j)$$

5.5 EM 알고리즘 구현

이번 절에서는 올드 페이스풀 간헐천 데이터셋을 대상으로 EM 알고리즘을 구현합니다(올드 페이스풀 간헐천에 대해서는 4.1절에서 설명했습니다).

5.5.1 데이터셋과 GMM 코드

먼저 데이터셋을 불러오고 GMM의 매개변수에 초깃값을 설정합니다.

step05/em.py
```python
import os
import numpy as np

path = os.path.join(os.path.dirname(__file__), 'old_faithful.txt')
xs = np.loadtxt(path)
print(xs.shape)  # (272, 2)

# 매개변수(초깃값)
phis = np.array([0.5, 0.5])
mus = np.array([[0.0, 50.0], [0.0, 100.0]])
covs = np.array([np.eye(2), np.eye(2)])  # np.eye()로 단위행렬 생성

K = len(phis)       # 가우스 분포 개수(2개)
N = len(xs)         # 데이터 수(272개)
MAX_ITERS = 100     # EM 알고리즘의 최대 반복 횟수
THRESHOLD = 1e-4    # EM 알고리즘 갱신 중지 임곗값
```

xs의 형상은 (272, 2)입니다. 2차원 데이터가 272개 있다는 뜻입니다. 그리고 GMM의 매개변수로 phis, mus, covs를 준비합니다. 변수 K는 가우스 분포의 개수이며 이번에는 2입니다. N은 데이터 수, MAX_ITERS는 EM 알고리즘의 최대 반복 횟수입니다. THRESHOLD는 EM 알고리즘의 갱신을 중지하는 임곗값으로, 매개변수 갱신 후 로그 가능도 차이의 절댓값이 THRESHOLD 이하로 떨어지면 갱신을 종료합니다.

다음은 다변량 정규 분포, GMM, 로그 가능도 계산 코드입니다.

```
def multivariate_normal(x, mu, cov):
    det = np.linalg.det(cov)
    inv = np.linalg.inv(cov)
    d = len(x)
    z = 1 / np.sqrt((2 * np.pi) ** d * det)
    y = z * np.exp((x - mu).T @ inv @ (x - mu) / -2.0)
    return y

def gmm(x, phis, mus, covs):
    K = len(phis)
    y = 0
    for k in range(K):
        phi, mu, cov = phis[k], mus[k], covs[k]
        y += phi * multivariate_normal(x, mu, cov)
    return y

def likelihood(xs, phis, mus, covs):
    eps = 1e-8  # log(0)을 방지하기 위한 아주 작은 값
    L = 0
    N = len(xs)
    for x in xs:
        y = gmm(x, phis, mus, covs)
        L += np.log(y + eps)
    return L / N
```
step05/em.py

처음 두 함수는 4장에서 구현한 코드와 같습니다. 마지막 likelihood()는 로그 가능도를 구하는 함수로, 다음 수식을 코드로 옮긴 것입니다.

$$\frac{1}{N} \sum_{n=1}^{N} \log \sum_{j=1}^{K} \phi_j \mathcal{N}(\boldsymbol{x}^{(n)}; \boldsymbol{\mu}_j, \boldsymbol{\Sigma}_j)$$

likelihood() 함수에서 np.log(0)이라는 계산이 발생하면 오류가 나기 때문에 방지 차원에서 미세한 값 eps를 더했습니다. 이어서 EM 알고리즘의 E-스텝과 M-스텝을 구현하겠습니다.

5.5.2 E-스텝과 M-스텝 구현

E-스텝부터 시작하겠습니다. E-스텝은 다음 수식으로 표현합니다.

E-스텝

각 n, k에 대해 다음 값을 계산합니다.

$$q^{(n)}(k) = \frac{\phi_k \mathcal{N}(\boldsymbol{x}^{(n)}; \boldsymbol{\mu}_k, \boldsymbol{\Sigma}_k)}{\sum_{j=1}^{K} \phi_j \mathcal{N}(\boldsymbol{x}^{(n)}; \boldsymbol{\mu}_j, \boldsymbol{\Sigma}_j)}$$

이를 코드로 작성하면 다음과 같습니다.

```python
                                                                step05/em.py
for iter in range(MAX_ITERS):
    # E-스텝
    qs = np.zeros((N, K))
    for n in range(N):
        x = xs[n]
        for k in range(K):
            phi, mu, cov = phis[k], mus[k], covs[k]
            qs[n, k] = phi * multivariate_normal(x, mu, cov)
        qs[n] /= gmm(x, phis, mus, covs)

    # M-스텝
    # 생략(잠시 후 설명)

    # 종료 판정
    # 생략(잠시 후 설명)
```

for 문에서 E-스텝 코드를 작성했습니다. 먼저 (N, K) 형상의 qs를 준비하여 그 원소를 계산하는 순서입니다. 수식과 코드를 함께 보면 이해하기 쉬울 것입니다.

다음은 M-스텝입니다. 수식은 다음과 같습니다.

M-스텝

각 k에 대해 다음 값을 계산합니다.

$$\phi_k = \frac{1}{N} \sum_{n=1}^{N} q^{(n)}(k)$$

$$\boldsymbol{\mu}_k = \frac{\sum_{n=1}^{N} q^{(n)}(k)\, \boldsymbol{x}^{(n)}}{\sum_{n=1}^{N} q^{(n)}(k)}$$

$$\boldsymbol{\Sigma}_k = \frac{\sum_{n=1}^{N} q^{(n)}(k)\, (\boldsymbol{x}^{(n)} - \boldsymbol{\mu}_k)(\boldsymbol{x}^{(n)} - \boldsymbol{\mu}_k)^\top}{\sum_{n=1}^{N} q^{(n)}(k)}$$

코드로 작성하면 다음과 같습니다.

step05/em.py

```
for iter in range(MAX_ITERS):
    # E-스텝
    # 생략

    # M-스텝
    qs_sum = qs.sum(axis=0)  # ❶ 미리 계산
    for k in range(K):
        # 1. phis
        phis[k] = qs_sum[k] / N  # ❷ 재활용

        # 2. mus
        c = 0
        for n in range(N):
            c += qs[n, k] * xs[n]
        mus[k] = c / qs_sum[k]  # ❷ 재활용

        # 3. covs
        c = 0
        for n in range(N):
            z = xs[n] - mus[k]
            z = z[:, np.newaxis]  # 수식과 일치시키기 위해 열 벡터 사용
            c += qs[n, k] * z @ z.T
        covs[k] = c / qs_sum[k]   # ❷ 재활용
```

```
            # 종료 판정
            # 생략(잠시 후 설명)
```

M-스텝의 수식에는 $\sum_{n=1}^{N} q^{(n)}(k)$라는 계산이 세 군데 등장합니다. 코드에서는 중복 계산을 없애기 위해 ❶ 이 계산을 미리 수행하여 qs_sum 변수에 저장해둔 후 ❷ 재활용합니다. 그 외에는 수식을 그대로 구현했습니다.

마지막으로 종료 판정 코드를 살펴봅시다.

step05/em.py

```python
current_likelihood = likelihood(xs, phis, mus, covs)

for iter in range(MAX_ITERS):
    # E-step
    # 생략

    # M-step
    # 생략

    # 종료 판정
    print(f'{current_likelihood:.3f}')  # 로그 가능도 출력(소수점 이하 3자리로 표시)

    next_likelihood = likelihood(xs, phis, mus, covs)
    diff = np.abs(next_likelihood - current_likelihood)  # 차이의 절댓값
    if diff < THRESHOLD:
        break
    current_likelihood = next_likelihood
```

이것으로 EM 알고리즘 구현이 끝났습니다. 코드를 실행하면 로그 가능도의 추이가 출력됩니다.

실행 결과

```
-16.538
-4.415
-4.357
-4.302
-4.245
-4.200
-4.164
-4.156
-4.155
```

로그 가능도가 단조 증가하는 모습을 볼 수 있습니다. 이번에는 9번의 갱신 만에 임계치에 도달했습니다. 이제 갱신 후의 매개변수로 구성된 GMM을 시각화하겠습니다. 시각화 코드는 step05/em.py에 있고 결과는 [그림 5-11]과 같습니다.

그림 5-11 GMM 시각화

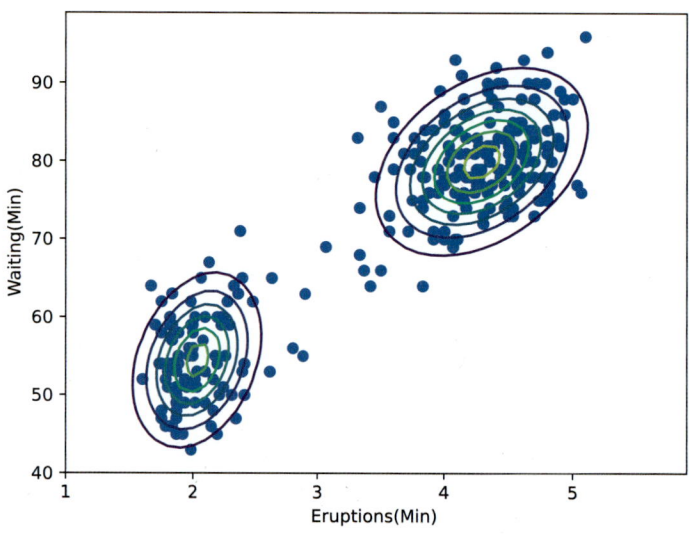

보다시피 두 개의 덩어리에 각각의 정규 분포가 적합하게 분포되어 있습니다.

5.5.3 데이터 생성

다음으로 학습된 GMM을 이용하여 데이터를 생성해봅시다.

```
                                                              step05/generate.py
N = 500
new_xs = np.zeros((N, 2))
for n in range(N):
    k = np.random.choice(2, p=phis)
    mu, cov = mus[k], covs[k]
    new_xs[n] = np.random.multivariate_normal(mu, cov)
```

np.random.choice(2, p=phis) 코드는 phis라는 확률 분포에 따라 0 또는 1 중 하나를 무작위로 선택합니다. 이렇게 선택한 값에 따라 해당 정규 분포에서 데이터를 생성합니다. 생성한 데이터 new_xs를 시각화하면 [그림 5-12]와 같은 모습입니다.

그림 5-12 데이터 분포(파란색은 실제 데이터, 주황색은 생성 데이터)

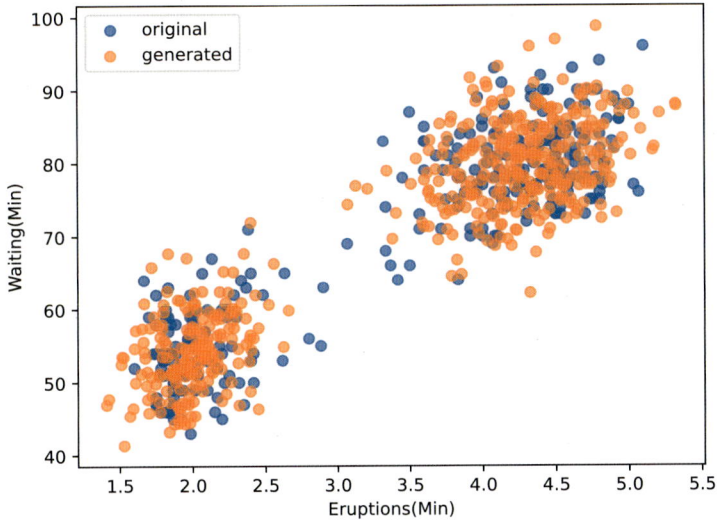

그림을 보면 실제 데이터와 유사한 데이터가 생성되었음을 알 수 있습니다. 이것으로 GMM을 이용하여 데이터를 생성할 수 있게 되었습니다.

CHAPTER 6

신경망

이번 주제는 신경망입니다. 인류는 생성 모델과 신경망을 결합하여 지금까지 많은 혁신을 이루어냈습니다. 이번 장에서는 신경망 프레임워크인 파이토치^{PyTorch} 사용법을 소개합니다. 그런 다음 기초적인 머신러닝 문제인 선형회귀를 풀고, 마지막으로 신경망을 구현하는 순서로 진행하겠습니다. 이미 신경망을 잘 아는 분, 특히 파이토치를 사용해본 분은 이번 장을 건너뛰어도 무방합니다.

6.1 파이토치와 경사법

이 책에서는 신경망 프레임워크로 파이토치를 사용합니다. 먼저 파이토치를 설치하고 사용법을 간단히 알아보겠습니다.

6.1.1 파이토치 설치

파이토치는 다음 명령어로 설치할 수 있습니다.

```
$ pip3 install torch
```

설치가 완료되면 다음 코드를 실행합니다. 파이토치 버전이 출력되면 제대로 설치된 것입니다.

```python
import torch

# 버전 출력
print(torch.__version__)  # 2.x.x
```

이 책에서는 파이토치 2.0.0 이상을 사용합니다. 단, 기본적인 기능만 사용하므로 다른 버전에서도 그대로 동작하거나 약간만 수정하면 문제를 바로잡을 수 있을 것입니다.

6.1.2 텐서 계산

설치를 끝냈으니 사용해봅시다. tensor 클래스부터 시작하겠습니다. tensor는 텐서, 즉 다차원 배열을 표현한 클래스입니다. 넘파이의 np.ndarray와 똑같이 취급할 수 있습니다. 다음 코드를 예시로 실행해봅시다.

```python
import torch

x = torch.tensor(5.0)

y = 3 * x ** 2
print(y)
```

실행 결과

```
tensor(75.)
```

보다시피 넘파이와 마찬가지로 조작법이 직관적입니다. 이제 미분을 구해보겠습니다. 앞의 코드에서는 y = 3 * x ** 2라는 계산을 했습니다. 이 계산의 x=5에서 미분을 구해봅시다. 먼저 수식으로 답을 구해보겠습니다. 이번 계산은 수식으로 $y = 3x^2$이며 미분은 $\frac{dy}{dx} = 6x$입니다. $x = 5$를 대입하면 정답은 30입니다.

코드에서도 30이 나오는지 확인해봅시다. 파이토치에서 미분은 tensor 인스턴스의 backward() 메서드로 구합니다. 코드는 다음과 같습니다.

```
x = torch.tensor(5.0, requires_grad=True)  # 미분 가능하도록 설정
y = 3 * x ** 2

y.backward()
print(x.grad)
```
`step06/tensor.py`

실행 결과
```
tensor(30.)
```

미분이 필요한 텐서에는 생성 시 인수로 requires_grad=True를 지정합니다. 앞으로 미분을 계산할 일이 있다고 알려주는 것입니다. 이렇게 만든 텐서를 이용하여 계산한 y 역시 tensor 인스턴스이고, backward() 메서드를 호출하여 미분을 구할 수 있습니다. 결과는 30.0이군요. 수식으로 얻은 답과 일치합니다.

> **NOTE_** backward라는 이름은 **역전파**backpropagation(오차 역전파법)에서 유래했습니다. 역전파는 미분을 효율적으로 구하는 알고리즘입니다. 순방향 계산forward과 역방향 계산backward을 통해 각 변수의 미분을 구할 수 있습니다(역방향 계산은 미분을 반대 방향으로 전파합니다). 역전파 메커니즘에 대해서는 『밑바닥부터 시작하는 딥러닝』 1권을 참고하기 바랍니다.

6.1.3 경사법

간단한 문제를 파이토치를 이용하여 풀어봅시다. 다음 식으로 표현되는 함수의 최솟값을 찾고자 합니다.

$$y = 100(x_1 - x_0^2)^2 + (x_0 - 1)^2$$

이 함수를 로젠브록 함수라고 합니다. [그림 6-1]과 같이 함수의 형태가 독특하여 최솟값을 찾기가 어렵습니다. 그래서 최적화 문제의 벤치마크로 널리 쓰입니다.

그림 6-1 로젠브록 함수의 모양

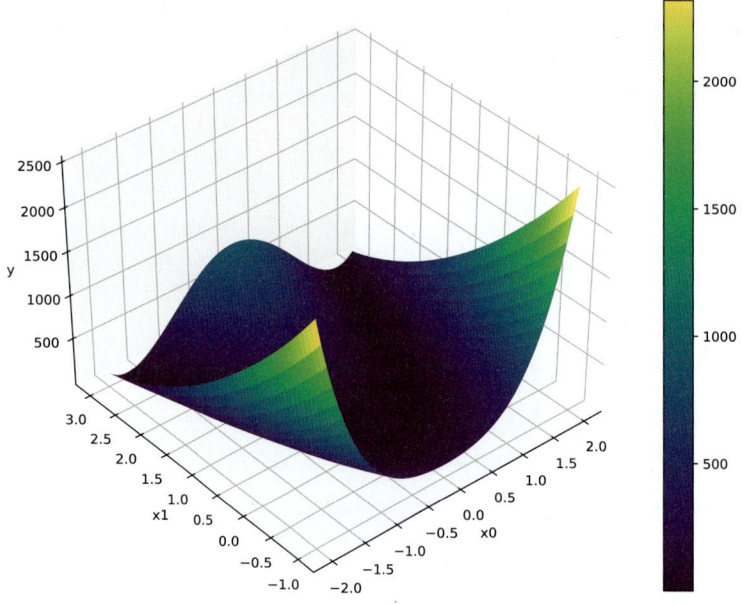

목표는 로젠브록 함수의 출력이 최소가 되는 x_0과 x_1 찾기입니다. 이 문제는 해석적으로 풀 수 있습니다. 다음 식을 풀면 됩니다.

$$\begin{cases} \dfrac{\partial y}{\partial x_0} = 400x_0^3 - 400x_0x_1 + 2x_0 - 2 = 0 \\ \dfrac{\partial y}{\partial x_1} = 200x_1 - 200x_0^2 = 0 \end{cases}$$

이 연립방정식을 풀면 $(x_0, x_1) = (1, 1)$이 되므로 로젠브록 함수의 최솟값이 $(1, 1)$ 위치에 있음을 알 수 있습니다. 이번 절에서는 파이토치를 이용하여 경사법으로 최솟값을 찾을 수 있는지 확인합니다(경사법에 대해서는 잠시 후에 설명합니다).

우선 로젠브록 함수의 $(x_0, x_1) = (0, 2)$에서 미분을 구해봅시다(수식으로는 $\frac{\partial y}{\partial x_0}$와 $\frac{\partial y}{\partial x_1}$). 파이토치로는 다음과 같이 구현할 수 있습니다.

step06/gradient.py

```
import torch

def rosenbrock(x0, x1):
```

```
        y = 100 * (x1 - x0 ** 2) ** 2 + (x0 - 1) ** 2
        return y

x0 = torch.tensor(0.0, requires_grad=True)
x1 = torch.tensor(2.0, requires_grad=True)

y = rosenbrock(x0, x1)
y.backward()
print(x0.grad, x1.grad)
```

실행 결과

```
tensor(-2.) tensor(400.)
```

x0=0.0과 x1=2.0에서 미분은 각각 −2와 400이라고 알려주네요. 이때 두 미분을 합친 것, 즉 (−2, 400)이라는 벡터 형태로 표현한 것을 기울기^{gradient}라고 합니다. 그림으로는 [그림 6-2] 와 같습니다.

그림 6-2 로젠브록 함수의 등고선과 기울기(기울기 크기는 그림에 맞는 범위로 축소)

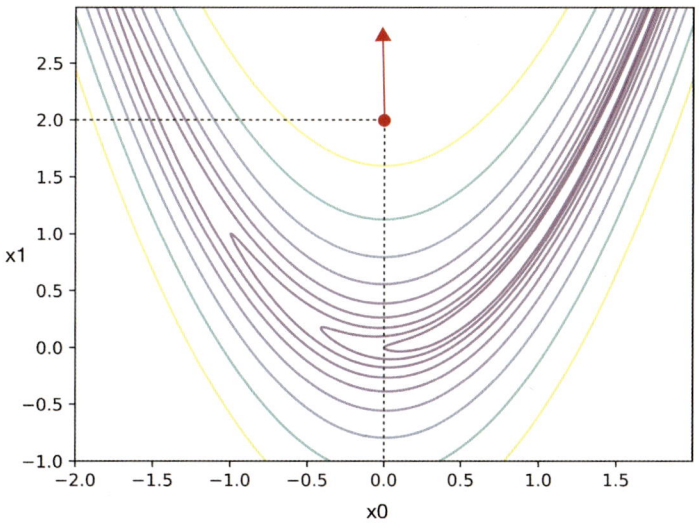

기울기는 각 지점에서 함수의 출력을 가장 크게 증가시키는 방향을 나타냅니다. 지금 예에서는 (x0, x1) = (0, 2) 지점에서 y 값을 가장 크게 증가시키는 방향은 (−2, 400)이라는 뜻입니

다. 반대로 말하면, 기울기에 마이너스를 곱한 (2, −400) 방향이 y 값을 가장 크게 감소시키는 방향이라는 뜻이기도 합니다.

> **NOTE_** 형상이 복잡한 함수 대부분은 기울기가 가리키는 방향에 최댓값이 존재하지 않을 수도 있습니다(또는 기울기 반대 방향이 꼭 최솟값의 위치를 가리키는 것은 아닙니다). 그러나 국소적인 영역으로 한정하면 기울기가 함수의 출력을 가장 크게 하는 방향을 나타냅니다. 그래서 기울기 방향으로 일정 거리만큼 이동하고, 이동한 위치에서 다시 기울기를 구하는 일을 반복하면 점차 원하는 위치(최댓값이나 최솟값)에 가까워지리라 기대하는 것입니다. 이 방법을 **경사법**gradient method이라고 합니다.

이제 경사법을 문제에 적용해보겠습니다. 지금의 문제는 로젠브록 함수의 최솟값 찾기입니다. 그래서 기울기에 마이너스를 곱한 방향으로 진행합니다. 이 점에 유의하면 다음과 같이 구현할 수 있습니다.

```python
x0 = torch.tensor(0.0, requires_grad=True)
x1 = torch.tensor(2.0, requires_grad=True)

iters = 10000    # ❶ 반복 횟수
lr = 0.001       # ❷ 학습률

for i in range(iters):
    if i % 1000 == 0:
        print(x0.item(), x1.item())

    y = rosenbrock(x0, x1)

    y.backward()

    # ❸ 값 갱신
    x0.data -= lr * x0.grad.data
    x1.data -= lr * x1.grad.data

    # ❹ 기울기 재설정
    x0.grad.zero_()
    x1.grad.zero_()

print(x0.item(), x1.item())  # ❺ 결과 출력
```

step06/gradient.py

❶ 갱신 반복 횟수는 iters 변수에 설정했습니다. iters는 iterations의 약자입니다. ❷ 기울기에 곱할 값 역시 lr 변수에 미리 설정했습니다. lr은 learning rate(학습률)의 머리글자입니다.

❸ 텐서값 갱신은 x0.data -= lr * x0.grad.data 코드에서 수행합니다. 여기서 x0과 x0.grad는 모두 tensor 인스턴스라는 점에 유의해야 합니다. 실제 데이터는 그 속성인 x0.data와 x0.grad.data에서 확인할 수 있습니다. 파이토치에서는 값을 갱신할 때 이처럼 .data 속성을 변경합니다.

> **NOTE_** 이 코드의 for 문에서는 x0과 x1이라는 tensor 인스턴스를 반복적으로 사용하여 미분을 구합니다. 이때 x0.grad와 x1.grad 변수에는 미분값이 계속 누적되기 때문에 새로 미분을 구할 때는 앞서 더한 미분값을 제거해줘야 합니다. ❹ 그래서 다음 번 역전파에 앞서 각 변수의 zero_() 메서드를 호출하여 값을 재설정하고 있습니다.

❺ 마지막 print(x0.item(), x1.item()) 코드에서 결과를 출력합니다. item() 메서드는 스칼라 tensor(즉, 원소가 하나뿐인 tensor)에서 사용할 수 있습니다. 이 메서드는 tensor의 스칼라값을 파이썬의 숫자 타입(float 또는 int)으로 변환해 알려줍니다. 손실이나 평가 지표의 값을 로그에 기록하거나 출력할 때 주로 사용합니다.

코드를 실행해봅시다. 그러면 (x0, x1)의 값이 갱신되며 다음과 같은 결과를 출력합니다.

실행 결과

```
0.0 2.0
0.6815015077590942 0.46292299032211304
0.8253857493400574 0.6804871559141143066
...
0.9944759609607315063 0.9889602065086365
```

시작점인 (0.0, 2.0)에서 출발하여 위치가 계속 갱신되는 모습을 볼 수 있습니다. 최종적으로 정답에 가까운 (0.99… 0.98…)이라는 답을 얻었습니다. [그림 6-3]은 이 결과를 그래프로 그린 모습입니다.

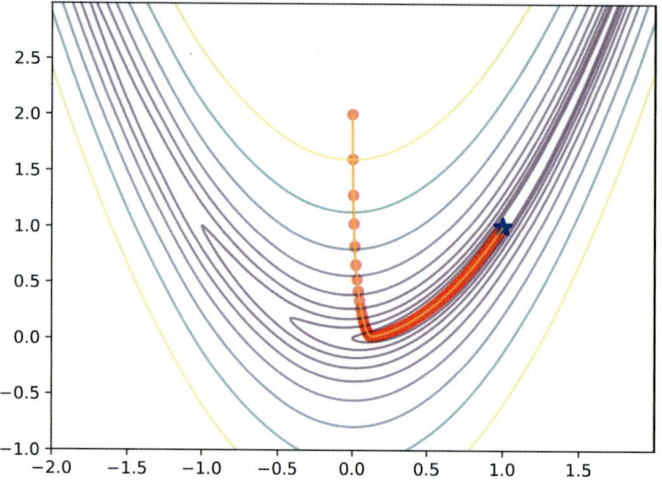

그림 6-3 갱신 경로(빨간 점의 궤적은 갱신 과정, 별표는 최솟값의 위치)

6.2 선형 회귀

머신러닝은 데이터를 이용해 문제를 해결합니다. 해결책을 사람이 고안하는 것이 아니라 수집된 데이터를 보고 컴퓨터가 발견(학습)한다는 뜻입니다. 이처럼 데이터에서 해답을 찾는 것이 머신러닝의 본질입니다. 이번 절에서는 파이토치를 이용하여 머신러닝 문제를 해결합니다. 먼저 머신러닝에서 가장 기본이 되는 선형 회귀를 구현해봅시다.

6.2.1 토이 데이터셋

파이토치를 이용해 실제 문제를 하나 풀어보겠습니다. 먼저 실험용으로 작은 데이터셋을 만듭니다. 이러한 작은 데이터셋을 토이 데이터셋$^{toy\ dataset}$이라고 합니다. 여기서는 다음 식으로 표현되는 (x, y) 데이터셋을 만듭니다.

$$y = 2x + 5 + \varepsilon$$

이 식에서 ε은 노이즈를 뜻하며 0에서 1 사이 무작위 수를 균등 분포에서 생성한다고 가정합니다. 노이즈를 추가하는 이유는 무엇일까요? 현실 문제에서는 노이즈 때문에 정확한 실제 값을 측정할 수 없는 일이 흔하기 때문입니다. 또한 이번 절에서는 똑같은 데이터를 언제든 다시 만들어낼 수 있도록 무작위 수를 생성하는 시드^{seed}를 고정하였습니다. 파이토치에서는 torch.manual_seed() 함수를 사용하여 시드를 고정합니다. 코드는 다음과 같습니다.

```
import torch

torch.manual_seed(0)   # 시드 고정
x = torch.rand(100, 1)
y = 2 * x + 5 + torch.rand(100, 1)
```

이와 같이 x와 y라는 두 변수로 구성된 데이터셋을 만듭니다. 이때 점들은 직선을 중심으로 분포하며 y에는 0에서 1 사이의 무작위 수가 노이즈로 추가되어 있습니다. 만들어진 (x, y) 점들을 2차원 평면에 나타내면 [그림 6-4]와 같은 모양이 됩니다.

그림 6-4 노이즈가 섞인 데이터셋

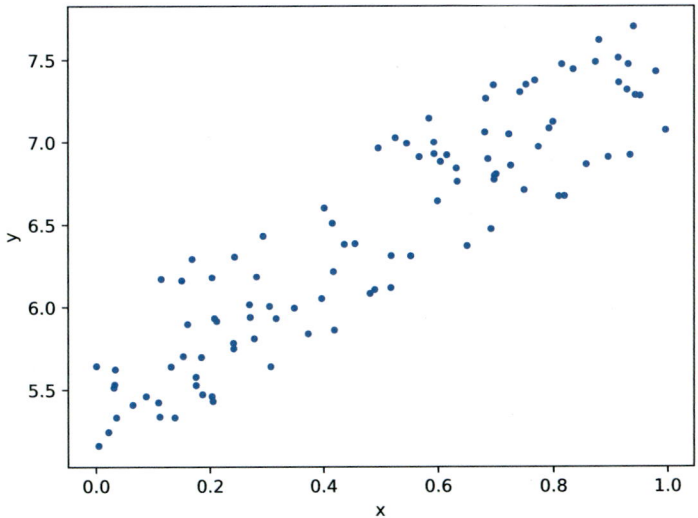

이 그림에서 x와 y는 선형 관계임을 알 수 있습니다. 우리의 목표는 x 값을 보고 y 값을 예측할 수 있는 모델(수식)을 만드는 것입니다.

6.2.2 선형 회귀 이론

지금 y와 x의 관계가 선형이라고 가정하고 있습니다. 따라서 x로부터 예측되는 y($\hat{y}$으로 표기)는 다음 식으로 표현할 수 있습니다.

$$\hat{y} = Wx + b$$

여기서 W와 b는 매개변수입니다(W는 스칼라라고 가정). 이번 문제는 데이터에 노이즈가 섞여 있기 때문에 y와 $\hat{y}$에 오차가 있습니다. 이때 오차 $y - \hat{y}$이 다음과 같이 정규 분포를 따른다고 가정합니다.

- $y - \hat{y}$이 평균 0, 표준 편차 σ인 정규 분포를 따른다.

이 말은 다음과 같은 뜻이기도 합니다.

- y는 평균 $\hat{y}$, 표준 편차 σ인 정규 분포를 따른다.

수식으로 표현해봅시다.

$$\hat{y} = Wx + b$$
$$p(y \mid x; W, b) = \mathcal{N}(y; \hat{y}, \sigma)$$

여기서 $p(y \mid x; W, b)$는 x가 주어졌을 때 y의 확률(조건부 확률)을 뜻합니다. 이때 로그 가능도는 다음과 같이 계산할 수 있습니다.

$$\begin{aligned}
\log p(y \mid x; W, b) &= \log \mathcal{N}(y; \hat{y}, \sigma) \\
&= \log \left(\frac{1}{\sqrt{2\pi\sigma^2}} \exp\left(-\frac{(y-\hat{y})^2}{2\sigma^2} \right) \right) \\
&= -\frac{1}{2\sigma^2}(y-\hat{y})^2 + \log \frac{1}{\sqrt{2\pi\sigma^2}} \\
&= -\frac{1}{2\sigma^2}(y - Wx - b)^2 + \log \frac{1}{\sqrt{2\pi\sigma^2}}
\end{aligned}$$

이 식에서 매개변수(W와 b)가 포함된 항은 $-\frac{1}{2\sigma^2}(y - Wx - b)^2$입니다. 로그 가능도를 최대로 만드는 매개변수를 찾는 것이 목표이므로 $-\frac{1}{2\sigma^2}(y - Wx - b)^2$을 목적 함수로 생각할 수 있습니다. 또한 σ^2의 값은 목적 함수를 최대화하는 매개변수의 값에 영향을 주지 않으니 무시해도 됩니다. 그리고 목적 함수에 마이너스를 붙이면 매개변수를 최소화하는 문제로 바꿀 수 있습니다. 이상의 내용을 수식으로 표현하면 다음과 같습니다.

$$\underset{W,b}{\arg\max} \log p(y \mid x; W, b) = \underset{W,b}{\arg\max} \left(-\frac{1}{2\sigma^2}(y - Wx - b)^2\right)$$
$$= \underset{W,b}{\arg\max} \left(-(y - Wx - b)^2\right)$$
$$= \underset{W,b}{\arg\min} (y - (Wx + b))^2$$

결과적으로 풀어야 할 문제가 y와 $\hat{y} = Wx + b$의 제곱 오차를 최소화하는 문제로 바뀌었습니다. 지금까지는 데이터가 하나일 때의 이야기였습니다. 실제로는 데이터가 N개일 때를 생각해야 하므로 최소화 함수는 다음 식과 같습니다.

$$L(W, b) = \frac{1}{N} \sum_{n=1}^{N} \left(y^{(n)} - \left(Wx^{(n)} + b\right)\right)^2 \quad \text{[식 6.1]}$$

최소화할 대상인 함수 $L(W, b)$를 **손실 함수**$^{\text{loss function}}$라고도 합니다. 총 N개의 점이 있다고 가정하고 $(x^{(n)}, y^{(n)})$의 각 점에서 제곱 오차를 구해 모두 더했습니다. 그리고 평균을 구하기 위해 N으로 나눕니다. 이 식을 **평균 제곱 오차**$^{\text{mean squared error}}$라고 합니다.

> **NOTE_** [식 6.1]에서는 우변이 $\frac{1}{N}\cdots$ 형태인데, 이 식에 상수를 곱해도 최솟값이 되는 W와 b의 값은 변하지 않습니다. 따라서 손실 함수에서 $\frac{1}{N}$을 생략하거나 다른 상수를 사용할 수도 있습니다.

다음 목표는 [식 6.1]의 손실 함수를 최소화하는 W와 b를 찾는 것입니다. 즉, 함수 최적화에 관한 문제입니다. 이 문제도 해석적으로 풀 수 있지만 연습을 겸해서 경사법으로 풀어보겠습니다.

6.2.3 선형 회귀 구현

파이토치를 이용하여 선형 회귀를 구현하겠습니다. 코드가 조금 길어서 먼저 전반부만 살펴보겠습니다.

```python
import torch
# 토이 데이터셋
torch.manual_seed(0)
x = torch.rand(100, 1)
y = 5 + 2 * x + torch.rand(100, 1)

W = torch.zeros((1, 1), requires_grad=True)
b = torch.zeros(1, requires_grad=True)

def predict(x):
    y = x @ W + b
    return y
```

step06/regression.py

W와 b를 tensor 인스턴스로 생성합니다. 형상은 W(1, 1)과 b(1,)임을 출력하여 확인할 수 있습니다. predict() 함수에서는 행렬 곱 연산자인 @을 사용하여 계산을 수행합니다. 행렬 곱은 여러 데이터에 대해 계산을 일괄로 수행해줍니다(지금 예에서는 100개). 이때의 형상은 [그림 6-5]처럼 변합니다.

그림 6-5 행렬 곱에 따른 형상 변화('+ b'는 생략)

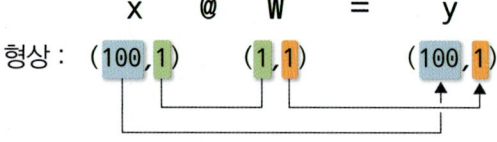

그림과 같이 대응하는 차원의 원소 수가 일치함을 알 수 있습니다. 그리고 결과인 y의 형상은 (100, 1)이 됩니다. 이렇게 하면 x에 담긴 데이터 100개 각각에 W가 곱해집니다. 현재 x의 데이터 차원 수는 1입니다. 그렇다면 차원 수가 D라면 어떻게 해야 할까요? W의 형상을 (D,1)로 해주면 마찬가지로 각 데이터에 대해 계산이 이루어집니다. 예를 들어 D=4라면 [그림 6-6]과 같이 행렬 곱을 계산합니다.

그림 6-6 행렬 곱에 따른 형상 변화(x의 차원이 4인 경우)

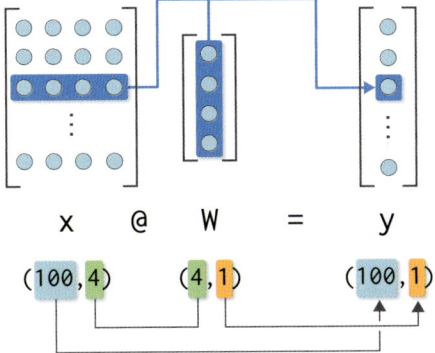

[그림 6-6]과 같이 x.shape[1]과 W.shape[0]을 일치시키면 행렬 곱을 올바르게 계산할 수 있습니다. 100개의 데이터 각각에 대해 W와 벡터의 내적을 계산하는 것입니다. 이어서 후반부 코드를 보겠습니다.

```
step06/regression.py
def mean_squared_error(x0, x1):  # 평균 제곱 오차 계산
    diff = x0 - x1
    N = len(diff)
    return torch.sum(diff ** 2) / N

lr = 0.1        # 학습률
iters = 100     # 반복 횟수

for i in range(iters):  # 경사법
    y_hat = predict(x)
    loss = mean_squared_error(y, y_hat)

    loss.backward()

    W.data -= lr * W.grad.data
    b.data -= lr * b.grad.data

    W.grad.zero_()
    b.grad.zero_()

    if i % 10 == 0:  # 10회마다 출력
        print(loss.item())

print(loss.item())
```

```
print('====')
print('W =', W.item())
print('b =', b.item())
```

실행 결과

```
41.89796447753906
0.22483204305171967
...
0.07987643033266068
====
W = 2.2863590717315674
B = 5.3144850730896
```

평균 제곱 오차를 구하는 함수를 mean_squared_error()로 구현하고 경사법으로 매개변수를 갱신했습니다. 참고로 파이토치의 torch.nn.functional 패키지에는 평균 제곱 오차를 구하는 함수인 mse_loss()가 준비되어 있습니다. 그래서 다음 코드도 방금 정의한 mean_squared_error() 함수와 동일하게 동작합니다.

```
import torch.nn.functional as F

# loss = mean_squared_error(y, y_hat)
loss = F.mse_loss(y, y_hat)
```

> **NOTE_** torch.nn.functional 패키지에는 모델 정의와 데이터 전처리 등, 신경망에서 사용하는 다양한 함수가 준비되어 있습니다.

코드를 실행하면 손실 함수의 출력값이 줄어드는 모습을 볼 수 있습니다. 그리고 최종적으로 W=2.2…, b=5.3…이라는 값을 얻습니다. 참고로 이 매개변수로 만들어지는 직선 그래프는 [그림 6-7]의 빨간 선과 같습니다.

그림 6-7 학습 후 모델

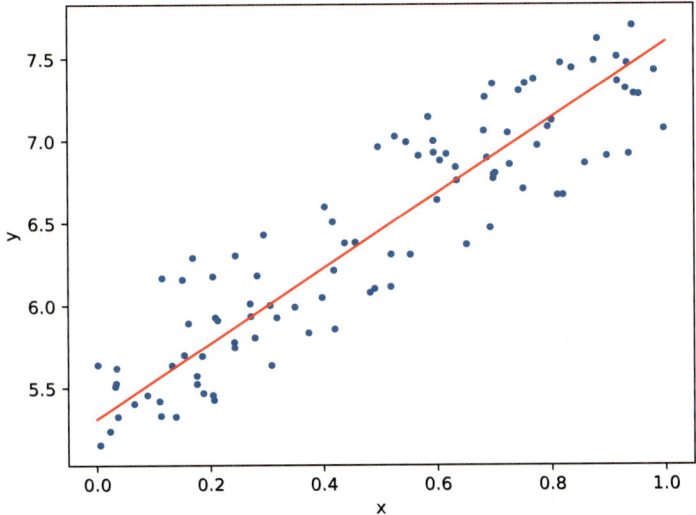

그림에서 보듯 데이터에 적합한 모델을 얻을 수 있습니다.

6.3 매개변수와 옵티마이저

신경망을 구현하다 보면 굉장히 많은 매개변수를 다루게 됩니다. 이 매개변수들을 일일이 관리하는 건 낭비죠. 그래서 파이토치는 매개변수들을 자동으로 관리해주는 메커니즘을 제공합니다. 예를 들어 다음 클래스들을 이용하면 매개변수들을 간편하게 관리할 수 있습니다.

- torch.nn.Parameter
- torch.nn.Module
- torch.optim.SGD

이번에는 앞 절에서 푼 문제를 여기 세 클래스를 사용하여 다시 작성하겠습니다.

6.3.1 Parameter 클래스와 Module 클래스

torch.nn.Parameter 클래스부터 설명하겠습니다. Parameter는 Tensor 클래스를 상속받은 클래스이며 인수로 tensor 인스턴스를 건네 생성합니다. 예를 들어 다음과 같이 사용합니다.

```python
import torch
import torch.nn as nn

W = nn.Parameter(torch.zeros(1, 1))
b = nn.Parameter(torch.zeros(1))

print(W)
print(b)
```

실행 결과

```
Parameter containing:
tensor([[0.]], requires_grad=True)
Parameter containing:
tensor([0.], requires_grad=True)
```

Parameter는 기본적으로 requires_grad=True로 설정되어 있습니다. 지금 코드에서 W와 b는 tensor와 동일하게 취급할 수 있습니다. 역전파하여 기울기를 구할 수도 있죠. 참고로 Parameter 인스턴스를 print()로 출력하면 'Parameter containing:'이라는 문구가 가장 먼저 출력됩니다.

Parameter 클래스는 Module 클래스와 함께 사용할 때 제대로 된 위력을 발휘합니다. 사용 예를 먼저 보겠습니다.

```python
class Model(nn.Module):     # ❶ Module 클래스 상속
    def __init__(self):
        super().__init__()
        self.W = nn.Parameter(torch.zeros(1, 1))    # ❷
        self.b = nn.Parameter(torch.zeros(1))

    def forward(self, x):   # ❸
        y = x @ self.W + self.b
        return y
```

```python
model = Model()

# ❹ 모델의 모든 매개변수에 접근할 수 있음
for param in model.parameters():
    print(param)
```

실행 결과
```
Parameter containing:
tensor([[0.]], requires_grad=True)
Parameter containing:
tensor([0.], requires_grad=True)
```

❶ torch.nn.Module을 상속하여 Model 클래스를 구현합니다. ❷ 그리고 Model의 속성으로 Parameter를 설정합니다. ❹ 그러면 Model의 인스턴스(model)에서 parameters() 메서드를 호출하여 모델에 설정된 모든 매개변수를 가져올 수 있습니다.

❸ 이 코드에서는 선형 회귀 계산을 forward() 메서드로 구현했습니다. 'fowrard'는 순전파를 뜻합니다. 이 메서드를 이용하여 y = model.forward(x) 형태로 데이터를 순전파할 수 있습니다. y = model(x) 형태로도 같은 결과를 얻을 수 있습니다.

참고로 파이토치에는 선형 변환을 수행하는 torch.nn.Linear 클래스가 준비되어 있습니다. 선형 변환이란 $y = Wx + b$ 형태의 계산입니다. Linear 클래스를 이용하면 방금 설명한 Model 클래스를 다음처럼 구현할 수 있습니다.

```python
class Model(nn.Module):
    def __init__(self, input_size=1, output_size=1):
        super().__init__()
        self.linear = nn.Linear(input_size, output_size)  # Linear 클래스 사용

    def forward(self, x):
        y = self.linear(x)  # 앞에서는 y = x @ self.W + self.b
        return y

model = Model()
for param in model.parameters():
    print(param)
```

실행 결과
```
Parameter containing:
tensor([[0.0539]], requires_grad=True)
Parameter containing:
tensor([0.4030], requires_grad=True)
```

Linear 클래스의 인수에서 input_size와 output_size는 입력할 벡터의 차원 수와 출력할 벡터의 차원 수입니다. 그리고 self.linear(x) 코드로 선형 변환 계산이 이루어집니다. Linear 인스턴스의 매개변수들은 self.linear.W 또는 self.linear.b에서 확인할 수 있습니다. 또한 Linear 인스턴스의 매개변수는 Model 클래스의 매개변수로 자동 등록되므로 model.parameters()를 호출하면 Linear 인스턴스의 매개변수도 가져옵니다.

6.3.2 옵티마이저

최적화란 신경망의 매개변수를 갱신하는 알고리즘이고 **옵티마이저**^{optimizer}는 최적화 기법을 실제로 구현한 클래스입니다. 옵티마이저를 이용하면 앞 절과 똑같은 코드를 다음과 같이 구현할 수 있습니다.

```python
# 토이 데이터셋
x = torch.rand(100, 1)
y = 5 + 2 * x + torch.rand(100, 1)

lr = 0.1
iters = 100

model = Model()
optimizer = torch.optim.SGD(model.parameters(), lr=lr)   # ❶ 옵티마이저 생성

for i in range(iters):
    y_hat = model(x)
    loss = nn.functional.mse_loss(y, y_hat)

    loss.backward()
    optimizer.step()          # ❷ 매개변수 갱신
    optimizer.zero_grad()     # ❸ 기울기 재설정
```

파이토치의 torch.optim 패키지에는 다양한 최적화 기법이 담겨 있습니다. 여기서는 그중 torch.optim.SGD 클래스를 사용합니다. ❶에서 SGD 클래스의 인스턴스를 생성했습니다. 최적화할 변수는 model.parameters()로 지정하고, 학습률은 lr(=0.1)로 지정했습니다.

> **NOTE_ SGD**는 stochastic gradient descent(**확률적 경사 하강법**)의 약자입니다. 여기서 말하는 확률적stochastic이란 대상 데이터 중에서 무작위(확률적)로 샘플을 선별하고, 선별된 데이터에 대해 경사법을 수행한다는 뜻입니다. 딥러닝에서는 매개변수 최적화에 확률적 경사 하강법을 주로 사용합니다.

매개변수 갱신은 ❷에서 optimizer.step()을 (매번) 호출하여 이루어집니다. ❸에서는 기울기를 재설정합니다. 이렇듯 옵티마이저를 이용하면 매개변수 갱신 코드가 숨겨집니다.

한편 기울기를 이용한 최적화 기법은 매우 다양합니다. 대표적으로 Momentum, AdaGrad[7], AdaDelta[8], Adam[9] 등이 있습니다. torch.optim 패키지에는 이러한 대표적인 최적화 기법들이 준비되어 있어서 다른 기법으로 손쉽게 바꿔가며 테스트할 수 있습니다. 예를 들어 앞의 코드에 Adam 기법을 적용하고 싶다면 다음 코드만 수정하면 됩니다.

```
# optimizer = torch.optim.SGD(model.parameters(), lr=lr)
optimizer = torch.optim.Adam(model.parameters(), lr=lr)
```

이렇듯 옵티마이저를 사용하면 다양한 최적화 기법을 쉽게 구현할 수 있습니다.

6.4 신경망 구현

지금까지 파이토치를 이용해 선형 회귀를 구현하고 제대로 동작하는지 확인했습니다. 선형 회귀를 구현할 수 있다면 이를 신경망으로 확장하는 일은 간단합니다. 이번 절에서는 앞 절의 코드를 수정하여 신경망을 구현합니다.

6.4.1 비선형 데이터셋

6.2절에서는 선형 데이터에 노이즈를 더한 데이터셋을 사용했습니다. 이번 절에서는 복잡도를 높여서 관계가 다음 식과 같은 (x, y) 데이터셋을 다뤄보겠습니다.

$$y = \sin(2\pi x) + \varepsilon$$

보다시피 sin 함수로 데이터를 생성하고 노이즈로 ε을 추가합니다. ε은 0에서 1 사이의 무작위 수입니다. 다음은 이 데이터셋을 생성하는 코드입니다.

```python
import torch
```
step06/neuralnet.py

```python
torch.manual_seed(0)
x = torch.rand(100, 1)
y = torch.sin(2 * torch.pi * x) + torch.rand(100, 1)
```

(x, y)의 점 100개를 생성했습니다. 만들어진 점들을 그래프로 나타내면 [그림 6-8]과 같습니다.

그림 6-8 이번 절에서 사용하는 데이터셋

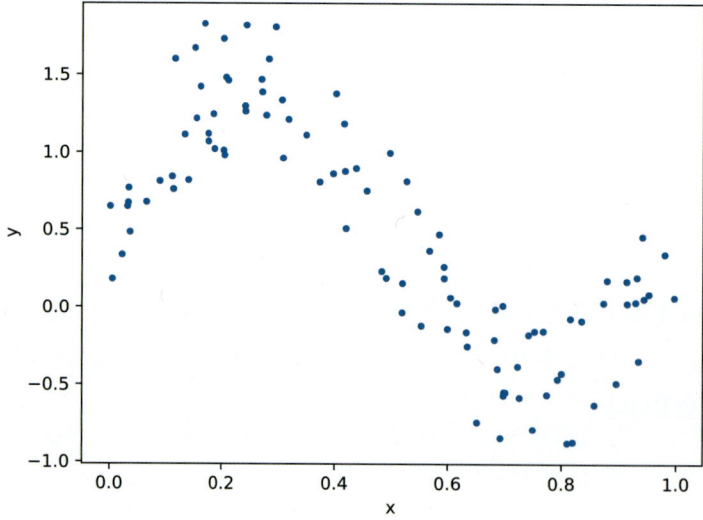

그림에서 보듯 x와 y의 관계는 선형이 아닙니다. 이와 같은 비선형 데이터셋은 당연히 선형 회귀로는 풀 수 없습니다. 신경망이 등장할 차례입니다.

6.4.2 선형 변환과 활성화 함수

6.2절에서는 간단한 데이터셋을 대상으로 선형 회귀를 구현했습니다. 선형 회귀에서 수행한 계산은 선형 변환입니다. 반면 신경망에서는 복잡하고 다양한 함수를 표현하기 위해 선형 변환의 출력에 비선형 변환을 수행합니다. 이 비선형 변환을 수행하는 함수를 **활성화 함수**activation function라고 합니다. 대표적으로 시그모이드 함수와 ReLU 함수 등이 있습니다.

그림 6-9 시그모이드 함수(왼쪽)와 ReLU 함수(오른쪽)

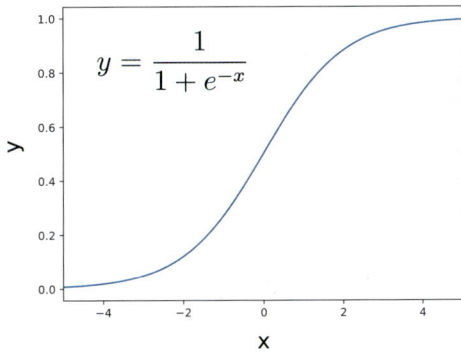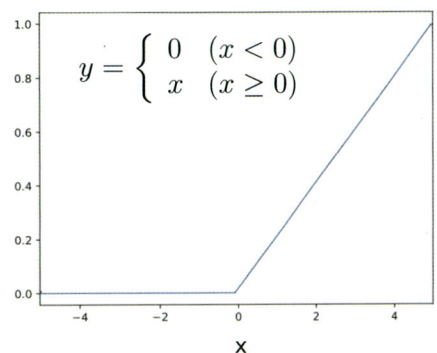

그림에서 보듯 시그모이드 함수와 ReLU 함수는 비선형입니다. 신경망에서는 이 그림과 같은 비선형 변환을 텐서 원소마다 적용합니다. 활성화 함수들은 다음과 같이 임포트하여 사용할 수 있습니다.

```
import torch.nn.functional as F

a = torch.rand(100, 5)   # 무작위 텐서

b = F.sigmoid(a)
c = F.relu(a)
```

import torch.nn.functional as F로 가져오면 파이토치가 제공하는 시그모이드 함수와 ReLU 함수를 F.sigmoid()와 F.relu() 형태로 사용할 수 있습니다.

6.4.3 신경망 구현

일반적인 신경망은 선형 변환과 활성화 함수를 번갈아 사용합니다. 예를 들어 2층 신경망은 다음처럼 구현할 수 있습니다.

```python
import torch.nn as nn
import torch.nn.functional as F

class Model(nn.Module):
    def __init__(self, input_size=1, hidden_size=10, output_size=1):
        super().__init__()
        self.linear1 = nn.Linear(input_size, hidden_size)
        self.linear2 = nn.Linear(hidden_size, output_size)

    def forward(self, x):
        y = self.linear1(x)
        y = F.sigmoid(y)
        y = self.linear2(y)
        return y
```
step06/neuralnet.py

nn.Module 클래스를 상속받았고 초기화 과정에서 선형 변환을 위한 nn.Linear 클래스를 2개 준비했습니다. 그리고 forward() 메서드에서는 순전파를 [그림 6-10]과 같은 순서로 처리합니다.

그림 6-10 2층 신경망의 순전파

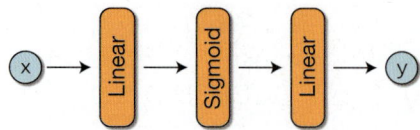

다음은 파이토치로 구현한 신경망 코드입니다.

step06/neuralnet.py

```python
lr = 0.2
iters = 10000

model = Model()
optimizer = torch.optim.SGD(model.parameters(), lr=lr)

for i in range(iters):
    y_pred = model(x)
    loss = F.mse_loss(y, y_pred)

    loss.backward()
    optimizer.step()
    optimizer.zero_grad()

    if i % 1000 == 0:
        print(loss.item())

print(loss.item())
```

실행 결과

```
0.7643452286720276
0.23656320571899414
...
0.0796855092048645
```

이 코드를 실행하면 신경망이 학습되기 시작합니다. 학습 후의 신경망은 [그림 6-11]의 빨간 곡선을 예측합니다.

그림 6-11 학습 후 신경망

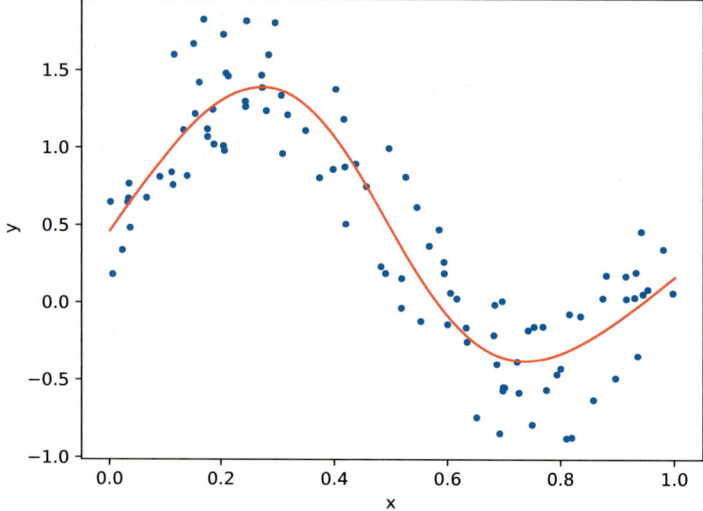

그림과 같이 sin 함수의 곡선을 잘 표현하고 있습니다. 이처럼 선형 회귀가 수행한 선형 변환에 활성화 함수를 덧씌우면 비선형 관계도 제대로 학습할 수 있습니다.

6.5 토치비전과 데이터셋

이번 절에서는 파이토치용 이미지 처리 라이브러리인 토치비전torchvision에 대해 설명합니다. 토치비전은 데이터셋 로딩과 이미지 전처리 등의 기능을 제공합니다. 또한 MNIST와 CIFAR-10 같은 유명한 데이터셋도 손쉽게 이용할 수 있게 해줍니다.

6.5.1 토치비전 설치

토치비전은 다음 명령어로 설치할 수 있습니다.

```
$ pip3 install torchvision
```

올바르게 설치되면 다음 코드처럼 임포트할 수 있습니다.

```python
import torchvision

print(torchvision.__version__)  # 0.15.0
```

이 책에서 사용하는 토치비전 버전은 0.15.0입니다. 단, 기본적인 기능만 사용하므로 다른 버전에서도 잘 작동할 것입니다. 이제 토치비전을 사용해봅시다. 데이터셋 불러오기부터 시작합니다.

6.5.2 MNIST 데이터셋

토치비전의 torchvision.datasets.MNIST 클래스를 이용하면 손글씨 숫자 이미지 데이터셋인 MNIST를 다운로드, 로드, 전처리할 수 있습니다.

```python
                                                            step06/vision.py
import torchvision
import matplotlib.pyplot as plt

# ❶ MNIST 데이터셋 불러오기
dataset = torchvision.datasets.MNIST(
    root='./data',
    train=True,
    transform=None,
    download=True
)

# ❷ 데이터셋에서 0번째 이미지 선택
x, label = dataset[0]

print('size:', len(dataset))   # ❸ size: 60000
print('type:', type(x))        # ❹ type: <class 'PIL.Image.Image'>
print('label:', label)         # ❺ label: 5

# ❻ 이미지 출력
plt.imshow(x, cmap='gray')
plt.show()
```

torchvision.datasets.MNIST 클래스의 주요 인수들을 살펴봅시다.

- **root**: 데이터셋을 저장할 디렉터리를 지정한다. 로컬에 데이터셋이 아직 없다면 이 디렉터리에 다운로드한다.
- **train**: 값이 True면 학습용 데이터셋을 불러온다. False면 테스트용 데이터셋을 불러온다.
- **transform**: 이미지 데이터에 적용할 전처리를 지정한다.
- **download**: 값이 True면 root 인수로 지정한 디렉터리에 데이터셋이 존재하지 않을 시 자동으로 다운로드한다.

❶ 앞의 코드에서 dataset에는 MNIST 데이터셋이 저장되어 있으며 인덱스를 지정하여 데이터를 가져올 수 있습니다. ❷ 예를 들어 dataset[0]은 첫 번째 데이터를 가져옵니다. 각 데이터에는 이미지와 레이블이 짝을 이루어 저장되어 있습니다.

코드를 실행하면 ❸ 총 6만 개의 데이터가 있고, ❹ 입력 이미지의 형식은 PIL.Image.Image이고, ❺ 첫 번째 데이터의 레이블은 '5'임을 알 수 있습니다. ❻ 마지막으로 [그림 6-12]를 출력합니다.

그림 6-12 MNIST의 0번째 이미지

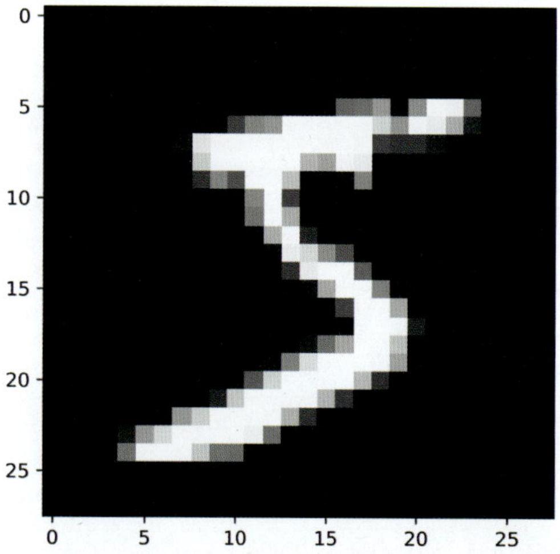

6.5.3 전처리

앞의 코드에서 사용한 MNIST 데이터셋은 입력 데이터가 PIL의 Image 클래스였습니다. 이 Image 클래스를 파이토치에서 사용하려면 Tensor 클래스로 변환해야 합니다. 일종의 전처리인 셈으로, 코드로는 다음처럼 작성할 수 있습니다.

```
                                                            step06/vision.py
import torchvision
import torchvision.transforms as transforms

transform = transforms.ToTensor()  # 텐서로 변환

dataset = torchvision.datasets.MNIST(
    root='./data',
    train=True,
    transform=transform,  # 전처리 지정
    download=True
)

x, label = dataset[0]
print('type:', type(x))
print('shape:', x.shape)
```

실행 결과

```
type: <class 'torch.Tensor'>
shape: torch.Size([1, 28, 28])
```

파이토치에서 수행하는 전처리는 transforms 모듈에서 확인할 수 있습니다. 지금 코드에서는 이미지를 파이토치의 텐서로 변환하는 transforms.ToTensor를 사용했습니다.

6.5.4 데이터 로더

MNIST에는 총 6만 개의 데이터가 담겨 있습니다. 한꺼번에 학습하기에는 많은 양이라서 보통은 데이터셋을 분할하여 사용합니다. 전체 데이터셋에서 일부만 추출하는 것을 **미니배치**mini-batch라고 합니다.

> **NOTE_** 미니배치로 학습할 때 데이터셋 전체를 1번 훑는 단위를 **에포크**epoch라고 합니다. 예를 들어 배치 크기가 100이라면, 총 6만 개의 MNIST 데이터는 미니배치를 600번 처리해야 1에포크가 됩니다.

torch.utils.data.DataLoader를 사용하면 데이터셋에서 데이터를 미니배치 단위로 추출할 수 있습니다. 또한 에포크별로 데이터를 섞는 기능(셔플)도 있습니다. 어떻게 사용하는지 살

펴보겠습니다.

```
import torch                                              step06/vision.py

dataloader = torch.utils.data.DataLoader(
    dataset,
    batch_size=32,  # ❶
    shuffle=True)

for x, label in dataloader:  # ❷
    print('x shape:', x.shape)
    print('label shape:', label.shape)
    break  # 0번째 미니배치 정보만 표시하고 여기에서 루프를 빠져나감
```

실행 결과

```
x shape: torch.Size([32, 1, 28, 28])
label shape: torch.Size([32])
```

torch.utils.data.DataLoader의 주요 인수는 다음과 같습니다.

- dataset: 불러올 데이터셋을 지정한다. 여기서는 앞서 불러온 MNIST 데이터셋을 지정했다.
- batch_size: 배치 크기를 지정한다.
- shuffle: 값이 True면 데이터를 에포크별로 셔플한다.

지금 예에서는 ❶ 배치 크기를 32로 설정합니다. 데이터 로더를 사용하면 ❷와 같이 for 문을 사용하여 미니배치를 추출할 수 있습니다. 실행 결과를 보면 x의 형상은 [32, 1, 28, 28]로, 미니배치 데이터가 텐서로 정리되어 있습니다. label의 형상은 [32]입니다. 마찬가지로 미니배치 단위로 정리되어 있음을 알 수 있습니다.

이상으로 토치비전을 살짝 훑어보았습니다. 이번 절에서 소개한 클래스들을 이용하면 데이터셋 로딩과 이미지 전처리를 손쉽게 구현할 수 있습니다.

CHAPTER 7

변이형 오토인코더

마침내 신경망이라는 무기를 손에 넣었습니다. 신경망과 생성 모델의 만남으로 많은 혁신이 일어나고 있습니다. 이번 장의 주제는 **변이형 오토인코더**variational autoencoder (VAE)[1]입니다. VAE는 신경망을 활용하여 보다 복잡한 데이터를 표현할 수 있습니다. 지금부터 총 세 개 절에 걸쳐 VAE가 무엇인지 자세히 알아본 다음, 마지막 절에서 코드로 구현까지 해보겠습니다. 다소 길게 느껴지겠지만 차분하게 따라와 주시기 바랍니다.

7.1 VAE와 디코더

먼저 [그림 7-1]을 보면서 지금까지 걸어온 길을 되돌아봅시다.

그림 7-1 (1) 정규 분포, (2) GMM, (3) VAE의 확률 분포

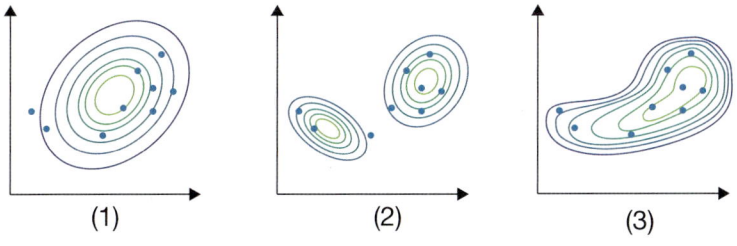

왼쪽 그림은 데이터의 확률 분포를 하나의 정규 분포로 모델링한 예입니다. 간단한 모델이지만 세상에는 정규 분포 하나만으로 표현할 수 있는 문제가 얼마든지 있습니다. 가운데 그림은 가

우스 혼합 모델(GMM)입니다. GMM은 정규 분포 여러 개로 구성되므로 표현력이 좋아져서 더 많은 문제에 대응할 수 있습니다. 하지만 여전히 표현할 수 없는 문제가 존재합니다.

그래서 지금부터 목표로 하는 것은 오른쪽 그림과 같이 학습 데이터에 따라 유연하게 형태가 결정되는 확률 분포입니다. 이번 장의 주인공인 변이형 오토인코더(VAE)는 신경망을 활용하여 앞의 두 모델보다 복잡한 대상을 표현할 수 있습니다. 그럼 지금까지 배운 정규 분포와 GMM을 빠르게 돌아보고, 그 흐름을 이어서 VAE까지 살펴보겠습니다.

7.1.1 하나의 정규 분포

정규 분포의 매개변수를 $\theta = \{\mu, \Sigma\}$로 나타냅시다. 데이터 x의 분포를 정규 분포 하나로 모델링하면 확률 분포는 다음 식으로 표현할 수 있습니다.

$$p_\theta(x) = \mathcal{N}(x; \theta)$$

그리고 모델의 매개변수를 추정해야 합니다. N개의 관측 데이터 $\mathcal{D} = \{x^{(1)}, x^{(2)}, \ldots, x^{(N)}\}$으로부터 다음의 로그 가능도가 최대가 되는 매개변수를 구합니다.

$$\log p_\theta(\mathcal{D}) = \log\left(p_\theta(x^{(1)}) \, p_\theta(x^{(2)}) \, \cdots \, p_\theta(x^{(N)})\right)$$

로그 가능도를 최대화하는 θ는 식 $\frac{\partial}{\partial \theta} \log p_\theta(\mathcal{D}) = 0$을 풀면 구할 수 있습니다.

7.1.2 가우스 혼합 모델(GMM)

다음은 GMM 차례입니다. GMM은 정규 분포 여러 개로 구성된 모델이며 다음 두 가지 작업을 거쳐 데이터를 생성합니다.

1. 범주형 분포에 따라 K개의 정규 분포 중에서 하나를 선택한다.
2. 선택한 정규 분포에서 데이터를 생성한다.

GMM에서는 매개변수를 추정하는 식 $\frac{\partial}{\partial \theta} \log p_\theta(\mathcal{D}) = 0$을 해석적으로 풀 수 없습니다. 그래서 다음 ELBO를 목적 함수로 설정합니다(도출 과정은 5.3절을 참고하세요).

$$\log p_{\boldsymbol{\theta}}(\mathcal{D}) \geq \underbrace{\sum_{n=1}^{N} \sum_{z^{(n)}} q^{(n)}(z^{(n)}) \log \frac{p_{\boldsymbol{\theta}}(\boldsymbol{x}^{(n)}, z^{(n)})}{q^{(n)}(z^{(n)})}}_{\text{ELBO}}$$

EM 알고리즘은 ELBO를 목적 함수로 설정하고 확률 분포 $q^{(n)}(z)$와 매개변수 $\boldsymbol{\theta}$를 번갈아 갱신합니다. 정확하게는 다음 두 작업을 반복합니다.

1. **E-스텝**: $\{q^{(1)}, q^{(2)} \cdots q^{(N)}\}$ 갱신
   각 n에 대해 $q^{(n)}(z) = p_{\boldsymbol{\theta}}(z \mid \boldsymbol{x}^{(n)})$으로 정한다.
2. **M-스텝**: $\boldsymbol{\theta}$ 갱신
   ELBO가 최대가 되는 $\boldsymbol{\theta}$를 해석적으로 구한다.

7.1.3 VAE와 디코더

드디어 앞으로 다룰 주제인 **변이형 오토인코더(VAE)** 차례입니다. VAE는 신경망을 이용하여 더 높은 차원의 복잡한 확률 분포를 표현할 수 있는 모델입니다. VAE는 GMM과 마찬가지로 잠재 변수를 가진 모델이며 다음 두 작업을 거쳐 데이터를 생성합니다.

1. 잠재 변수 z를 고정된 정규 분포*에서 생성한다.
2. 신경망을 이용하여 잠재 변수 z를 관측 변수 $\boldsymbol{x}$로 변환한다.

이 작업 흐름을 그림으로 표현하면 [그림 7-2]와 같습니다.

그림 7-2 VAE의 데이터 생성 흐름

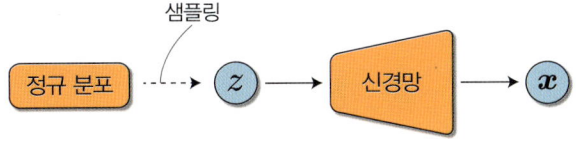

그림과 같이 잠재 변수 z를 신경망을 이용하여 관측 변수 $\boldsymbol{x}$로 변환합니다. 여기서 잠재 변수 z는 다음과 같은 H 차원 벡터입니다.

---

* 여기서 '고정된 정규 분포'란 미리 설정해둔 평균 벡터와 공분산 행렬을 따르는 정규 분포를 말합니다. 평균 벡터와 공분산 행렬을 한 번 설정하면 변하지 않는다는 의미에서 '고정된' 정규 분포라고 했습니다.

$$z = \begin{pmatrix} z_1 \\ z_2 \\ \vdots \\ z_H \end{pmatrix}$$

VAE에서는 z가 평균 $\mathbf{0}$, 공분산 행렬 $\mathbf{I}$인 고정된 정규 분포에서 생성된다고 가정합니다($\mathbf{I}$는 단위행렬). 이때 'z는 $\mathcal{N}(z; \mathbf{0}, \mathbf{I})$를 따른다'라고 말하며 수식으로는 다음처럼 표현합니다.

$$p(z) = \mathcal{N}(z; \mathbf{0}, \mathbf{I}) \quad\quad\quad [\text{식 7.1}]$$

잠재 변수 z는 $\mathcal{N}(z; \mathbf{0}, \mathbf{I})$라는 단순한 확률 분포에서 생성되지만 신경망을 거치면서 복잡한 변환이 이루어집니다. 신경망의 층을 더 깊게 쌓고 학습 데이터를 늘리면 더 복잡한 변환을 만들 수 있습니다. 이 신경망이 잠재 변수로부터 관측 변수로 변환을 담당하기 때문에 디코더^{decoder}라고도 합니다.

> **NOTE_** GMM은 범주형 분포로부터 이산값 z를 샘플링합니다. 그리고 잠재 변수가 이산값 하나뿐이라는 제약이 있습니다. 반면 VAE에서 샘플링하는 벡터 z는 정규 분포로부터 가져온 연속된 값들로 구성됩니다. VAE는 잠재 변수가 연속된 값들의 벡터이기 때문에 더 다양하고 폭넓은 대상을 표현할 수 있습니다.

우리의 목표는 관측 변수 x의 확률 분포 $p(x)$를 얻는 것입니다. 그래서 z에서 x로 변환하는 신경망은 확률 분포 $p(x \mid z)$를 모델링해야 합니다. 그러나 신경망의 출력은 벡터입니다. 이 간극을 메우기 위해 신경망의 출력을 평균 벡터로 삼는 정규 분포를 생각해봅시다. 수식으로는 다음처럼 표현할 수 있습니다.

$$\hat{x} = \text{NeuralNet}(z; \boldsymbol{\theta}) \quad\quad\quad [\text{식 7.2}]$$
$$p_{\boldsymbol{\theta}}(x \mid z) = \mathcal{N}(x; \hat{x}, \mathbf{I}) \quad\quad\quad [\text{식 7.3}]$$

[식 7.2]는 신경망으로 처리한다는 표현입니다. z는 입력, $\hat{x}$은 출력, $\boldsymbol{\theta}$는 신경망의 매개변수입니다. 그리고 'x는 $\hat{x}$을 평균 벡터로 삼는 정규 분포를 따른다'고 생각합니다. 여기서는 이야기를 쉽게 하기 위해 공분산 행렬을 단위행렬 $\mathbf{I}$라고 가정합니다.

앞의 식은 VAE의 식에 따른 표현입니다. 참고로 [식 7.1]부터 [식 7.3]까지의 수식을 [그림 7-3]처럼 표현할 수 있습니다.

그림 7-3 VAE의 디코더가 수행하는 처리(NN = 신경망)

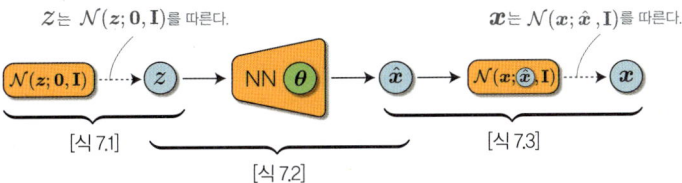

그림의 점선 화살표는 '출력되는 확률 변수가 그 확률 분포를 따른다'라는 뜻입니다. 데이터 생성 시 샘플링을 하고 있다고 생각해도 됩니다.

> **NOTE_** 문제에 따라서는 $p_\theta(x \mid z)$에 정규 분포가 아닌 다른 확률 분포를 쓸 수도 있습니다. 예를 들어 관측 변수 x의 각 원소가 이진 데이터라면(0 또는 1) 베르누이 분포가 더 적합한 선택일 것입니다.

7.1.4 EM 알고리즘의 문제점

VAE는 GMM과 마찬가지로 잠재 변수가 있는 모델입니다. 이론적으로는 EM 알고리즘을 이용하여 VAE를 학습시킬 수 있지만 실제로는 계산량이 너무 많아서 실용적이지 않습니다. 이 유를 알아봅시다.

EM 알고리즘의 E-스텝에서는 $q^{(n)}(z) = p_\theta(z \mid x^{(n)})$ 계산을 수행합니다. VAE의 경우 사후 분포 $p_\theta(z \mid x^{(n)})$을 구하기 위해서는 다음 식을 계산해야 합니다.

$$p_\theta(z \mid x^{(n)}) = \frac{p_\theta(x^{(n)}, z)}{p_\theta(x^{(n)})}$$

$$= \frac{p_\theta(x^{(n)}, z)}{\int p_\theta(x^{(n)}, z) dz}$$

보다시피 $p_\theta(x) = \int p_\theta(x, z)dz$라는 적분이 등장합니다. GMM에서는 잠재 변수가 이산값이기 때문에 이 적분을 계산할 수 있었습니다. 하지만 VAE의 잠재 변수 z는 다차원 벡터이며,

일반적으로 가능한 모든 값에 대해 적분을 수행하기란 불가능합니다. 이 문제를 어떻게 해결할 수 있을까? 이것이 다음 주제입니다.

> **WARNING_** 적분은 몬테카를로 방법을 써서 근사적으로 계산할 수 있습니다. 하지만 z의 차원이 높아질수록 계산량이 기하급수적으로 늘어납니다. '차원의 저주'라고 하죠. 컴퓨터로 계산해도 현실적인 시간 안에 끝나지 않는 경우가 많습니다.

7.2 VAE와 인코더

이번 절에서는 VAE의 학습 알고리즘을 도출합니다. VAE에 EM 알고리즘을 그대로 사용할 수는 없지만, EM 알고리즘을 개선하여 VAE를 학습시킬 수 있습니다.

7.2.1 EM 알고리즘에서 VAE로

먼저 EM 알고리즘을 복습해보죠. 5.2절에서는 임의의 확률 분포 $q(z)$를 사용하여 식을 다음과 같이 전개했습니다.

$$\begin{aligned}
&\log p_{\boldsymbol{\theta}}(\boldsymbol{x}) \\
&= \left(\int q(\boldsymbol{z})d\boldsymbol{z}\right)\log p_{\boldsymbol{\theta}}(\boldsymbol{x}) &&\left(\int q(\boldsymbol{z})d\boldsymbol{z} = 1\text{을 곱한다.}\right) \\
&= \int q(\boldsymbol{z})\log p_{\boldsymbol{\theta}}(\boldsymbol{x})d\boldsymbol{z} &&\left(\log p_{\boldsymbol{\theta}}(\boldsymbol{x})\text{를 }\int\text{ 안으로}\right) \\
&= \int q(\boldsymbol{z})\log \frac{p_{\boldsymbol{\theta}}(\boldsymbol{x},\boldsymbol{z})}{p_{\boldsymbol{\theta}}(\boldsymbol{z}\mid\boldsymbol{x})}d\boldsymbol{z} &&(\text{확률의 곱셈 정리}) \\
&= \int q(\boldsymbol{z})\log \frac{p_{\boldsymbol{\theta}}(\boldsymbol{x},\boldsymbol{z})}{p_{\boldsymbol{\theta}}(\boldsymbol{z}\mid\boldsymbol{x})}\frac{q(\boldsymbol{z})}{q(\boldsymbol{z})}d\boldsymbol{z} &&\left(\frac{q(\boldsymbol{z})}{q(\boldsymbol{z})} = 1\text{을 곱한다.}\right) \\
&= \int q(\boldsymbol{z})\log \frac{p_{\boldsymbol{\theta}}(\boldsymbol{x},\boldsymbol{z})}{q(\boldsymbol{z})}d\boldsymbol{z} + \underbrace{\int q(\boldsymbol{z})\log \frac{q(\boldsymbol{z})}{p_{\boldsymbol{\theta}}(\boldsymbol{z}\mid\boldsymbol{x})}d\boldsymbol{z}}_{\text{KL 발산}}
\end{aligned}$$

이 식에서 로그 가능도 $\log p_\theta(x)$는 두 항의 합으로 표현됩니다. 주목할 점은 마지막 식의 두 번째 항을 KL 발산으로 표현할 수 있다는 것입니다. KL 발산의 최솟값은 0이므로 다음 ELBO를 이끌어낼 수 있습니다.

$$\log p_\theta(x) = \int q(z) \log \frac{p_\theta(x,z)}{q(z)} dz + D_{\mathrm{KL}}(q(z) \parallel p_\theta(z|x))$$
$$\geq \underbrace{\int q(z) \log \frac{p_\theta(x,z)}{q(z)} dz}_{\text{ELBO}}$$

[식 7.4]

이 식에서 $\mathrm{ELBO}(x; q, \theta)$가 더 커지도록 매개변수를 갱신하면 $\log p_\theta(x)$는 그 이상의 값이 될 것임을 알 수 있습니다. 따라서 감당할 수 없는 $\log p_\theta(x)$ 대신에 $\mathrm{ELBO}(x; q, \theta)$를 최적화 대상으로 삼습니다.

EM 알고리즘에서는 $q(z)$와 θ를 번갈아 갱신합니다. $q(z)$를 갱신할 때는 $q(z) = p_\theta(z \mid x)$라는 사후 분포를 구합니다. θ를 갱신할 때는 ELBO를 최대화합니다. 그런데 VAE에서는 사후 분포를 직접 구하기가 어렵기 때문에 다음 방식을 이용합니다.

1. $q(z)$를 간단한 확률 분포(예: 정규 분포)로 제한한다.
2. 한정된 확률 분포 내에서 ELBO를 최대화한다.

VAE의 잠재 변수 z는 실수 벡터입니다. 그래서 확률 분포 $q(z)$를 정규 분포로 제한합니다. 정규 분포의 형태는 평균 벡터 $\boldsymbol{\mu}$와 공분산 행렬 $\boldsymbol{\Sigma}$라는 두 매개변수에 의해 결정됩니다. 여기서는 정규 분포의 매개변수를 $\psi = \{\boldsymbol{\mu}, \boldsymbol{\Sigma}\}$로 설정하여 $q(z)$를 다음과 같이 표현합니다(ψ는 '프시'로 발음합니다).

$$q_\psi(z) = \mathcal{N}(z; \boldsymbol{\mu}, \boldsymbol{\Sigma})$$

그러면 [식 7.4]를 다음 식으로 표현할 수 있습니다.

$$\log p_\theta(x) = \underbrace{\int q_\psi(z) \log \frac{p_\theta(x,z)}{q_\psi(z)} dz}_{\text{ELBO}} + D_{\mathrm{KL}}(q_\psi(z) \parallel p_\theta(z \mid x))$$

[식 7.5]

우리의 목표는 다음의 ELBO를 θ와 ψ에 대해 최대화하는 것입니다.

$$\text{ELBO}(\boldsymbol{x}; \boldsymbol{\theta}, \boldsymbol{\psi}) = \int q_\psi(\boldsymbol{z}) \log \frac{p_\theta(\boldsymbol{x}, \boldsymbol{z})}{q_\psi(\boldsymbol{z})} d\boldsymbol{z} \quad \text{[식 7.6]}$$

여기서 중요한 점은 [식 7.6]의 ELBO를 ψ에 대해 최대화하면 $q_\psi(\boldsymbol{z})$가 $p_\theta(\boldsymbol{z}|\boldsymbol{x})$에 가장 가까워진다는 사실입니다. VAE에서는 $p_\theta(\boldsymbol{z}|\boldsymbol{x})$를 직접 구할 수는 없지만, ELBO를 최대화하여 $p_\theta(\boldsymbol{z}|\boldsymbol{x})$에 적합^{fit}한 $q_\psi(\boldsymbol{z})$를 얻을 수 있습니다(그림 7-4).

그림 7-4 ELBO를 ψ에 대해 최대화할 때의 변화($\boldsymbol{z}$가 1차원 데이터라고 가정)

ELBO를 ψ에 대해 최대화하면 $q_\psi(\boldsymbol{z})$가 $p_\theta(\boldsymbol{z}|\boldsymbol{x})$에 가장 가까워지는 이유는 무엇일까요? 다음과 같이 생각하면 이해할 수 있습니다. 먼저 [식 7.5]의 왼쪽에 있는 $\log p_\theta(\boldsymbol{x})$에는 ψ가 등장하지 않는다는 점에 주목합니다. 따라서 [식 7.5]의 ψ가 변해도 ELBO 항과 KL 발산 항의 합은 변하지 않습니다(그림 7-5).

그림 7-5 ψ의 값이 변할 때 KL 항과 ELBO 항

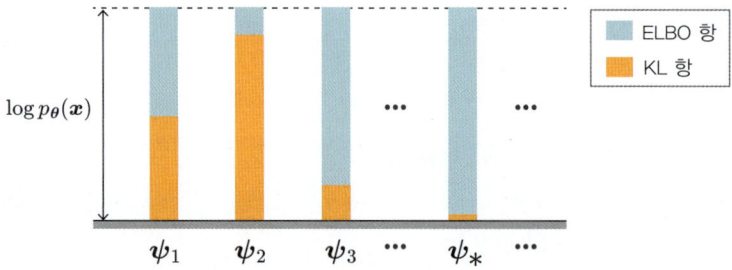

따라서 ψ에 대해 ELBO 항이 최대일 때 KL 발산 항은 최소가 됩니다. KL 발산은 두 확률 분포의 차이를 측정하는 지표이므로 ELBO 항이 최대일 때 $q_\psi(\boldsymbol{z})$가 $p_\theta(\boldsymbol{z}|\boldsymbol{x})$에 가장 가까워집니다.

> **NOTE_** 여기서는 정규 분포라는 간단한 확률 분포 $q_\psi(z)$를 이용하여 계산 불가능한 사후 분포 $p_\theta(z \mid x)$를 근사했습니다. 이 방법을 **변분 근사**variational approximation 또는 **변분 베이즈**variational bayes라고 합니다. VAE 의 V는 Variational에서 왔습니다.*

7.2.2 전체 데이터셋에 적용

[식 7.6]의 ELBO는 데이터가 하나일 때의 식입니다. 하지만 현실에서는 대부분 N개의 데이터 $\{x^{(1)}, x^{(2)}, \dots, x^{(N)}\}$을 처리해야 하므로 다음 식이 목적 함수가 됩니다.

$$\sum_{n=1}^{N} \text{ELBO}(x^{(n)}; \theta, \psi^{(n)}) = \sum_{n=1}^{N} \int q_{\psi^{(n)}}(z) \log \frac{p_\theta(x^{(n)}, z)}{q_{\psi^{(n)}}(z)} dz \quad \text{[식 7.7]}$$

이제 각 데이터 $x^{(n)}$에 대응하는 확률 분포 $q_{\psi^{(n)}}(z)$를 준비합니다. $q_{\psi^{(n)}}(z)$는 매개변수가 $\psi^{(n)} = \{\mu^{(n)}, \Sigma^{(n)}\}$인 정규 분포입니다. [식 7.7]의 ELBO를 최대화하면 $q_{\psi^{(n)}}(z)$가 사후 분포 $p_\theta(z \mid x^{(n)})$에 가까워지도록 매개변수가 갱신됩니다(그림 7-6).

그림 7-6 각 데이터 $x^{(n)}$마다 매개변수 $\psi^{(n)}$을 준비한다.

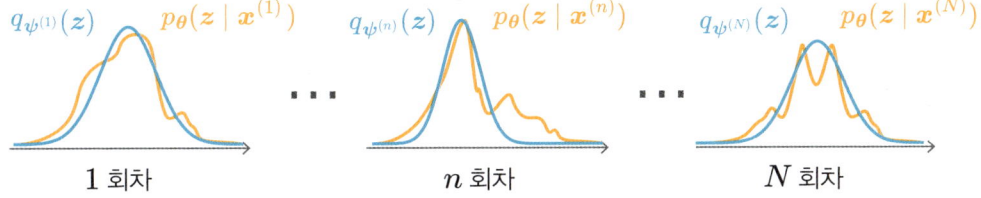

여기서 각각의 데이터 $x^{(n)}$마다 매개변수 $\psi^{(n)}$을 준비해야 한다는 문제가 생깁니다. 데이터셋 이 크다면 예컨대 데이터가 1억 개라면 매개변수도 1억 개를 준비해야 합니다. 비현실적입니다. 이 문제를 해결하는 데에도 신경망을 이용할 수 있습니다.

다시 한번 앞의 [그림 7-6]을 살펴봅시다. 이 그림에서는 각 데이터 $x^{(n)}$에 대응하는 정규 분포가 존재하고 그 매개변수는 $\{\mu^{(n)}, \Sigma^{(n)}\}$입니다. 그래서 입력이 $x^{(n)}$이고 출력이

---

* 옮긴이_ 변이형 오토인코더를 '변분 오토인코더'라고도 합니다. '변분'은 용어에 이미 익숙하지 않은 사람에게는 덜 직관적이라서 이 책에 서는 '변이형'으로 옮겼습니다.

$\{\boldsymbol{\mu}^{(n)}, \boldsymbol{\Sigma}^{(n)}\}$이라고 간주하고 신경망으로 대체합니다. 즉, [그림 7-7]과 같은 하나의 신경망을 이용하여 각 데이터에 적합한 정규 분포의 매개변수를 출력합니다.

그림 7-7 데이터로부터 정규 분포의 매개변수를 출력하는 신경망

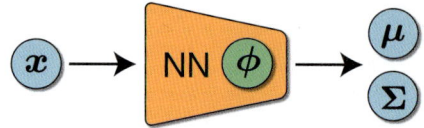

그림의 신경망은 입력이 $\boldsymbol{x}$이고 출력은 $\boldsymbol{\mu}, \boldsymbol{\Sigma}$입니다. 신경망의 매개변수는 ϕ입니다(ϕ는 '파이'로 발음합니다). 이 신경망은 관찰된 데이터를 잠재 변수로 변환하기 때문에 **인코더**encoder라고 부릅니다. 잘 학습된 신경망이라면 $\boldsymbol{x}^{(n)}$에 적합한 $\{\boldsymbol{\mu}^{(n)}, \boldsymbol{\Sigma}^{(n)}\}$을 출력할 수 있습니다. 근사 사후 분포의 매개변수를 이와 같이 하나의 신경망으로 계산하는 기법을 **분할 상환 추론**amortized inference이라고 합니다.

잠재 변수 $\boldsymbol{z}$가 H 차원인 벡터라면 [그림 7-7]의 신경망 출력 $\boldsymbol{\mu}$도 차원이 H인 벡터입니다. 또한 공분산 행렬 $\boldsymbol{\Sigma}$는 $H \times H$ 행렬이지만 계산 비용을 줄이기 위해 여기서는 $\boldsymbol{\Sigma}$를 대각 공분산 행렬로 한정합니다. 대각 공분산 행렬은 다음과 같이 비대각 성분들이 모두 0인 행렬입니다.

$$\boldsymbol{\Sigma} = \begin{pmatrix} \sigma_1^2 & 0 & \cdots & 0 \\ 0 & \sigma_2^2 & \cdots & 0 \\ \vdots & \vdots & \ddots & \vdots \\ 0 & 0 & \cdots & \sigma_H^2 \end{pmatrix}$$

$\boldsymbol{\Sigma}$는 대각 공분산 행렬이므로 신경망은 대각선 성분에 해당하는 H개의 원소만 갖는 벡터를 출력하는 것으로 충분합니다. 따라서 신경망은 다음과 같은 두 개의 벡터를 출력하게 됩니다.

$$\boldsymbol{\mu} = \begin{pmatrix} \mu_1 \\ \mu_2 \\ \vdots \\ \mu_H \end{pmatrix} \qquad \boldsymbol{\sigma} = \begin{pmatrix} \sigma_1 \\ \sigma_2 \\ \vdots \\ \sigma_H \end{pmatrix}$$

이상의 내용을 정리하면 VAE의 인코더가 수행하는 일은 다음 식으로 표현할 수 있습니다.

$$\boldsymbol{\mu}, \boldsymbol{\sigma} = \text{NeuralNet}(\boldsymbol{x}; \boldsymbol{\phi}) \qquad \text{[식 7.8]}$$

$$q_\phi(\boldsymbol{z} \mid \boldsymbol{x}) = \mathcal{N}(\boldsymbol{z}; \boldsymbol{\mu}, \boldsymbol{\sigma}^2 \mathbf{I}) \qquad \text{[식 7.9]}$$

여기서 $\boldsymbol{\sigma}^2 \mathbf{I}$는 다음과 같은 대각 공분산 행렬을 뜻합니다.

$$\boldsymbol{\sigma}^2 \mathbf{I} = \begin{pmatrix} \sigma_1^2 & 0 & \cdots & 0 \\ 0 & \sigma_2^2 & \cdots & 0 \\ \vdots & \vdots & \ddots & \vdots \\ 0 & 0 & \cdots & \sigma_H^2 \end{pmatrix}$$

> **NOTE_** [식 7.9]에서 $q_\phi(\boldsymbol{z} \mid \boldsymbol{x})$는 $\boldsymbol{x}$가 주어졌을 때 $\boldsymbol{z}$의 확률 분포입니다. EM 알고리즘에서는 n번째 데이터 $\boldsymbol{x}^{(n)}$에 대한 확률 분포였기 때문에 $q^{(n)}(\boldsymbol{z})$로 표기했지만, VAE에서는 $\boldsymbol{x}$가 주어졌을 때의 확률 분포이므로 $q_\phi(\boldsymbol{z} \mid \boldsymbol{x})$로 표기합니다.

지금까지 EM 알고리즘을 VAE에 적용하기 위해 인코더 신경망을 새롭게 도입했습니다. 참고로 인코더에서 수행하는 처리 과정인 [식 7.8]과 [식 7.9]를 [그림 7-8]처럼 표현할 수 있습니다.

그림 7-8 VAE의 인코더에서 수행하는 처리

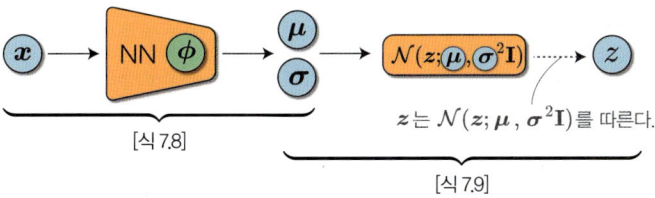

이것으로 VAE를 구성하는 요소가 모두 등장했습니다. 다음은 VAE의 매개변수 추정 차례입니다.

7.3 ELBO 최적화

지금까지의 이야기를 정리해보겠습니다. 7.1절에서는 디코딩을 수행하는 신경망이 등장했습니다. 수식으로는 다음처럼 표현할 수 있습니다.

$$p(z) = \mathcal{N}(z; \mathbf{0}, \mathbf{I}) \qquad \text{[식 7.1]}$$

$$\hat{x} = \text{NeuralNet}(z; \theta) \qquad \text{[식 7.2]}$$

$$p_\theta(x \mid z) = \mathcal{N}(x; \hat{x}, \mathbf{I}) \qquad \text{[식 7.3]}$$

다음으로 7.2절에서 소개한 인코딩 신경망은 다음 식으로 표현할 수 있습니다.

$$\mu, \sigma = \text{NeuralNet}(x; \phi) \qquad \text{[식 7.8]}$$

$$q_\phi(z \mid x) = \mathcal{N}(z; \mu, \sigma^2 \mathbf{I}) \qquad \text{[식 7.9]}$$

우리의 목표는 이 두 신경망을 사용한 모델에서 로그 가능도를 최대화하는 매개변수 θ, ϕ를 찾는 것입니다. 하지만 로그 가능도 자체를 직접 처리할 수는 없으므로, 대신 다음의 ELBO를 최대화합니다.

$$\text{ELBO}(x; \theta, \phi) = \int q_\phi(z \mid x) \log \frac{p_\theta(x, z)}{q_\phi(z \mid x)} dz$$

이 식은 하나의 데이터 x에 대한 ELBO입니다. $\{x^{(1)}, x^{(2)} \cdots x^{(N)}\}$처럼 데이터가 N개라면 다음처럼 ELBO들의 합이 최대화 대상이 됩니다.

$$\sum_{n=1}^{N} \text{ELBO}(x^{(n)}; \theta, \phi) = \sum_{n=1}^{N} \int q_\phi(z \mid x^{(n)}) \log \frac{p_\theta(x^{(n)}, z)}{q_\phi(z \mid x^{(n)})} dz$$

7.3.1 ELBO 평가

ELBO를 최대화하려면 ELBO를 평가할 수 있어야 합니다. 우선 하나의 데이터 x에 해당하는 $\text{ELBO}(x; \theta, \phi)$에 대해 생각해봅시다. $\text{ELBO}(x; \theta, \phi)$는 다음과 같이 전개할 수 있습니다.

$$\begin{aligned}
&\text{ELBO}(\boldsymbol{x};\boldsymbol{\theta},\boldsymbol{\phi})\\
&= \int q_\phi(\boldsymbol{z}\mid\boldsymbol{x})\log\frac{p_\theta(\boldsymbol{x},\boldsymbol{z})}{q_\phi(\boldsymbol{z}\mid\boldsymbol{x})}d\boldsymbol{z}\\
&= \int q_\phi(\boldsymbol{z}\mid\boldsymbol{x})\log\frac{p_\theta(\boldsymbol{x}\mid\boldsymbol{z})p(\boldsymbol{z})}{q_\phi(\boldsymbol{z}\mid\boldsymbol{x})}d\boldsymbol{z} \qquad ❶\\
&= \int q_\phi(\boldsymbol{z}\mid\boldsymbol{x})\log p_\theta(\boldsymbol{x}\mid\boldsymbol{z})d\boldsymbol{z} + \int q_\phi(\boldsymbol{z}\mid\boldsymbol{x})\log\frac{p(\boldsymbol{z})}{q_\phi(\boldsymbol{z}\mid\boldsymbol{x})}d\boldsymbol{z} \qquad ❷\\
&= \int q_\phi(\boldsymbol{z}\mid\boldsymbol{x})\log p_\theta(\boldsymbol{x}\mid\boldsymbol{z})d\boldsymbol{z} - \int q_\phi(\boldsymbol{z}\mid\boldsymbol{x})\log\frac{q_\phi(\boldsymbol{z}\mid\boldsymbol{x})}{p(\boldsymbol{z})}d\boldsymbol{z} \qquad ❸
\end{aligned}$$

식을 전개하면서 다음 공식을 적용했습니다.

❶ $p_\theta(\boldsymbol{x},\boldsymbol{z}) = p_\theta(\boldsymbol{x}\mid\boldsymbol{z})\,p(\boldsymbol{z})$

❷ $\log AB = \log A + \log B$

❸ $\log\frac{A}{B} = -\log\frac{B}{A}$

이처럼 식을 전개하니 ELBO가 두 항의 합으로 표현됩니다. 두 항을 잘 보면 첫 번째 항은 기댓값으로, 두 번째 항은 KL 발산으로 표현할 수 있습니다. 수식으로는 다음과 같습니다.

$$\text{ELBO}(\boldsymbol{x};\boldsymbol{\theta},\boldsymbol{\phi}) = \underbrace{\mathbb{E}_{q_\phi(\boldsymbol{z}\mid\boldsymbol{x})}[\log p_\theta(\boldsymbol{x}\mid\boldsymbol{z})]}_{J_1} - \underbrace{D_{\text{KL}}(q_\phi(\boldsymbol{z}\mid\boldsymbol{x})\parallel p(\boldsymbol{z}))}_{J_2} \qquad \text{[식 7.10]}$$

여기서는 첫 번째 항을 J_1로, 두 번째 항을 J_2로 정의했습니다. 먼저 J_1을 계산하는 방법을 알아보겠습니다.

J_1은 기댓값이므로 몬테카를로 방법으로 근삿값을 구할 수 있습니다. 구체적으로 $q_\phi(\boldsymbol{z}\mid\boldsymbol{x})$에서 몇 개의 무작위 수를 생성하고, 생성된 무작위 수를 이용하여 $\log p_\theta(\boldsymbol{x}\mid\boldsymbol{z})$의 평균을 구합니다. VAE에서는 샘플이 하나뿐이어도 잘 작동하는 경우가 많습니다. 그래서 샘플 크기를 1이라고 가정하면, $\boldsymbol{z}\sim q_\phi(\boldsymbol{z}\mid\boldsymbol{x})$에 따르는 $\boldsymbol{z}$를 한 개 샘플링하고 $\log p_\theta(\boldsymbol{x}\mid\boldsymbol{z})$를 계산하여 [식 7.10]의 J_1을 근사할 수 있습니다. 이로부터 J_1을 다음과 같이 계산할 수 있습니다.

$$\boldsymbol{\mu}, \boldsymbol{\sigma} = \text{NeuralNet}(\boldsymbol{x}; \boldsymbol{\phi}) \qquad \text{[식 7.8]}$$

$$\boldsymbol{z} \sim \mathcal{N}(\boldsymbol{z}; \boldsymbol{\mu}, \boldsymbol{\sigma}^2 \mathbf{I})$$

$$\hat{\boldsymbol{x}} = \text{NeuralNet}(\boldsymbol{z}; \boldsymbol{\theta}) \qquad \text{[식 7.2]}$$

$$J_1 \approx \log \mathcal{N}(\boldsymbol{x}; \hat{\boldsymbol{x}}, \mathbf{I})$$

~ 기호는 샘플링을 뜻하며 ≈는 근사적으로 같다는 뜻입니다. 참고로 [그림 7-9]는 이 계산식의 흐름을 시각화한 모습입니다.

그림 7-9 J_1의 계산 흐름

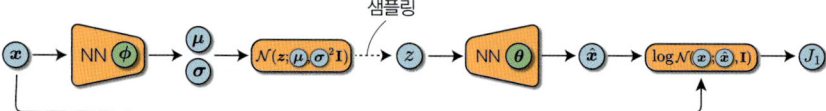

여기서 하는 계산은 이렇습니다. 먼저 인코더인 $\text{NeuralNet}(\boldsymbol{x}; \boldsymbol{\phi})$가 입력 데이터 $\boldsymbol{x}$로부터 $\boldsymbol{z}$를 샘플링합니다. 이어서 디코더인 $\text{NeuralNet}(\boldsymbol{z}; \boldsymbol{\theta})$에 따라 데이터 $\hat{\boldsymbol{x}}$이 다시 생성됩니다. 다시 생성된 데이터 $\hat{\boldsymbol{x}}$이 원래의 입력 데이터 $\boldsymbol{x}$에 가까울수록 J_1의 값이 커집니다. 그래서 J_1을 **재구성 오차**^{reconstruction error} 혹은 **재구성 오류**라고 합니다.

계속해서 $J_1 \approx \log \mathcal{N}(\boldsymbol{x}; \hat{\boldsymbol{x}}, \mathbf{I})$ 계산을 더 진행해봅시다.

$$\begin{aligned}
J_1 &\approx \log \mathcal{N}(\boldsymbol{x}; \hat{\boldsymbol{x}}, \mathbf{I}) \\
&= \log \left(\frac{1}{\sqrt{(2\pi)^D |\mathbf{I}|}} \exp\left(-\frac{1}{2}(\boldsymbol{x}-\hat{\boldsymbol{x}})^\top \mathbf{I}^{-1} (\boldsymbol{x}-\hat{\boldsymbol{x}}) \right) \right) \\
&= -\frac{1}{2}(\boldsymbol{x}-\hat{\boldsymbol{x}})^\top (\boldsymbol{x}-\hat{\boldsymbol{x}}) + \underbrace{\log \frac{1}{\sqrt{(2\pi)^D}}}_{\text{상수}} \\
&= -\frac{1}{2} \sum_{d=1}^{D} (x_d - \hat{x}_d)^2 + \text{const}
\end{aligned}$$

이번 식 전개에서는 다음 성질을 이용했습니다.

- $|\mathbf{I}| = 1$ (단위행렬의 행렬식은 1)
- $\mathbf{I}^{-1} = \mathbf{I}$ (단위행렬의 역행렬은 단위행렬)

이 식에는 매개변수를 포함하지 않는 상수항이 등장합니다. 상수항은 매개변수를 최적화할 때는 무시할 수 있으므로 const로 표기했습니다. 또한 식 $(\boldsymbol{x} - \hat{\boldsymbol{x}})^\top (\boldsymbol{x} - \hat{\boldsymbol{x}})$은 벡터의 내적을 나타냅니다. 벡터의 내적 계산은 제곱 오차로 표현할 수 있습니다($\boldsymbol{x}$의 차원 수를 D로 가정).

이어서 [식 7.10]의 두 번째 항인 KL 발산 항을 살펴봅시다. 우리는 ELBO를 최대화하고 싶기 때문에 마이너스가 붙은 두 번째 항의 KL 발산이 0에 가까워지도록 해야 합니다. $D_{\mathrm{KL}}(q_\phi(\boldsymbol{z} \mid \boldsymbol{x}) \parallel p(\boldsymbol{z}))$는 $q_\phi(\boldsymbol{z} \mid \boldsymbol{x})$가 $p(\boldsymbol{z})$에 가까울수록 0에 가까워집니다. 따라서 두 번째 항은 $q_\phi(\boldsymbol{z} \mid \boldsymbol{x})$를 $p(\boldsymbol{z})$에 가깝게 만드는 역할을 합니다. 이 항으로 두 확률 분포가 얼마나 일관되는지(비슷한지)를 판단하기 때문에 **일관성 항**이라고도 합니다.

> NOTE_ 일관성 항은 정규화하는 역할을 합니다. **정규화**regularization란 모델의 복잡도를 조정하여 과대적합을 방지하는 기법입니다. 특히 모델 매개변수에 페널티를 부과하는 식으로 과대적합을 방지합니다.

$D_{\mathrm{KL}}(q_\phi(\boldsymbol{z} \mid \boldsymbol{x}) \parallel p(\boldsymbol{z}))$는 다음 두 정규 분포에 대한 KL 발산입니다.

$$q_\phi(\boldsymbol{z} \mid \boldsymbol{x}) = \mathcal{N}(\boldsymbol{z}; \boldsymbol{\mu}, \boldsymbol{\sigma}^2 \mathbf{I})$$
$$p(\boldsymbol{z}) = \mathcal{N}(\boldsymbol{z}; \boldsymbol{0}, \mathbf{I})$$

두 정규 분포 사이의 KL 발산

두 정규 분포 사이의 KL 발산은 해석적으로 구할 수 있습니다. 예컨대 $q(\boldsymbol{z}) = \mathcal{N}(\boldsymbol{z}; \boldsymbol{\mu}_1, \boldsymbol{\sigma}_1^2 \mathbf{I})$이고 $p(\boldsymbol{z}) = \mathcal{N}(\boldsymbol{z}; \boldsymbol{\mu}_2, \boldsymbol{\sigma}_2^2 \mathbf{I})$라고 한다면, KL 발산은 다음 식으로 표현합니다(H는 $\boldsymbol{z}$의 차원 수).

$$D_{\mathrm{KL}}(q \parallel p) = -\frac{1}{2} \sum_{h=1}^{H} \left(1 + \log \frac{\sigma_{1,h}^2}{\sigma_{2,h}^2} - \frac{(\mu_{1,h} - \mu_{2,h})^2}{\sigma_{2,h}^2} - \frac{\sigma_{1,h}^2}{\sigma_{2,h}^2} \right)$$

따라서 이번 KL 발산은 다음과 같이 계산할 수 있습니다.

$$J_2 = D_{\mathrm{KL}}(q_{\boldsymbol{\phi}}(z \mid x) \parallel p(z))$$
$$= -\frac{1}{2}\sum_{h=1}^{H}\left(1 + \log \sigma_h^2 - \mu_h^2 - \sigma_h^2\right)$$

이상에서 ELBO는 다음처럼 계산할 수 있습니다.

$$\mathrm{ELBO}(\boldsymbol{x}; \boldsymbol{\theta}, \boldsymbol{\phi}) \approx -\frac{1}{2}\sum_{d=1}^{D}(x_d - \hat{x}_d)^2 + \frac{1}{2}\sum_{h=1}^{H}\left(1 + \log \sigma_h^2 - \mu_h^2 - \sigma_h^2\right) + \mathrm{const}$$

참고로 ELBO를 계산하는 흐름은 [그림 7-10]과 같습니다. 이 그림처럼 인코더와 디코더를 사용하는 모습이 예로부터 사용되어 온 오토인코더를 연상시키기 때문에 VAE를 변이형 오토인코더라고 부릅니다.

그림 7-10 ELBO를 계산하는 흐름

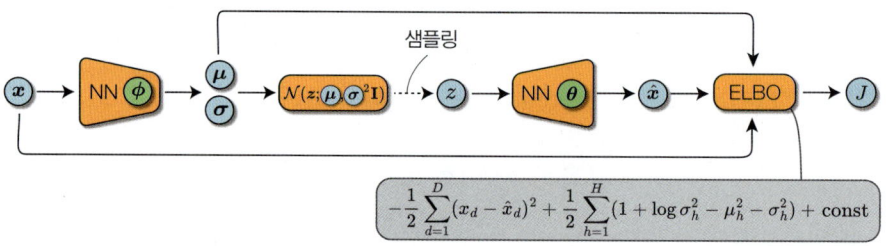

> **NOTE_ 오토인코더**autoencoder는 신경망을 이용하여 입력 데이터를 중간 표현으로 변환하고, 다시 원래의 입력 데이터로 재구성하는 모델입니다. 오토인코더에서는 모든 것이 결정적 계산으로 이루어집니다(확률적 계산은 포함하지 않습니다).

드디어 ELBO를 계산할 수 있게 되었습니다. 이후 이 ELBO를 최대화하기 위해 VAE의 매개변수를 갱신합니다. VAE의 매개변수는 $\boldsymbol{\theta}$와 $\boldsymbol{\phi}$, 두 가지입니다. 다행히 이 둘은 신경망의 매개변수이기 때문에 경사법으로 갱신할 수 있습니다. 즉, ELBO의 $\boldsymbol{\theta}$와 $\boldsymbol{\phi}$에 대한 기울기를 구할 수 있다면 매개변수를 동시에 갱신할 수 있습니다(기존 EM 알고리즘에서는 매개변수 중 하나를 고정해둔 후 다른 매개변수를 갱신해야 했습니다).

이제 기울기 계산만 남았습니다. [그림 7-10]의 계산 그래프(=계산의 흐름을 표현한 그림)에서 역전파를 수행하면 기울기를 구할 수 있습니다. 다만 이 계산 그래프에는 문제가 하나 있습니다. 바로 샘플링 부분입니다. 샘플링은 미분 불가능한 계산이므로 역전파를 할 수 없습니다. 이 문제를 해결하는 비법이 바로 재매개변수화 트릭입니다.

7.3.2 재매개변수화 트릭

재매개변수화 트릭^{reparameterization trick}은 $z \sim \mathcal{N}(z; \mu, \sigma^2 \mathbf{I})$의 샘플링을 다음과 같이 계산합니다.

$$\varepsilon \sim \mathcal{N}(\varepsilon; \mathbf{0}, \mathbf{I})$$
$$z = \mu + \sigma \odot \varepsilon$$

ε은 평균 벡터가 0이고 공분산 행렬이 $\mathbf{I}$(=단위행렬)인 표준 정규 분포에서 샘플링합니다. 그리고 $\mu + \sigma \odot \varepsilon$으로 변환합니다. 여기서 $\odot$은 아다마르 곱을 뜻합니다. **아다마르 곱**^{Hadamard product}은 벡터의 원소별 곱입니다(같은 크기 두 행렬의 각 성분을 곱하는 연산). 실제로 벡터의 원소까지 쓰면 다음과 같은 식이 됩니다.

$$\begin{aligned} z &= \mu + \sigma \odot \varepsilon \\ &= \begin{pmatrix} \mu_1 \\ \mu_2 \\ \vdots \\ \mu_H \end{pmatrix} + \begin{pmatrix} \sigma_1 \\ \sigma_2 \\ \vdots \\ \sigma_H \end{pmatrix} \odot \begin{pmatrix} \varepsilon_1 \\ \varepsilon_2 \\ \vdots \\ \varepsilon_H \end{pmatrix} \\ &= \begin{pmatrix} \mu_1 + \sigma_1 \varepsilon_1 \\ \mu_2 + \sigma_2 \varepsilon_2 \\ \vdots \\ \mu_H + \sigma_H \varepsilon_H \end{pmatrix} \end{aligned}$$

이 계산으로 얻은 z는 $\mathcal{N}(z; \mu, \sigma^2 \mathbf{I})$에서 샘플링된 값과 동일한 분포를 따릅니다. 그리고 재매개변수화 트릭을 통해 계산 그래프가 [그림 7-11]처럼 개선됩니다.

그림 7-11 재매개변수화 트릭에 의해 달라지는 계산 그래프(역전파의 빨간 화살표는 기울기 전파를 나타냄)

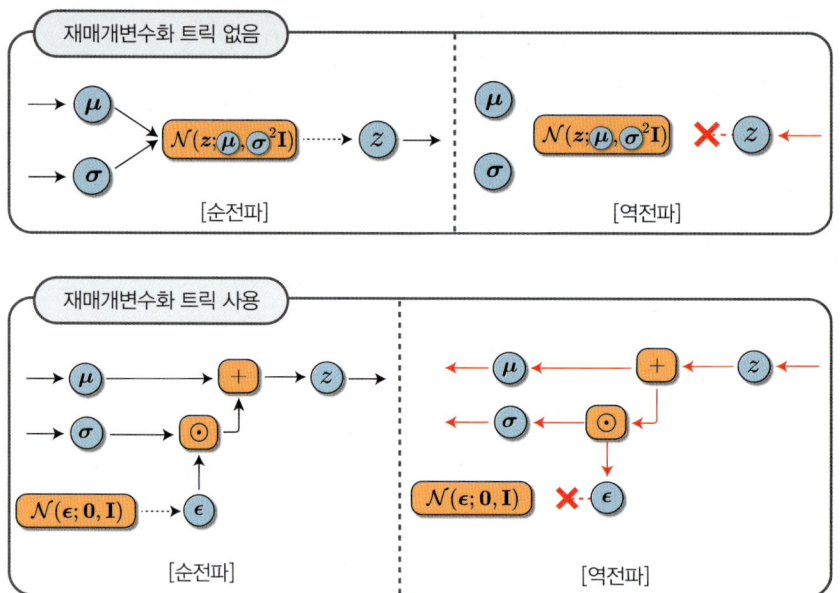

재매개변수화 트릭을 사용하면 기울기의 전파가 끊김 없이 진행됩니다. 그 덕분에 역전파로 기울기를 구할 수 있습니다. 이상으로 VAE 학습을 마칩니다.

7.4 VAE 구현

이번 절에서는 VAE를 구현합니다. VAE는 복잡한 고차원 데이터 분포를 학습할 수 있습니다. 그래서 이번에는 토이 데이터셋에서 벗어나 손글씨 숫자 이미지 데이터셋인 MNIST를 사용하겠습니다. 먼저 VAE를 어떻게 구현할지 고민해봅시다.

7.4.1 구현 전략

앞 절에서 VAE의 ELBO를 다음 식으로 표현했습니다.

$$\text{ELBO}(\boldsymbol{x}; \boldsymbol{\theta}, \boldsymbol{\phi}) \approx -\frac{1}{2}\sum_{d=1}^{D}(x_d - \hat{x}_d)^2 + \frac{1}{2}\sum_{h=1}^{H}(1 + \log \sigma_h^2 - \mu_h^2 - \sigma_h^2) + \text{const}$$

VAE의 목표는 ELBO 최대화입니다. 한편 신경망 학습에서는 보통 최소화하는 함수를 손실 함수로 설정합니다. 따라서 ELBO 식에 마이너스를 곱하여 만든 다음 함수를 손실 함수로 이용합니다.

$$\text{Loss}(\boldsymbol{x}; \boldsymbol{\theta}, \boldsymbol{\phi}) \approx \sum_{d=1}^{D}(x_d - \hat{x}_d)^2 - \sum_{h=1}^{H}(1 + \log \sigma_h^2 - \mu_h^2 - \sigma_h^2)$$

이 식에서는 ELBO에 '마이너스 2배'로 계산했습니다. 이렇게 상수를 곱해도 옵티마이저의 학습률을 조정하면 결국 똑같은 문제가 되므로 상관없습니다. 또한 매개변수를 최적화하기 때문에 상수항 const는 생략해도 됩니다. 이 손실 함수를 계산 그래프로는 [그림 7-12]처럼 표현할 수 있습니다.

그림 7-12 VAE 학습 시의 계산 그래프(손실 함수의 출력을 L로 가정)

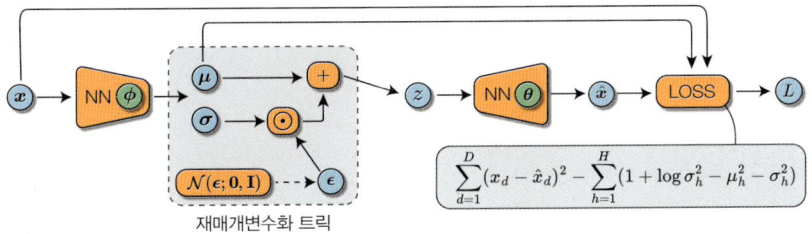

이 계산 그래프를 이제부터 파이토치로 구현합니다. 사용하는 데이터셋은 MNIST입니다. MNIST는 1채널(그레이스케일) 28×28 크기의 이미지 데이터입니다. 하지만 여기서는 이미지 데이터를 한 줄로 정렬하여 크기가 784(=1×28×28)인 1차원 배열로 취급합니다.

7.4.2 VAE 코드

먼저 임포트 문과 하이퍼파라미터 설정 그리고 두 개의 신경망(Encoder 클래스와 Decoder 클래스) 코드를 보겠습니다.

```python
import matplotlib.pyplot as plt
import torch
import torch.nn as nn
import torch.nn.functional as F
import torch.optim as optim
import torchvision
from torchvision import datasets, transforms

# 하이퍼파라미터 설정
input_dim = 784   # 이미지 데이터 x의 크기(MNIST 이미지는 28 × 28 = 784)
hidden_dim = 200  # 신경망 중간층의 차원 수
latent_dim = 20   # 잠재 변수 벡터 z의 차원 수
epochs = 30
learning_rate = 3e-4
batch_size = 32

class Encoder(nn.Module):
    def __init__(self, input_dim, hidden_dim, latent_dim):
        super().__init__()
        self.linear = nn.Linear(input_dim, hidden_dim)
        self.linear_mu = nn.Linear(hidden_dim, latent_dim)
        self.linear_logvar = nn.Linear(hidden_dim, latent_dim)

    def forward(self, x):
        h = self.linear(x)
        h = F.relu(h)
        mu = self.linear_mu(h)
        logvar = self.linear_logvar(h)
        sigma = torch.exp(0.5 * logvar)
        return mu, sigma

class Decoder(nn.Module):
    def __init__(self, latent_dim, hidden_dim, output_dim):
        super().__init__()
        self.linear1 = nn.Linear(latent_dim, hidden_dim)
        self.linear2 = nn.Linear(hidden_dim, output_dim)

    def forward(self, z):
        h = self.linear1(z)
        h = F.relu(h)
        h = self.linear2(h)
        x_hat = F.sigmoid(h)
        return x_hat
```

Encoder 클래스를 2층 신경망으로 구현했습니다. 순전파를 처리하는 forward() 메서드의 코드는 [그림 7-13]의 계산 그래프와 같습니다.

그림 7-13 인코더의 순전파 계산 그래프와 코드

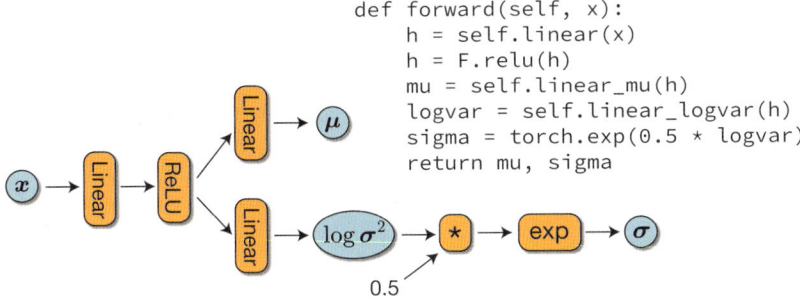

```
def forward(self, x):
    h = self.linear(x)
    h = F.relu(h)
    mu = self.linear_mu(h)
    logvar = self.linear_logvar(h)
    sigma = torch.exp(0.5 * logvar)
    return mu, sigma
```

신경망에서 사용하는 선형 변환(nn.Linear)은 표준 편차 σ를 직접 출력할 수도 있습니다. σ의 각 원소는 양수여야 합니다. 그래서 신경망은 분산의 로그 $\log \sigma^2$을 출력하도록 합니다. $\log \sigma^2$의 범위는 $-\infty$에서 ∞이기 때문에 선형 변환의 출력에는 아무런 제약이 없습니다. 선형 변환에서 $\log \sigma^2$을 출력한 후 다음 계산식에 따라 σ를 구합니다.

$$\exp\left(\frac{1}{2} \log \sigma^2\right) = \sigma$$

Decoder 클래스도 2층 신경망입니다(그림 7-14). 순전파의 마지막 계층에서는 시그모이드 함수를 사용하므로 0.0에서 1.0 사이의 실수를 출력합니다. MNIST 이미지는 0.0에서 1.0 사이로 정규화된 데이터로 학습하기 때문에 이 스케일에 맞추기 위해 시그모이드 함수를 사용합니다.

그림 7-14 디코더의 순전파 계산 그래프와 코드

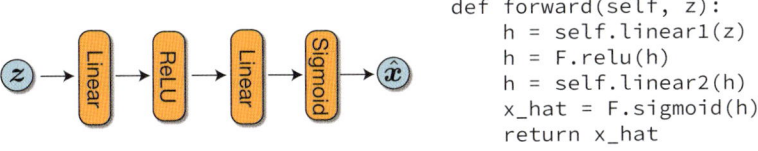

```
def forward(self, z):
    h = self.linear1(z)
    h = F.relu(h)
    h = self.linear2(h)
    x_hat = F.sigmoid(h)
    return x_hat
```

다음은 VAE 클래스입니다. VAE 클래스는 Encoder와 Decoder 클래스를 조합하여 손실 함수를 정의합니다.

```
                                                                    step07/vae.py
def reparameterize(mu, sigma):
    eps = torch.randn_like(sigma)
    z = mu + eps * sigma
    return z

class VAE(nn.Module):
    def __init__(self, input_dim, hidden_dim, latent_dim):
        super().__init__()
        self.encoder = Encoder(input_dim, hidden_dim, latent_dim)
        self.decoder = Decoder(latent_dim, hidden_dim, input_dim)

    def get_loss(self, x):
        mu, sigma = self.encoder(x)
        z = reparameterize(mu, sigma)
        x_hat = self.decoder(z)

        batch_size = len(x)
        L1 = F.mse_loss(x_hat, x, reduction='sum')  # ❶
        L2 = - torch.sum(1 + torch.log(sigma ** 2) - mu ** 2 - sigma ** 2)  # ❷
        return (L1 + L2) / batch_size  # ❸
```

재매개변수화 트릭을 reparameterize(mu, sigma) 함수로 구현했습니다. 논리 구조는 [그림 7-15]의 계산 그래프와 같습니다.

그림 7-15 재매개변수화 트릭의 계산 그래프와 코드

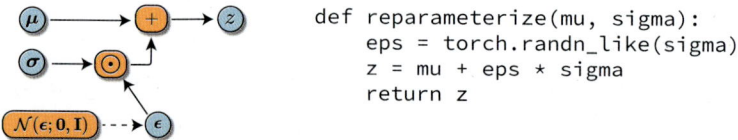

torch.randn_like(sigma)는 sigma와 형상이 같은 텐서를 생성합니다. 이 텐서의 각 원소는 표준 정규 분포(평균 0, 표준 편차 1)에서 무작위로 샘플링됩니다.

이어서 손실 함수를 구현한 get_loss() 코드를 보겠습니다. 다시 말씀드리지만 손실 함수는 다음 식으로 표현됩니다.

$$\text{Loss}(\boldsymbol{x}; \boldsymbol{\theta}, \boldsymbol{\phi}) \approx \underbrace{\sum_{d=1}^{D}(x_d - \hat{x}_d)^2}_{L_1} - \underbrace{\sum_{h=1}^{H}(1 + \log \sigma_h^2 - \mu_h^2 - \sigma_h^2)}_{L_2}$$

이 식은 데이터 하나에 대한 손실 함수입니다. 여러 데이터를 미니배치로 처리한다면 이 식의 평균을 구해야 합니다. 코드에서는 ❶ F.mse_loss()의 인수로 reduction='sum'을 지정하여 L_1 항의 제곱 오차의 총합sum을 구했습니다. ❷ L_2 항에 대해서도 계산식에 따라 총합을 구합니다. ❸ 이렇게 손실 함수의 총합을 구하고 마지막으로 batch_size로 나누면 손실 함수의 평균을 구할 수 있습니다.

7.4.3 학습 코드

이후 데이터셋을 불러와 신경망을 학습하는 과정을 거칩니다. 코드는 다음과 같습니다.

```python
# ❶ 데이터셋
transform = transforms.Compose([
    transforms.ToTensor(),              # 텐서로 변환 후
    transforms.Lambda(torch.flatten)    # 이미지 평탄화
])
dataset = datasets.MNIST(
    root='./data',
    train=True,
    download=True,
    transform=transform
)
dataloader = torch.utils.data.DataLoader(
    dataset,
    batch_size=batch_size,
    shuffle=True
)

# ❷ 모델과 옵티마이저
model = VAE(input_dim, hidden_dim, latent_dim)
optimizer = optim.Adam(model.parameters(), lr=learning_rate)
losses = []
```

```python
# ❸ 학습 루프
for epoch in range(epochs):
    loss_sum = 0.0
    cnt = 0

    for x, label in dataloader:      # 데이터 로드
        optimizer.zero_grad()         # 옵티마이저의 기울기 초기화
        loss = model.get_loss(x)      # VAE의 손실 함수 계산
        loss.backward()               # 역전파(기울기 계산)
        optimizer.step()              # 매개변수 갱신

        loss_sum += loss.item()
        cnt += 1

    loss_avg = loss_sum / cnt
    losses.append(loss_avg)
    print(loss_avg)
```

❶ 먼저 이미지 전처리 과정을 transform으로 정의합니다. 이미지를 텐서로 변환하고 다시 1차원 배열로 평탄화합니다. transforms.ToTensor()가 MNIST 데이터를 텐서로 변환하는데, 이때 각 원소는 0.0에서 1.0 사이로 정규화됩니다.

❷ 이어서 VAE 클래스의 인스턴스를 만들고 Adam 옵티마이저를 설정합니다.

❸에서는 지정한 에포크 수만큼 학습을 반복합니다. 에포크마다 데이터 로더에서 데이터를 일괄로 가져옵니다. 그리고 옵티마이저의 기울기를 초기화하고 VAE의 손실 함수를 계산하여 역전파로 기울기를 구합니다. 마지막으로 옵티마이저를 통해 모델의 매개변수를 갱신합니다.

이 코드를 실행하면 VAE가 학습되면서 에포크별 손실이 출력됩니다. 추이는 [그림 7-16]과 같습니다. 에포크가 진행될수록 손실이 작아짐을 알 수 있습니다.

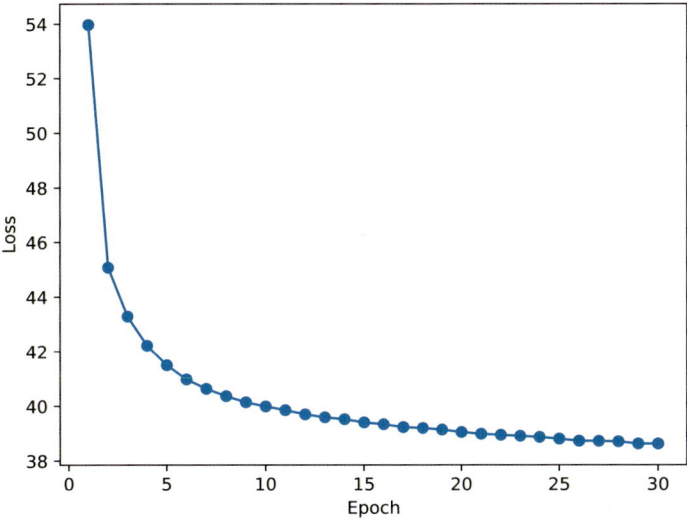

그림 7-16 에포크별 손실 추이

7.4.4 새로운 이미지 생성

VAE 학습이 완료되면 새로운 이미지를 생성할 수 있습니다. 이미지 생성은 다음 코드로 수행할 수 있습니다.

```python
with torch.no_grad():  # ①
    sample_size = 64
    z = torch.randn(sample_size, latent_dim)  # ②
    x = model.decoder(z)  # ③
    generated_images = x.view(sample_size, 1, 28, 28)  # ④

grid_img = torchvision.utils.make_grid(  # ⑤
    generated_images,
    nrow=8,
    padding=2,
    normalize=True
)

plt.imshow(grid_img.permute(1, 2, 0))  # ⑥
plt.axis('off')
plt.show()
```
step07/vae.py

이 코드는 VAE의 디코더로 새로운 이미지를 생성하여 화면에 그리드 형태로 출력합니다. ❶ 에서는 torch.no_grad() 코드로 기울기 계산을 비활성화합니다. with 문 안에서 수행되는 계산은 기울기를 계산하지 않게 되어 메모리를 아낄 수 있습니다. ❷ 잠재 공간의 차원 수 (latent_dim)에 따라 64개의 무작위 잠재 변수 z를 생성합니다. ❸ 모델의 디코더(model. decoder)를 사용하여 잠재 변수 z로부터 이미지 데이터 x를 생성합니다.

❹ 생성된 이미지 데이터(x)를 적절한 형상(64, 1, 28, 28)으로 변환합니다. 이 변환을 거쳐 64장의 1채널(그레이스케일) 28×28 픽셀 이미지를 얻을 수 있습니다. ❺ 마지막으로 생성된 이미지를 그리드 형태로 정렬하여 ❻ 화면에 출력합니다. 코드를 실행하면 다음 이미지를 얻을 수 있습니다.

그림 7-17 VAE로 생성한 이미지

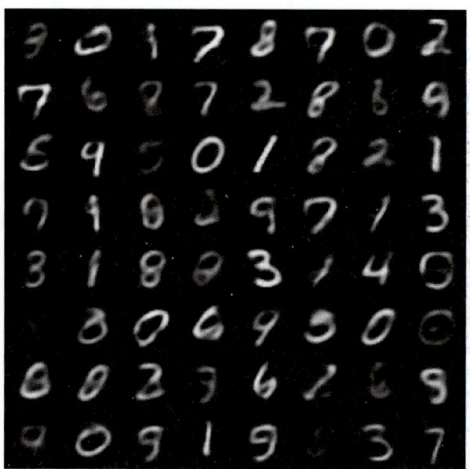

생성된 이미지를 보면, 비록 약간 흐릿하지만 손으로 쓴 숫자의 특징이 묻어 있음을 느낄 수 있습니다.

CHAPTER 8

확산 모델 이론

지금까지 VAE에 대해 알아보았습니다. 물론 여기서 만족할 수는 없습니다. 우리는 VAE를 발전시켜 더 멀리 나아갈 것입니다. 먼저 VAE의 잠재 변수를 계층화한 계층형 VAE를 이끌어낸 다음, 한 번 더 발전시킨 확산 모델까지 나아가 보겠습니다. 흥미롭고 인상적인 여정이 될 것입니다. 다만 수식이 꽤 복잡합니다. 그러니 먼저 전체 흐름을 파악한 다음, 수식에 대한 자세한 이해는 시간을 두고 천천히 도전하기를 권합니다.

8.1 VAE에서 확산 모델로

이번 장에서 도출하는 확산 모델은 정확하게는 'Denoising Diffusion Probabilistic Models(노이즈 제거 확산 확률 모델)', 줄여서 DDPM[11]입니다. 최근 DDPM이나 이와 비슷한 모델들이 많이 제안되고 있으며 이들을 통칭하여 **확산 모델**diffusion model이라고 합니다. 이 책에서는 DDPM을 가리켜 단순히 확산 모델이라고 부르겠습니다. 참고로 DDPM의 각 단어 뜻은 다음과 같습니다.

- Denoising: 노이즈 제거
- Diffusion: 확산. 물질이 균일하게 퍼지는 현상
- Probabilistic: 확률적. 확률을 이용한 기법

정확한 의미는 이번 절을 읽다 보면 자연스럽게 이해될 것입니다.

8장 확산 모델 이론 **209**

8.1.1 VAE 복습

다시 한번 VAE를 복습해봅시다. VAE는 잠재 변수가 있는 모델입니다. 고정된 정규 분포에서 잠재 변수를 샘플링한 다음 잠재 변수로부터 관측 변수로 변환하는 신경망(디코더)으로 데이터를 생성합니다. 그리고 또 다른 신경망(인코더)을 사용하여 관측 변수를 잠재 변수로 변환하는 작업을 수행합니다.

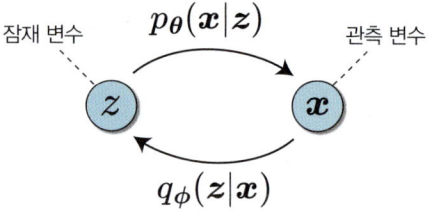

그림 8-1 VAE의 모형도

[그림 8-1]과 같이 잠재 변수 z로부터 관측 변수 x를 얻는 확률 분포를 $p_\theta(x \mid z)$로 설정합니다. VAE에서는 이 $p_\theta(x \mid z)$를 신경망으로 모델링합니다. 그리고 관측 변수 x로부터 잠재 변수 z를 얻는 확률 분포를 $q_\phi(z \mid x)$로 설정합니다. $q_\phi(z \mid x)$는 다른 신경망을 이용하여 모델링합니다.

8.1.2 잠재 변수 계층화

지금까지 살펴본 VAE는 잠재 변수가 하나뿐이었습니다. 이 잠재 변수를 계층화한 모델이 **계층형 VAE**[12],[13]입니다. [그림 8-2]에서 보듯 잠재 변수가 여러 개로 늘어납니다(그림에서는 T개).

그림 8-2 계층형 VAE의 모형도

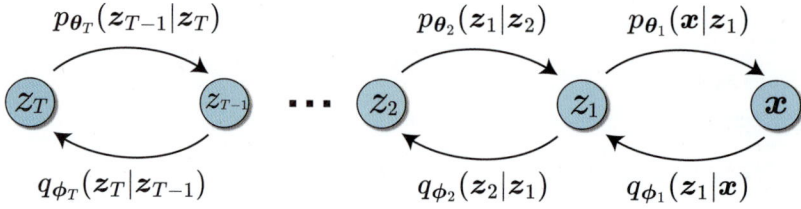

그림의 계층형 VAE는 직전 확률 변수만으로 결정되는 모델입니다. 예를 들어 확률 분포 $p_{\theta_2}(z_1 \mid z_2)$에서 z_1은 오직 z_2에만 영향을 받으므로 다른 변수는 필요하지 않습니다. 이러한 성질을 **마르코프 성질**이라고 합니다. 마르코프 성질을 가정함으로써 매개변수가 늘어나는 일을 막을 수 있습니다. 그리고 잠재 변수를 계층화함으로써 복잡한 대상을 더 효율적으로 표현하리라고 기대할 수 있습니다.

> **NOTE_** 계층화해서 얻는 장점은 우리 주변에서도 쉽게 찾아볼 수 있습니다. 예를 들어 거대한 소프트웨어를 개발할 때는 흔히 팀을 계층적으로 조직합니다. 개발자 각각이 신경 써야 할 범위가 줄어들어 전체 개발 프로세스 측면에서 더 효율적이기 때문입니다.

[그림 8-2]에는 총 $2T$개의 확률 분포가 등장합니다. 물론 모두를 신경망으로 모델링할 수 있습니다. 단순히 디코더용으로 T개, 인코더용으로 T개, 이렇게 총 $2T$개의 신경망을 준비하면 됩니다. 하지만 T가 커지면 이 방식은 더 이상 실용적이지 않습니다. 참고로 뒤에서 살펴볼 확산 모델에서는 T가 기본적으로 1000은 됩니다. 그래서 확산 모델에서는 T가 몇이든 단 하나의 신경망으로 구현하도록 개량했습니다.

계층형 VAE에 대한 지식은 이 정도면 충분하니 곧바로 확산 모델로 넘어가겠습니다. 계층형 VAE에 대해 더 알고 싶다면 부록 C를 참고하기 바랍니다.

8.1.3 확산 모델로

이제 계층형 VAE를 확산 모델로 진화시켜 봅시다. 놀랍게도 다음 두 가지만 바꾸면 끝입니다.

- 관측 변수와 잠재 변수의 차원 수를 일치시킨다.
- 고정된 정규 분포를 따르는 노이즈를 인코더에 추가한다.

[그림 8-3]은 이 두 가지를 변경한 모델입니다.

그림 8-3 확산 모델 모형도

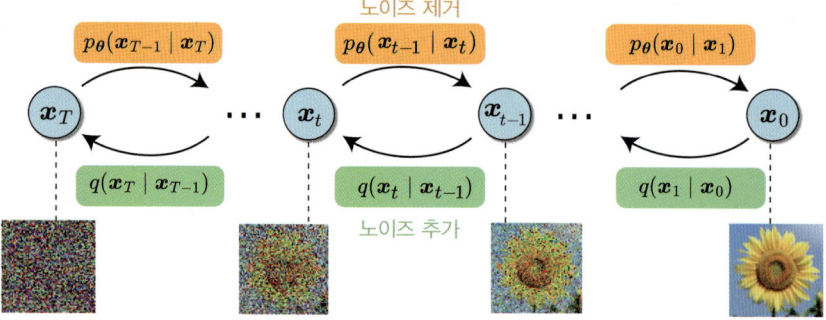

그림에서 맨 오른쪽의 x_0은 관측 변수이고 나머지 $x_1, x_2 \cdots x_T$는 모두 잠재 변수입니다. 계층형 VAE에서는 z_1과 같이 잠재 변수에 z 기호를 썼지만, 확산 모델에서는 관측 변수와 잠재 변수의 차원 수가 같기 때문에 모두 x로 통일합니다. 다음으로 이 그림에서 q를 어떻게 표기하는지 잘 살펴보세요. 계층형 VAE에서는 q_ϕ와 같이 매개변수 ϕ가 붙었지만 확산 모델의 q는 매개변수 ϕ가 필요하지 않습니다. 고정된 가우스 노이즈만 추가하기 때문입니다. **가우스 노이즈** Gaussian noise란 정규 분포에서 생성된 무작위 수를 말합니다.

> **NOTE_** 노이즈를 추가하는 과정은 커피에 우유를 붓는 행위와 비슷합니다. 시간이 흐르면서 우유가 커피 전체로 확산됩니다. 따라서 t번째 노이즈 데이터 x_t는 시각 t의 노이즈 데이터라고 생각할 수 있습니다.

확산 모델은 노이즈 제거 과정을 신경망으로 모델링합니다. 지금까지 확산 모델의 개념을 간략하게 알아보았습니다. 다음 절부터는 핵심 과정들을 자세히 설명하겠습니다.

8.2 확산 과정과 역확산 과정

확산 모델에는 두 가지 과정이 등장합니다. 하나는 노이즈를 추가하는 과정입니다. 이 과정을 물리학에서 '입자가 무작위로 운동하며 균일하게 퍼지는 현상'에 빗대어 확산 과정이라고 합니다. 다른 하나는 반대 방향의 과정, 즉 노이즈를 제거하는 과정입니다. 이를 역확산 과정이라고 합니다. 이번 절에서는 이 두 과정을 자세히 알아보겠습니다.

8.2.1 확산 과정

확산 과정diffusion process에서는 앞선 시각의 데이터에 노이즈를 추가합니다(그림 8-4). 과정의 마지막 시각에 이르렀을 때 x_T는 완전한 노이즈가 되어야 합니다. **완전한 노이즈**란 '원본 데이터의 특성이 전혀 녹아 있지 않다'라는 뜻입니다. 예를 들어 $\mathcal{N}(x_T; 0, I)$는 완전한 노이즈입니다.

그림 8-4 확산 모델의 확산 과정

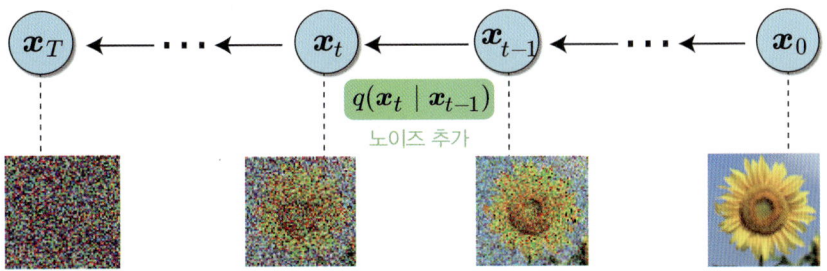

x_T에서 $\mathcal{N}(x_T; 0, I)$가 되도록 각 시각에 추가하는 노이즈의 크기를 조정해봅시다. 한 가지 방법은 특정 시각 t에서 노이즈를 다음 공식에 따라 적용하는 것입니다.

$$q(x_t \mid x_{t-1}) = \mathcal{N}(x_t; \sqrt{1-\beta_t}x_{t-1}, \beta_t I) \quad \text{[식 8.1]}$$

여기서 t는 $1 \leq t \leq T$ 범위의 정수로 가정합니다. 그리고 β_t는 사용자가 미리 설정한 값입니다(예: $\beta_t = 0.01$). β_t가 클수록 노이즈가 커집니다. $\beta_t = 0.01$과 같은 값을 필요한 시각 수만큼 $\{\beta_1, \beta_2 \cdots \beta_T\}$로 총 T개 설정합니다. T를 어느 정도 크게 잡고(예: 1000) $\{\beta_1, \beta_2 \cdots \beta_T\}$를 일정 범위로 조정하면 $p(x_T) \approx \mathcal{N}(x_T; 0, I)$가 됩니다. [식 8.1]에 따라 노이즈를 추가하면 $p(x_T) \approx \mathcal{N}(x_T; 0, I)$가 되는 이유는 8.4절에서 설명합니다.

> **NOTE_** $\{\beta_1, \beta_2 \cdots \beta_T\}$의 값을 결정하는 방법을 **노이즈 스케줄링**noise scheduling이라고 합니다. 노이즈 스케줄링은 생성 이미지의 품질에 미치는 영향이 크므로 다양한 설정 방법이 고안되었습니다. 대표적인 예로는 선형, 지수, 코사인파 등에 따라 값을 설정하는 방법이 있습니다.

[식 8.1]은 평균 벡터가 $\sqrt{1-\beta_t}x_{t-1}$이고 공분산 행렬이 $\beta_t I$인 정규 분포입니다. 이 정규 분포로부터의 샘플링은 재매개변수화 트릭을 사용하면 다음 식으로 표현할 수 있습니다.

$$\varepsilon \sim \mathcal{N}(\varepsilon; \mathbf{0}, \mathbf{I})$$
$$\boldsymbol{x}_t = \sqrt{1 - \beta_t}\boldsymbol{x}_{t-1} + \sqrt{\beta_t}\varepsilon$$

이 식에서 알 수 있듯이 표준 정규 분포로부터 ε을 샘플링하고, ε에 $\sqrt{\beta_t}$를 곱한 값을 노이즈로 추가합니다. 예컨대 $\beta_t = 0.01$이라면 $\boldsymbol{x}_t = 0.995\boldsymbol{x}_{t-1} + 0.1\varepsilon$이 됩니다. 이전 데이터인 $\boldsymbol{x}_{t-1}$의 비중을 살짝 줄이고(스케일다운) 작은 노이즈를 추가한다는 뜻입니다.

> **NOTE_** 노이즈만 추가하는 것이라면 이전 데이터를 스케일다운하지 않고 $\boldsymbol{x}_t = \boldsymbol{x}_{t-1} + \sqrt{\beta_t}\varepsilon$처럼 처리해도 괜찮을 것 같습니다. 하지만 이 방법으로는 노이즈 추가 후 분산이 커집니다. 확산 모델은 노이즈를 반복해서 추가하기 때문에 스케일다운을 하지 않으면 분산도 계속 커집니다. 이 문제를 해결하기 위해 이전 데이터 $\boldsymbol{x}_{t-1}$에 $\sqrt{1 - \beta_t}$를 곱하여 스케일다운함으로써 $\boldsymbol{x}_t$와 $\boldsymbol{x}_{t-1}$의 분산을 같은 스케일로 유지하는 것입니다.

8.2.2 역확산 과정

역확산 과정reverse diffusion process (또는 디노이즈 과정)은 노이즈를 제거하는 과정입니다(그림 8-5). 이 역시 신경망으로 처리합니다.

그림 8-5 확산 모델의 역확산 과정

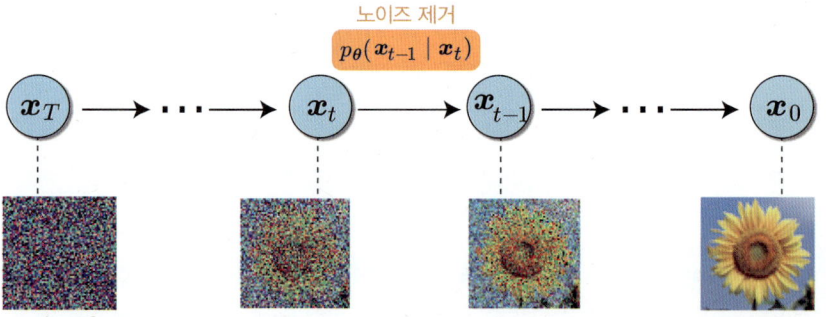

확산 모델에서는 총 T회에 걸쳐 노이즈를 제거합니다. 매 시각 별도의 신경망을 사용할 수도 있지만 그렇게 하려면 총 T개의 신경망이 필요합니다. $T = 1000$ 정도가 보통이라는 사실을 고려하면 이 방식은 현실적이지 않습니다.

확산 모델에서는 변수 $\{x_1, x_2 \cdots x_T\}$의 차원 수가 모두 똑같습니다. 즉, 신경망 T개의 입출력 차원 수가 일정하므로 모든 시각에서 똑같은 신경망 구조를 공유할 수 있습니다. 여기에 시각 t를 입력 신호로 제공하면 어느 시각에서의 처리인지도 구분할 수 있습니다. 그래서 [그림 8-6]처럼 노이즈 제거에 필요한 신경망은 단 하나면 충분합니다.

그림 8-6 노이즈 제거용 신경망

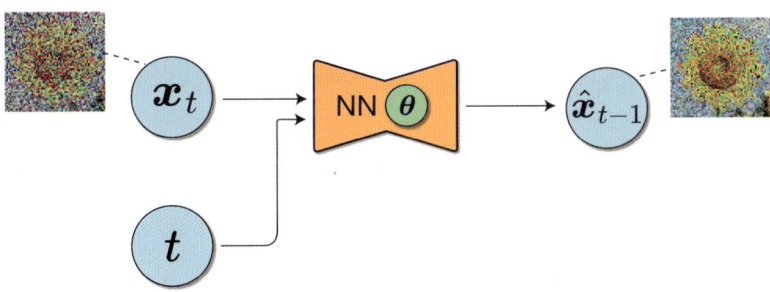

[그림 8-6]은 매개변수가 θ인 신경망입니다. 입력으로는 데이터 x_t와 시각 t를 제공합니다. 덕분에 하나의 신경망으로 각 시각에 맞는 계산을 수행할 수 있습니다. 그리고 이 신경망은 노이즈를 (조금) 제거한 이미지인 $\hat{x}_{t-1}$을 출력합니다. $\hat{x}_{t-1}$은 모자^{hat}가 달린 기호를 써서 추정치임을 표시했습니다. 이 그림은 신경망이 시각 t의 데이터 x_t로부터 직전 데이터 x_{t-1}을 추정함을 나타냅니다.

이제 그림의 신경망을 이용하여 $p_\theta(x_{t-1} \mid x_t)$를 모델링해야 합니다. 이를 위해 신경망의 출력 $\hat{x}_{t-1}$을 평균 벡터로 하는 정규 분포를 고려할 수 있습니다.* 수식으로는 다음과 같습니다.

$$\hat{x}_{t-1} = \text{NeuralNet}(x_t, t; \theta)$$
$$p_\theta(x_{t-1} \mid x_t) = \mathcal{N}(x_{t-1}; \hat{x}_{t-1}, \mathbf{I})$$

이 책에서는 쉽게 이야기하고자 공분산 행렬을 $\mathbf{I}$(단위행렬)라고 가정합니다. 이로써 역확산 과정을 신경망으로 모델링할 수 있게 되었습니다. 다음 절에서는 확산 모델이 학습하는 방법에 대해 알아보겠습니다.

---

* 확산 과정이 정규 분포를 따르는 경우 시간 폭이 충분히 작으면 역확산 과정도 정규 분포를 따릅니다(문헌 [14] 참고).

8.3 ELBO 계산 ①

확산 모델도 VAE와 똑같은 흐름으로 학습을 진행합니다. 즉, 로그 가능도가 최대가 되는 매개변수를 찾습니다. 하지만 로그 가능도를 직접 계산하기는 어렵기 때문에, 대신 로그 가능도의 하한인 ELBO를 최적화 대상으로 삼습니다. 이렇게 하려면 확산 모델의 ELBO를 계산해야 합니다.

앞으로 목표는 확산 모델의 ELBO를 (근사적으로) 계산하는 것입니다. 과정이 꽤 복잡하여 [그림 8-7]과 같이 세 단계로 나눠 진행하겠습니다.

그림 8-7 ELBO 계산법 개선 로드맵

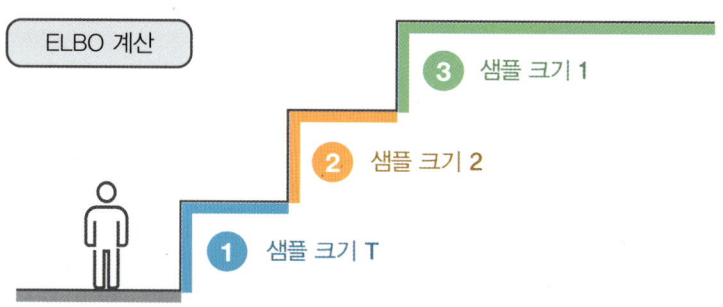

확산 모델의 ELBO는 정확하게 계산할 수 없기 때문에 근삿값을 구해야 합니다. 당연히 첫 번째 단계에서는 근삿값을 구하는 가장 직관적인 방법을 알아봐야겠죠? 최종 시각이 T라면, x_1, $x_2 \cdots x_T$라는 총 T개의 샘플 데이터를 뽑아서 근삿값을 구할 수 있습니다. 이것이 이번 절에서 설명할 방법입니다. 이어서 다음 절인 8.4절에서는 계산법을 개선하여 샘플 두 개로 근사하는 방법을, 8.5절에서는 한 번 더 개선하여 샘플 한 개로 근사하는 방법을 설명합니다.

8.3.1 확산 모델의 ELBO

확산 모델의 ELBO도 역시 VAE의 ELBO와 같은 식으로 도출할 수 있습니다. 7.2절에서 설명한 것처럼 VAE의 ELBO는 다음 식으로 표현합니다.

$$\text{ELBO}(\boldsymbol{x};\boldsymbol{\theta},\boldsymbol{\phi}) = \int q_\phi(\boldsymbol{z}\mid\boldsymbol{x})\log\frac{p_{\boldsymbol{\theta}}(\boldsymbol{x},\boldsymbol{z})}{q_\phi(\boldsymbol{z}\mid\boldsymbol{x})}d\boldsymbol{z}$$

$$= \mathbb{E}_{q_\phi(\boldsymbol{z}\mid\boldsymbol{x})}\left[\log\frac{p_{\boldsymbol{\theta}}(\boldsymbol{x},\boldsymbol{z})}{q_\phi(\boldsymbol{z}\mid\boldsymbol{x})}\right]$$

확산 모델의 ELBO는 이 식에서 다음 세 가지를 변경하여 이끌어낼 수 있습니다.

- $\boldsymbol{x}$를 $\boldsymbol{x}_0$으로 변경
- $\boldsymbol{z}$를 $\boldsymbol{x}_1, \boldsymbol{x}_2 \cdots \boldsymbol{x}_T$로 변경
- 매개변수 ϕ 삭제

그러면 다음 식을 얻습니다.

$$\text{ELBO}(\boldsymbol{x}_0;\boldsymbol{\theta}) = \mathbb{E}_{q(\boldsymbol{x}_1,\boldsymbol{x}_2\cdots \boldsymbol{x}_T\mid\boldsymbol{x}_0)}\left[\log\frac{p_{\boldsymbol{\theta}}(\boldsymbol{x}_0,\boldsymbol{x}_1\cdots\boldsymbol{x}_T)}{q(\boldsymbol{x}_1,\boldsymbol{x}_2\cdots\boldsymbol{x}_T\mid\boldsymbol{x}_0)}\right]$$

이 식이 확산 모델의 ELBO입니다. 이 책에서는 다음의 $x_{0:T}$라는 표기를 사용하여 수식을 단순화했습니다.

$$\boldsymbol{x}_{0:T} = \boldsymbol{x}_0, \boldsymbol{x}_1 \cdots \boldsymbol{x}_T$$

이 표기법을 적용하면 확산 모델의 ELBO를 다음처럼 표현할 수 있습니다.

$$\text{ELBO}(\boldsymbol{x}_0;\boldsymbol{\theta}) = \mathbb{E}_{q(\boldsymbol{x}_{1:T}\mid\boldsymbol{x}_0)}\left[\log\frac{p_{\boldsymbol{\theta}}(\boldsymbol{x}_{0:T})}{q(\boldsymbol{x}_{1:T}\mid\boldsymbol{x}_0)}\right] \qquad \text{[식 8.2]}$$

> **옌센 부등식을 이용한 ELBO 도출**
>
> 확산 모델의 ELBO는 옌센 부등식을 사용하여 도출할 수 있습니다(부록 B 참고). log 함수의 옌센 부등식은 다음 식으로 표현합니다.
>
> $$\mathbb{E}_{q(x)}[\log f(x)] \leq \log \mathbb{E}_{q(x)}[f(x)]$$
>
> 따라서 확산 모델의 ELBO를 다음과 같이 도출할 수 있습니다.

$$\begin{aligned}
&\log p_\theta(x_0) \\
&= \log \int p_\theta(x_{0:T}) dx_{1:T} \\
&= \log \int p_\theta(x_{0:T}) \frac{q(x_{1:T} \mid x_0)}{q(x_{1:T} \mid x_0)} dx_{1:T} \quad \left(\frac{q(x_{1:T} \mid x_0)}{q(x_{1:T} \mid x_0)} = 1 \text{을 곱함}\right) \\
&= \log \mathbb{E}_{q(x_{1:T}\mid x_0)} \left[\frac{p_\theta(x_{0:T})}{q(x_{1:T} \mid x_0)}\right] \quad \text{(기댓값으로 표기)} \\
&\geq \mathbb{E}_{q(x_{1:T}\mid x_0)} \left[\log \frac{p_\theta(x_{0:T})}{q(x_{1:T} \mid x_0)}\right] \quad \text{(옌센 부등식)}
\end{aligned}$$

8.3.2 ELBO 식 전개

이제 ELBO를 표현한 [식 8.2]를 전개하겠습니다. 첫 번째 주인공은 가능도인 $p_\theta(x_{0:T})$입니다. 가능도는 곱셈 정리와 마르코프 성질에 의해 다음 식으로 표현할 수 있습니다.

$$\begin{aligned}
p_\theta(x_{0:T}) &= p_\theta(x_0 \mid x_1) \, p_\theta(x_1 \mid x_2) \, \ldots \, p_\theta(x_{T-1} \mid x_T) \, p(x_T) \\
&= p(x_T) \prod_{t=1}^{T} p_\theta(x_{t-1} \mid x_t)
\end{aligned}$$

여기서 마지막 시각의 $p(x_T)$는 완전한 가우스 노이즈인 $\mathcal{N}(x_T; 0, I)$를 뜻합니다.

다음은 $q(x_{1:T} \mid x_0)$ 차례입니다. $q(x_{1:T} \mid x_0)$도 곱셈 정리와 마르코프 성질에 의해 다음 식으로 표현할 수 있습니다.

$$q(x_{1:T} \mid x_0) = \prod_{t=1}^{T} q(x_t \mid x_{t-1})$$

이 두 식을 [식 8.2]에 적용하면 ELBO는 다음처럼 표현할 수 있습니다.

$$\text{ELBO}(\boldsymbol{x}_0; \boldsymbol{\theta}) = \mathbb{E}_{q(\boldsymbol{x}_{1:T}|\boldsymbol{x}_0)}\left[\log \frac{p_{\boldsymbol{\theta}}(\boldsymbol{x}_{0:T})}{q(\boldsymbol{x}_{1:T}\mid\boldsymbol{x}_0)}\right] \quad \text{[식 8.2]}$$

$$= \mathbb{E}_{q(\boldsymbol{x}_{1:T}|\boldsymbol{x}_0)}\left[\log \frac{p(\boldsymbol{x}_T)\prod_{t=1}^{T} p_{\boldsymbol{\theta}}(\boldsymbol{x}_{t-1}\mid\boldsymbol{x}_t)}{\prod_{t=1}^{T} q(\boldsymbol{x}_t\mid\boldsymbol{x}_{t-1})}\right]$$

$$= \mathbb{E}_{q(\boldsymbol{x}_{1:T}|\boldsymbol{x}_0)}\left[\log \prod_{t=1}^{T} p_{\boldsymbol{\theta}}(\boldsymbol{x}_{t-1}\mid\boldsymbol{x}_t) + \underbrace{\log \frac{p(\boldsymbol{x}_T)}{\prod_{t=1}^{T} q(\boldsymbol{x}_t\mid\boldsymbol{x}_{t-1})}}_{\boldsymbol{\theta}\text{를 포함하지 않은 항}}\right]$$

우리의 목적은 ELBO를 $\boldsymbol{\theta}$에 대해 최적화하는 것입니다. 따라서 $\boldsymbol{\theta}$를 포함하지 않은 항은 무시할 수 있습니다. 이렇게 얻은 목적 함수(=최대화할 대상)를 $J(\boldsymbol{\theta})$ 기호로 표기합니다.

$$J(\boldsymbol{\theta}) = \mathbb{E}_{q(\boldsymbol{x}_{1:T}|\boldsymbol{x}_0)}\left[\log \prod_{t=1}^{T} p_{\boldsymbol{\theta}}(\boldsymbol{x}_{t-1}\mid\boldsymbol{x}_t)\right]$$

$$= \mathbb{E}_{q(\boldsymbol{x}_{1:T}|\boldsymbol{x}_0)}\left[\sum_{t=1}^{T} \log p_{\boldsymbol{\theta}}(\boldsymbol{x}_{t-1}\mid\boldsymbol{x}_t)\right]$$

이 식과 같이 $J(\boldsymbol{\theta})$는 기댓값으로 표현됩니다. 그리고 기댓값은 몬테카를로 방법으로 근삿값을 구할 수 있습니다. 이번 경우에는 $\boldsymbol{x}_{1:T}$를 여러 개 생성하고 그 기댓값 내용인 $\sum_{t=1}^{T} \log p_{\boldsymbol{\theta}}(\boldsymbol{x}_{t-1}\mid\boldsymbol{x}_t)$의 평균을 구합니다. 몬테카를로 방법의 샘플 크기를 1로 가정하면 ELBO의 근삿값은 다음 식과 같습니다.

$$\boldsymbol{x}_{1:T} \sim q(\boldsymbol{x}_{1:T}\mid\boldsymbol{x}_0)$$

$$J(\boldsymbol{\theta}) \approx \sum_{t=1}^{T} \log p_{\boldsymbol{\theta}}(\boldsymbol{x}_{t-1}\mid\boldsymbol{x}_t)$$

먼저 확산 과정을 통해 원본 데이터인 $\boldsymbol{x}_0$에서 시작하는 $\boldsymbol{x}_{1:T}$를 생성합니다($\boldsymbol{x}_{1:T}$는 총 T개의 변수를 뜻하는 표기입니다). 그리고 $\boldsymbol{x}_{1:T}$를 사용하여 각 시각의 $\log p_{\boldsymbol{\theta}}(\boldsymbol{x}_{t-1}\mid\boldsymbol{x}_t)$를 계산합니다. 이때 $p_{\boldsymbol{\theta}}(\boldsymbol{x}_{t-1}\mid\boldsymbol{x}_t)$는 다음 식으로 표현할 수 있습니다.

$$\hat{\boldsymbol{x}}_{t-1} = \text{NeuralNet}(\boldsymbol{x}_t, t; \boldsymbol{\theta})$$
$$p_{\boldsymbol{\theta}}(\boldsymbol{x}_{t-1}\mid\boldsymbol{x}_t) = \mathcal{N}(\boldsymbol{x}_{t-1}; \hat{\boldsymbol{x}}_{t-1}, \mathbf{I})$$

이로부터 목적 함수 $J(\boldsymbol{\theta})$의 식을 다음처럼 전개할 수 있습니다.

$$
\begin{aligned}
J(\boldsymbol{\theta}) &\approx \sum_{t=1}^{T} \log p_{\boldsymbol{\theta}}(\boldsymbol{x}_{t-1} \mid \boldsymbol{x}_t) \\
&= \sum_{t=1}^{T} \log \mathcal{N}(\boldsymbol{x}_{t-1}; \hat{\boldsymbol{x}}_{t-1}, \mathbf{I}) \\
&= \sum_{t=0}^{T-1} \log \mathcal{N}(\boldsymbol{x}_t; \hat{\boldsymbol{x}}_t, \mathbf{I}) \qquad\qquad (t\text{의 시작 번호 변경}) \\
&= \sum_{t=0}^{T-1} \log \frac{1}{\sqrt{(2\pi)^D |\mathbf{I}|}} \exp\left\{-\frac{1}{2}(\boldsymbol{x}_t - \hat{\boldsymbol{x}}_t)^\top \mathbf{I}^{-1} (\boldsymbol{x}_t - \hat{\boldsymbol{x}}_t)\right\} \\
&\qquad\qquad\qquad\qquad\qquad\qquad\qquad (\text{정규 분포 식 대입}) \\
&= \sum_{t=0}^{T-1} \left(-\frac{1}{2}(\boldsymbol{x}_t - \hat{\boldsymbol{x}}_t)^\top (\boldsymbol{x}_t - \hat{\boldsymbol{x}}_t) + \log \frac{1}{\sqrt{(2\pi)^D}}\right) \quad (|\mathbf{I}|=1,\quad \mathbf{I}^{-1}=\mathbf{I}) \\
&= -\frac{1}{2} \sum_{t=0}^{T-1} (\boldsymbol{x}_t - \hat{\boldsymbol{x}}_t)^\top (\boldsymbol{x}_t - \hat{\boldsymbol{x}}_t) + \underbrace{T \log \frac{1}{\sqrt{(2\pi)^D}}}_{\text{상수}}
\end{aligned}
$$

마지막 상수항은 무시할 수 있으니 $J(\boldsymbol{\theta})$는 다음 식과 같습니다.

$$
\begin{aligned}
J(\boldsymbol{\theta}) &\approx -\frac{1}{2} \sum_{t=0}^{T-1} (\boldsymbol{x}_t - \hat{\boldsymbol{x}}_t)^\top (\boldsymbol{x}_t - \hat{\boldsymbol{x}}_t) \\
&= -\frac{1}{2} \sum_{t=0}^{T-1} \|\boldsymbol{x}_t - \hat{\boldsymbol{x}}_t\|^2
\end{aligned}
$$

여기서는 $\|\cdot\|^2$이라는 표기를 사용했습니다. 이는 L2 노름의 제곱으로, 각 원소의 제곱을 합한 값을 뜻합니다. 예를 들어 $\boldsymbol{x}$의 차원 수를 D라고 하면 $\|\boldsymbol{x}\|^2$은 다음 식으로 표현합니다.

$$
\|\boldsymbol{x}\|^2 = x_1^2 + x_2^2 + \cdots + x_D^2
$$

L1 노름과 L2 노름

L1 노름과 L2 노름은 벡터의 길이와 크기를 측정하는 방법입니다. **L1 노름**$^{\text{L1 norm}}$은 벡터 성분의 절댓값의 합입니다. '맨해튼 거리'라고도 합니다. x의 L1 노름은 $\|x\|_1$로 표기하며 다음 식으로 표현합니다.

$$\|x\|_1 = |x_1| + |x_2| + \cdots + |x_D|$$

L2 노름$^{\text{L2 norm}}$은 벡터 성분의 제곱합의 제곱근입니다. '유클리드 거리'라고도 하죠. x의 L2 노름은 $\|x\|_2$로 표기하며 다음 식으로 표현합니다.

$$\|x\|_2 = \sqrt{x_1^2 + x_2^2 + \cdots + x_D^2}$$

따라서 x의 L2 노름의 제곱은 다음 식과 같습니다.

$$\|x\|_2^2 = x_1^2 + x_2^2 + \cdots + x_D^2$$

이 책에서는 $\|x\|$의 오른쪽 밑 숫자가 생략되었다면 L2 노름을 뜻합니다.

이상으로 목적 함수 $J(\theta)$를 구할 수 있습니다. 방법을 정리하면 다음과 같습니다.

1. 확산 과정을 통해 T개의 샘플을 얻는다.
2. 신경망을 T번 적용하여 노이즈를 제거한다.
3. 각 시각의 제곱 오차 $\|x_t - \hat{x}_t\|^2$을 구한다.

하지만 이 방법대로면 계산 한 번에 샘플링을 T번이나 해야 합니다. 확산 모델에서는 T가 대체로 매우 크기 때문에(예: $T = 1000$) 샘플링 수를 줄일 묘안이 필요합니다. 그 방법을 다음 절에서 살펴보겠습니다.

8.4 ELBO 계산 ②

앞 절에서는 샘플 데이터 T개로 ELBO를 근사했습니다. 다음 목표는 단 두 개의 샘플로 근사하는 것입니다(그림 8-8).

그림 8-8 ELBO 계산법 개선 로드맵(2단계)

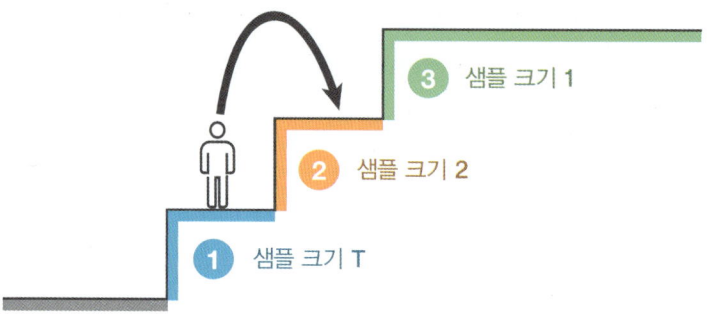

이번 절에서는 확산 과정에 숨어 있는 멋진 특성을 이용하여 계산법을 개선합니다. 바로 $q(\boldsymbol{x}_t | \boldsymbol{x}_0)$을 해석적으로 표현할 수 있다는 특성입니다. 따라서 원 데이터인 $\boldsymbol{x}_0$에 노이즈를 한 번만 추가하면 임의의 시각 t의 $\boldsymbol{x}_t$를 샘플링할 수 있습니다(그림 8-9). 이 사실에 대해 먼저 설명하겠습니다.

그림 8-9 가우스 노이즈의 특성에 따라 $q(\boldsymbol{x}_t | \boldsymbol{x}_0)$은 해석적으로 표현할 수 있다.

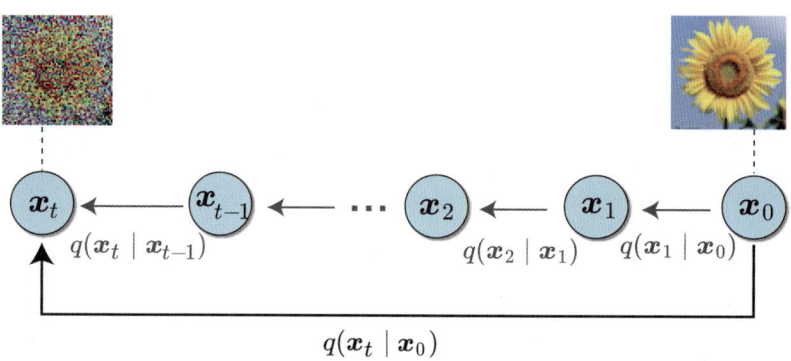

8.4.1 $q(\boldsymbol{x}_t | \boldsymbol{x}_0)$의 식

$q(\boldsymbol{x}_t | \boldsymbol{x}_0)$의 식은 이번 절의 마지막에서 도출하고 지금은 결과부터 보겠습니다. $q(\boldsymbol{x}_t | \boldsymbol{x}_0)$은 다음 식으로 표현합니다.

$$q(\boldsymbol{x}_t | \boldsymbol{x}_0) = \mathcal{N}(\boldsymbol{x}_t; \sqrt{\bar{\alpha}_t}\boldsymbol{x}_0, (1-\bar{\alpha}_t)\mathbf{I}) \qquad \text{[식 8.3]}$$

새로 등장한 기호의 의미는 다음과 같습니다.

$$\alpha_t = 1 - \beta_t$$
$$\bar{\alpha}_t = \alpha_t \alpha_{t-1} \ldots \alpha_1$$

β_t는 사용자가 설정한 값이며 $\bar{\alpha}_t$는 α_1에서 α_t까지의 곱을 뜻합니다. $q(\boldsymbol{x}_t \mid \boldsymbol{x}_0)$은 앞의 식에서 보듯이 하나의 정규 분포로 표현할 수 있습니다.

> **NOTE_** [식 8.3]으로부터 마지막 시각 T의 $\boldsymbol{x}_T$가 $\mathcal{N}(\mathbf{0}, \mathbf{I})$를 따른다는 사실을 알 수 있습니다. T와 $\{\beta_1, \beta_2 \cdots \beta_T\}$에 대해서 $\bar{\alpha}_T \approx 0$이 되도록 설정하면 $\boldsymbol{x}_T$는 $\mathcal{N}(\mathbf{0}, \mathbf{I})$를 따릅니다. 예를 들어 $T = 1000$에서 $\{\beta_1, \beta_2 \cdots \beta_{1000}\}$이 0.0001에서 0.01까지 선형으로 증가하도록 설정되었다면 $\bar{\alpha}_T \approx 0$이 됩니다.

이어서 $q(\boldsymbol{x}_t \mid \boldsymbol{x}_0)$을 해석적으로 표현할 수 있다는 사실을 이용하여 ELBO 계산을 더 효율적으로 할 수 있음을 살펴보겠습니다.

8.4.2 ELBO의 근삿값

먼저 앞 절에서 진행한 ELBO의 식 전개를 다시 정리해봅시다.

$$\mathrm{ELBO}(\boldsymbol{x}_0; \boldsymbol{\theta}) = \mathbb{E}_{q(\boldsymbol{x}_{1:T} \mid \boldsymbol{x}_0)} \left[\log \frac{p(\boldsymbol{x}_T) \prod_{t=1}^{T} p_{\boldsymbol{\theta}}(\boldsymbol{x}_{t-1} \mid \boldsymbol{x}_t)}{\prod_{t=1}^{T} q(\boldsymbol{x}_t \mid \boldsymbol{x}_{t-1})} \right]$$

$$= \mathbb{E}_{q(\boldsymbol{x}_{1:T} \mid \boldsymbol{x}_0)} \left[\log \prod_{t=1}^{T} p_{\boldsymbol{\theta}}(\boldsymbol{x}_{t-1} \mid \boldsymbol{x}_t) + \underbrace{\log \frac{p(\boldsymbol{x}_T)}{\prod_{t=1}^{T} q(\boldsymbol{x}_t \mid \boldsymbol{x}_{t-1})}}_{\boldsymbol{\theta}\text{를 포함하지 않은 항}} \right]$$

목표는 $\mathrm{ELBO}(x_0; \boldsymbol{\theta})$를 $\boldsymbol{\theta}$에 대해 최적화하는 것입니다. 따라서 $\boldsymbol{\theta}$를 포함하지 않는 항은 무시해도 되므로 다음 식이 목적 함수가 됩니다.

$$J(\boldsymbol{\theta}) = \mathbb{E}_{q(\boldsymbol{x}_{1:T}|\boldsymbol{x}_0)}\left[\log \prod_{t=1}^{T} p_{\boldsymbol{\theta}}(\boldsymbol{x}_{t-1} \mid \boldsymbol{x}_t)\right]$$

$$= \mathbb{E}_{q(\boldsymbol{x}_{1:T}|\boldsymbol{x}_0)}\left[\sum_{t=1}^{T} \log p_{\boldsymbol{\theta}}(\boldsymbol{x}_{t-1} \mid \boldsymbol{x}_t)\right]$$

그리고 이 목적 함수 $J(\boldsymbol{\theta})$는 다음과 같이 확장할 수 있습니다.

$$J(\boldsymbol{\theta}) = \mathbb{E}_{q(\boldsymbol{x}_{1:T}|\boldsymbol{x}_0)}\left[\sum_{t=1}^{T} \log p_{\boldsymbol{\theta}}(\boldsymbol{x}_{t-1} \mid \boldsymbol{x}_t)\right]$$

$$= \sum_{t=1}^{T} \mathbb{E}_{q(\boldsymbol{x}_{1:T}|\boldsymbol{x}_0)}\left[\log p_{\boldsymbol{\theta}}(\boldsymbol{x}_{t-1} \mid \boldsymbol{x}_t)\right] \quad \text{(❶ 기댓값의 선형성)}$$

$$= \sum_{t=1}^{T} \mathbb{E}_{q(\boldsymbol{x}_{t-1},\boldsymbol{x}_t|\boldsymbol{x}_0)}\left[\log p_{\boldsymbol{\theta}}(\boldsymbol{x}_{t-1} \mid \boldsymbol{x}_t)\right] \quad \text{(❷ 관련 변수의 기댓값)}$$

기댓값의 선형성과 관련 변수의 기댓값

앞의 식에서 ❶과 ❷ 전개에 대한 보충 설명입니다(이해한 분은 읽지 않아도 됩니다).

❶ 기댓값의 선형성

기댓값의 선형성이란 다음 식이 성립함을 말합니다.

$$\mathbb{E}_{p(x,y)}[x+y] = \mathbb{E}_{p(x)}[x] + \mathbb{E}_{p(y)}[y]$$

x와 y는 확률 변수이며 서로 관련이 있다고 가정합니다. 즉, $p(x,y) \neq p(x)p(y)$입니다. 이때 앞의 식이 성립한다는 증명은 다음과 같습니다.

$$\mathbb{E}_{p(x,y)}[x+y] = \int\int (x+y)\, p(x,y)\, dxdy$$

$$= \int\int x\, p(x,y)\, dxdy + \int\int y\, p(x,y)\, dxdy$$

$$= \int x \underbrace{\left(\int p(x,y)\, dy\right)}_{p(x)} dx + \int y \underbrace{\left(\int p(x,y)\, dx\right)}_{p(y)} dy$$

$$= \int x\, p(x)\, dx + \int y\, p(y)\, dy$$
$$= \mathbb{E}_{p(x)}[x] + \mathbb{E}_{p(y)}[y]$$

이 등식은 '합의 기댓값'과 '기댓값의 합'이 같다는 뜻입니다. 이 관계를 T개의 확률 변수로 확장할 수 있으므로 다음 식이 성립합니다.

$$\mathbb{E}_{p(x_{1:t})}\left[\sum_{t=1}^{T} x_t\right] = \sum_{t=1}^{T} \mathbb{E}_{p(x_{1:t})}[x_t]$$

❷ 관련 변수의 기댓값

$f(x)$가 x를 인수로 받는 임의의 함수라면 다음 식이 성립합니다.

$$\mathbb{E}_{p(x,y)}[f(x)] = \mathbb{E}_{p(x)}[f(x)]$$

증명은 다음과 같습니다.

$$\mathbb{E}_{p(x,y)}[f(x)] = \iint f(x)\, p(x,y)\, dxdy$$
$$= \iint f(x)\, p(x)\, p(y\mid x)\, dxdy$$
$$= \int f(x)\, p(x) \underbrace{\int p(y\mid x)\, dy}_{=1} dx$$
$$= \int f(x)\, p(x)\, dx$$
$$= \mathbb{E}_{p(x)}[f(x)]$$

'$f(x)$의 $p(x,y)$에 대한 기댓값'은 '$f(x)$의 $p(x)$에 대한 기댓값'과 같습니다. 중요한 점은 기댓값의 내용 $f(x)$와 무관한 확률 분포의 확률 변수는 지울 수 있다는 사실입니다. 이로부터 다음 식이 성립함을 알 수 있습니다.

$$\mathbb{E}_{p(x_{1:T})}[f(x_t)] = \mathbb{E}_{p(x_t)}[f(x_t)]$$

또한 $f(x_{t-1}, x_t)$의 기댓값은 다음과 같습니다.

$$\mathbb{E}_{p(x_{1:T})}[f(x_{t-1}, x_t)] = \mathbb{E}_{p(x_{t-1}, x_t)}[f(x_{t-1}, x_t)]$$

지금까지 이끌어낸 공식은 다음과 같습니다.

$$J(\boldsymbol{\theta}) = \sum_{t=1}^{T} \mathbb{E}_{q(\boldsymbol{x}_{t-1}, \boldsymbol{x}_t | \boldsymbol{x}_0)} [\log p_{\boldsymbol{\theta}}(\boldsymbol{x}_{t-1} \mid \boldsymbol{x}_t)]$$ [식 8.4]

이 식에서 중요한 점은 $q(\boldsymbol{x}_{t-1}, \boldsymbol{x}_t \mid \boldsymbol{x}_0)$에서의 샘플은 두 단계로 생성할 수 있다는 것입니다. 먼저 $q(\boldsymbol{x}_{t-1} \mid \boldsymbol{x}_0)$에서 $\boldsymbol{x}_{t-1}$을 샘플링한 다음 $q(\boldsymbol{x}_t \mid \boldsymbol{x}_{t-1})$에서 $\boldsymbol{x}_t$를 샘플링하면 됩니다(그림 8-10).

그림 8-10 $\boldsymbol{x}_{t-1}$과 $\boldsymbol{x}_t$ 샘플링

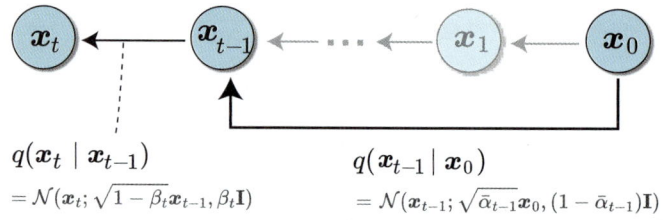

$q(\boldsymbol{x}_t \mid \boldsymbol{x}_{t-1})$
$= \mathcal{N}(\boldsymbol{x}_t; \sqrt{1-\beta_t}\boldsymbol{x}_{t-1}, \beta_t \mathbf{I})$

$q(\boldsymbol{x}_{t-1} \mid \boldsymbol{x}_0)$
$= \mathcal{N}(\boldsymbol{x}_{t-1}; \sqrt{\bar{\alpha}_{t-1}}\boldsymbol{x}_0, (1-\bar{\alpha}_{t-1})\mathbf{I})$

이제 [식 8.4]를 다시 살펴봅시다. 주목할 부분은 이 식이 T개의 합으로 표현된다는 점입니다. T가 크면 계산량이 많아지므로 T개의 합을 근사할 방법이 필요합니다. 이를 위해 T개의 합을 균등 분포에 대한 기댓값으로 표현할 수 있다는 점을 이용합니다(기댓값은 몬테카를로 방법으로 근사할 수 있습니다).

균등 분포는 확률 변수가 취할 수 있는 값들이 모두 똑같은 확률로 선택되는 확률 분포입니다. 여기서는 [표 8-1]의 균등 분포를 사용합니다.

표 8-1 1에서 T까지 값을 취하는 균등 분포

확률 변수: t	1	2	...	T
확률: $u(t)$	$\frac{1}{T}$	$\frac{1}{T}$	...	$\frac{1}{T}$

[표 8-1]과 같은 균등 분포의 확률 분포는 $u(t)$입니다. 또한 1에서 T까지의 균등 분포는 $t \sim U\{1, T\}$로 표기합니다. 이때 $f(t)$라는 임의의 함수 기댓값은 다음 식으로 표현할 수 있습니다.

$$\mathbb{E}_{u(t)}\left[f(t)\right] = \sum_{t=1}^{T} u(t)\ f(t)$$
$$= \sum_{t=1}^{T} \frac{1}{T}\ f(t)$$
$$= \frac{1}{T} \sum_{t=1}^{T} f(t)$$

이로부터 다음 식이 성립합니다.

$$\sum_{t=1}^{T} f(t) = T\ \mathbb{E}_{u(t)}\left[f(t)\right]$$

이처럼 T개의 합을 균등 분포 $u(t)$에 대한 기댓값으로 나타낼 수 있습니다. 이를 [식 8.4]에 대입하면 다음 식을 얻습니다.

$$J(\boldsymbol{\theta}) = \sum_{t=1}^{T} \mathbb{E}_{q(\boldsymbol{x}_{t-1}, \boldsymbol{x}_t | \boldsymbol{x}_0)} \left[\log p_{\boldsymbol{\theta}}(\boldsymbol{x}_{t-1} \mid \boldsymbol{x}_t)\right]$$
$$= T\ \mathbb{E}_{u(t)} \left[\mathbb{E}_{q(\boldsymbol{x}_{t-1}, \boldsymbol{x}_t | \boldsymbol{x}_0)} \left[\log p_{\boldsymbol{\theta}}(\boldsymbol{x}_{t-1} \mid \boldsymbol{x}_t)\right]\right]$$

여기까지 왔다면 이제부터는 몬테카를로 방법으로 근삿값을 구하면 됩니다. 이 식에는 두 개의 기댓값이 중첩되어 있습니다. 이 중첩된 기댓값은 다음과 같이 샘플링하여 근사할 수 있습니다 (여기서는 몬테카를로 방법의 샘플 크기를 1로 가정합니다).

$$t \sim U\{1, T\}$$
$$\boldsymbol{x}_{t-1} \sim q(\boldsymbol{x}_{t-1} \mid \boldsymbol{x}_0)$$
$$\boldsymbol{x}_t \sim q(\boldsymbol{x}_t \mid \boldsymbol{x}_{t-1})$$
$$J(\boldsymbol{\theta}) \approx T \log p_{\boldsymbol{\theta}}(\boldsymbol{x}_{t-1} \mid \boldsymbol{x}_t)$$

또한 $p_{\boldsymbol{\theta}}(\boldsymbol{x}_{t-1} \mid \boldsymbol{x}_t)$는 다음 식으로 표현할 수 있습니다.

$$\hat{\boldsymbol{x}}_{t-1} = \text{NeuralNet}(\boldsymbol{x}_t, t; \boldsymbol{\theta})$$
$$p_{\boldsymbol{\theta}}(\boldsymbol{x}_{t-1} \mid \boldsymbol{x}_t) = \mathcal{N}(\boldsymbol{x}_{t-1}; \hat{\boldsymbol{x}}_{t-1}, \mathbf{I})$$

8.3절에서 살펴봤듯이 정규 분포의 로그 가능도는 제곱 오차로 귀결되기 때문에 $J(\boldsymbol{\theta})$는 다음 식으로 표현할 수 있습니다.

$$J(\boldsymbol{\theta}) \approx -\frac{T}{2} \|\boldsymbol{x}_{t-1} - \hat{\boldsymbol{x}}_{t-1}\|^2$$

따라서 목적 함수 $J(\boldsymbol{\theta})$는 다음과 같이 계산할 수 있습니다.

1. 균등 분포 $U\{1, T\}$에서 시각 t를 샘플링한다.
2. $q(\boldsymbol{x}_{t-1} \mid \boldsymbol{x}_0)$에서 $\boldsymbol{x}_{t-1}$을 샘플링한 다음 $q(\boldsymbol{x}_t \mid \boldsymbol{x}_{t-1})$에서 $\boldsymbol{x}_t$를 샘플링한다.
3. 신경망에 $\boldsymbol{x}_t$를 입력하고 출력으로 $\hat{\boldsymbol{x}}_{t-1}$을 얻는다.
4. 제곱 오차 $\|\boldsymbol{x}_{t-1} - \hat{\boldsymbol{x}}_{t-1}\|^2$을 구한다.

마지막으로 중간에 생략한 $q(\boldsymbol{x}_t \mid \boldsymbol{x}_0)$을 도출하겠습니다.

8.4.3 $q(\boldsymbol{x}_t \mid \boldsymbol{x}_0)$ 도출 ✪

확산 과정은 가우스 노이즈를 반복해서 추가하는 과정입니다. 가우스 노이즈는 수학적으로 멋진 성질을 지닙니다. 바로 '가우스 노이즈의 합도 가우스 노이즈가 된다'라는 성질입니다. 먼저 이 성질에 대해 설명하겠습니다.

독립적으로 생성된 두 개의 가우스 노이즈 x, y가 있고 그 합을 z라고 합시다.

$$x \sim \mathcal{N}(\mu_x, \sigma_x^2)$$
$$y \sim \mathcal{N}(\mu_y, \sigma_y^2)$$
$$z = x + y$$

이때 z는 다음 식과 같이 하나의 정규 분포로부터 나온 샘플로 나타낼 수 있습니다.

$$z \sim \mathcal{N}(\mu_x + \mu_y, \sigma_x^2 + \sigma_y^2)$$

그래서 z는 평균이 $\mu_x + \mu_y$이고 분산이 $\sigma_x^2 + \sigma_y^2$인 정규 분포를 따릅니다. 이 공식이 성립한다는 증명은 생략합니다. 관심 있는 분은 수리통계학 서적을 참고하기 바랍니다.

이제 가우스 노이즈의 이러한 특성을 확산 과정에 적용합니다. 확산 과정의 $q(\boldsymbol{x}_t \mid \boldsymbol{x}_{t-1})$은 다음 식으로 표현할 수 있습니다.

$$q(\boldsymbol{x}_t \mid \boldsymbol{x}_{t-1}) = \mathcal{N}(\boldsymbol{x}_t; \sqrt{1-\beta_t}\boldsymbol{x}_{t-1}, \beta_t \mathbf{I})$$

여기서는 다음 α_t 기호를 사용하여 $q(\boldsymbol{x}_t \mid \boldsymbol{x}_{t-1})$을 표현합니다.

$$\alpha_t = 1 - \beta_t$$
$$q(\boldsymbol{x}_t \mid \boldsymbol{x}_{t-1}) = \mathcal{N}(\boldsymbol{x}_t; \sqrt{\alpha_t}\boldsymbol{x}_{t-1}, (1-\alpha_t)\mathbf{I})$$

이때 $q(\boldsymbol{x}_t \mid \boldsymbol{x}_{t-1})$로부터의 샘플링은 재매개변수화 트릭을 사용하면 다음 식으로 표현할 수 있습니다.

$$\boldsymbol{\varepsilon}_t \sim \mathcal{N}(\mathbf{0}, \mathbf{I})$$
$$\boldsymbol{x}_t = \sqrt{\alpha_t}\boldsymbol{x}_{t-1} + \sqrt{1-\alpha_t}\boldsymbol{\varepsilon}_t \qquad \text{[식 8.5]}$$

시각 t에서 $\boldsymbol{\varepsilon}_t$는 표준 정규 분포에서 샘플링됩니다. 이어서 [식 8.5]의 t에 $t-1$을 대입하여 다음 식을 얻습니다.

$$\boldsymbol{\varepsilon}_{t-1} \sim \mathcal{N}(\mathbf{0}, \mathbf{I})$$
$$\boldsymbol{x}_{t-1} = \sqrt{\alpha_{t-1}}\boldsymbol{x}_{t-2} + \sqrt{1-\alpha_{t-1}}\boldsymbol{\varepsilon}_{t-1} \qquad \text{[식 8.6]}$$

이제 [식 8.5]와 [식 8.6]으로부터 다음 식을 얻을 수 있습니다.

$$\begin{aligned}
\boldsymbol{x}_t &= \sqrt{\alpha_t}\boldsymbol{x}_{t-1} + \sqrt{1-\alpha_t}\boldsymbol{\varepsilon}_t \\
&= \sqrt{\alpha_t}\left(\sqrt{\alpha_{t-1}}\boldsymbol{x}_{t-2} + \sqrt{1-\alpha_{t-1}}\boldsymbol{\varepsilon}_{t-1}\right) + \sqrt{1-\alpha_t}\boldsymbol{\varepsilon}_t \\
&= \sqrt{\alpha_t \alpha_{t-1}}\boldsymbol{x}_{t-2} + \sqrt{\alpha_t - \alpha_t \alpha_{t-1}}\boldsymbol{\varepsilon}_{t-1} + \sqrt{1-\alpha_t}\boldsymbol{\varepsilon}_t
\end{aligned} \qquad \text{[식 8.7]}$$

여기서 가우스 노이즈의 합이 등장합니다. ε_t와 ε_{t-1}은 $\mathcal{N}(\mathbf{0}, \mathbf{I})$에서 독립적으로 생성된 샘플입니다. 따라서 $\sqrt{\alpha_t - \alpha_t \alpha_{t-1}} \varepsilon_{t-1} + \sqrt{1 - \alpha_t} \varepsilon_t$는 가우스 노이즈의 합이며 그 확률 분포는 하나의 정규 분포로 나타낼 수 있습니다. 이 과정은 [표 8-2]를 보면 알 수 있습니다.

표 8-2 가우스 노이즈와 확률 분포

가우스 노이즈	확률 분포
ε_t	$\mathcal{N}(\mathbf{0}, \mathbf{I})$
ε_{t-1}	$\mathcal{N}(\mathbf{0}, \mathbf{I})$
$\sqrt{\alpha_t - \alpha_t \alpha_{t-1}} \varepsilon_{t-1}$	$\mathcal{N}(\mathbf{0}, (\alpha_t - \alpha_t \alpha_{t-1}) \mathbf{I})$
$\sqrt{1 - \alpha_t} \varepsilon_t$	$\mathcal{N}(\mathbf{0}, (1 - \alpha_t) \mathbf{I})$
$\sqrt{\alpha_t - \alpha_t \alpha_{t-1}} \varepsilon_{t-1} + \sqrt{1 - \alpha_t} \varepsilon_t$	$\mathcal{N}(\mathbf{0}, (\alpha_t - \alpha_t \alpha_{t-1}) \mathbf{I} + (1 - \alpha_t) \mathbf{I})$ $= \mathcal{N}(\mathbf{0}, (1 - \alpha_t \alpha_{t-1}) \mathbf{I})$

표에서 $\sqrt{\alpha_t - \alpha_t \alpha_{t-1}} \varepsilon_{t-1} + \sqrt{1 - \alpha_t} \varepsilon_t$는 $\mathcal{N}(\mathbf{0}, (1 - \alpha_t \alpha_{t-1}) \mathbf{I})$의 샘플임을 알 수 있습니다. 따라서 [식 8.5]는 다음 식으로 나타낼 수 있습니다.

$$\varepsilon \sim \mathcal{N}(\mathbf{0}, \mathbf{I})$$
$$\boldsymbol{x}_t = \sqrt{\alpha_t \alpha_{t-1}} \boldsymbol{x}_{t-2} + \sqrt{1 - \alpha_t \alpha_{t-1}} \varepsilon \qquad \text{[식 8.8]}$$

이후 똑같은 식 변형을 반복합니다. 구체적으로는 [식 8.8]의 $\boldsymbol{x}_{t-2}$에 대해서도 똑같이 수식을 전개하고, 이어서 $\boldsymbol{x}_{t-3}$에 대해서도 같은 형태로 계속 진행합니다. 그러면 마지막에 다음 식을 얻을 수 있습니다.

$$\boldsymbol{x}_t = \sqrt{\alpha_t \alpha_{t-1} \ldots \alpha_1} \boldsymbol{x}_0 + \sqrt{1 - \alpha_t \alpha_{t-1} \ldots \alpha_1} \varepsilon$$
$$= \sqrt{\bar{\alpha}_t} \boldsymbol{x}_0 + \sqrt{1 - \bar{\alpha}_t} \varepsilon \qquad \text{[식 8.9]}$$

이 책에서는 다음과 같이 α_t에서 α_1까지의 곱을 $\bar{\alpha}_t$로 표기합니다.

$$\bar{\alpha}_t = \alpha_t \alpha_{t-1} \ldots \alpha_1$$

이제 $q(x_t \mid x_0)$을 해석적으로 표현할 수 있게 되었습니다. [식 8.9]를 확률 분포 식으로 표현하면 다음과 같습니다.

$$q(x_t \mid x_0) = \mathcal{N}(x_t; \sqrt{\bar{\alpha}_t}x_0, (1-\bar{\alpha}_t)\mathbf{I})$$

8.5 ELBO 계산 ③

드디어 마지막 개선입니다. 이번 절에서는 샘플 데이터를 단 하나만 사용하여 ELBO를 근사하는 방법을 알아봅니다(그림 8-11).

그림 8-11 ELBO 계산법 개선 로드맵(3단계)

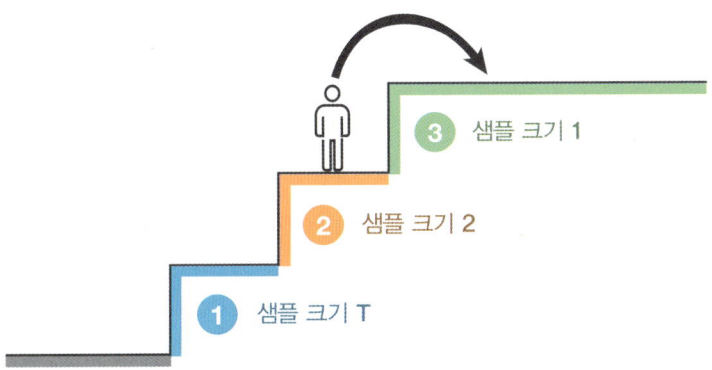

이번 절의 핵심은 $q(x_{t-1} \mid x_t, x_0)$이라는 확률 분포입니다. $q(x_{t-1} \mid x_t, x_0)$은 x_0과 x_t가 주어졌을 때 x_{t-1}의 확률입니다. 중요한 사실은 $q(x_{t-1} \mid x_t, x_0)$을 해석적으로 표현할 수 있다는 것입니다(그림 8-12). 먼저 이 점에 대해 설명하겠습니다.

그림 8-12 $q(x_{t-1} \mid x_t, x_0)$은 해석적으로 표현할 수 있다.

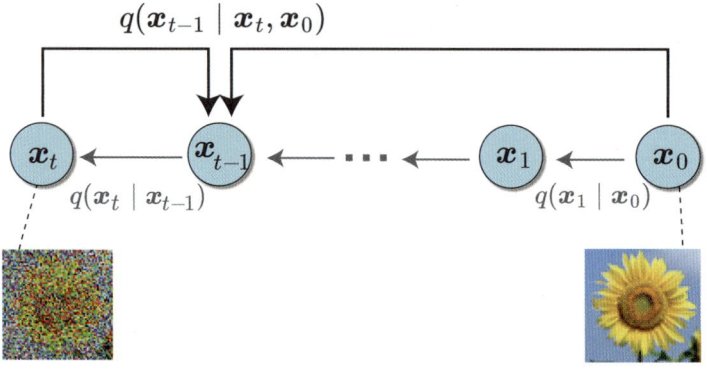

8.5.1 $q(x_{t-1} \mid x_t, x_0)$의 식

$q(x_{t-1} \mid x_t, x_0)$의 식은 이번 절 마지막에서 도출하고 우선은 결과부터 보겠습니다. $q(x_{t-1} \mid x_t, x_0)$은 수식으로 다음처럼 표현할 수 있습니다.

$$q(x_{t-1} \mid x_t, x_0) = \mathcal{N}(x_{t-1}; \mu_q(x_t, x_0), \sigma_q^2(t)\mathbf{I})$$ [식 8.10]

이 식에 사용한 기호들의 의미는 다음과 같습니다.

$$\alpha_t = 1 - \beta_t$$
$$\bar{\alpha}_t = \alpha_t \alpha_{t-1} \ldots \alpha_1$$
$$\mu_q(x_t, x_0) = \frac{\sqrt{\alpha_t}(1 - \bar{\alpha}_{t-1})x_t + \sqrt{\bar{\alpha}_{t-1}}(1 - \alpha_t)x_0}{1 - \bar{\alpha}_t}$$
$$\sigma_q^2(t) = \frac{(1 - \alpha_t)(1 - \bar{\alpha}_{t-1})}{1 - \bar{\alpha}_t}$$

$q(x_{t-1} \mid x_t, x_0)$은 평균 벡터가 $\mu_q(x_t, x_0)$이고 공분산 행렬이 $\sigma_q^2(t)\mathbf{I}$인 정규 분포입니다. 평균 벡터인 $\mu_q(x_t, x_0)$은 x_t와 x_0의 선형 합으로 표현됩니다. 이 선형 합은 [그림 8-13]과 같이 두 점의 내분점으로 해석할 수 있습니다(정확한 내분점은 아니지만 대략 내분점에 위치합니다).

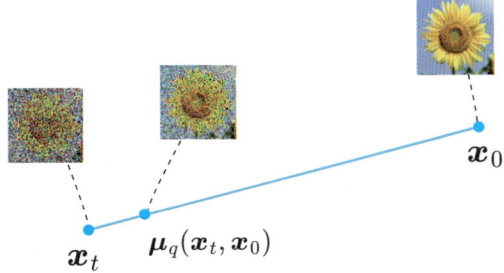

그림 8-13 이미지 공간에서 $\mu_q(x_t, x_0)$은 노이즈 이미지 x_t와 원본 이미지 x_0의 내분점에 위치한다.

[식 8.10]의 공분산 행렬은 $\sigma_q^2(t)\mathbf{I}$입니다. 여기서 $\sigma_q^2(t)$는 스칼라이며 하이퍼파라미터만으로 계산할 수 있습니다. 따라서 미리 정해진 값, 즉 상수로 취급할 수 있습니다.

이어서 $q(x_{t-1} \mid x_t, x_0)$을 잘 활용하면 샘플 데이터 하나로도 ELBO 계산을 근사할 수 있음을 알아보겠습니다.

8.5.2 ELBO의 근삿값

앞 절의 ELBO 식 전개부터 시작합시다. 앞 절에서 ELBO 식을 전개하여 다음과 같이 목적 함수 $J(\theta)$의 식을 얻었습니다.

$$J(\theta) = \sum_{t=1}^{T} \mathbb{E}_{q(x_{t-1}, x_t \mid x_0)}[\log p_\theta(x_{t-1} \mid x_t)]$$

$$= T \, \mathbb{E}_{u(t)}\Big[\underbrace{\mathbb{E}_{q(x_{t-1}, x_t \mid x_0)}[\log p_\theta(x_{t-1} \mid x_t)]}_{J_0}\Big]$$

이 식처럼 [ ] 안의 항을 J_0 기호로 대체하면 목적 함수는 $T\mathbb{E}_{u(t)}[J_0]$이 됩니다. 여기서 기댓값인 $\mathbb{E}_{u(t)}[\cdot]$는 몬테카를로 방법으로 근사할 수 있습니다. 지금 θ에 대해 최적화하고 있으므로 J_0에서 매개변수 θ를 포함하지 않는 상수항은 생략할 수 있습니다. 그리고 반대로 상수항을 추가할 수도 있습니다. 여기서는 J_0에 $q(x_{t-1} \mid x_t, x_0)$을 포함시키기 위해 다음과 같은 상수항을 추가합니다.

$$\arg\max_{\boldsymbol{\theta}} J_0 = \arg\max_{\boldsymbol{\theta}} \left(J_0 - \underbrace{\mathbb{E}_{q(\boldsymbol{x}_{t-1}, \boldsymbol{x}_t | \boldsymbol{x}_0)}[\log q(\boldsymbol{x}_{t-1} | \boldsymbol{x}_t, \boldsymbol{x}_0)]}_{\text{상수}} \right)$$

$$= \arg\max_{\boldsymbol{\theta}} \mathbb{E}_{q(\boldsymbol{x}_{t-1}, \boldsymbol{x}_t | \boldsymbol{x}_0)}[\log p_{\boldsymbol{\theta}}(\boldsymbol{x}_{t-1} | \boldsymbol{x}_t) - \log q(\boldsymbol{x}_{t-1} | \boldsymbol{x}_t, \boldsymbol{x}_0)]$$

$$= \arg\max_{\boldsymbol{\theta}} \underbrace{\mathbb{E}_{q(\boldsymbol{x}_{t-1}, \boldsymbol{x}_t | \boldsymbol{x}_0)} \left[\log \frac{p_{\boldsymbol{\theta}}(\boldsymbol{x}_{t-1} | \boldsymbol{x}_t)}{q(\boldsymbol{x}_{t-1} | \boldsymbol{x}_t, \boldsymbol{x}_0)} \right]}_{J_1}$$

이렇게 하여 J_1 항을 새로 이끌어냈습니다. 이때 J_0과 J_1은 최대가 되는 $\boldsymbol{\theta}$가 동일합니다. 따라서 J_1을 사용한 다음 식을 목적 함수로 사용할 수 있습니다.

$$J(\boldsymbol{\theta}) = T\,\mathbb{E}_{u(t)}[J_1]$$

이어서 J_1을 다음과 같이 전개합니다.

$$\begin{aligned}
J_1 &= \int q(\boldsymbol{x}_{t-1}, \boldsymbol{x}_t | \boldsymbol{x}_0)\,\log\frac{p_{\boldsymbol{\theta}}(\boldsymbol{x}_{t-1} | \boldsymbol{x}_t)}{q(\boldsymbol{x}_{t-1} | \boldsymbol{x}_t, \boldsymbol{x}_0)}\,d\boldsymbol{x}_{t-1}d\boldsymbol{x}_t \\
&= \int q(\boldsymbol{x}_t | \boldsymbol{x}_0)\,q(\boldsymbol{x}_{t-1} | \boldsymbol{x}_t, \boldsymbol{x}_0)\,\log\frac{p_{\boldsymbol{\theta}}(\boldsymbol{x}_{t-1} | \boldsymbol{x}_t)}{q(\boldsymbol{x}_{t-1} | \boldsymbol{x}_t, \boldsymbol{x}_0)}\,d\boldsymbol{x}_{t-1}d\boldsymbol{x}_t \\
&= -\int q(\boldsymbol{x}_t | \boldsymbol{x}_0) \underbrace{\int q(\boldsymbol{x}_{t-1} | \boldsymbol{x}_t, \boldsymbol{x}_0)\,\log\frac{q(\boldsymbol{x}_{t-1} | \boldsymbol{x}_t, \boldsymbol{x}_0)}{p_{\boldsymbol{\theta}}(\boldsymbol{x}_{t-1} | \boldsymbol{x}_t)}\,d\boldsymbol{x}_{t-1}}_{\text{KL 발산}}\,d\boldsymbol{x}_t \\
&= -\mathbb{E}_{q(\boldsymbol{x}_t | \boldsymbol{x}_0)}[D_{\mathrm{KL}}(q(\boldsymbol{x}_{t-1} | \boldsymbol{x}_t, \boldsymbol{x}_0)\,\|\,p_{\boldsymbol{\theta}}(\boldsymbol{x}_{t-1} | \boldsymbol{x}_t))]
\end{aligned}$$

식 전개에 확률의 곱셈 정리를 이용했습니다. 전개 마지막 부분을 보면 J_1은 $q(\boldsymbol{x}_t | \boldsymbol{x}_0)$에 대한 KL 발산의 기댓값으로 표현됩니다. 따라서 몬테카를로 방법을 이용하면 $\boldsymbol{x}_t$의 샘플 하나만으로 근삿값을 구할 수 있습니다.

또한 KL 발산은 두 확률 분포가 같을 때 최솟값(=0)을 갖습니다. J_1은 '마이너스 KL 발산'이므로 두 확률 분포가 같을 때 최대가 됩니다. 다시 말해 $p_{\boldsymbol{\theta}}(\boldsymbol{x}_{t-1} | \boldsymbol{x}_t) = q(\boldsymbol{x}_{t-1} | \boldsymbol{x}_t, \boldsymbol{x}_0)$일 때 값이 가장 큽니다. 그러면 우리의 목표는 $p_{\boldsymbol{\theta}}(\boldsymbol{x}_{t-1} | \boldsymbol{x}_t)$를 $q(\boldsymbol{x}_{t-1} | \boldsymbol{x}_t, \boldsymbol{x}_0)$과 일치시키는 게 됩니다. $q(\boldsymbol{x}_{t-1} | \boldsymbol{x}_t, \boldsymbol{x}_0)$은 [식 8.10]과 같이 정규 분포로 표현되므로 $p_{\boldsymbol{\theta}}(\boldsymbol{x}_{t-1} | \boldsymbol{x}_t)$를 다음과 같이 정규 분포로 모델링합니다.

$$\hat{\boldsymbol{x}}_{t-1} = \text{NeuralNet}(\boldsymbol{x}_t, t; \boldsymbol{\theta})$$
$$p_{\boldsymbol{\theta}}(\boldsymbol{x}_{t-1} \mid \boldsymbol{x}_t) = \mathcal{N}(\boldsymbol{x}_{t-1}; \hat{\boldsymbol{x}}_{t-1}, \sigma_q^2(t)\mathbf{I})$$

$p_{\boldsymbol{\theta}}(\boldsymbol{x}_{t-1} \mid \boldsymbol{x}_t)$의 평균 벡터는 신경망으로 구합니다. 그리고 $p_{\boldsymbol{\theta}}(\boldsymbol{x}_{t-1} \mid \boldsymbol{x}_t)$의 공분산 행렬은 $q(\boldsymbol{x}_{t-1} \mid \boldsymbol{x}_t, \boldsymbol{x}_0)$과 같은 값인 $\sigma_q^2(t)\mathbf{I}$로 설정합니다. 참고로 여기서부터 신경망을 $\boldsymbol{\mu}_{\boldsymbol{\theta}}(\boldsymbol{x}_t, t)$로 단순화하여 표기하겠습니다. 그러면 다음과 같이 $p_{\boldsymbol{\theta}}(\boldsymbol{x}_{t-1} \mid \boldsymbol{x}_t)$를 표현할 수 있습니다.

$$p_{\boldsymbol{\theta}}(\boldsymbol{x}_{t-1} \mid \boldsymbol{x}_t) = \mathcal{N}(\boldsymbol{x}_{t-1}; \boldsymbol{\mu}_{\boldsymbol{\theta}}(\boldsymbol{x}_t, t), \sigma_q^2(t)\mathbf{I})$$

다음은 KL 발산을 계산할 차례입니다. 이번에는 두 정규 분포의 KL 발산이며 다음 식과 같이 해석적으로 구할 수 있습니다(정규 분포의 KL 발산에 대해서는 7.3.1절에서 설명했습니다).

$$D_{\text{KL}}(q(\boldsymbol{x}_{t-1} \mid \boldsymbol{x}_t, \boldsymbol{x}_0) \parallel p_{\boldsymbol{\theta}}(\boldsymbol{x}_{t-1} \mid \boldsymbol{x}_t)) = \frac{1}{2\sigma_q^2(t)} \|\boldsymbol{\mu}_{\boldsymbol{\theta}}(\boldsymbol{x}_t, t) - \boldsymbol{\mu}_q(\boldsymbol{x}_t, \boldsymbol{x}_0)\|^2$$

이 내용을 정리하면 목적 함수를 다음 식으로 표현할 수 있습니다.

$$J(\boldsymbol{\theta}) = -T\, \mathbb{E}_{u(t)} \left[\mathbb{E}_{q(\boldsymbol{x}_t \mid \boldsymbol{x}_0)} \left[\frac{1}{2\sigma_q^2(t)} \|\boldsymbol{\mu}_{\boldsymbol{\theta}}(\boldsymbol{x}_t, t) - \boldsymbol{\mu}_q(\boldsymbol{x}_t, \boldsymbol{x}_0)\|^2 \right] \right]$$

손실 함수는 목적 함수에 마이너스를 붙여서 구할 수 있습니다. 또한 손실 함수에 상수를 곱해 생기는 영향은 옵티마이저의 학습률을 조정하여 조율할 수 있습니다. 그래서 앞의 식에 $-\frac{2}{T}$를 곱한 값을 손실 함수로 설정합니다.

$$\text{LOSS}(\boldsymbol{x}_0; \boldsymbol{\theta}) = \mathbb{E}_{u(t)} \left[\mathbb{E}_{q(\boldsymbol{x}_t \mid \boldsymbol{x}_0)} \left[\frac{1}{\sigma_q^2(t)} \|\boldsymbol{\mu}_{\boldsymbol{\theta}}(\boldsymbol{x}_t, t) - \boldsymbol{\mu}_q(\boldsymbol{x}_t, \boldsymbol{x}_0)\|^2 \right] \right]$$

이것이 손실 함수 계산법입니다. 이제 몬테카를로 방법(샘플 크기를 1로 가정)을 사용하면 손실 함수를 다음과 같이 구할 수 있습니다.

$$t \sim U\{1, T\}$$
$$x_t \sim q(x_t \mid x_0)$$
$$\text{LOSS}(x_0; \theta) = \frac{1}{\sigma_q^2(t)} \|\boldsymbol{\mu_\theta}(x_t, t) - \boldsymbol{\mu_q}(x_t, x_0)\|^2$$

이 식과 같이 손실 함수는 제곱 오차로 표현됩니다. 이러한 손실 함수로 신경망을 학습시키면 $\boldsymbol{\mu_\theta}(x_t, t)$가 $\boldsymbol{\mu_q}(x_t, x_0)$에 가까워지도록 매개변수 $\boldsymbol{\theta}$가 갱신됩니다.

8.5.3 $q(x_{t-1} \mid x_t, x_0)$ 도출 ★

마지막으로 $q(x_{t-1} \mid x_t, x_0)$을 도출하겠습니다. $q(x_{t-1} \mid x_t, x_0)$은 베이즈 정리에 따라 다음 식이 성립합니다.

$$q(x_{t-1} \mid x_t, x_0) = \frac{q(x_t \mid x_{t-1}, x_0) \; q(x_{t-1} \mid x_0)}{q(x_t \mid x_0)}$$

여기서 마르코프 성질에 의해 $q(x_t \mid x_{t-1}, x_0) = q(x_t \mid x_{t-1})$이 성립합니다. 따라서 $q(x_{t-1} \mid x_t, x_0)$은 다음 식으로 표현할 수 있습니다.

$$q(x_{t-1} \mid x_t, x_0) = \frac{q(x_t \mid x_{t-1}) \; q(x_{t-1} \mid x_0)}{q(x_t \mid x_0)}$$

확산 과정에 대한 확률 분포에 대해 지금까지 얻은 식은 다음과 같습니다.

$$q(x_t \mid x_{t-1}) = \mathcal{N}(x_t; \sqrt{\alpha_t} x_{t-1}, (1 - \alpha_t)\mathbf{I})$$

$$q(x_t \mid x_0) = \mathcal{N}(x_t; \sqrt{\bar{\alpha}_t} x_0, (1 - \bar{\alpha}_t)\mathbf{I})$$

이 식에 따라 $q(x_{t-1} \mid x_t, x_0)$은 다음과 같이 식을 확장할 수 있습니다.

$$q(x_{t-1} \mid x_t, x_0) = \frac{q(x_t \mid x_{t-1}) \; q(x_{t-1} \mid x_0)}{q(x_t \mid x_0)}$$
$$= \frac{\mathcal{N}(x_t; \sqrt{\alpha_t} x_{t-1}, (1 - \alpha_t)\mathbf{I}) \; \mathcal{N}(x_{t-1}; \sqrt{\bar{\alpha}_{t-1}} x_0, (1 - \bar{\alpha}_{t-1})\mathbf{I})}{\mathcal{N}(x_t; \sqrt{\bar{\alpha}_t} x_0, (1 - \bar{\alpha}_t)\mathbf{I})}$$

이처럼 정규 분포 3개를 곱하고 나눈 식으로 표현되므로 그 결과인 $q(\boldsymbol{x}_{t-1} \mid \boldsymbol{x}_t, \boldsymbol{x}_0)$도 정규 분포입니다.

계속해서 $q(\boldsymbol{x}_{t-1} \mid \boldsymbol{x}_t, \boldsymbol{x}_0)$이 어떤 정규 분포가 될 것인가를 계산해봅시다. 정규 분포의 지수 부분에 주목하면 식을 효율적으로 전개할 수 있습니다. 예를 들어 $\mathcal{N}(\boldsymbol{x}_t; \sqrt{\alpha_t}\boldsymbol{x}_{t-1}, (1-\alpha_t)\mathbf{I})$의 지수 부분은 다음 식과 같습니다.

$$\begin{aligned}
&\mathcal{N}(\boldsymbol{x}_t; \sqrt{\alpha_t}\boldsymbol{x}_{t-1}, (1-\alpha_t)\mathbf{I}) \\
&\propto \exp\left\{-\frac{1}{2}(\boldsymbol{x}_t - \sqrt{\alpha_t}\boldsymbol{x}_{t-1})^\top ((1-\alpha_t)\mathbf{I})^{-1}(\boldsymbol{x}_t - \sqrt{\alpha_t}\boldsymbol{x}_{t-1})\right\} \\
&= \exp\left\{-\frac{1}{2}(\boldsymbol{x}_t - \sqrt{\alpha_t}\boldsymbol{x}_{t-1})^\top \left(\frac{1}{1-\alpha_t}\mathbf{I}\right)(\boldsymbol{x}_t - \sqrt{\alpha_t}\boldsymbol{x}_{t-1})\right\} \\
&= \exp\left(-\frac{1}{2}\frac{\|\boldsymbol{x}_t - \sqrt{\alpha_t}\boldsymbol{x}_{t-1}\|^2}{1-\alpha_t}\right)
\end{aligned}$$

$\propto$는 '비례하다'라는 뜻의 기호입니다. 이 점을 고려하여 $q(\boldsymbol{x}_{t-1} \mid \boldsymbol{x}_t, \boldsymbol{x}_0)$의 지수 부분에 주목하면 식을 다음처럼 전개할 수 있습니다.

$$\begin{aligned}
&q(\boldsymbol{x}_{t-1} \mid \boldsymbol{x}_t, \boldsymbol{x}_0) \\
&\propto \exp\left(-\frac{1}{2}\left(\frac{\|\boldsymbol{x}_t - \sqrt{\alpha_t}\boldsymbol{x}_{t-1}\|^2}{1-\alpha_t} + \frac{\|\boldsymbol{x}_{t-1} - \sqrt{\bar{\alpha}_{t-1}}\boldsymbol{x}_0\|^2}{1-\bar{\alpha}_{t-1}} - \frac{\|\boldsymbol{x}_t - \sqrt{\bar{\alpha}_t}\boldsymbol{x}_0\|^2}{1-\bar{\alpha}_t}\right)\right) \\
&= \exp\left(-\frac{1}{2}\left(\frac{\|\boldsymbol{x}_t\|^2 - 2\sqrt{\alpha_t}\boldsymbol{x}_t \cdot \boldsymbol{x}_{t-1} + \alpha_t\|\boldsymbol{x}_{t-1}\|^2}{1-\alpha_t}\right.\right. \\
&\qquad\qquad + \frac{\|\boldsymbol{x}_{t-1}\|^2 - 2\sqrt{\bar{\alpha}_{t-1}}\boldsymbol{x}_0 \cdot \boldsymbol{x}_{t-1} + \bar{\alpha}_{t-1}\|\boldsymbol{x}_0\|^2}{1-\bar{\alpha}_{t-1}} \\
&\qquad\qquad\left.\left. - \frac{\|\boldsymbol{x}_t - \sqrt{\bar{\alpha}_t}\boldsymbol{x}_0\|^2}{1-\bar{\alpha}_t}\right)\right) \\
&= \exp\left(-\frac{1}{2}\left(\left(\frac{\alpha_t}{1-\alpha_t} + \frac{1}{1-\bar{\alpha}_{t-1}}\right)\|\boldsymbol{x}_{t-1}\|^2\right.\right. \\
&\qquad\qquad - \left(\frac{2\sqrt{\alpha_t}}{1-\alpha_t}\boldsymbol{x}_t + \frac{2\sqrt{\bar{\alpha}_{t-1}}}{1-\bar{\alpha}_{t-1}}\boldsymbol{x}_0\right) \cdot \boldsymbol{x}_{t-1} \\
&\qquad\qquad\left.\left. + C(\boldsymbol{x}_t, \boldsymbol{x}_0)\right)\right)
\end{aligned}$$

$q(\boldsymbol{x}_{t-1} \mid \boldsymbol{x}_t, \boldsymbol{x}_0)$은 $\boldsymbol{x}_{t-1}$의 조건부 확률 분포입니다. 여기서 $C(\boldsymbol{x}_t, \boldsymbol{x}_0)$은 $\boldsymbol{x}_{t-1}$과 관련이 없는 항을 나타냅니다. 이어서 앞의 식을 다음 형태로 변형합니다.

$$\exp\left(-\frac{1}{2}\frac{\|\boldsymbol{x}_{t-1} - \boldsymbol{\mu}_q(\boldsymbol{x}_t, \boldsymbol{x}_0)\|^2}{\sigma_q^2(t)}\right)$$

그러면 분산 $\sigma_q^2(t)$와 평균 벡터 $\boldsymbol{\mu}_q(\boldsymbol{x}_t, \boldsymbol{x}_0)$을 구할 수 있습니다. 식을 전개해봅시다.

$$\sigma_q^2(t) = 1/\left(\frac{\alpha_t}{1-\alpha_t} + \frac{1}{1-\bar{\alpha}_{t-1}}\right)$$
$$= \frac{(1-\alpha_t)(1-\bar{\alpha}_{t-1})}{(1-\bar{\alpha}_{t-1})\alpha_t + 1 - \alpha_t}$$
$$= \frac{(1-\alpha_t)(1-\bar{\alpha}_{t-1})}{1-\bar{\alpha}_t}$$

$$\boldsymbol{\mu}_q(\boldsymbol{x}_t, \boldsymbol{x}_0) = \left(\frac{\sqrt{\alpha_t}}{1-\alpha_t}\boldsymbol{x}_t + \frac{\sqrt{\bar{\alpha}_{t-1}}}{1-\bar{\alpha}_{t-1}}\boldsymbol{x}_0\right) / \left(\frac{\alpha_t}{1-\alpha_t} + \frac{1}{1-\bar{\alpha}_{t-1}}\right)$$
$$= \left(\frac{\sqrt{\alpha_t}}{1-\alpha_t}\boldsymbol{x}_t + \frac{\sqrt{\bar{\alpha}_{t-1}}}{1-\bar{\alpha}_{t-1}}\boldsymbol{x}_0\right) / \frac{1-\bar{\alpha}_t}{(1-\alpha_t)(1-\bar{\alpha}_{t-1})}$$
$$= \frac{\sqrt{\alpha_t}(1-\bar{\alpha}_{t-1})\boldsymbol{x}_t + \sqrt{\bar{\alpha}_{t-1}}(1-\alpha_t)\boldsymbol{x}_0}{1-\bar{\alpha}_t}$$

이를 통해 다음 식을 얻을 수 있습니다.

$$q(\boldsymbol{x}_{t-1} \mid \boldsymbol{x}_t, \boldsymbol{x}_0)$$
$$= \mathcal{N}(\boldsymbol{x}_{t-1}; \underbrace{\frac{\sqrt{\alpha_t}(1-\bar{\alpha}_{t-1})\boldsymbol{x}_t + \sqrt{\bar{\alpha}_{t-1}}(1-\alpha_t)\boldsymbol{x}_0}{1-\bar{\alpha}_t}}_{\boldsymbol{\mu}_q(\boldsymbol{x}_t, \boldsymbol{x}_0)}, \underbrace{\frac{(1-\alpha_t)(1-\bar{\alpha}_{t-1})}{1-\bar{\alpha}_t}}_{\sigma_q^2(t)}\mathbf{I})$$

8.6 확산 모델의 학습(알고리즘)

앞 절에서 확산 모델의 학습 알고리즘을 알아보았습니다. 복습도 할 겸 이를 의사 코드로 표현해봅시다.

> **확산 모델의 학습 알고리즘**
>
> 1. 반복:
> 2. x_0을 학습 데이터에서 무작위로 가져옴
> 3. $t \sim U\{1, T\}$ (균등 분포로부터 정수 t 생성)
> 4. $\varepsilon \sim \mathcal{N}(\mathbf{0}, \mathbf{I})$
> 5. $x_t = \sqrt{\bar{\alpha}_t} x_0 + \sqrt{1 - \bar{\alpha}_t} \varepsilon$ ($q(x_t \mid x_0)$으로부터 샘플링)
> 6. $\mu_q(x_t, x_0) = \frac{\sqrt{\alpha_t}(1 - \bar{\alpha}_{t-1}) x_t + \sqrt{\bar{\alpha}_{t-1}}(1 - \alpha_t) x_0}{1 - \bar{\alpha}_t}$
> 7. $\sigma_q^2(t) = \frac{(1 - \alpha_t)(1 - \bar{\alpha}_{t-1})}{1 - \bar{\alpha}_t}$
> 8. $\mathrm{LOSS}(x_0; \theta) = \frac{1}{\sigma_q^2(t)} \| \mu_\theta(x_t, t) - \mu_q(x_t, x_0) \|^2$
> 9. $\frac{\partial}{\partial \theta} \mathrm{LOSS}(x_0; \theta)$를 구하고 경사법으로 매개변수 갱신

이상이 확산 모델의 학습 알고리즘입니다. 하지만 여기서 끝이 아닙니다. 사실 방금 소개한 것보다 더 간단한 알고리즘이 존재합니다. 비밀은 신경망을 적용하는 위치에 있습니다.

8.6.1 신경망은 무엇을 예측하는가?

지금까지는 $\mu_\theta(x_t, t)$ 형태의 신경망을 생각했습니다. 이 신경망은 $\mu_q(x_t, x_0)$을 학습 데이터로 사용하여 동일한 출력이 나오도록 학습합니다(그림 8-14).

그림 8-14 $\boldsymbol{\mu}_q(\boldsymbol{x}_t, \boldsymbol{x}_0)$을 학습 데이터로 사용하는 확산 모델

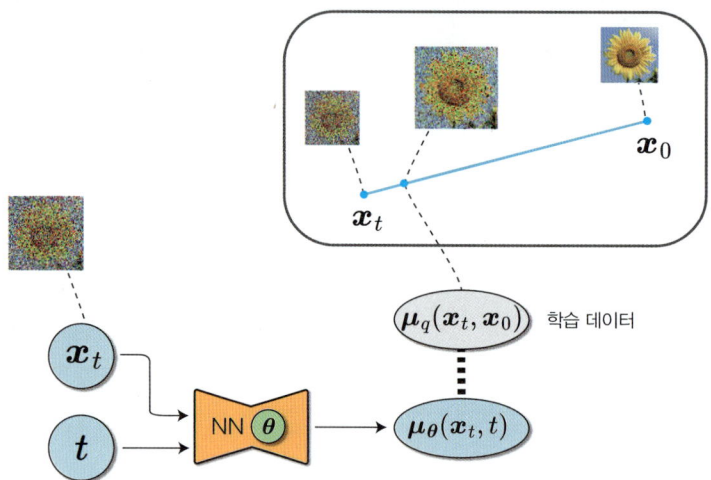

학습 데이터 $\boldsymbol{\mu}_q(\boldsymbol{x}_t, \boldsymbol{x}_0)$은 $\boldsymbol{x}_t$와 $\boldsymbol{x}_0$의 내분점으로 해석할 수 있다고 했습니다. $\boldsymbol{\mu}_q(\boldsymbol{x}_t, \boldsymbol{x}_0)$은 노이즈 이미지 $\boldsymbol{x}_t$에서 원본 이미지 $\boldsymbol{x}_0$의 방향으로 이동한 이미지, 즉 노이즈가 약간 제거된 이미지입니다. 그런데 신경망이 꼭 [그림 8-14]와 같은 형태여야 하는 건 아닙니다. 다른 방법을 두 가지 소개하겠습니다.

8.6.2 원본 데이터를 복원하는 신경망

우선 $\boldsymbol{\mu}_q(\boldsymbol{x}_t, \boldsymbol{x}_0)$이 다음 식으로 표현된다는 점에 주목합니다(복습).

$$\boldsymbol{\mu}_q(\boldsymbol{x}_t, \boldsymbol{x}_0) = \frac{\sqrt{\alpha_t}(1 - \bar{\alpha}_{t-1})\boldsymbol{x}_t + \sqrt{\bar{\alpha}_{t-1}}(1 - \alpha_t)\boldsymbol{x}_0}{1 - \bar{\alpha}_t} \quad \text{[식 8.11]}$$

그리고 $\boldsymbol{\mu}_\theta(\boldsymbol{x}_t, t)$를 이 식의 형태에 맞게 조정합니다. 바로 다음 식입니다.

$$\boldsymbol{\mu}_\theta(\boldsymbol{x}_t, t) = \frac{\sqrt{\alpha_t}(1 - \bar{\alpha}_{t-1})\boldsymbol{x}_t + \sqrt{\bar{\alpha}_{t-1}}(1 - \alpha_t)\hat{\boldsymbol{x}}_\theta(\boldsymbol{x}_t, t)}{1 - \bar{\alpha}_t} \quad \text{[식 8.12]}$$

여기서 $\hat{\boldsymbol{x}}_\theta(\boldsymbol{x}_t, t)$는 신경망이 추정한 값을 뜻합니다. 이제 우리가 할 일은 신경망이 [식 8.11] 전체를 예측하는 것이 아니라 $\hat{\boldsymbol{x}}_\theta(\boldsymbol{x}_t, t)$의 일부를 추정하도록 조정하는 것입니다. [식 8.11]

과 [식 8.12]를 비교해보면 $\hat{\boldsymbol{x}}_{\boldsymbol{\theta}}(\boldsymbol{x}_t, t)$와 $\boldsymbol{x}_0$이 대응한다는 사실을 알 수 있습니다. 또한 이 경우 KL 발산은 다음과 같이 계산할 수 있습니다.

$$D_{\mathrm{KL}}(q(\boldsymbol{x}_{t-1} \mid \boldsymbol{x}_t, \boldsymbol{x}_0) \parallel p_{\boldsymbol{\theta}}(\boldsymbol{x}_{t-1} \mid \boldsymbol{x}_t))$$
$$= \frac{1}{2\sigma_q^2(t)} \|\boldsymbol{\mu}_{\boldsymbol{\theta}}(\boldsymbol{x}_t, t) - \boldsymbol{\mu}_q(\boldsymbol{x}_t, \boldsymbol{x}_0)\|^2$$
$$= \frac{1}{2\sigma_q^2(t)} \left(\frac{\sqrt{\bar{\alpha}_{t-1}}(1 - \alpha_t)}{1 - \bar{\alpha}_t}\right)^2 \|\hat{\boldsymbol{x}}_{\boldsymbol{\theta}}(\boldsymbol{x}_t, t) - \boldsymbol{x}_0\|^2$$

KL 발산이 손실 함수가 되므로 이 식에서 손실 함수는 $\hat{\boldsymbol{x}}_{\boldsymbol{\theta}}(\boldsymbol{x}_t, t)$와 $\boldsymbol{x}_0$의 제곱 오차로 표현됩니다. 그래서 $\hat{\boldsymbol{x}}_{\boldsymbol{\theta}}(\boldsymbol{x}_t, t)$는 $\boldsymbol{x}_0$을 학습 데이터로 삼아 동일한 출력이 나오도록 학습합니다. 즉, 이번 신경망에서 수행하는 처리는 [그림 8-15]와 같습니다.

그림 8-15 $\boldsymbol{x}_0$을 학습 데이터로 사용하는 확산 모델

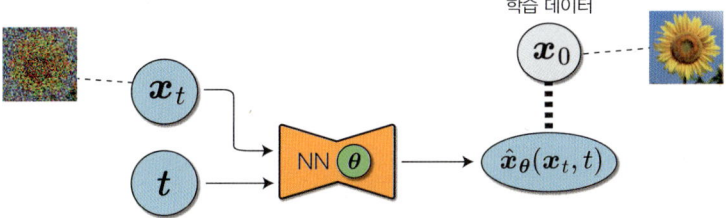

그림에서 보듯 데이터 $\boldsymbol{x}_t$와 시각 t를 입력받아 노이즈가 없는 원본 데이터인 $\boldsymbol{x}_0$을 복원하는 신경망입니다.

8.6.3 노이즈를 예측하는 신경망

또 다른 형태의 신경망도 생각해볼 수 있습니다. 이 신경망은 $q(\boldsymbol{x}_t \mid \boldsymbol{x}_0)$을 다음 식으로 표현합니다.

$$q(\boldsymbol{x}_t \mid \boldsymbol{x}_0) = \mathcal{N}(\boldsymbol{x}_t; \sqrt{\bar{\alpha}_t}\boldsymbol{x}_0, (1 - \bar{\alpha}_t)\mathbf{I})$$

그리고 $q(\boldsymbol{x}_t \mid \boldsymbol{x}_0)$의 샘플은 다음 식으로 표현된다는 사실을 이용합니다.

$$\varepsilon \sim \mathcal{N}(\mathbf{0}, \mathbf{I})$$
$$\boldsymbol{x}_t = \sqrt{\bar{\alpha}_t}\boldsymbol{x}_0 + \sqrt{1-\bar{\alpha}_t}\varepsilon$$

이로부터 다음 식이 성립합니다.

$$\boldsymbol{x}_0 = \frac{\boldsymbol{x}_t - \sqrt{1-\bar{\alpha}_t}\varepsilon}{\sqrt{\bar{\alpha}_t}}$$

이어서 이 식을 [식 8.11]에 대입하여 전개합니다.

$$\boldsymbol{\mu}_q(\boldsymbol{x}_t, \boldsymbol{x}_0) = \frac{\sqrt{\alpha_t}(1-\bar{\alpha}_{t-1})\boldsymbol{x}_t + \sqrt{\bar{\alpha}_{t-1}}(1-\alpha_t)\boldsymbol{x}_0}{1-\bar{\alpha}_t}$$
$$= (\text{중간의 식 전개는 생략})$$
$$= \frac{1}{\sqrt{\alpha_t}}\left(\boldsymbol{x}_t - \frac{1-\alpha_t}{\sqrt{1-\bar{\alpha}_t}}\varepsilon\right)$$

이 식에 대응하도록 $\boldsymbol{\mu}_\theta(\boldsymbol{x}_t, t)$를 다시 작성하면 다음과 같습니다.

$$\boldsymbol{\mu}_\theta(\boldsymbol{x}_t, t) = \frac{1}{\sqrt{\alpha_t}}\left(\boldsymbol{x}_t - \frac{1-\alpha_t}{\sqrt{1-\bar{\alpha}_t}}\varepsilon_\theta(\boldsymbol{x}_t, t)\right)$$

여기서 $\varepsilon_\theta(\boldsymbol{x}_t, t)$는 신경망의 출력을 뜻합니다. 이때 KL 발산은 다음처럼 계산할 수 있습니다.

$$D_{\text{KL}}(q(\boldsymbol{x}_{t-1} \mid \boldsymbol{x}_t, \boldsymbol{x}_0) \parallel p_\theta(\boldsymbol{x}_{t-1} \mid \boldsymbol{x}_t)) = \frac{1}{2\sigma_q^2(t)}\|\boldsymbol{\mu}_\theta(\boldsymbol{x}_t, t) - \boldsymbol{\mu}_q(\boldsymbol{x}_t, \boldsymbol{x}_0)\|^2$$
$$= \frac{1}{2\sigma_q^2(t)}\frac{(1-\alpha_t)^2}{(1-\bar{\alpha}_t)\alpha_t}\|\varepsilon_\theta(\boldsymbol{x}_t, t) - \varepsilon\|^2$$

결과는 $\varepsilon_\theta(\boldsymbol{x}_t, t)$와 ε의 제곱 오차입니다. 따라서 신경망의 $\varepsilon_\theta(\boldsymbol{x}_t, t)$는 $\boldsymbol{x}_0$으로부터 $\boldsymbol{x}_t$를 만들 때 사용하는 노이즈 성분인 ε을 예측하게 됩니다. 그림으로 표현하면 [그림 8-16]과 같습니다.

그림 8-16 ε을 학습 데이터로 사용하는 확산 모델

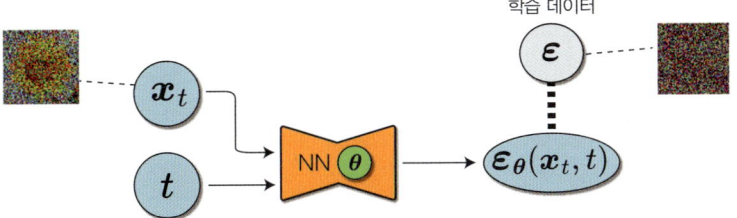

논문[11]에 따르면 노이즈를 예측하는 모델의 결과가 더 좋았다고 합니다. 또한 손실 함수의 계수를 생략하고 사용해도 똑같은 결과를 얻을 수 있습니다.

$$\text{LOSS}(\boldsymbol{x}_0; \boldsymbol{\theta}) = \|\boldsymbol{\varepsilon_\theta}(\boldsymbol{x}_t, t) - \boldsymbol{\varepsilon}\|^2$$

간단해진 이 손실 함수를 이용해서 확산 모델을 학습시킬 수 있습니다. 다음은 이 손실 함수를 이용한 학습 알고리즘을 의사 코드로 정리한 것입니다.

확산 모델의 학습 알고리즘(노이즈 예측 버전)

1. 반복:
2. $\boldsymbol{x}_0$을 학습 데이터에서 무작위로 가져옴
3. $t \sim U\{1, T\}$ (균등 분포로부터 정수 t 생성)
4. $\boldsymbol{\varepsilon} \sim \mathcal{N}(\mathbf{0}, \mathbf{I})$
5. $\boldsymbol{x}_t = \sqrt{\bar{\alpha}_t}\boldsymbol{x}_0 + \sqrt{1 - \bar{\alpha}_t}\boldsymbol{\varepsilon}$
6. $\text{LOSS}(\boldsymbol{x}_0; \boldsymbol{\theta}) = \|\boldsymbol{\varepsilon_\theta}(\boldsymbol{x}_t, t) - \boldsymbol{\varepsilon}\|^2$
7. $\frac{\partial}{\partial \boldsymbol{\theta}}\text{LOSS}(\boldsymbol{x}_0; \boldsymbol{\theta})$를 구하고 경사법으로 매개변수 갱신

8.6.4 새로운 데이터 샘플링

마지막으로 새로운 데이터를 샘플링하는 방법을 설명하겠습니다. 8.4.2절에서 제시한 바와 같이 $p_\theta(\boldsymbol{x}_{t-1} | \boldsymbol{x}_t)$는 다음 식으로 표현됩니다.

$$p_{\boldsymbol{\theta}}(\boldsymbol{x}_{t-1} \mid \boldsymbol{x}_t) = \mathcal{N}(\boldsymbol{x}_{t-1}; \boldsymbol{\mu}_{\boldsymbol{\theta}}(\boldsymbol{x}_t, t), \sigma_q^2(t)\mathbf{I})$$

이로부터 $\boldsymbol{x}_{t-1} \sim p_{\boldsymbol{\theta}}(\boldsymbol{x}_{t-1} \mid \boldsymbol{x}_t)$에 의한 샘플은 재매개변수화 트릭을 사용하면 다음 식으로 표현할 수 있습니다.

$$\varepsilon \sim \mathcal{N}(\mathbf{0}, \mathbf{I})$$
$$\boldsymbol{x}_{t-1} = \boldsymbol{\mu}_{\boldsymbol{\theta}}(\boldsymbol{x}_t, t) + \sigma_q(t)\varepsilon$$

여기서 $\boldsymbol{\mu}_{\boldsymbol{\theta}}(\boldsymbol{x}_t, t)$와 $\sigma_q(t)$는 다음 식으로 표현됩니다.

$$\boldsymbol{\mu}_{\boldsymbol{\theta}}(\boldsymbol{x}_t, t) = \frac{1}{\sqrt{\alpha_t}} \left(\boldsymbol{x}_t - \frac{1-\alpha_t}{\sqrt{1-\bar{\alpha}_t}} \boldsymbol{\varepsilon}_{\boldsymbol{\theta}}(\boldsymbol{x}_t, t) \right)$$
$$\sigma_q(t) = \sqrt{\frac{(1-\alpha_t)(1-\bar{\alpha}_{t-1})}{1-\bar{\alpha}_t}}$$

이 식으로 시각 T에서 시작하여 이전 시각의 데이터를 차례로 생성합니다. 한편 마지막 처리($\boldsymbol{x}_1$에서 $\boldsymbol{x}_0$을 생성하는 처리)에서는 노이즈를 추가하지 않아야 결과가 좋아진다고 알려져 있습니다. 그래서 $t = 1$일 때는 $\varepsilon = \mathbf{0}$으로 설정합니다. 다음은 데이터 생성 알고리즘을 의사 코드로 정리한 것입니다.

확산 모델의 데이터 생성 방법

1. $\boldsymbol{x}_T \sim \mathcal{N}(\mathbf{0}, \mathbf{I})$
2. for t in $[T, ..., 1]$:
3. $\varepsilon \sim \mathcal{N}(\mathbf{0}, \mathbf{I})$
4.   if $t = 1$ then $\varepsilon = \mathbf{0}$
5. $\sigma_q(t) = \sqrt{\frac{(1-\alpha_t)(1-\bar{\alpha}_{t-1})}{1-\bar{\alpha}_t}}$
6. $\boldsymbol{x}_{t-1} = \frac{1}{\sqrt{\alpha_t}} \left(\boldsymbol{x}_t - \frac{1-\alpha_t}{\sqrt{1-\bar{\alpha}_t}} \boldsymbol{\varepsilon}_{\boldsymbol{\theta}}(\boldsymbol{x}_t, t) \right) + \sigma_q(t)\varepsilon$
7. return $\boldsymbol{x}_0$

이것으로 확산 모델의 이론 부분을 모두 살펴봤습니다. 다음 장에서는 코드로 구현하겠습니다.

CHAPTER 9

확산 모델 구현

앞서 8장에서는 확산 모델의 이론을 배웠습니다. 이제 구현으로 넘어갑시다. 확산 모델에서는 신경망에 U-Net 모델을 많이 사용합니다. 이번 장에서는 먼저 U-Net에 대해 설명하고 이를 구현합니다. 그런 다음 시각 데이터(정수 데이터)를 효율적으로 처리하기 위한 '사인파 위치 인코딩'에 대해 알아봅니다. 이후 가우스 노이즈를 추가하는 확산 과정을 하나씩 확인하면서 구현하고, 마지막으로 MNIST 데이터셋을 이용해 확산 모델을 학습합니다.

9.1 U-Net

확산 모델에서 사용하는 신경망을 $\varepsilon_\theta(x_t, t)$로 표기하겠습니다. 8.6.3절에서 설명한 신경망으로, [그림 9-1]과 같이 노이즈를 예측합니다.

그림 9-1 확산 모델에서 사용하는 신경망

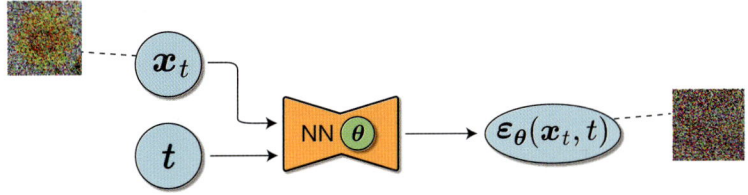

$\varepsilon_\theta(x_t, t)$는 노이즈 데이터인 x_t와 시각 t를 입력받습니다. 입력이 두 개인데 우선 t를 생략한 [그림 9-2] 형태를 구현합니다. 이처럼 간소화한 형태부터 완성한 후, 시각 t까지 추가한 [그림 9-1]의 온전한 모델을 구현하는 순서로 진행하겠습니다.

그림 9-2 이번 절에서 구현하는 신경망

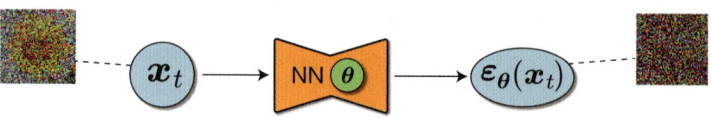

[그림 9-2]의 신경망은 $\varepsilon_\theta(x_t)$로 표현합니다. 그리고 입력과 출력의 형상이 같습니다. 이러한 조건을 충족하는 유명한 모델로는 AutoEncoder와 FCN[15]이 있으며, 확산 모델에서는 U-Net[16]을 자주 사용합니다.

9.1.1 U-Net이란?

U-Net은 원래 의료 이미지의 시맨틱 분할용으로 개발된 모델입니다. **시맨틱 분할**semantic segmentation이란 '의미를 기준 분할한다'는 뜻입니다. 예를 들어 [그림 9-3]과 같이 이미지의 각 픽셀에 특정한 클래스(분류) 레이블class label을 할당합니다.

그림 9-3 시맨틱 분할을 수행하는 신경망의 예

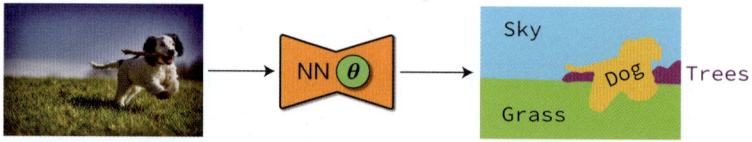

이 그림의 U-Net 입력은 (C, H, W) 형상의 이미지 데이터입니다. C는 입력 이미지의 채널 수(RGB 이미지라면 3개)이고 H와 W는 이미지의 높이와 너비입니다. 출력은 (D, H, W) 형상 텐서이며 D는 분할할 클래스의 개수입니다. 즉, 이 신경망은 각 픽셀이 D개의 클래스 중 어디에 속할지를 예측하는 확률 분포를 출력합니다. 확산 모델에서는 입출력 채널 수를 동일한 C로 설정합니다. 즉, 출력도 (C, H, W)로 설정합니다.

이어서 U-Net의 신경망 구조를 표현한 [그림 9-4]를 살펴봅시다. U-Net이라는 이름은 신경망 구조가 알파벳 'U'를 닮았다는 데서 유래했습니다.

그림 9-4 U-Net의 신경망 구조(논문[16]에서 인용)

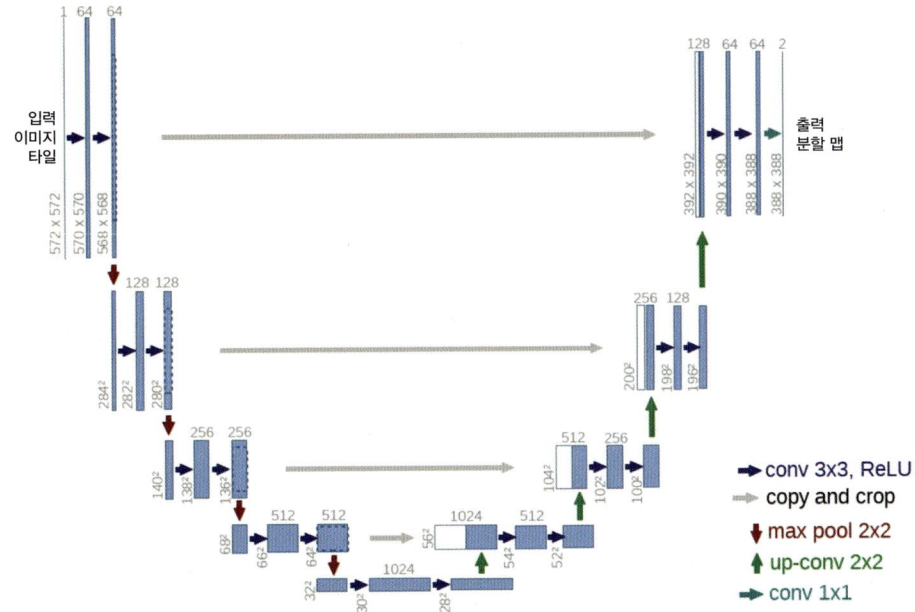

U-Net의 처리는 전반부의 축소 단계와 후반부의 확대 단계로 나뉩니다. 축소 단계에서는 합성곱 계층을 통과시키며 특성 맵feature map을 점진적으로 축소시킵니다. 특성 맵을 작게 만드는 층을 다운샘플링 계층downsampling layer이라고 합니다. 반면 확대 단계에서는 합성곱 계층을 통해 특성을 추출하면서, 전반부와 반대로 특성 맵의 크기를 점진적으로 키웁니다. 특성 맵을 크게 만드는 계층을 업샘플링 계층upsampling layer이라고 합니다.

U-Net은 스킵 연결로 유명합니다. **스킵 연결**skip-connection이란 대응하는 축소 단계와 확대 단계 사이에서 특성 맵을 직접 전달하는 메커니즘입니다. 스킵 연결을 통해 U-Net은 물체 전체의 특징을 파악하면서 보다 세밀한 공간적 위치 정보를 이용할 수 있습니다.

9.1.2 U-Net 구현

이번 절에서는 1×28×28 크기의 MNIST를 처리하는 간단한 U-Net을 구현합니다. 신경망 구조는 [그림 9-5]와 같습니다.

그림 9-5 이번 절에서 구현하는 U-Net

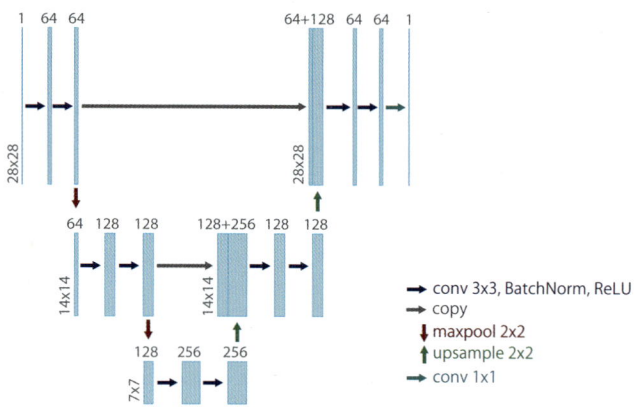

그림에서 보듯 축소 단계와 확대 단계를 두 번씩 거칩니다. 각 단계는 2층의 합성곱 계층으로 처리합니다. 이 U-Net을 구현하기 위해 먼저 '합성곱 블록'을 표현하는 ConvBlock 클래스를 구현하겠습니다. ConvBlock 클래스는 [그림 9-6]과 같이 합성곱 계층, 배치 정규화 계층, ReLU 함수를 각각 두 번씩 처리합니다.

그림 9-6 ConvBlock 클래스에서 수행하는 처리

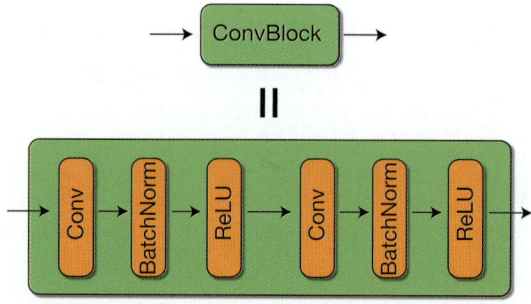

다음은 ConvBlock 클래스의 코드입니다.

```
step09/simple_unet.py
import torch
from torch import nn

class ConvBlock(nn.Module):
    def __init__(self, in_ch, out_ch):
        super().__init__()
        self.convs = nn.Sequential(   # 여러 계층을 직렬로 연결
            nn.Conv2d(in_ch, out_ch, 3, padding=1),
            nn.BatchNorm2d(out_ch),
            nn.ReLU(),
            nn.Conv2d(out_ch, out_ch, 3, padding=1),
            nn.BatchNorm2d(out_ch),
            nn.ReLU()
        )

    def forward(self, x):
        return self.convs(x)
```

nn.Sequential()을 이용하여 여러 계층을 직렬로 연결하여 데이터가 각 계층을 차례로 통과하도록 구현합니다. 이 ConvBlock 클래스를 사용하여 [그림 9-5]를 표현하는 UNet 클래스를 구현해봅시다.

```
step09/simple_unet.py
class UNet(nn.Module):
    def __init__(self, in_ch=1):
        super().__init__()

        self.down1 = ConvBlock(in_ch, 64)
        self.down2 = ConvBlock(64, 128)
        self.bot1 = ConvBlock(128, 256)
        self.up2 = ConvBlock(128 + 256, 128)
        self.up1 = ConvBlock(128 + 64, 64)
        self.out = nn.Conv2d(64, in_ch, 1)

        self.maxpool = nn.MaxPool2d(2)   # ❶ 맥스 풀링
        self.upsample = nn.Upsample(scale_factor=2, mode='bilinear')   # ❷ 업샘플링

    def forward(self, x):
        x1 = self.down1(x)
        x = self.maxpool(x1)
        x2 = self.down2(x)
```

```
            x = self.maxpool(x2)

            x = self.bot1(x)

            x = self.upsample(x)
            x = torch.cat([x, x2], dim=1)
            x = self.up2(x)
            x = self.upsample(x)
            x = torch.cat([x, x1], dim=1)  # ❸ 스킵 연결
            x = self.up1(x)
            x = self.out(x)
            return x
```

❶ 이번 구현에서는 맥스 풀링^{max pooling}을 사용하여 크기를 줄였습니다. 이렇게 하면 텐서의 크기가 1/2로 줄어듭니다. ❷ 한편 확대 처리에는 쌍선형 보간법으로 업샘플링을 하여 크기를 두 배로 키웠습니다.

> **NOTE_ 쌍선형 보간법**^{bilinear interpolation}은 이미지의 크기를 확대할 때 사용하는 기법입니다. 원본 이미지의 픽셀값을 기반으로 새로운 픽셀을 만들어내므로 이미지를 부드럽게 확대할 수 있습니다.

❸ U-Net의 스킵 연결은 torch.cat([x, x1], dim=1) 코드로 구현합니다. torch.cat()은 텐서를 결합하는 함수이며 인수 dim=1로 결합할 차원을 지정합니다. 이번 예에서 x의 형상이 (N, C, H, W)이고 x1의 형상이 (N, I, H, W)라면, 결합 후 텐서의 형상은 (N, C + I, H, W)가 됩니다(인덱스 1에 해당하는 C와 I를 결합).

그럼 UNet 클래스를 사용해봅시다. 더미 데이터를 이용한 처리 과정은 다음과 같습니다.

```
model = UNet()                                              step09/simple_unet.py
x = torch.randn(10, 1, 28, 28)  # 더미 입력 데이터
y = model(x)
print(y.shape)  # (10, 1, 28, 28)
```

출력 결과를 보면 입력과 출력의 텐서 형상이 동일함을 알 수 있습니다. 이것으로 U-Net 구현을 마쳤습니다. 다음 절에서는 이 U-Net을 확장하여 시각 t를 입력으로 받도록 하겠습니다.

9.2 사인파 위치 인코딩

앞 절에서는 x_t만을 처리하는 U-Net을 구현했습니다. 남은 과제는 시각 t를 U-Net에 도입하는 것입니다. 여기서 t는 정수라는 점에 주목합시다. 신경망에서는 정수를 벡터로 변환하여 학습과 예측을 더 효과적으로 수행합니다. 확산 모델에서는 시각 t를 인코딩할 때 종종 사인파 위치 인코딩을 사용합니다.

9.2.1 사인파 위치 인코딩이란?

사인파 위치 인코딩은 「Attention is All You Need」논문[17]의 트랜스포머^{Transformer}에서 사용해서 유명해졌습니다. **사인파 위치 인코딩**^{sinusoidal positional encoding}이란 '사인파를 이용해 위치 정보를 인코딩한다'는 뜻입니다. 위치 정보란 시계열 데이터에서 각 원소의 출현 위치를 말합니다. 자연어 처리에서라면 단어의 출현 위치가 위치 정보에 해당합니다. 확산 모델에서의 시각 t도 위치 정보입니다.

사인파 위치 인코딩은 정수 t를 벡터 v로 변환합니다. 변환된 벡터 v의 차원 수를 D라고 하면 벡터의 i번째 원소는 다음 식으로 표현합니다.

$$v_i = \begin{cases} \sin\left(\frac{t}{10000^{\frac{i}{D}}}\right) & (i\text{가 짝수일 때}) \\ \cos\left(\frac{t}{10000^{\frac{i}{D}}}\right) & (i\text{가 홀수일 때}) \end{cases}$$

사인파 위치 인코딩은 위치 정보를 (절댓값이 아닌) 주기적인 특성을 지닌 sin 함수와 cos 함수를 이용해 인코딩합니다. 이렇게 하면 위치 정보의 상대적 차이와 주기적 패턴을 명확하게 표현할 수 있습니다. 따라서 신경망 모델이 시계열 데이터에 담겨 있는 데이터들의 상대적 위치 관계를 더 효과적으로 학습할 수 있습니다.

9.2.2 사인파 위치 인코딩 구현

이제 사인파 위치 인코딩을 구현하겠습니다. 먼저 시각 데이터 하나(정수)를 인코딩하는 함수인 _pos_encoding()을 구현합니다. 그런 다음 이 함수를 이용하여 배치 데이터를 처리하는 함수를 구현하겠습니다. _pos_encoding()의 코드는 다음과 같습니다.

```
import torch

def _pos_encoding(t, output_dim, device='cpu'):
    D = output_dim
    v = torch.zeros(D, device=device)

    i = torch.arange(0, D, device=device)  # ❶
    div_term = 10000 ** (i / D)

    v[0::2] = torch.sin(t / div_term[0::2])  # ❷
    v[1::2] = torch.cos(t / div_term[1::2])
    return v
```
step09/diffusion_model.py

```
v = _pos_encoding(1, 16)
print(v.shape)  # (16,)
```
사용 예

이 코드에서는 입력된 시각(t)과 출력된 차원 수(output_dim)를 기반으로 위치 인코딩을 수행합니다. ❶의 torch.arange(D) 코드에서 텐서 [0, 1 … D−1]을 만듭니다. 그리고 ❷의 v[0::2]는 슬라이스 기법을 써서 '벡터 v의 짝수 인덱스(0, 2, 4…)에 해당하는 원소들'을 지정한 다음, 해당 원소들에 사인파 인코딩을 할당합니다.

> **NOTE_** _pos_encoding() 함수는 매개변수로 device를 받습니다. device는 텐서 계산을 수행할 장치를 뜻합니다. 기본값인 'cpu'를 사용하면 텐서 계산을 CPU에서 수행하고 'cuda'를 입력하면 GPU에서 수행합니다. CUDA란 엔비디아가 개발한 병렬 컴퓨팅 플랫폼과 API로, GPU를 활용하여 범용 병렬 연산을 빠르게 처리합니다.

다음으로 배치 데이터를 처리하는 사인파 위치 인코딩을 pos_encoding() 함수로 구현합니다. 알기 쉽게 for 문을 써서 구현했습니다.

```
def pos_encoding(ts, output_dim, device='cpu'):
    batch_size = len(ts)
    v = torch.zeros(batch_size, output_dim, device=device)
    for i in range(batch_size):
```
step09/diffusion_model.py

```
        v[i] = _pos_encoding(ts[i], output_dim, device)   # ❶
    return v
```

```
v = pos_encoding(torch.tensor([1, 2, 3]), 16)
print(v.shape)  # (3, 16)
```
사용 예

인수 중 ts는 텐서입니다. ❶ 이 텐서의 각 원소에 대해 앞서 구현한 _pos_encoding()을 호출합니다. 이것으로 사인파 위치 인코딩 구현을 마칩니다.

9.2.3 U-Net에 통합

마지막으로 U-Net에 사인파 위치 인코딩을 통합합니다. 앞 절에서 구현한 ConvBlock 클래스에 사인파 위치 인코딩을 도입하겠습니다. ConvBlock은 합성곱 계층 두 개로 구성된 처리 단위입니다. 앞 절에서는 ConvBlock을 사용하여 U-Net을 [그림 9-7]과 같이 구현하였습니다.

그림 9-7 앞 절에서 구현한 U-Net

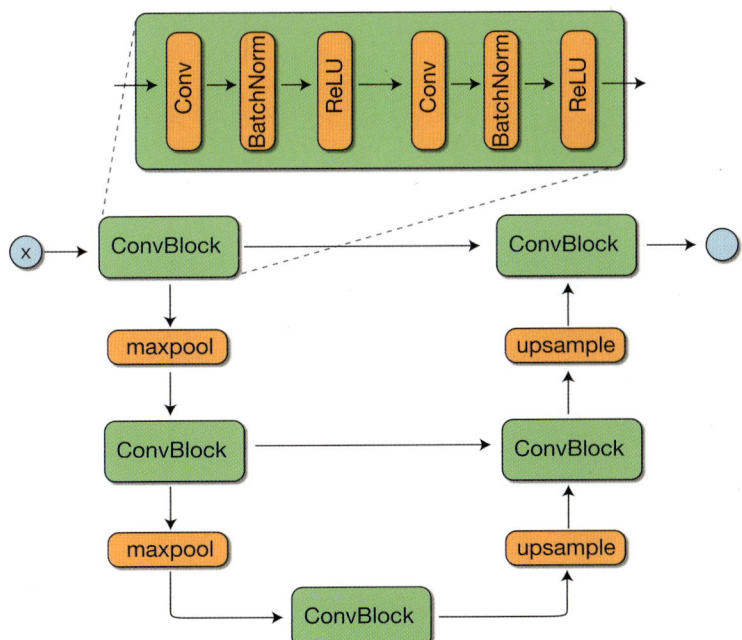

이번 절에서는 그림에 등장하는 다섯 ConvBlock에 사인파 위치 인코딩 정보를 추가합니다.

그림 9-8 사인파 위치 인코딩을 도입한 U-Net

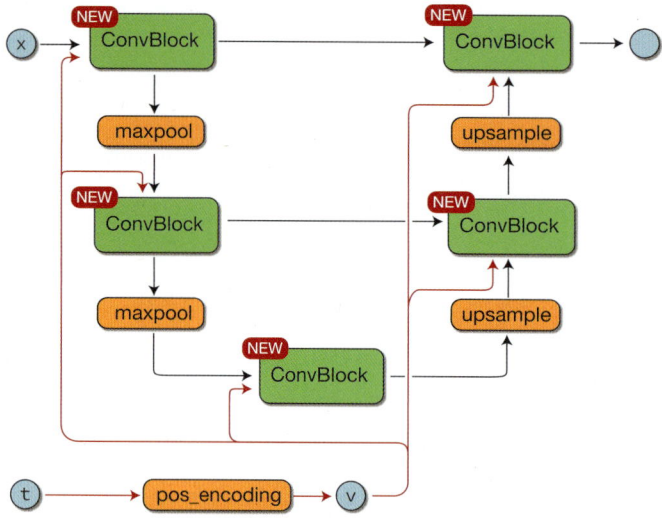

[그림 9-8]과 같이 'NEW'가 붙은 새로운 ConvBlock에는 사인파 위치 인코딩 정보인 v도 입력합니다. 그리고 새로운 ConvBlock의 내부에서 [그림 9-9]의 처리를 수행합니다.

그림 9-9 새로운 ConvBlock 클래스

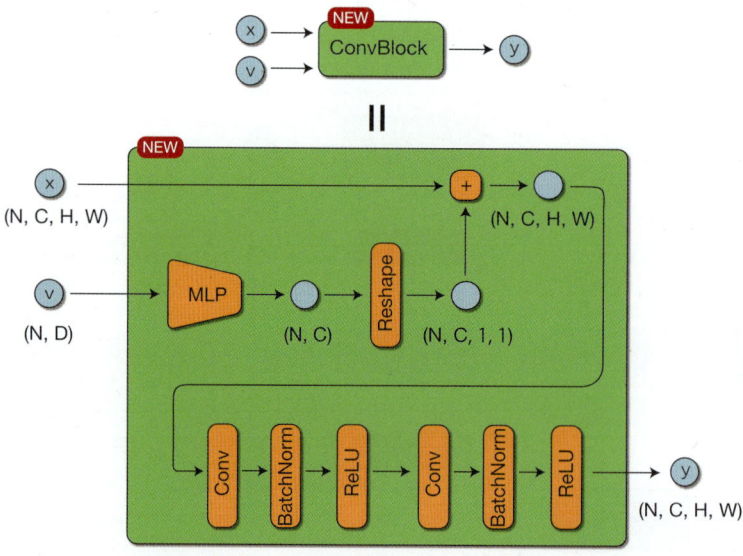

[그림 9-9]에서 x의 형상은 (N, C, H, W)이고 v의 형상은 (N, D)입니다. v는 다층 퍼셉트론$^{multilayer\ perceptron}$(MLP, 여기서는 완전 연결 계층$^{fully\ connected\ layer}$으로 구성된 신경망)을 통과하면서 (N, C) 형상으로 변환된 후, 다시 (N, C, 1, 1) 형상으로 바뀝니다. 이처럼 형상을 변환한 이유는 이후 덧셈으로 브로드캐스트 기능을 쓸 수 있도록 하기 위해서입니다. 다음은 새로운 ConvBlock 코드입니다.

```
                                                             step09/diffusion_model.py
class ConvBlock(nn.Module):
    def __init__(self, in_ch, out_ch, time_embed_dim):  # ❶
        super().__init__()
        self.convs = nn.Sequential(
            nn.Conv2d(in_ch, out_ch, 3, padding=1),
            nn.BatchNorm2d(out_ch),
            nn.ReLU(),
            nn.Conv2d(out_ch, out_ch, 3, padding=1),
            nn.BatchNorm2d(out_ch),
            nn.ReLU()
        )
        self.mlp = nn.Sequential(    # ❷ mlp = 완전 연결 계층
            nn.Linear(time_embed_dim, in_ch),
            nn.ReLU(),
            nn.Linear(in_ch, in_ch)
        )

    def forward(self, x, v):
        N, C, _, _ = x.shape
        v = self.mlp(v)
        v = v.view(N, C, 1, 1)
        y = self.convs(x + v)
        return y
```

❶ 인수 time_embed_dim은 사인파 위치 인코딩으로 변환된 벡터의 차원 수입니다. ❷ self.mlp라는 완전 연결 계층이 time_embed_dim 차원의 벡터를 in_ch 차원의 벡터로 변환합니다.

마지막으로 새로운 ConvBlock 클래스를 사용하여 UNet 클래스를 구현합니다.

```
                                                             step09/diffusion_model.py
class UNet(nn.Module):
    def __init__(self, in_ch=1, time_embed_dim=100):
        super().__init__()
```

```python
        self.time_embed_dim = time_embed_dim

        self.down1 = ConvBlock(in_ch, 64, time_embed_dim)
        self.down2 = ConvBlock(64, 128, time_embed_dim)
        self.bot1 = ConvBlock(128, 256, time_embed_dim)
        self.up2 = ConvBlock(128 + 256, 128, time_embed_dim)
        self.up1 = ConvBlock(128 + 64, 64, time_embed_dim)
        self.out = nn.Conv2d(64, in_ch, 1)

        self.maxpool = nn.MaxPool2d(2)
        self.upsample = nn.Upsample(scale_factor=2, mode='bilinear')

    def forward(self, x, timesteps):
        # 사인파 위치 인코딩
        v = pos_encoding(timesteps, self.time_embed_dim, x.device)

        x1 = self.down1(x, v)  # 신경망에 v도 입력
        x = self.maxpool(x1)
        x2 = self.down2(x, v)
        x = self.maxpool(x2)

        x = self.bot1(x, v)

        x = self.upsample(x)
        x = torch.cat([x, x2], dim=1)
        x = self.up2(x, v)
        x = self.upsample(x)
        x = torch.cat([x, x1], dim=1)
        x = self.up1(x, v)
        x = self.out(x)
        return x
```

이로써 확산 모델에서 사용할 신경망이 준비됐습니다.

9.3 확산 과정

이번 절에서는 가우스 노이즈를 추가하는 확산 과정을 구현합니다. 먼저 매 시각 노이즈를 조금씩 추가하며 확산하는 방식인 $q(\boldsymbol{x}_t \mid \boldsymbol{x}_{t-1})$을 구현하겠습니다.

9.3.1 $q(\boldsymbol{x}_t \mid \boldsymbol{x}_{t-1})$로부터 샘플링

확산 모델의 $q(\boldsymbol{x}_t \mid \boldsymbol{x}_{t-1})$은 다음 식으로 표현됩니다.

$$q(\boldsymbol{x}_t \mid \boldsymbol{x}_{t-1}) = \mathcal{N}(\boldsymbol{x}_t; \sqrt{1-\beta_t}\boldsymbol{x}_{t-1}, \beta_t \mathbf{I})$$

$q(\boldsymbol{x}_t \mid \boldsymbol{x}_{t-1})$로부터 샘플링은 재매개변수화 트릭을 사용하면 다음 식으로 표현할 수 있습니다.

$$\varepsilon \sim \mathcal{N}(\mathbf{0}, \mathbf{I})$$
$$\boldsymbol{x}_t = \sqrt{1-\beta_t}\boldsymbol{x}_{t-1} + \sqrt{\beta_t}\varepsilon$$

먼저 더미 데이터를 사용하여 이 공식을 구현해봅시다.

step09/gaussian_noise.py

```python
import torch

x = torch.randn(3, 64, 64)  # 더미 데이터
T = 1000
betas = torch.linspace(0.0001, 0.02, T)  # 하이퍼파라미터 생성

for t in range(T):
    beta = betas[t]
    eps = torch.randn_like(x)  # x와 같은 형상의 가우스 노이즈 생성
    x = torch.sqrt(1 - beta) * x + torch.sqrt(beta) * eps  # 노이즈 추가
```

사용한 더미 데이터 x는 (3, 64, 64) 형상의 텐서입니다(표준 정규 분포에서 생성). 하이퍼파라미터인 $\{\beta_1, \beta_2 \cdots \beta_T\}$는 torch.linspace(0.0001, 0.02, T)로 설정합니다. torch.linspace() 함수는 지정된 범위(0.0001에서 0.02까지)를 균일한 간격으로 나눈 값들로 구성된 텐서를 생성합니다. 그런 다음 for 문을 사용하여 x에 노이즈를 차례대로 추가합니다.

> **NOTE_** 노이즈 스케줄링에는 여러 방법이 있지만, 여기서는 확산 모델 원 논문[25]에 따라 0.0001에서 0.02까지 선형으로 변화하는 방법을 사용했습니다.

9.3.2 이미지 확산 과정

이제부터 실제 이미지 데이터를 사용하여 확산 과정을 구현합니다. 먼저 이미지 불러오기와 전처리 코드를 살펴보겠습니다.

```python
# step09/gaussian_noise.py
import os
import torch
import torchvision.transforms as transforms
import numpy as np
import matplotlib.pyplot as plt

# 이미지 불러오기
current_dir = os.path.dirname(os.path.abspath(__file__))
file_path = os.path.join(current_dir, 'flower.png')
image = plt.imread(file_path)
print(image.shape)  # (64, 64, 3)

# 이미지 전처리 정의
preprocess = transforms.ToTensor()
x = preprocess(image)
print(x.shape)  # (3, 64, 64)
```

여기서는 로컬 이미지를 불러왔습니다. 이미지는 넘파이의 다차원 배열로 로드되며 형상은 (Height, Width, Channel) 순서로 유지됩니다. 앞으로는 머리글자를 따서 (H, W, C)로 표기하겠습니다. 이번에 사용하는 데이터는 (64, 64, 3) 형상입니다.

이미지 데이터를 다룰 때는 일반적으로 전처리를 거칩니다. 파이토치의 이미지 처리 라이브러리인 torchvision에는 전처리용 변환 메서드가 몇 가지 준비되어 있습니다. 이번에는 그중 transforms.ToTensor()를 사용합니다. transforms.ToTensor()는 PIL^{Python Imaging Library} 이미지나 넘파이의 ndarray 형식 이미지를 파이토치의 텐서로 변환합니다. 그 외에도 다음과 같은 변환을 수행합니다.

- 이미지의 픽셀값 범위를 원래의 [0, 255]에서 [0.0, 1.0]으로 스케일링
- 이미지의 차원을 (H, W, C)에서 (C, H, W)로 변경

다음으로 방금 전처리한 결과를 거꾸로 되돌리는 함수를 구현하겠습니다. 확산 모델이 생성한 데이터를 시각화할 때 사용할 함수입니다.

```
                                                        step09/gaussian_noise.py
def reverse_to_img(x):
    x = x * 255            # 각 원소(픽셀)의 값을 원래 범위로 스케일링
    x = x.clamp(0, 255)    # x의 각 원소를 0~255 범위로 제한
    x = x.to(torch.uint8)  # 데이터 타입을 torch.unit8로 변환
    to_pil = transforms.ToPILImage()  # PIL 이미지로 변환
    return to_pil(x)
```

이 함수의 인수 x는 텐서입니다. x에 255를 곱하고 x.clamp(0, 255)를 통해 x의 각 원소를 0~255 범위로 제한합니다. x.clamp(0, 255) 코드는 원소가 0보다 작으면 0으로, 255보다 크면 255로 변경합니다. 그리고 x.to(torch.uint8) 코드는 데이터 타입을 torch.uint8로 변환합니다. 마지막으로 transforms.ToPILImage()를 사용하여 텐서를 PIL 이미지로 변환합니다.

이제 이미지 데이터로 확산 과정을 진행해보겠습니다.

```
                                                        step09/gaussian_noise.py
T = 1000
beta_start = 0.0001
beta_end = 0.02
betas = torch.linspace(beta_start, beta_end, T)
imgs = []

for t in range(T):
    if t % 100 == 0:              # 노이즈를 100번 추가할 때마다
        img = reverse_to_img(x)   # 텐서를 이미지로 복원
        imgs.append(img)          # 복원한 이미지 출력

    beta = betas[t]
    eps = torch.randn_like(x)
    x = torch.sqrt(1 - beta) * x + torch.sqrt(beta) * eps

# 10개의 이미지를 2행 5열로 표시
plt.figure(figsize=(15, 6))
for i, img in enumerate(imgs[:10]):
    plt.subplot(2, 5, i + 1)
    plt.imshow(img)
    plt.title(f'Noise: {i * 100}')
    plt.axis('off')

plt.show()
```

이 코드는 노이즈를 100번 추가할 때마다 텐서를 이미지로 복원하여 출력합니다. 확산 과정을 중간중간 들여다본 것입니다. 코드를 실행하면 [그림 9-10]과 같은 결과를 얻을 수 있습니다.

그림 9-10 노이즈를 추가하여 조금씩 변화해가는 이미지

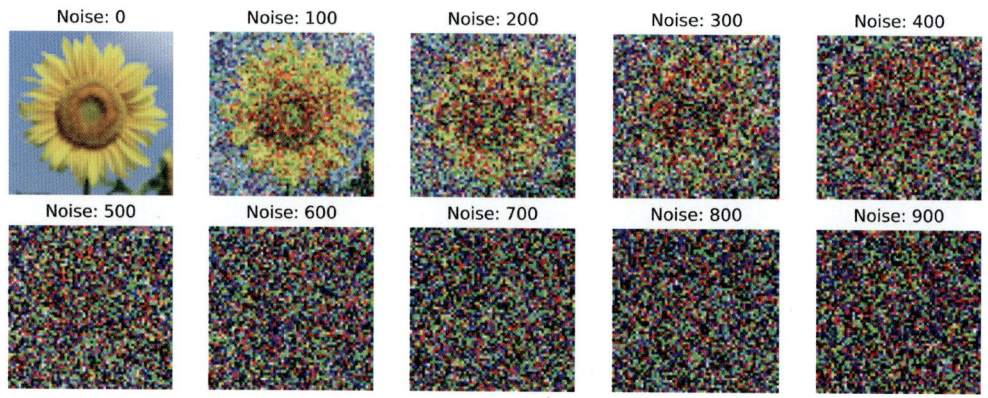

그림과 같이 노이즈가 추가되는 과정을 시각화할 수 있습니다. 노이즈가 추가될수록 해바라기 그림의 본래 원소가 사라지고 마지막에는 완전한 노이즈로 변하는 모습을 확인할 수 있습니다.

9.3.3 $q(x_t \mid x_0)$으로부터 샘플링

이어서 특정 시각에서의 확산 이미지를 단 한 번의 노이즈 추가로 얻어내는 수식인 $q(x_t \mid x_0)$으로부터 샘플링 처리를 구현합니다. $q(x_t \mid x_0)$은 다음과 같이 해석적으로 표현할 수 있습니다.

- 하이퍼파라미터 관계식

$$\alpha_t = 1 - \beta_t$$
$$\bar{\alpha}_t = \alpha_t \alpha_{t-1} \ldots \alpha_1$$

- 확률 분포: $q(x_t \mid x_0)$

$$q(x_t \mid x_0) = \mathcal{N}(x_t; \sqrt{\bar{\alpha}_t} x_0, (1 - \bar{\alpha}_t)\mathbf{I})$$

- $q(x_t \mid x_0)$으로부터 샘플링

$$\varepsilon \sim \mathcal{N}(\mathbf{0}, \mathbf{I})$$
$$x_t = \sqrt{\bar{\alpha}_t} x_0 + \sqrt{1 - \bar{\alpha}_t} \varepsilon$$

여기서 $\bar{\alpha}_t = \alpha_t \alpha_{t-1} \ldots \alpha_1$이라는 계산이 필요한데, 파이토치의 torch.cumprod() 함수로 계산할 수 있습니다. 이 함수는 텐서의 누적곱을 계산합니다. **누적곱**cumulative product이란 지정한 차원을 따라 이전까지의 모든 원소를 곱하는 계산입니다. torch.cumprod()는 기본적으로 다음처럼 사용합니다.

```
output = torch.cumprod(input, dim)
```

여기서 input은 입력 텐서, dim은 누적곱을 계산할 차원을 가리키는 정수입니다. 이번에는 1차원 텐서만 다루기 때문에 dim=0으로 설정하면 됩니다. 구체적인 사용법을 보겠습니다.

```python
import torch

x = torch.tensor([1, 2, 3, 4])
output = torch.cumprod(x, dim=0)
print(output)
```

실행 결과
```
tensor([1, 2, 6, 24])
```

1차원 텐서(벡터)의 누적곱을 계산했습니다. 지정한 차원(dim=0)을 따라 이전까지의 모든 원소를 곱합니다. 즉, 출력 텐서의 각 원소는 입력 텐서에서 동일 위치까지 원소들을 모두 곱한 값입니다. 입력이 [1, 2, 3, 4]이므로 출력은 [1, 1*2, 1*2*3, 1*2*3*4] = [1, 2, 6, 24]가 됩니다.

이제 $q(\boldsymbol{x}_t \mid \boldsymbol{x}_0)$으로부터 샘플링하는 로직을 구현하겠습니다. 중요한 부분만 발췌했습니다.

```python
# 이미지 불러오기                                    step09/gaussian_noise.py
current_dir = os.path.dirname(os.path.abspath(__file__))
file_path = os.path.join(current_dir, 'flower.png')
img = plt.imread(file_path)
x = preprocess(img)

T = 1000
beta_start = 0.0001
beta_end = 0.02
betas = torch.linspace(beta_start, beta_end, T)
```

```python
def add_noise(x_0, t, betas):
    T = len(betas)
    assert t >= 1 and t <= T  # ❶ t가 1~T 범위인지 확인

    alphas = 1 - betas
    alpha_bars = torch.cumprod(alphas, dim=0)
    t_idx = t - 1  # ❷ 시각 t에 해당하는 하이퍼파라미터 인덱스 준비
    alpha_bar = alpha_bars[t_idx]

    # ❸
    eps = torch.randn_like(x_0)
    x_t = torch.sqrt(alpha_bar) * x_0 + torch.sqrt(1 - alpha_bar) * eps

    return x_t  # ❹ 시각 t에서 노이즈 이미지 반환

# ❺ 시각 100의 노이즈 이미지 생성
t = 100
x_t = add_noise(x, t, betas)

# 이미지 출력
img = reverse_to_img(x_t)
plt.imshow(img)
plt.title(f'Noise: {t}')
plt.axis('off')
plt.show()
```

add_noise() 함수를 봅시다. ❶에서는 인수 t의 값이 1 이상 T 이하인지 assert를 이용해 확인합니다. assert는 조건을 충족하지 못하면 오류를 냅니다. ❷ 파이썬에서 리스트(또는 텐서)의 인덱스는 0부터 시작하므로 시각 t에 해당하는 하이퍼파라미터의 인덱스는 t − 1이 됩니다 (betas[t − 1] 또는 alphas[t − 1]). 여기서는 t_idx = t − 1 코드에서 인덱스용 변수를 따로 준비했습니다. 그리고 ❸에서는 다음 계산식을 구현합니다.

$$\varepsilon \sim \mathcal{N}(\mathbf{0}, \mathbf{I})$$
$$\boldsymbol{x}_t = \sqrt{\bar{\alpha}_t}\boldsymbol{x}_0 + \sqrt{1 - \bar{\alpha}_t}\boldsymbol{\varepsilon}$$

❹ add_noise() 함수가 반환하는 x_t는 시각 t에서의 노이즈 이미지입니다. ❺ 마지막으로 add_noise()를 이용하여 t=100에서의 노이즈 이미지를 얻습니다.

이 코드를 실행하면 [그림 9-11]의 이미지를 출력합니다. 반복문을 써서 노이즈를 100번이나 추가하는 일 없이, 단 한 번의 노이즈 추가만으로 확산 과정을 구현했습니다.

그림 9-11 t=100에서 노이즈 이미지

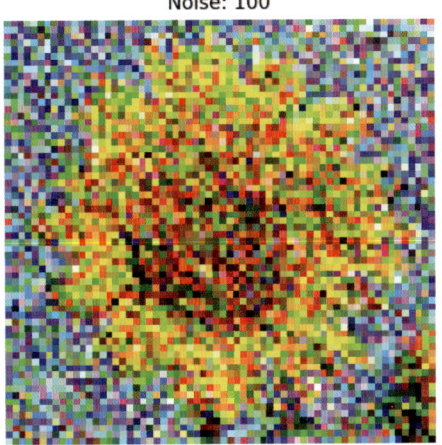

9.3.4 Diffuser 클래스 구현

마지막으로 지금까지 구현한 확산 과정 코드를 클래스로 정리하겠습니다. 클래스 이름은 Diffuser로 합시다. 또한 다음 두 가지 사항에 대응하기 위해 일부 코드를 추가하겠습니다.

- GPU 지원: CPU와 GPU 중 원하는 장치 선택
- 배치 데이터: (C, H, W)가 아닌 (N, C, H, W) 형태의 데이터 처리

코드는 다음과 같습니다.

```python
                                                          step09/diffusion_model.py
class Diffuser:
    def __init__(self, num_timesteps=1000, beta_start=0.0001, beta_end=0.02,
                 device='cpu'):
        self.num_timesteps = num_timesteps
        self.device = device
        self.betas = torch.linspace(beta_start, beta_end, num_timesteps,
                                    device=device)
        self.alphas = 1 - self.betas
```

```
        self.alpha_bars = torch.cumprod(self.alphas, dim=0)

    def add_noise(self, x_0, t):
        T = self.num_timesteps
        assert (t >= 1).all() and (t <= T).all()  # ❶ t의 모든 원소가 1~T 범위인지 확인
        t_idx = t - 1

        alpha_bar = self.alpha_bars[t_idx]
        N = alpha_bar.size(0)
        alpha_bar = alpha_bar.view(N, 1, 1, 1)  # ❷ alpha_bar의 형상 변환

        noise = torch.randn_like(x_0, device=self.device)
        x_t = torch.sqrt(alpha_bar) * x_0 + torch.sqrt(1 - alpha_bar) * noise
        return x_t, noise
```

Diffuser 클래스의 __init__()에서는 β, α, $\bar{\alpha}$ 등의 하이퍼파라미터를 텐서로 설정하고 device 인수로 지정한 장치에 하이퍼파라미터 텐서를 준비합니다.

add_noise() 메서드는 주어진 입력 x_0에 지정된 시각 t만큼의 노이즈를 추가합니다. ❶에서는 t의 원소 각각이 1 이상 T 이하인지 확인합니다. ❷에서는 (N,) 형상의 alpha_bar를 (N, 1, 1, 1) 형상으로 변환합니다. 이후 계산에서 브로드캐스트가 제대로 작동하게 하기 위함입니다. 여기까지가 Diffuser 클래스입니다.

9.4 데이터 생성

이번에는 앞 절에서 구현한 Diffuser 클래스에 데이터 생성 메서드를 추가합니다. 다음은 확산 모델의 데이터 생성 방법을 의사 코드로 정리한 것입니다.

> **확산 모델의 데이터 생성 방법**
>
> 1. $\boldsymbol{x}_T \sim \mathcal{N}(\boldsymbol{0}, \boldsymbol{I})$
> 2. **for** t **in** $[T, ..., 1]$:
> 3. $\quad\varepsilon \sim \mathcal{N}(\boldsymbol{0}, \boldsymbol{I})$
> 4. $\quad$**if** $t = 1$ **then** $\varepsilon = \boldsymbol{0}$
> 5. $\quad\sigma_q(t) = \sqrt{\frac{(1-\alpha_t)(1-\bar{\alpha}_{t-1})}{1-\bar{\alpha}_t}}$
> 6. $\quad\boldsymbol{x}_{t-1} = \frac{1}{\sqrt{\alpha_t}}\left(\boldsymbol{x}_t - \frac{1-\alpha_t}{\sqrt{1-\bar{\alpha}_t}}\boldsymbol{\varepsilon_\theta}(\boldsymbol{x}_t, t)\right) + \sigma_q(t)\boldsymbol{\varepsilon}$
> 7. **return** $\boldsymbol{x}_0$

이 로직을 Diffuser 클래스에 추가하겠습니다.

9.4.1 노이즈 제거 처리

앞의 의사 코드를 구현하기 위해 먼저 for 문의 첫 번째 단계인 노이즈 제거를 수행하는 메서드를 구현합니다. 이름은 denoise(self, model, x, t)입니다. 인수 x의 형상은 (N, C, H, W)이고 t의 형상은 (N,)으로 합니다.

step09/diffusion_model.py

```python
class Diffuser:
    # ...

    def denoise(self, model, x, t):
        # t의 모든 원소가 1~T 범위인지 확인
        T = self.num_timesteps
        assert (t >= 1).all() and (t <= T).all()

        t_idx = t - 1
        alpha = self.alphas[t_idx]
        alpha_bar = self.alpha_bars[t_idx]
        alpha_bar_prev = self.alpha_bars[t_idx-1]

        # 브로드캐스트가 올바르게 수행되도록 설정
        N = alpha.size(0)
        alpha = alpha.view(N, 1, 1, 1)
        alpha_bar = alpha_bar.view(N, 1, 1, 1)
```

```
        alpha_bar_prev = alpha_bar_prev.view(N, 1, 1, 1)

        model.eval()                # ❶ 평가 모드로 전환
        with torch.no_grad():       # ❷ 기울기 계산 비활성화
            eps = model(x, t)
        model.train()               # ❸ 학습 모드로 전환

        noise = torch.randn_like(x, device=self.device)
        noise[t == 1] = 0           # ❹

        mu = (x - ((1-alpha) / torch.sqrt(1-alpha_bar)) * eps) /\
             torch.sqrt(alpha)
        std = torch.sqrt((1-alpha) * (1-alpha_bar_prev) / (1-alpha_bar))
        return mu + noise * std
```

❶ model.eval()은 모델을 '평가 모드'로 전환합니다. 배치 정규화와 드롭아웃 등은 평가할 때와 학습할 때 동작이 다르므로 두 모드를 적절히 전환해야 합니다. ❷ torch.no_grad()는 역전파로 기울기를 계산할 일이 없을 때 사용합니다. 이 컨텍스트 매니저를 사용하면 메모리 사용량이 줄고 계산 효율이 높아집니다. 이번 예에서는 기울기 계산이 필요 없습니다. ❸ 이어서 model.train() 코드로 모델을 '학습 모드'로 전환합니다.

❹의 noise[t == 1] = 0 코드는 세심하게 들여다보아야 합니다. 여기서는 다음과 같은 일이 일어납니다.

- t == 1에 의해 t의 각 원소가 1이면 True, 그렇지 않으면 False인 불리언 타입 텐서가 만들어진다.
- noise[t == 1]에 의해, t == 1 코드로 만든 불리언 타입 텐서에서 True인 원소를 noise에서 선택한다.
- noise[t == 1] = 0은 선택된 원소에 새로운 값 0을 할당한다(선택된 원소의 원래 값은 1).

9.4.2 데이터 생성 구현

이어서 확산 모델로 이미지를 생성하는 메서드를 구현합니다. 이름은 sample(self, model, x_shape=(20, 1, 28, 28))입니다. 인수 중 x_shape는 생성할 텐서의 형상을 정합니다. 여기서는 MNIST로 가정한 형상을 기본 인수로 설정했습니다(배치 수는 20, 이미지 형상은 1×28×28).

```
                                                            step09/diffusion_model.py
from tqdm import tqdm  # 진행률 표시줄을 출력하는 라이브러리

class Diffuser:
    # ...

    def reverse_to_img(self, x):
        x = x * 255
        x = x.clamp(0, 255)
        x = x.to(torch.uint8)
        x = x.cpu()
        to_pil = transforms.ToPILImage()
        return to_pil(x)

    def sample(self, model, x_shape=(20, 1, 28, 28)):
        batch_size = x_shape[0]
        x = torch.randn(x_shape, device=self.device)

        for i in tqdm(range(self.num_timesteps, 0, -1)):  # ❶ 역순으로 순환
            t = torch.tensor([i] * batch_size, device=self.device,
                             dtype=torch.long)
            x = self.denoise(model, x, t)  # ❷ 노이즈 제거

        # ❸ 각 배치의 텐서들을 이미지로 변환
        images = [self.reverse_to_img(x[i]) for i in range(batch_size)]
        return images
```

❶ range(self.num_timesteps, 0, -1)은 self.num_timesteps에서 1까지 1씩 감소하는 역순 반복자^{iterator}를 만듭니다. 그리고 tqdm() 함수에 반복자를 전달하면 반복문의 진행 상황을 표시하는 진행률 표시줄을 만들 수 있습니다.

> **NOTE_** tqdm은 진행률 표시줄^{progress bar}을 출력해주는 파이썬 라이브러리입니다('tqdm'은 아랍어로 'progress'를 뜻합니다). tqdm은 터미널에서 다음 명령으로 설치할 수 있습니다.
>
> ```
> $ pip3 install tqdm
> ```

❷에서는 앞 절에서 구현한 denoise() 메서드를 for 문 안에서 반복 호출합니다. ❸의 self.reverse_to_img(x[i])는 텐서를 이미지로 변환합니다. 이를 위해 각 배치의 텐서에 대해

reverse_to_img() 메서드를 호출합니다.

이상이 Diffuser 클래스를 이용한 데이터 생성입니다.

9.5 확산 모델의 학습(구현)

이번 절에서는 지금까지 구현한 Diffuser 클래스와 UNet 클래스를 이용하여 확산 모델을 학습시키고, 학습된 모델을 이용하여 데이터를 생성합니다. 다음은 확산 모델의 학습 알고리즘을 표현한 의사 코드입니다. 8.6.3절에서 정리한 알고리즘에서 마지막 6~7단계를 하나로 압축하였습니다.

확산 모델의 학습 알고리즘

1. 반복:
2. $x_0 \sim q(x)$ (x_0을 학습 데이터에서 무작위로 가져옴)
3. $t \sim U\{1, T\}$ (균등 분포로부터 정수 t 생성)
4. $\varepsilon \sim \mathcal{N}(\mathbf{0}, \mathbf{I})$
5. $x_t = \sqrt{\bar{\alpha}_t} x_0 + \sqrt{1 - \bar{\alpha}_t} \varepsilon$
6. $\frac{\partial}{\partial \theta} \|\varepsilon_\theta(x_t, t) - \varepsilon\|^2$을 구하고 경사법으로 매개변수 갱신

이 로직을 파이썬으로 구현하겠습니다.

9.5.1 확산 모델 학습 코드

먼저 필요한 모듈을 불러오고, 모델에 사용되는 하이퍼파라미터와 이미지 표시 함수를 선언합니다.

```
step09/diffusion_model.py
import math
import torch
import torchvision
import matplotlib.pyplot as plt
from torchvision import transforms
```

```python
from torch.utils.data import DataLoader
from torch.optim import Adam
import torch.nn.functional as F
from torch import nn
from tqdm import tqdm

img_size = 28
batch_size = 128
num_timesteps = 1000
epochs = 10
lr = 1e-3
device = 'cuda' if torch.cuda.is_available() else 'cpu'   # ❶

def show_images(images, rows=2, cols=10):   # ❷
    fig = plt.figure(figsize=(cols, rows))
    i = 0
    for r in range(rows):
        for c in range(cols):
            fig.add_subplot(rows, cols, i + 1)
            plt.imshow(images[i], cmap='gray')
            plt.axis('off')   # 세로축과 가로축 숨기기
            i += 1
    plt.show()
```

❶ GPU를 사용할 수 있는 환경이라면 GPU('cuda')를 사용하도록 설정합니다. ❷ show_images() 함수는 확산 모델이 생성한 이미지를 표시할 때 사용합니다. 다음은 이어지는 코드입니다.

```python
preprocess = transforms.ToTensor()
dataset = torchvision.datasets.MNIST(root='./data', download=True,
                                     transform=preprocess)
dataloader = DataLoader(dataset, batch_size=batch_size, shuffle=True)

diffuser = Diffuser(num_timesteps, device=device)
model = UNet()
model.to(device)
optimizer = Adam(model.parameters(), lr=lr)
```

데이터셋과 데이터 로더, Diffuser와 UNet 클래스, 옵티마이저를 준비했습니다. 마지막으로 신경망 학습을 수행하는 코드를 보겠습니다.

```python
losses = []                                               # step09/diffusion_model.py
for epoch in range(epochs):
    loss_sum = 0.0
    cnt = 0

    # 에포크마다 데이터를 생성하여 결과를 확인하고 싶다면 다음 주석을 해제
    # images = diffuser.sample(model)
    # show_images(images)

    for images, labels in tqdm(dataloader):  # 진행률 표시줄(tqdm) 사용
        optimizer.zero_grad()
        x = images.to(device)
        t = torch.randint(1, num_timesteps+1, (len(x),), device=device)

        x_noisy, noise = diffuser.add_noise(x, t)  # ❶ 시각 t의 노이즈 이미지 생성
        noise_pred = model(x_noisy, t)             # ❷ 모델로 노이즈 예측
        loss = F.mse_loss(noise, noise_pred)       # ❸ 실제 노이즈와의 제곱 오차 계산

        loss.backward()
        optimizer.step()

        loss_sum += loss.item()
        cnt += 1

    loss_avg = loss_sum / cnt
    losses.append(loss_avg)
    print(f'Epoch {epoch} | Loss: {loss_avg}')

# 손실 그래프
plt.plot(losses)
plt.xlabel('Epoch')
plt.ylabel('Loss')
plt.show()

# ❹ 학습된 모델로 이미지 생성
images = diffuser.sample(model)
show_images(images)
```

❶ 먼저 diffuser를 이용하여 시각 t의 노이즈 이미지 x_noisy를 생성합니다. ❷ 그리고 model에 x_noisy와 t를 전달한 다음, 거기에 포함된 노이즈를 예측하게 합니다. ❸ 이어서

실제 노이즈(noise)와의 제곱 오차를 F.mse_loss() 함수로 계산합니다. ❹ 학습이 끝나면 학습된 모델을 이용해 이미지를 생성합니다.

9.5.2 학습 결과

앞의 코드를 실행해봅시다.

> **WARNING_** 학습에 소요되는 시간은 GPU에서는 에포크당 수 분, CPU에서는 10분 정도 걸립니다(이번에는 학습을 10에포크만큼 진행했습니다).

먼저 손실 함수의 값을 살펴보면 [그림 9-12]와 같은 결과가 나옵니다.

그림 9-12 손실 함수 추이

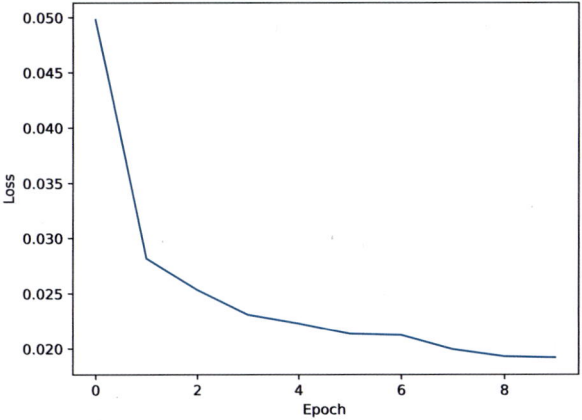

손실 함수의 값이 점점 낮아지고 있으니 학습이 진행되고 있다고 판단할 수 있습니다. 다음으로 확산 모델이 생성한 이미지를 살펴보겠습니다(그림 9-13).

그림 9-13 에포크별 생성 이미지

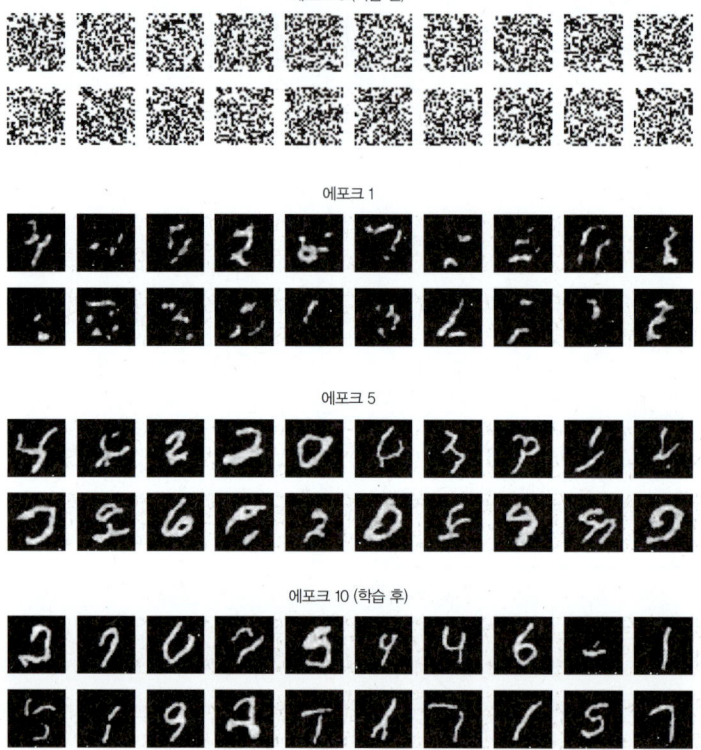

그림에서 보듯 처음에는 노이즈였던 이미지가 에포크가 증가함에 따라 그럴듯한 손글씨 이미지로 성장해갑니다. 마지막에 생성된 이미지는 학습 데이터에 가까운 손글씨 숫자로 보입니다. 물론 아직 개선할 여지가 많습니다. 학습 데이터를 늘리고 모델을 개선하고 하이퍼파라미터를 조정하면 이미지의 품질이 더 좋아질 것입니다. 관심 있는 분은 한번 도전해보세요. 이것으로 확산 모델 구현을 마칩니다.

CHAPTER 10

확산 모델 응용

확산 모델을 활용한 대표적인 서비스로는 스테이블 디퓨전Stable Diffusion과 미드저니Midjourney가 있습니다. 둘 다 텍스트를 입력받아 이미지를 생성하는 서비스이며 조건부 확산 모델을 이용해 구현할 수 있습니다. 이번 장에서는 조건부 확산 모델의 원리를 알아보고 구현합니다. 그리고 마지막으로 스테이블 디퓨전과 같은 첨단 이미지 생성 AI가 어떤 요소 기술을 활용하는지도 설명합니다.

10.1 조건부 확산 모델

지금까지 우리는 데이터 x의 확률인 $p(x)$를 모델링했습니다. 하지만 현실적으로는 조건부 확률인 $p(x \mid y)$를 모델링하는 편이 더 바람직합니다(y는 조건). $p(x \mid y)$를 모델링할 수 있다면 조건 y를 바꿔가며 생성하고자 하는 x를 제어할 수 있습니다.

조건 y에는 텍스트, 이미지, 레이블 등이 포함될 수 있습니다. 예를 들어 y를 저해상도 이미지라고 가정하면 고해상도 이미지로 변환하는 방법도 생각해볼 수 있습니다. **초해상도**super resolution 라는 기술입니다. 확산 모델을 이용한 초해상도 모델에는 계단식 확산 모델cascaded diffusion model[18] 등이 있습니다.

이번 절에서는 y를 '레이블'로 설정한 예를 다룹니다. 정확하게는 MNIST 데이터로 학습한 다음, 숫자 레이블을 부여하면 그 레이블에 해당하는 이미지를 생성하는 모델을 구현합니다(그림 10-1).

그림 10-1 이번 절에서 구현하는 조건부 확산 모델

10.1.1 확산 모델에 조건 추가

복습부터 시작하겠습니다. 확산 모델에서는 신경망을 사용할 위치를 선택할 수 있습니다. 예를 들어 신경망을 [그림 10-2]처럼 사용하여 $\mu_\theta(x_t, t)$와 $\varepsilon_\theta(x_t, t)$를 모델링하는 방법을 생각해 볼 수 있습니다.

그림 10-2 시각 $t-1$의 이미지(정규 분포의 평균 벡터)를 예측하는 모델(위)과 x_t에 추가된 노이즈 성분을 예측하는 모델(아래)

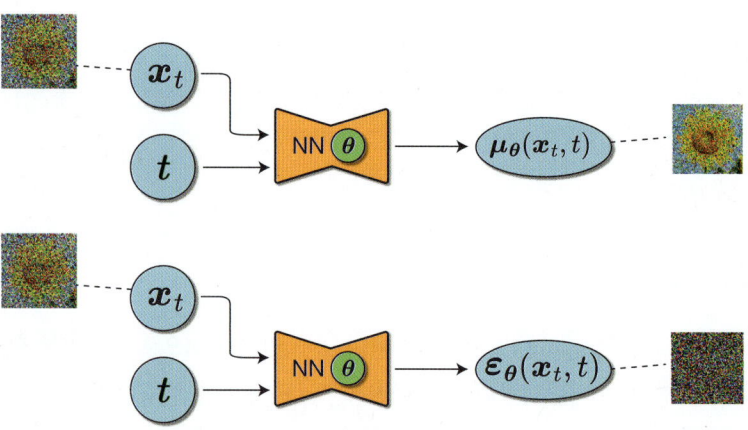

$\mu_\theta(x_t, t)$를 신경망으로 모델링한다고 해봅시다. 이때 $p_\theta(x_{t-1} \mid x_t)$는 다음 식으로 표현합니다.

$$p_\theta(x_{t-1} \mid x_t) = \mathcal{N}(x_{t-1}; \mu_\theta(x_t, t), \sigma_q^2(t)\mathbf{I})$$

그리고 데이터 x_0의 확률 $p_\theta(x_0)$은 다음 식으로 표현할 수 있습니다.

$$p_{\boldsymbol{\theta}}(\boldsymbol{x}_0) = \int p_{\boldsymbol{\theta}}(\boldsymbol{x}_0, \boldsymbol{x}_1, \ldots, \boldsymbol{x}_T) \, d\boldsymbol{x}_1 \ldots d\boldsymbol{x}_T \quad \text{(확률의 주변화)}$$

$$= \int p_{\boldsymbol{\theta}}(\boldsymbol{x}_0 \mid \boldsymbol{x}_1) \ldots p_{\boldsymbol{\theta}}(\boldsymbol{x}_{T-1} \mid \boldsymbol{x}_T) \, p(\boldsymbol{x}_T) \, d\boldsymbol{x}_1 \ldots d\boldsymbol{x}_T \quad \text{(마르코프 성질)}$$

여기서 $p(\boldsymbol{x}_T) = \mathcal{N}(\boldsymbol{x}_T; \boldsymbol{0}, \mathbf{I})$입니다. 조건부 확산 모델을 얻으려면 $p_{\boldsymbol{\theta}}(\boldsymbol{x}_0)$이 아닌, 조건이 추가된 $p_{\boldsymbol{\theta}}(\boldsymbol{x}_0 \mid y)$를 모델링해야 합니다. 가장 간단한 방법은 각 시각의 $p_{\boldsymbol{\theta}}(\boldsymbol{x}_{t-1} \mid \boldsymbol{x}_t)$에 조건 y를 추가하는 것입니다. 수식으로는 다음과 같습니다.

$$p_{\boldsymbol{\theta}}(\boldsymbol{x}_0 \mid y) = \int p_{\boldsymbol{\theta}}(\boldsymbol{x}_0 \mid \boldsymbol{x}_1, y) \ldots p_{\boldsymbol{\theta}}(\boldsymbol{x}_{T-1} \mid \boldsymbol{x}_T, y) \, p(\boldsymbol{x}_T) \, d\boldsymbol{x}_1 \ldots d\boldsymbol{x}_T$$

이때 $p_{\boldsymbol{\theta}}(\boldsymbol{x}_{t-1} \mid \boldsymbol{x}_t, y)$는 다음 식으로 표현할 수 있습니다.

$$p_{\boldsymbol{\theta}}(\boldsymbol{x}_{t-1} \mid \boldsymbol{x}_t, y) = \mathcal{N}(\boldsymbol{x}_{t-1}; \boldsymbol{\mu}_{\boldsymbol{\theta}}(\boldsymbol{x}_t, t, y), \sigma_q^2(t)\mathbf{I})$$

일반적인 확산 모델에서는 $\boldsymbol{\mu}_{\boldsymbol{\theta}}(\boldsymbol{x}_t, t)$를 신경망으로 모델링합니다. 반면 조건부 확산 모델에서는 $\boldsymbol{\mu}_{\boldsymbol{\theta}}(\boldsymbol{x}_t, t, y)$와 같이 인수에 y가 추가됩니다. 즉, 신경망의 입력으로 y를 추가하여 조건부 확산 모델로 진화시킬 수 있습니다. 마찬가지로 노이즈를 예측하는 신경망도 $\boldsymbol{\varepsilon}_{\boldsymbol{\theta}}(\boldsymbol{x}_t, t)$에 y를 추가한 $\boldsymbol{\varepsilon}_{\boldsymbol{\theta}}(\boldsymbol{x}_t, t, y)$로 대응할 수 있습니다(그림 10-3).

그림 10-3 조건부 확산 모델의 신경망

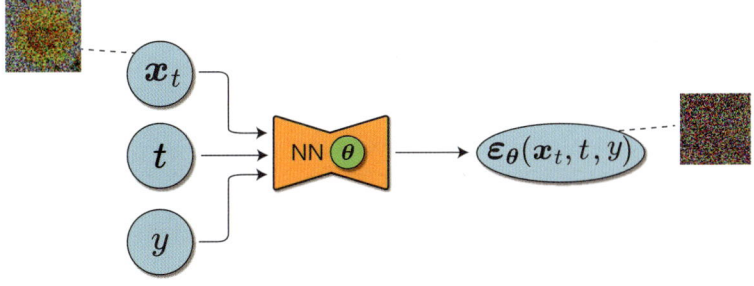

10.1.2 조건부 확산 모델 구현

우리는 이미 $\varepsilon_\theta(x_t, t)$를 신경망으로 구현했습니다. $\varepsilon_\theta(x_t, t)$의 인수 t는 정수이며 사인파 위치 인코딩을 통해 벡터로 변환됩니다. 이번에 새로 추가된 조건 y는 레이블이며 이것도 정수입니다. 이 정수 y는 **임베딩 계층**embedding layer을 거쳐 벡터로 변환됩니다. 정확하게는 y를 벡터로 변환한 다음 t를 변환한 벡터와 더합니다(그림 10-4).

그림 10-4 확산 모델에 임베딩 계층 추가

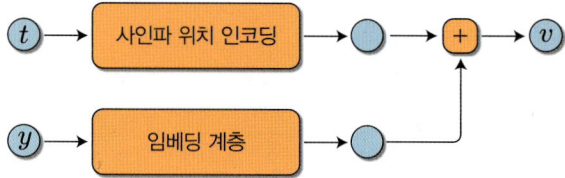

> **NOTE_** 임베딩 계층은 초깃값이 무작위로 설정되고 학습 과정에서 최적화됩니다. 덕분에 각 레이블에 대응하는 벡터가 작업별로 특화되어 학습될 수 있습니다. 반면 시각 t에는 작업에 특화시킬 요소가 적기 때문에 사인파 위치 인코딩이라는 고정된 벡터 변환을 수행합니다.

다음은 코드입니다. 앞서 구현한 UNet 클래스에 코드를 추가하여 UNetCond라는 클래스를 만들겠습니다. 'Cond'는 'Conditional(조건부)'의 약자입니다.

```python
# step10/conditional.py
class UNetCond(nn.Module):
    def __init__(self, in_ch=1, time_embed_dim=100, num_labels=None):
        super().__init__()
        self.time_embed_dim = time_embed_dim

        self.down1 = ConvBlock(in_ch, 64, time_embed_dim)
        self.down2 = ConvBlock(64, 128, time_embed_dim)
        self.bot1 = ConvBlock(128, 256, time_embed_dim)
        self.up2 = ConvBlock(128 + 256, 128, time_embed_dim)
        self.up1 = ConvBlock(128 + 64, 64, time_embed_dim)
        self.out = nn.Conv2d(64, in_ch, 1)

        self.maxpool = nn.MaxPool2d(2)
        self.upsample = nn.Upsample(scale_factor=2, mode='bilinear')

        # ❶ 레이블을 처리하는 임베딩 계층
```

```python
        if num_labels is not None:
            self.label_emb = nn.Embedding(num_labels, time_embed_dim)

    def forward(self, x, timesteps, labels=None):
        t = pos_encoding(timesteps, self.time_embed_dim)

        # ❷ 레이블 처리
        if labels is not None:
            t += self.label_emb(labels)

        x1 = self.down1(x, t)
        x = self.maxpool(x1)
        x2 = self.down2(x, t)
        x = self.maxpool(x2)

        x = self.bot1(x, t)

        x = self.upsample(x)
        x = torch.cat([x, x2], dim=1)
        x = self.up2(x, t)
        x = self.upsample(x)
        x = torch.cat([x, x1], dim=1)
        x = self.up1(x, t)
        x = self.out(x)
        return x
```

변경된 내용은 크게 두 가지입니다. 먼저 ❶에서 레이블을 처리할 임베딩 계층(nn. Embedding)을 준비합니다. 구체적으로 nn.Embedding(num_labels, time_embed_dim)에 의해 num_labels 개의 서로 다른 정수는 time_embed_dim 차원의 벡터로 변환됩니다. ❷에서는 nn.Embedding 계층에서 레이블을 처리하고 변환하여 시각 데이터 벡터에 더하는 작업을 수행합니다.

다음은 Diffuser 클래스입니다. Diffuser 클래스에서는 데이터를 생성하는 메서드를 변경합니다. 변경된 부분만 표시하면 다음과 같습니다.

step10/conditional.py
```python
class Diffuser:
    def denoise(self, model, x, t, labels):
        # ...(생략)
        with torch.no_grad():
            eps = model(x, t, labels)  # labels도 제공
```

```python
            # ...

    def sample(self, model, x_shape=(20, 1, 28, 28), labels=None):
        # ...
        if labels is None:
            labels = torch.randint(0, 10, (len(x),), device=self.device)
        # ...
        for i in tqdm(range(self.num_timesteps, 0, -1)):
            t = torch.tensor([i] * batch_size, device=self.device,
                             dtype=torch.long)
            x = self.denoise(model, x, t, labels)  # labels도 제공
        # ...
        return images, labels
```

보다시피 모델에 레이블을 제공하도록 바꾸었습니다. 특히 데이터를 생성하고 노이즈를 제거할 때 레이블을 부여합니다. 마지막으로 학습 코드를 살펴보겠습니다.

```
                                                                  step10/conditional.py
diffuser = Diffuser(num_timesteps, device=device)
model = UNetCond(num_labels=10)  # ❶
model.to(device)
optimizer = Adam(model.parameters(), lr=lr)

losses = []
for epoch in range(epochs):
    loss_sum = 0.0
    cnt = 0

    for images, labels in tqdm(dataloader):
        optimizer.zero_grad()
        x = images.to(device)
        labels = labels.to(device)  # ❷
        t = torch.randint(1, num_timesteps+1, (len(x),), device=device)

        x_noisy, noise = diffuser.add_noise(x, t)
        noise_pred = model(x_noisy, t, labels)  # ❸
        loss = F.mse_loss(noise, noise_pred)

        loss.backward()
        optimizer.step()

        loss_sum += loss.item()
        cnt += 1
```

변경 사항은 세 가지입니다. ❶ UNetCond(num_labels=10)에서 10-클래스 조건부 확산 모델을 만듭니다. ❷ labels.to(device)에서는 레이블 데이터를 device에 준비합니다. 마지막으로 ❸ model(x_noisy, t, labels)에서는 모델에 labels도 부여하여 학습을 진행합니다.

이상으로 조건부 확산 모델을 구현했습니다. 코드를 실행하면 10에포크의 학습을 거치면서 최종적으로 [그림 10-5]와 같은 이미지를 생성합니다.

그림 10-5 조건부 확산 모델로 생성한 손글씨 숫자(이미지 아래 숫자는 조건 레이블)

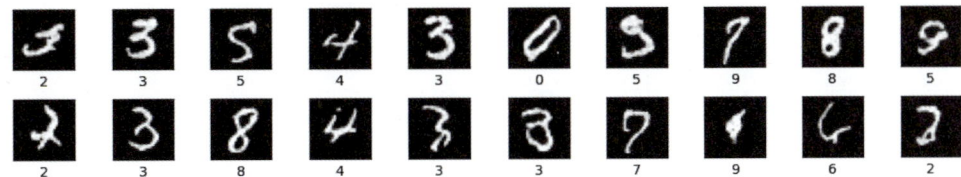

완벽하지는 않지만 대체로 조건에 부합하는 이미지가 생성되고 있습니다. 다음 절에서는 이 조건부 확산 모델을 개선하는 방법을 살펴보겠습니다.

10.2 점수 함수

앞 절에서는 단순한 조건부 확산 모델을 구현했습니다. '단순한'이라는 표현처럼 그저 모델에 조건을 부여한 것에 불과합니다. 이 방식에서는 주어진 조건이 경시되거나 최악의 경우 무시될 수도 있습니다. 이 문제를 개선하기 위해 '가이던스'라는 방법을 알아보려 합니다. **가이던스** guidance는 우리말로 '안내, 지침, 인도, 지도'라는 뜻으로, 주어진 조건을 더 강조해 반영하는 구조입니다.

가이던스를 이해하려면 '점수 함수'를 알아야 합니다. 이번 절에서는 점수 함수에 대해 설명합니다. 이를 토대로 다음 절에서 가이던스를 제대로 알아보겠습니다.

10.2.1 점수 함수란?

우리는 확산 모델을 구현하기 위해 $\varepsilon_\theta(x_t, t)$를 신경망으로 모델링했습니다. $\varepsilon_\theta(x_t, t)$는 x_t와

t로부터 노이즈 성분 ε을 추정합니다. 그림으로 표현하면 [그림 10-6]과 같습니다.

그림 10-6 확산 모델에서 사용하는 노이즈 ε을 추정하는 신경망

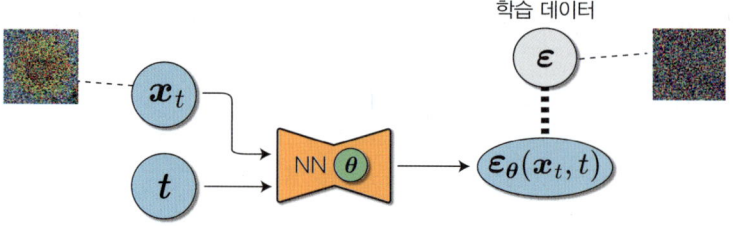

이때 ε에 대해 다음 식이 성립합니다(증명은 다음 절 참고).

$$\varepsilon \approx -\sqrt{1-\bar{\alpha}_t}\nabla_{\boldsymbol{x}_t}\log p(\boldsymbol{x}_t) \quad \text{[식 10.1]}$$

∇는 기울기를 뜻하는 기호이며 '나블라^{nabla}'라고 읽습니다. $\nabla_{\boldsymbol{x}_t}\log p(\boldsymbol{x}_t)$는 '로그 가능도 $\log p(\boldsymbol{x}_t)$의 입력 $\boldsymbol{x}_t$에 대한 기울기'이며 **점수 함수**$^{\text{score function}}$ 또는 간단히 **점수**^{score}라고 합니다.

> **WARNING_** $p(\boldsymbol{x}_t)$는 데이터 $\boldsymbol{x}_t$의 실제 확률 밀도 함수입니다. 참고로 $p_\theta(\boldsymbol{x}_t)$는 실제 확률 밀도 함수를 매개변수를 사용하여 근사한 확률 밀도 함수입니다. $\nabla_{\boldsymbol{x}_t}\log p(\boldsymbol{x}_t)$와 $\nabla_{\boldsymbol{x}_t}\log p_\theta(\boldsymbol{x}_t)$는 모두 입력 $\boldsymbol{x}_t$에 대한 기울기를 뜻하므로 점수라고 합니다. 분야에 따라서는 매개변수에 대한 기울기($\nabla_\theta \log p_\theta(\boldsymbol{x}_t)$)를 점수라고도 하지만, 이 책에서는 입력에 대한 기울기를 점수라고 하겠습니다.

[식 10.1]에서 ε은 $\nabla_{\boldsymbol{x}_t}\log p(\boldsymbol{x}_t)$로 근사적으로 나타낼 수 있습니다. 여기서 주목할 점은 ε은 $\nabla_{\boldsymbol{x}_t}\log p(\boldsymbol{x}_t)$와 '마이너스 상수 배($-\sqrt{1-\bar{\alpha}_t}$)'만큼만 다르다는 사실입니다. 따라서 ε이 아닌 $-\frac{1}{\sqrt{1-\bar{\alpha}_t}}\varepsilon$을 학습 데이터로 사용하는 신경망도 생각해볼 수 있습니다(그림 10-7).

그림 10-7 점수를 추정하는 신경망

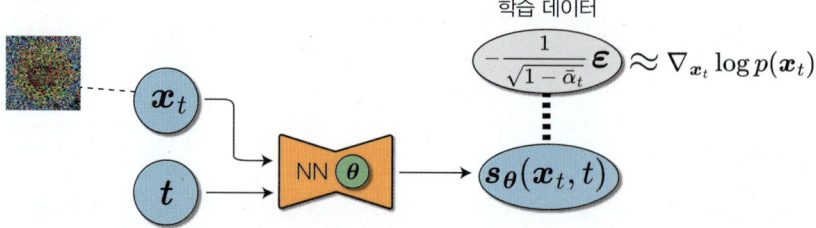

그림의 신경망은 $s_\theta(x_t, t)$를 이용하여 점수의 근삿값인 $-\frac{1}{\sqrt{1-\bar{\alpha}_t}}\varepsilon$을 추정합니다. 이처럼 점수를 추정하는 신경망으로도 확산 모델을 구현할 수 있습니다.

> **NOTE_** 점수를 모델링하는 생성 모델들도 있습니다. 이들을 통칭하여 **점수 기반 생성 모델**score-based generative model이라고 합니다. 이 책에서는 로그 가능도를 최대화하는 형태로 다양한 모델을 도출했습니다(가우스 혼합 모델, VAE, 확산 모델 등). 이 모델들은 **가능도 기반 생성 모델**likelihood-based generative model이라고 할 수 있습니다. 중요한 사실은 점수 기반 모델로도 확산 모델을 만들어낼 수 있다는 점입니다. 점수 기반 확산 모델에 대해 더 알고 싶다면 다른 문헌[19], [20]을 참고하세요.

10.2.2 [식 10.1]의 증명 ✪

이번 절에서는 [식 10.1]이 성립함을 증명합니다.

$$\varepsilon \approx -\sqrt{1-\bar{\alpha}_t}\nabla_{x_t} \log p(x_t) \qquad \text{[식 10.1]}$$

복습부터 하겠습니다. 시각 t의 노이즈 데이터 x_t는 원본 데이터인 x_0으로부터 다음과 같은 정규 분포를 통해 생성할 수 있습니다.

$$q(x_t \mid x_0) = \mathcal{N}(x_t; \sqrt{\bar{\alpha}_t}x_0, (1-\bar{\alpha}_t)\mathbf{I}) \qquad \text{[식 10.2]}$$

재매개변수화 트릭을 사용하면 x_t의 샘플은 다음 식을 통해 얻을 수 있습니다.

$$\varepsilon \sim \mathcal{N}(\mathbf{0}, \mathbf{I})$$
$$x_t = \sqrt{\bar{\alpha}_t}x_0 + \sqrt{1-\bar{\alpha}_t}\varepsilon \qquad \text{[식 10.3]}$$

다음은 트위디 공식[21]입니다.

> **트위디 공식(Tweedie's Formula)**
>
> $x \sim \mathcal{N}(x; \mu, \Sigma)$로부터 샘플 x를 얻으면 다음 식이 성립한다.
>
> $$\mathbb{E}[\mu \mid x] = x + \Sigma\nabla_x \log p(x)$$

이 공식에서는 μ를 확률 변수로 취급합니다. 왼쪽의 $\mathbb{E}[\mu \mid x]$는 x가 조건으로 주어졌을 때 μ의 기댓값입니다. 오른쪽의 $\nabla_x \log p(x)$는 점수입니다. 이 공식을 [식 10.2]에 적용합니다.

> **트위디 공식 적용**
>
> $x_t \sim \mathcal{N}(x_t; \sqrt{\bar{\alpha}_t}x_0, (1-\bar{\alpha}_t)\mathbf{I})$로부터 샘플 x_t를 얻으면 다음 식이 성립한다.
>
> $$\begin{aligned} \mathbb{E}\left[\sqrt{\bar{\alpha}_t}x_0 \mid x_t\right] &= x_t + (1-\bar{\alpha}_t)\mathbf{I}\nabla_{x_t} \log p(x_t) \\ &= x_t + (1-\bar{\alpha}_t)\nabla_{x_t} \log p(x_t) \end{aligned}$$ [식 10.4]

이어서 [식 10.3]으로부터 $\sqrt{\bar{\alpha}_t}x_0 = x_t - \sqrt{1-\bar{\alpha}_t}\varepsilon$이 성립한다는 사실을 이용하여 식을 다음과 같이 전개합니다.

$$\begin{aligned} & \mathbb{E}\left[\sqrt{\bar{\alpha}_t}x_0 \mid x_t\right] = x_t + (1-\bar{\alpha}_t)\nabla_{x_t} \log p(x_t) & \text{[식 10.4]} \\ \Leftrightarrow\ & \mathbb{E}\left[x_t - \sqrt{1-\bar{\alpha}_t}\varepsilon \mid x_t\right] = x_t + (1-\bar{\alpha}_t)\nabla_{x_t} \log p(x_t) \\ \Leftrightarrow\ & \mathbb{E}[x_t \mid x_t] - \mathbb{E}\left[\sqrt{1-\bar{\alpha}_t}\varepsilon \mid x_t\right] = x_t + (1-\bar{\alpha}_t)\nabla_{x_t} \log p(x_t) \\ \Leftrightarrow\ & x_t - \sqrt{1-\bar{\alpha}_t}\mathbb{E}[\varepsilon \mid x_t] = x_t + (1-\bar{\alpha}_t)\nabla_{x_t} \log p(x_t) \\ \therefore\ & \mathbb{E}[\varepsilon \mid x_t] = -\sqrt{1-\bar{\alpha}_t}\nabla_{x_t} \log p(x_t) \end{aligned}$$

기댓값 $\mathbb{E}[\varepsilon \mid x_t]$는 몬테카를로 방법으로 근사할 수 있습니다. 여기서는 x_t를 하나의 샘플 데이터로 근사하기로 합시다. 그러면 다음 식을 얻을 수 있습니다.

$$\varepsilon \approx -\sqrt{1-\bar{\alpha}_t}\nabla_{x_t} \log p(x_t)$$ [식 10.1]

이상으로 [식 10.1]을 도출해냈습니다.

10.3 분류기 가이던스

지난 절에서 점수를 예측하는 신경망으로 확산 모델을 구현할 수 있다는 사실을 배웠습니다. 이번 절에서는 확산 모델을 '점수' 관점에서 고찰하고 '가이던스'라는 방법을 이끌어냅니다. 가이던스는 크게 '분류기 가이던스'와 '분류기 없는 가이던스'로 나뉩니다. 분류기 가이던스부터 설명하겠습니다.

10.3.1 분류기란?

분류기 가이던스classifier guidance[22]는 분류기를 사용하여 데이터 생성을 안내하는 방법입니다. **분류기**classifier란 [그림 10-8]과 같이 데이터를 분류하는, 학습된 신경망을 말합니다.

그림 10-8 (매개변수가 ϕ인) 학습된 신경망으로 분류하는 예

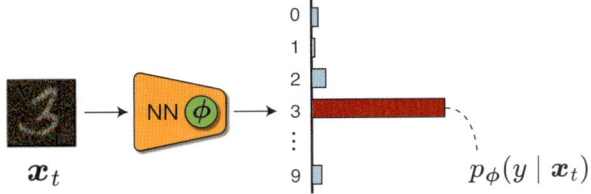

그림의 신경망은 시각 t에서의 노이즈 이미지 x_t를 입력받아 클래스 y의 확률 $p_\phi(y \mid x_t)$를 출력합니다. 분류기인 이 신경망을 활용하면 일반적인 확산 모델을 조건부 확산 모델로 바꿀 수 있습니다. 그러려면 다음 두 가지를 숙지해야 합니다.

- 확산 모델은 점수인 $\nabla_{x_t} \log p(x_t)$를 예측하는 신경망으로 구현할 수 있다.
- (같은 원리로) 조건부 확산 모델은 조건부 확률 점수인 $\nabla_{x_t} \log p(x_t \mid y)$를 예측하는 신경망으로 구현할 수 있다.

이 두 가지를 바탕으로 식을 변형하여 분류기 가이던스를 도출해보겠습니다.

10.3.2 분류기 가이던스 도출

먼저 조건부 확률 $p(x_t \mid y)$를 베이즈 정리를 이용해 다음 식으로 표현합니다.

$$p(x_t \mid y) = \frac{p(x_t)\ p(y \mid x_t)}{p(y)}$$

그런 다음 x_t에 대한 기울기 ∇_{x_t}를 구합니다.

$$\nabla_{\boldsymbol{x}_t} \log p(\boldsymbol{x}_t \mid y) = \nabla_{\boldsymbol{x}_t} \log \left(\frac{p(\boldsymbol{x}_t) \, p(y \mid \boldsymbol{x}_t)}{p(y)} \right)$$

$$= \nabla_{\boldsymbol{x}_t} \log p(\boldsymbol{x}_t) + \nabla_{\boldsymbol{x}_t} \log p(y \mid \boldsymbol{x}_t) - \underbrace{\nabla_{\boldsymbol{x}_t} \log p(y)}_{0}$$

$$= \nabla_{\boldsymbol{x}_t} \log p(\boldsymbol{x}_t) + \nabla_{\boldsymbol{x}_t} \log p(y \mid \boldsymbol{x}_t)$$

식 중간에 $\nabla_{\boldsymbol{x}_t} \log p(y)$가 등장하는데 지금의 $p(y)$에는 $\boldsymbol{x}_t$가 포함되지 않으므로 $\nabla_{\boldsymbol{x}_t} \log p(y) = 0$입니다. 이로부터 얻은 공식은 다음과 같습니다.

$$\underbrace{\nabla_{\boldsymbol{x}_t} \log p(\boldsymbol{x}_t \mid y)}_{\text{조건부 점수}} = \underbrace{\nabla_{\boldsymbol{x}_t} \log p(\boldsymbol{x}_t)}_{\text{❶ 점수}} + \underbrace{\nabla_{\boldsymbol{x}_t} \log p(y \mid \boldsymbol{x}_t)}_{\text{❷ 분류기 로그 가능도의 기울기}}$$

이 식으로부터 분류기 가이던스를 도출할 수 있습니다. 이 식에서 중요한 점은 다음과 같습니다.

- ❶은 점수를 예측하는 신경망 $s_\theta(\boldsymbol{x}_t, t)$를 통해 계산할 수 있다.
- ❷는 분류기 신경망으로 계산할 수 있다.

이처럼 '점수'와 '분류기'라는 두 신경망을 사용하여 조건부 점수를 표현할 수 있습니다(그리고 조건부 점수가 있으면 조건부 확산 모델을 구현할 수 있습니다). 또한 ❷의 $\nabla_{\boldsymbol{x}_t} \log p(y \mid \boldsymbol{x}_t)$는 역전파로 쉽게 구할 수 있습니다(그림 10-9).

그림 10-9 $\nabla_{\boldsymbol{x}_t} \log p(y \mid \boldsymbol{x}_t)$는 역전파로 구할 수 있다.

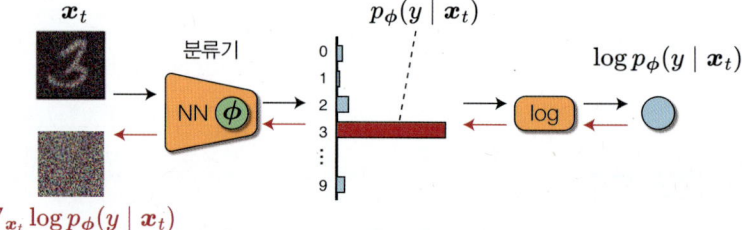

[그림 10-9]의 $\nabla_{\boldsymbol{x}_t} \log p(y \mid \boldsymbol{x}_t)$는 현재 $\boldsymbol{x}_t$에서 클래스 y의 로그 확률을 가장 크게 높이는 방향을 나타냅니다. 따라서 $\boldsymbol{x}_t$를 $\nabla_{\boldsymbol{x}_t} \log p(y \mid \boldsymbol{x}_t)$ 방향으로 갱신하면 갱신 후의 이미지는 클래스 y로 분류될 확률이 더욱 높아집니다.

분류기 가이던스라는 아이디어의 기본은 점수와 분류기를 이용해 조건부 점수를 표현하는 것입니다. 일반적으로 분류기 가이던스에서는 가중치 γ를 도입하여 분류기의 기여도를 조정합니다. 이를 다음 식으로 표현할 수 있습니다.

$$\nabla_{\boldsymbol{x}_t} \log p(\boldsymbol{x}_t \mid y) = \nabla_{\boldsymbol{x}_t} \log p(\boldsymbol{x}_t) + \gamma \nabla_{\boldsymbol{x}_t} \log p(y \mid \boldsymbol{x}_t) \qquad \text{[식 10.5]}$$

가중치 γ는 사람이 설정하는 값(하이퍼파라미터)입니다. 분류기에 따라 클래스 y 방향으로 안내하는 정도를 조정하죠. γ가 클수록 조건 y를 더 강하게 반영합니다. 점수를 추정하는 신경망 $\boldsymbol{s_\theta}(\boldsymbol{x}_t, t)$와 분류기 $p_\phi(y \mid \boldsymbol{x}_t)$를 사용하여 [식 10.5]를 다시 써보겠습니다.

$$\nabla_{\boldsymbol{x}_t} \log p(\boldsymbol{x}_t \mid y) \approx \boldsymbol{s_\theta}(\boldsymbol{x}_t, t) + \gamma \nabla_{\boldsymbol{x}_t} \log p_\phi(y \mid \boldsymbol{x}_t) \qquad \text{[식 10.6]}$$

참고로 [식 10.6]에서 수행하는 처리를 그림으로 표현하면 [그림 10-10]과 같습니다.

그림 10-10 점수 추정 신경망을 이용한 분류기 가이던스

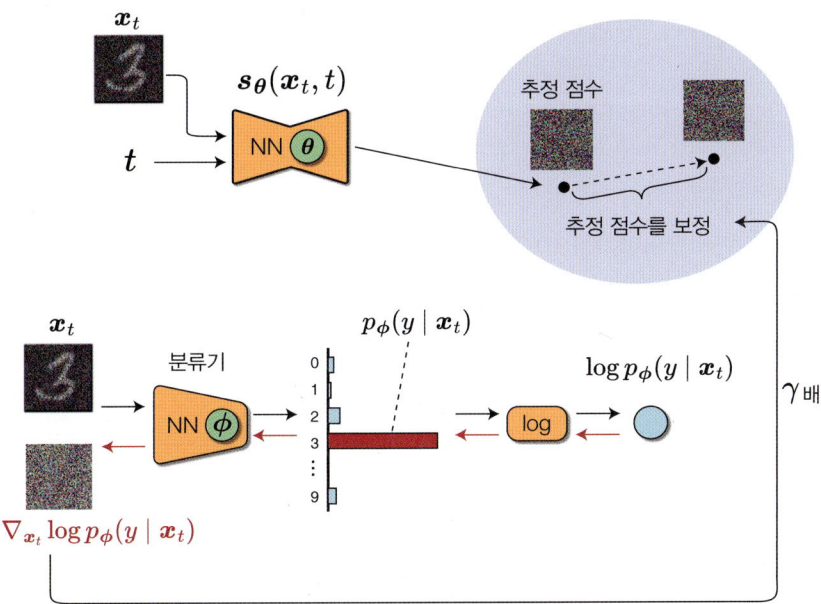

그림과 같이 일반적인 확산 모델(점수를 추정하는 모델)에 분류기를 결합하여 조건부 확산 모델로 만든 후 데이터를 생성할 수 있습니다. 이상이 분류기 가이던스의 개념입니다.

10.4 분류기 없는 가이던스

데이터를 생성할 때 분류기 가이던스로 조건을 강조할 수 있습니다. 그러나 분류기를 따로 준비해야 해서 실용성은 떨어집니다. 이러한 단점을 개선한 것이 분류기 없는 가이던스입니다.

10.4.1 분류기 없는 가이던스 개념

분류기 없는 가이던스classifier-free guidance[23]는 이름에서 알 수 있듯이 분류기가 필요 없는 가이던스입니다. 그 메커니즘은 앞 절에서 얻은 [식 10.5]를 전개하면 알 수 있습니다.

$$\nabla_{\boldsymbol{x}_t} \log p(\boldsymbol{x}_t \mid y)$$
$$= \nabla_{\boldsymbol{x}_t} \log p(\boldsymbol{x}_t) + \gamma \nabla_{\boldsymbol{x}_t} \log p(y \mid \boldsymbol{x}_t) \qquad \text{[식 10.5]}$$
$$= \nabla_{\boldsymbol{x}_t} \log p(\boldsymbol{x}_t) + \gamma \nabla_{\boldsymbol{x}_t} \log \frac{p(\boldsymbol{x}_t \mid y)\, p(y)}{p(\boldsymbol{x}_t)}$$
$$= \nabla_{\boldsymbol{x}_t} \log p(\boldsymbol{x}_t) + \gamma \left(\nabla_{\boldsymbol{x}_t} \log p(\boldsymbol{x}_t \mid y) + \underbrace{\nabla_{\boldsymbol{x}_t} \log p(y)}_{0} - \nabla_{\boldsymbol{x}_t} \log p(\boldsymbol{x}_t) \right)$$
$$= \nabla_{\boldsymbol{x}_t} \log p(\boldsymbol{x}_t) + \gamma \left(\nabla_{\boldsymbol{x}_t} \log p(\boldsymbol{x}_t \mid y) - \nabla_{\boldsymbol{x}_t} \log p(\boldsymbol{x}_t) \right) \qquad \text{[식 10.7]}$$

베이즈 정리에 따라 식을 전개하여 최종적으로 [식 10.7]을 얻습니다. 이 식으로부터 분류기 없는 가이던스를 도출할 수 있습니다. [식 10.7]은 $\nabla_{\boldsymbol{x}_t} \log p(\boldsymbol{x}_t)$의 점에서 $\nabla_{\boldsymbol{x}_t} \log p(\boldsymbol{x}_t \mid y)$ 방향으로 둘 사이 거리의 γ배만큼 이동한다는 뜻입니다(그림 10-11).

그림 10-11 [식 10.7]을 시각화한 모습

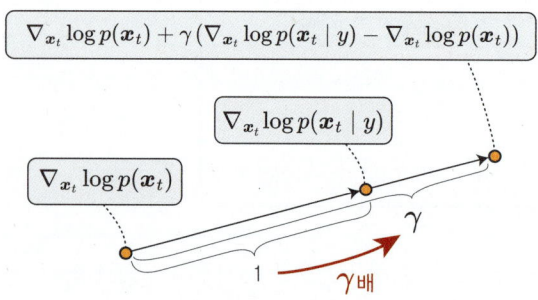

여기서 $\nabla_{x_t} \log p(x_t)$는 조건 없는 점수를 뜻하고 $\nabla_{x_t} \log p(x_t \mid y)$는 조건부 점수를 뜻합니다. 각각은 다음 두 신경망으로 추정할 수 있습니다.

- 조건 없는 점수 추정: $s_{\theta_1}(x_t, t)$
- 조건부 점수 추정: $s_{\theta_2}(x_t, t, y)$

하지만 모델을 두 가지나 준비하려면 번거롭습니다. 그래서 $s_\theta(x_t, t, y)$라는 조건부 점수 추정 신경망 하나만 이용하여 다음과 같이 모델링합니다.

- 조건 없는 점수 추정: $s_\theta(x_t, t, \varnothing)$
- 조건부 점수 추정: $s_\theta(x_t, t, y)$

'조건 없음'에 해당하는 클래스를 $\varnothing$ 기호로 표현한 것입니다. 조건 y는 임베딩 계층을 통과하며 벡터 변환되는데, 클래스가 $\varnothing$이면 0 벡터로 변환하여 아무런 정보도 갖지 않도록 합니다. 지금까지 내용에서 분류기 없는 가이던스는 다음 식으로 표현할 수 있습니다.

$$\nabla_{x_t} \log p(x_t \mid y) \approx s_\theta(x_t, t, \varnothing) + \gamma(s_\theta(x_t, t, y) - s_\theta(x_t, t, \varnothing)) \quad \text{[식 10.8]}$$

이 계산을 시각화한 것이 [그림 10-12]입니다.

그림 10-12 점수 추정 신경망을 이용한 분류기 없는 가이던스

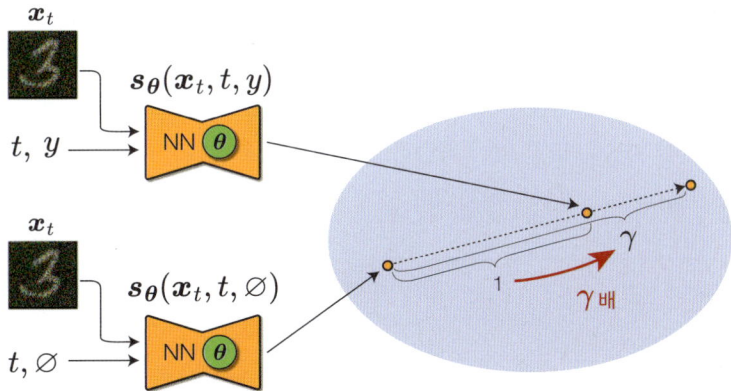

지금까지 점수 함수를 추정하는 신경망에 대해 설명했습니다. 그런데 점수와 노이즈는 상수 배만큼 차이가 나기 때문에 노이즈를 추정하는 신경망의 구조도 이와 똑같습니다.

> **NOTE_** 텍스트로부터 이미지를 생성하는 서비스에서는 네거티브 프롬프트 기법을 자주 사용합니다. **네거티브 프롬프트**negative prompt는 생성되지 '않기를' 원하는 텍스트를 지정하는 기법입니다. 이 원리는 [식 10.8]의 ∅에 네거티브 프롬프트를 넣어 구현할 수 있습니다.

10.4.2 분류기 없는 가이던스 구현

10.1절의 코드를 일부 변경하여 분류기 없는 가이던스를 구현하겠습니다. 앞서 구현한 UNetCond 클래스에 다음의 forward() 메서드를 추가합니다.

```python
# step10/classifier_free_guidance.py
class UNetCond(nn.Module):
    # ... ( 생략 )

    def forward(self, x, timesteps, labels=None):
        t = pos_encoding(timesteps, self.time_embed_dim)

        if labels is not None:
            t += self.label_emb(labels)  # labels 인수가 주어졌을 때만 실행
        # ...
```

이 메서드는 labels 인수가 주어졌을 때만 클래스 레이블을 처리합니다. labels가 주어지지 않으면(labels=None) 아무 일도 하지 않습니다. 즉, 일을 조건부로 처리합니다.

조건부 확산 모델은 '조건 없음'과 '조건 있음'이라는 두 경우로 나눠 분류기 없는 가이던스 학습을 수행합니다. 예를 들어 일정 비율은 조건 없이 학습하고 나머지는 조건부로 학습하는 식입니다. 이 점을 고려하여 코드를 다음과 같이 구현합니다.

```python
# step10/classifier_free_guidance.py
for epoch in range(epochs):
    loss_sum = 0.0
    cnt = 0

    for images, labels in tqdm(dataloader):
        optimizer.zero_grad()
        x = images.to(device)
        labels = labels.to(device)
        t = torch.randint(1, num_timesteps+1, (len(x),), device=device)
```

```python
    # 10% 확률로 '조건 없이' 학습
    if np.random.random() < 0.1:
        labels = None

    x_noisy, noise = diffuser.add_noise(x, t)
    noise_pred = model(x_noisy, t, labels)
    loss = F.mse_loss(noise, noise_pred)

    loss.backward()
    optimizer.step()

    loss_sum += loss.item()
    cnt += 1
```

이 코드는 10%의 확률로 조건 없이 학습합니다. 조건 없음은 labels=None으로 표현합니다. 마지막으로 Diffuser 클래스에서 노이즈를 제거하는 코드를 보겠습니다.

step10/classifier_free_guidance.py
```python
class Diffuser:
    # ...(생략)

    def denoise(self, model, x, t, labels, gamma):
        # ...
        with torch.no_grad():
            eps_cond = model(x, t, labels)
            eps_uncond = model(x, t)
            eps = eps_uncond + gamma * (eps_cond - eps_uncond)
        # ...
```

인수 gamma의 값이 클수록 조건이 강조됩니다. 여기서 구현한 코드는 다음 식과 같습니다.

$$\varepsilon \approx \varepsilon_\theta(x_t, t, \varnothing) + \gamma(\varepsilon_\theta(x_t, t, y) - \varepsilon_\theta(x_t, t, \varnothing))$$

이와 같이 수정하면 분류기 없는 가이던스 구현이 완료됩니다. $\gamma = 3$(gamma=3.0)으로 설정하면 학습 후의 확산 모델은 [그림 10-13]과 같은 이미지를 생성합니다.

그림 10-13 분류기 없는 가이던스를 이용해 생성한 이미지

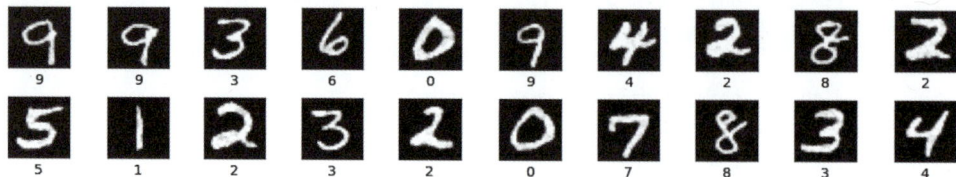

보다시피 레이블로 지정한 숫자를 정확하게 생성했습니다. 분류기 없는 가이던스는 조건의 강도를 γ로 조정할 수 있습니다. 그리고 별도의 분류기를 학습시킬 필요가 없기 때문에 자원과 시간 측면에서 효율적입니다.

10.5 스테이블 디퓨전

지금까지는 MNIST를 처리하는 '작은 확산 모델'과 '작은 조건부 확산 모델'을 구현했습니다. 물론 요즘의 확산 모델은 상당히 거대하고 수많은 개선이 이루어지고 있습니다. 이번 절에서는 확산 모델을 더 개선하기 위한 이정표를 제시하고자 합니다. 주인공은 바로 **스테이블 디퓨전**Stable Diffusion이라는 유명한 모델입니다. 스테이블 디퓨전은 [그림 10-14]와 같은 고품질 이미지를 생성할 수 있습니다. 또한 학습 후의 가중치 데이터와 코드도 공개되어 있어 누구나 실행하여 동작하는 모습을 확인할 수 있습니다.

그림 10-14 스테이블 디퓨전으로 생성한 이미지[24]

> **NOTE_** 스테이블 디퓨전이라는 이름은 서비스명으로도 활용되고 있으며 날로 발전하고 있습니다. 이 책에서 다루는 스테이블 디퓨전은 「High-Resolution Image Synthesis with Latent Diffusion Models」 논문[25]에서 처음 발표된 모델을 말합니다. 스테이블 디퓨전의 원조라고 할 수 있는 모델입니다.

10.5.1 스테이블 디퓨전의 구조

스테이블 디퓨전의 학습 흐름은 [그림 10-15]와 같습니다.

그림 10-15 스테이블 디퓨전의 학습 흐름

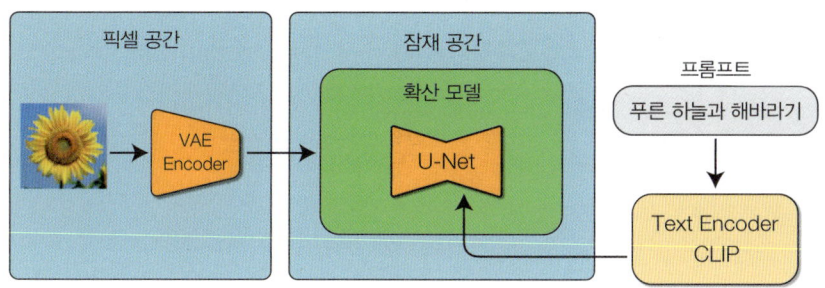

그림과 같이 이미지와 텍스트를 주어 확산 모델을 학습시키면 U-Net의 매개변수가 갱신됩니다. 스테이블 디퓨전은 다음과 같은 세 가지 특징을 가지고 있습니다.

- **잠재 공간**: 잠재 공간에서 확산 모델을 처리한다.
- **CLIP**: 텍스트 인코딩용으로 CLIP[26]이라는 신경망을 사용한다.
- **Attention**: 어텐션 계층을 사용하여 U-Net에 조건을 도입한다.

하나씩 설명하겠습니다.

잠재 공간

지금까지 살펴본 확산 모델에서는 각 시각의 데이터(x_t)와 입력 이미지(x_0)의 원소 수(픽셀 수)가 같았습니다. 각 시각의 데이터는 모두 이미지와 동일한 벡터 공간, 즉 픽셀 공간에서 처리된다는 뜻입니다. 반면 스테이블 디퓨전은 잠재 변수의 공간, 즉 잠재 공간$^{latent\ space}$에서 확산 모델을 처리합니다.

스테이블 디퓨전은 인코더를 사용하여 픽셀 공간에서 잠재 공간으로 변환합니다. 인코더에는 VAE에서 사용한 모델을 사용할 수 있고 잠재 변수의 차원 수를 줄임으로써 확산 모델에서 처리하는 계산량을 줄일 수 있습니다.

또한 새로운 데이터를 생성할 때는 잠재 공간에서 가우스 노이즈로부터 시작하여 역확산 과정을 거칩니다. 마지막 역확산이 끝나면 VAE의 디코더를 사용하여 픽셀 공간으로 변환합니다(그림 10-16).

그림 10-16 스테이블 디퓨전의 데이터 생성 흐름

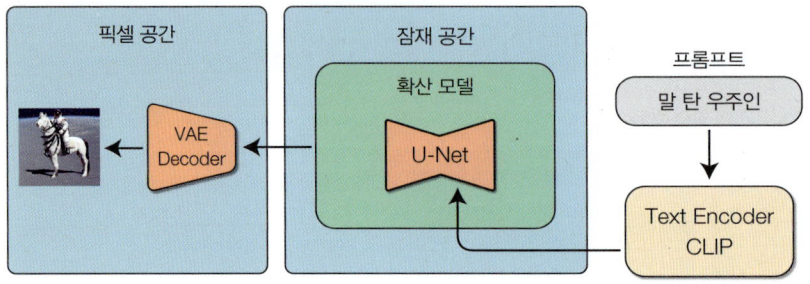

CLIP

텍스트에서 이미지를 생성하려면 텍스트를 벡터로 변환해야 합니다. 스테이블 디퓨전은 이때 CLIP$^{\text{Contrastive Language-Image Pre-training}}$이라는 학습된 신경망을 사용합니다. CLIP 학습에 사용한 데이터셋은 인터넷에서 수집한 4억 장의 이미지와 이 이미지들을 설명한 텍스트입니다.

CLIP은 이미지 인코더와 텍스트 인코더로 구성됩니다. 이미지 인코더는 이미지를 벡터로 변환하고 텍스트 인코더는 텍스트를 벡터로 변환합니다. 그리고 두 벡터의 유사도를 계산하고 데이터셋에 포함된 쌍 데이터의 유사도가 높아지도록 손실 함수를 설정하여 학습합니다. 이를 통해 이미지와 텍스트를 공통의 벡터 공간으로 표현할 수 있고 유사도를 계산할 수 있습니다(그림 10-17).

그림 10-17 CLIP의 학습 흐름

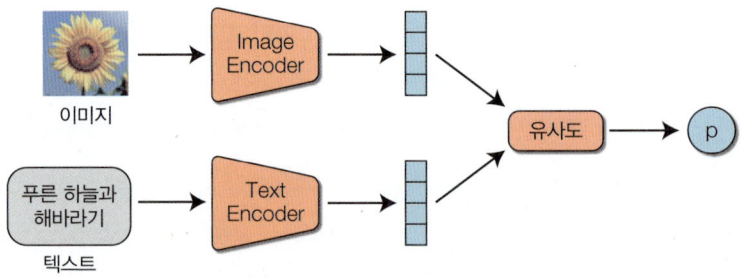

두 벡터의 유사도에는 코사인 유사도 등을 사용할 수 있습니다. 코사인 유사도의 범위는 −1.0에서 1.0까지이며 값이 클수록 비슷하다는 뜻입니다. 또한 CLIP의 학습 데이터에는 이미지와 텍스트가 일치하지 않는 '부정적 예'도 포함되어 있습니다. 부정적 예일 때는 유사도가 낮아지도록 손실 함수를 설정합니다.

어텐션

CLIP을 거쳐 텍스트가 벡터로 변환되었습니다. 이 벡터가 확산 모델에서의 조건입니다. 이 조건을 확산 모델의 U-Net에 반영해야 합니다. 우리는 이미 조건부 확산 모델을 구현한 바 있지만 그때는 단순히 조건 벡터를 시각 벡터에 더했을 뿐이었습니다. 스테이블 디퓨전에서는 [그림 10-18]과 같이 조건을 도입하기 위해 어텐션^{attention} 계층을 이용합니다.

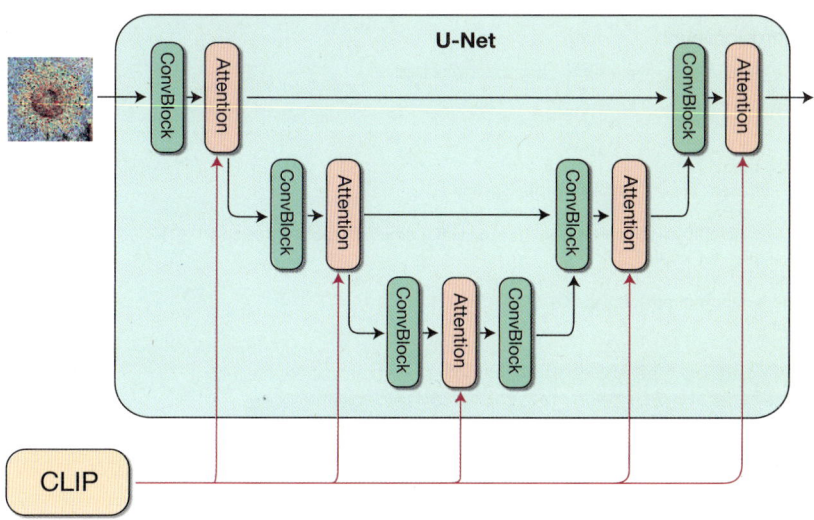

그림 10-18 어텐션 계층을 도입한 U-Net의 예

어텐션 계층은 트랜스포머 모델에서 사용하면서 유명해졌습니다. 어텐션 계층에는 Cross-Attention과 Self-Attention이 있는데, 여기서 사용한 것은 Cross-Attention에 해당합니다. Cross-Attention은 두 입력 데이터의 유사도를 계산하고 그 유사도를 가중치로 삼아 다른 입력에 곱하는 방식으로 작동합니다. 이 가중치를 통해 중요한 정보에 주의^{attention}를 기울일 수 있습니다. 스테이블 디퓨전에서는 U-Net의 '중간 데이터'와 '조건'을 어텐션 계층에 입력합니다. 이렇게 하여 U-Net에 조건을 통합할 수 있습니다.

이상이 스테이블 디퓨전의 대략적인 구조입니다. 스테이블 디퓨전은 분류기 없는 가이던스를 적용하여 데이터를 생성하는 방식으로 많이 활용됩니다.

10.5.2 Diffusers 라이브러리

스테이블 디퓨전은 학습된 모델과 코드가 공개되어 있어 누구나 무료로 이용할 수 있습니다. 그중에서도 허깅 페이스Hugging Face가 개발한 Diffusers 라이브러리를 이용하면 쉽게 스테이블 디퓨전을 접해볼 수 있습니다. [그림 10-19]에서 볼 수 있듯이 단 몇 줄의 코드만으로 데이터를 생성할 수 있습니다.

그림 10-19 Diffusers 라이브러리를 사용하여 스테이블 디퓨전으로 이미지를 생성한 예(Google Colab에서 실행)

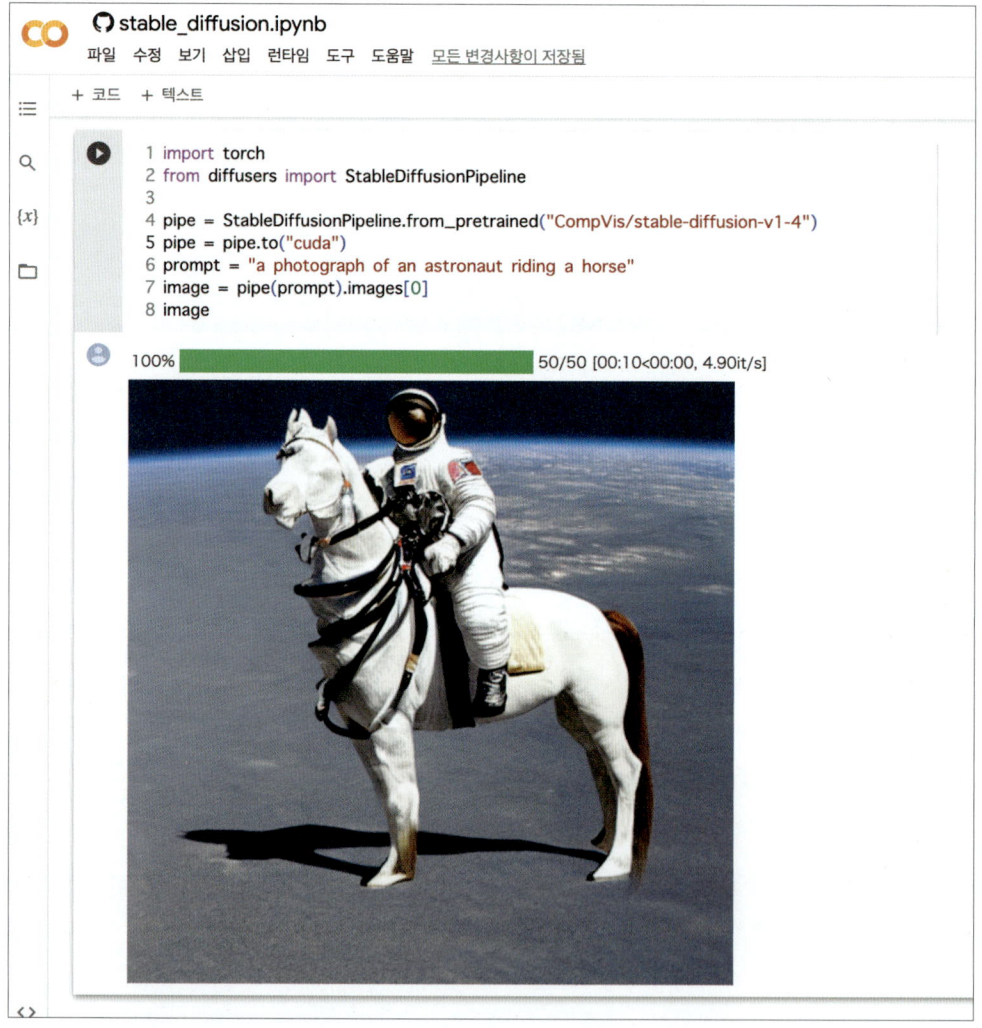

Diffusers 라이브러리는 계속 개발 중이기 때문에 코드에 대한 설명은 생략합니다. 관심 있는 분은 공식 문서[27] 등을 참고하기 바랍니다.

> **NOTE_** Diffusers 라이브러리는 이미지뿐 아니라 음성, 동영상, 분자의 3D 구조 등을 생성할 수 있습니다. 최첨단 연구 결과를 빠르게 구현하여 제공하는 편이라서 확산 모델을 제공하는 라이브러리로 인기가 매우 좋습니다.

다변량 정규 분포의 최대 가능도 추정법 도출 ⭐

이번 부록에서는 3.4절의 설명을 보충합니다. 제목에서 알 수 있듯이 수식이 주를 이루기 때문에 수학적으로 난이도가 높습니다. 이제부터 다변량 정규 분포의 최대 가능도 추정을 도출합니다. 전제가 되는 공식은 다음 두 가지입니다.

$$\mathcal{N}(\boldsymbol{x}; \boldsymbol{\mu}, \boldsymbol{\Sigma}) = \frac{1}{\sqrt{(2\pi)^D |\boldsymbol{\Sigma}|}} \exp\left\{-\frac{1}{2}(\boldsymbol{x}-\boldsymbol{\mu})^\top \boldsymbol{\Sigma}^{-1}(\boldsymbol{x}-\boldsymbol{\mu})\right\} \quad \text{[식 A.1]}$$

$$L(\boldsymbol{\mu}, \boldsymbol{\Sigma}) = \log \prod_{n=1}^{N} \mathcal{N}(\boldsymbol{x}^{(n)}; \boldsymbol{\mu}, \boldsymbol{\Sigma}) \quad \text{[식 A.2]}$$

그리고 $\frac{\partial L}{\partial \boldsymbol{\mu}} = \mathbf{0}$과 $\frac{\partial L}{\partial \boldsymbol{\Sigma}} = \mathbf{0}$을 통해 다음 해를 얻는 과정을 보여줍니다.

$$\hat{\boldsymbol{\mu}} = \frac{1}{N} \sum_{n=1}^{N} \boldsymbol{x}^{(n)}$$

$$\hat{\boldsymbol{\Sigma}} = \frac{1}{N} \sum_{n=1}^{N} (\boldsymbol{x}^{(n)} - \hat{\boldsymbol{\mu}})(\boldsymbol{x}^{(n)} - \hat{\boldsymbol{\mu}})^\top$$

먼저 [식 A.2]의 $\mathcal{N}(\boldsymbol{x}^{(n)}; \boldsymbol{\mu}, \boldsymbol{\Sigma})$에 정규 분포의 [식 A.1]을 대입하여 전개합니다.

$$L(\boldsymbol{\mu}, \boldsymbol{\Sigma}) = \log \prod_{n=1}^{N} \mathcal{N}(\boldsymbol{x}^{(n)}; \boldsymbol{\mu}, \boldsymbol{\Sigma}) \qquad \text{[식 A.2]}$$

$$= \sum_{n=1}^{N} \log \mathcal{N}(\boldsymbol{x}^{(n)}; \boldsymbol{\mu}, \boldsymbol{\Sigma})$$

$$= \sum_{n=1}^{N} \log \left(\frac{1}{\sqrt{(2\pi)^D |\boldsymbol{\Sigma}|}} \exp \left\{ -\frac{1}{2} (\boldsymbol{x}^{(n)} - \boldsymbol{\mu})^\top \boldsymbol{\Sigma}^{-1} (\boldsymbol{x}^{(n)} - \boldsymbol{\mu}) \right\} \right)$$

$$= \sum_{n=1}^{N} \log \frac{1}{\sqrt{(2\pi)^D |\boldsymbol{\Sigma}|}} + \sum_{n=1}^{N} \log \exp \left\{ -\frac{1}{2} (\boldsymbol{x}^{(n)} - \boldsymbol{\mu})^\top \boldsymbol{\Sigma}^{-1} (\boldsymbol{x}^{(n)} - \boldsymbol{\mu}) \right\}$$

$$= N \log \frac{1}{\sqrt{(2\pi)^D |\boldsymbol{\Sigma}|}} + \sum_{n=1}^{N} \left\{ -\frac{1}{2} (\boldsymbol{x}^{(n)} - \boldsymbol{\mu})^\top \boldsymbol{\Sigma}^{-1} (\boldsymbol{x}^{(n)} - \boldsymbol{\mu}) \right\}$$

$$= -\frac{N}{2} \log(2\pi)^D - \frac{N}{2} \log |\boldsymbol{\Sigma}| - \frac{1}{2} \sum_{n=1}^{N} (\boldsymbol{x}^{(n)} - \boldsymbol{\mu})^\top \boldsymbol{\Sigma}^{-1} (\boldsymbol{x}^{(n)} - \boldsymbol{\mu}) \qquad \text{[식 A.3]}$$

방금 식을 전개할 때는 다음 등식이 성립한다는 점을 이용했습니다.

$$\log AB = \log A + \log B$$
$$\log \prod_i A_i = \sum_i \log A_i$$

A.1 μ의 최대 가능도 추정

첫 번째 목표는 $\frac{\partial L}{\partial \boldsymbol{\mu}} = \boldsymbol{0}$을 푸는 것입니다. $\frac{\partial L}{\partial \boldsymbol{\mu}}$은 $\boldsymbol{\mu}$에 대한 미분이므로 [식 A.3]에서 $\boldsymbol{\mu}$를 포함하지 않는 항은 0이 됩니다. 또한 여기서는 다음 공식이 성립함을 이용합니다.

$$\frac{\partial}{\partial \boldsymbol{\mu}} \left((\boldsymbol{x} - \boldsymbol{\mu})^\top \boldsymbol{\Sigma}^{-1} (\boldsymbol{x} - \boldsymbol{\mu}) \right) = -2 \boldsymbol{\Sigma}^{-1} (\boldsymbol{x} - \boldsymbol{\mu}) \qquad \text{[식 A.4]}$$

이 공식이 성립한다는 증명은 다음 절에서 하겠습니다. 이로부터 $\frac{\partial L}{\partial \boldsymbol{\mu}}$은 다음과 같이 전개할 수 있습니다.

$$\frac{\partial L}{\partial \boldsymbol{\mu}} = \frac{\partial}{\partial \boldsymbol{\mu}} \left(-\frac{1}{2} \sum_{n=1}^{N} (\boldsymbol{x}^{(n)} - \boldsymbol{\mu})^{\top} \boldsymbol{\Sigma}^{-1} (\boldsymbol{x}^{(n)} - \boldsymbol{\mu}) \right)$$

$$= \left(-\frac{1}{2}\right)(-2) \sum_{n=1}^{N} \boldsymbol{\Sigma}^{-1} (\boldsymbol{x}^{(n)} - \boldsymbol{\mu}) \qquad ([\text{식 A.4}] \text{ 대입})$$

$$= \boldsymbol{\Sigma}^{-1} \sum_{n=1}^{N} (\boldsymbol{x}^{(n)} - \boldsymbol{\mu}) \qquad\qquad\qquad\qquad [\text{식 A.5}]$$

그리고 $\frac{\partial L}{\partial \boldsymbol{\mu}} = \mathbf{0}$이라고 하면 다음 식을 얻을 수 있습니다.

$$\boldsymbol{\Sigma}^{-1} \sum_{n=1}^{N} (\boldsymbol{x}^{(n)} - \boldsymbol{\mu}) = \mathbf{0} \qquad (\text{양변의 왼쪽에 } \boldsymbol{\Sigma} \text{를 곱한다.})$$

$$\Leftrightarrow \boldsymbol{\Sigma}\boldsymbol{\Sigma}^{-1} \sum_{n=1}^{N} (\boldsymbol{x}^{(n)} - \boldsymbol{\mu}) = \boldsymbol{\Sigma}\mathbf{0} \quad (\boldsymbol{\Sigma}\boldsymbol{\Sigma}^{-1} = \mathbf{I},\ \boldsymbol{\Sigma}\mathbf{0} = \mathbf{0})$$

$$\Leftrightarrow \sum_{n=1}^{N} (\boldsymbol{x}^{(n)} - \boldsymbol{\mu}) = \mathbf{0}$$

$$\Leftrightarrow \sum_{n=1}^{N} \boldsymbol{\mu} = \sum_{n=1}^{N} \boldsymbol{x}^{(n)}$$

$$\Leftrightarrow N\boldsymbol{\mu} = \sum_{n=1}^{N} \boldsymbol{x}^{(n)}$$

$$\therefore\ \boldsymbol{\mu} = \frac{1}{N} \sum_{n=1}^{N} \boldsymbol{x}^{(n)}$$

이렇게 구한 해를 $\hat{\boldsymbol{\mu}}$ 기호를 사용하여 다음과 같이 표현합니다.

$$\hat{\boldsymbol{\mu}} = \frac{1}{N} \sum_{n=1}^{N} \boldsymbol{x}^{(n)}$$

이것으로 $\boldsymbol{\mu}$에 대해 풀 수 있게 되었습니다.

> **정규 분포의 평균 벡터에 대한 미분**
>
> [식 A.5]에 $N=1$을 대입하면 다음 식을 얻을 수 있습니다.
>
> $$\frac{\partial}{\partial \boldsymbol{\mu}} \log \mathcal{N}(\boldsymbol{x}; \boldsymbol{\mu}, \boldsymbol{\Sigma}) = \boldsymbol{\Sigma}^{-1}(\boldsymbol{x} - \boldsymbol{\mu})$$ [식 A.6]
>
> 이 식은 가우스 혼합 모델의 해석적 해를 구할 때 사용합니다.

A.2 2차 형식의 미분([식 A.4]의 증명)

여기서는 다음 식을 증명합니다.

$$\frac{\partial}{\partial \boldsymbol{\mu}} \left((\boldsymbol{x} - \boldsymbol{\mu})^\top \boldsymbol{\Sigma}^{-1} (\boldsymbol{x} - \boldsymbol{\mu}) \right) = -2\boldsymbol{\Sigma}^{-1}(\boldsymbol{x} - \boldsymbol{\mu})$$ [식 A.4]

우선 더 단순한 문제인 $\boldsymbol{z}^\top \boldsymbol{A} \boldsymbol{z}$를 생각해봅니다. 여기서 $\boldsymbol{z}$는 D차원 열 벡터이며 $\boldsymbol{A}$는 $D \times D$ 행렬로 가정합니다($\boldsymbol{z}$는 $D \times 1$ 행렬로 취급할 수 있습니다). 이때 $\boldsymbol{z}^\top \boldsymbol{A} \boldsymbol{z}$를 '이차 형식'이라고 합니다. $\boldsymbol{z}^\top \boldsymbol{A} \boldsymbol{z}$의 결과는 [그림 A-1]에서 볼 수 있듯이 1×1 행렬입니다. 1×1 행렬이므로 스칼라로 볼 수 있습니다.

그림 A-1 $\boldsymbol{z}^\top \boldsymbol{A} \boldsymbol{z} = a$의 각 행렬의 형상

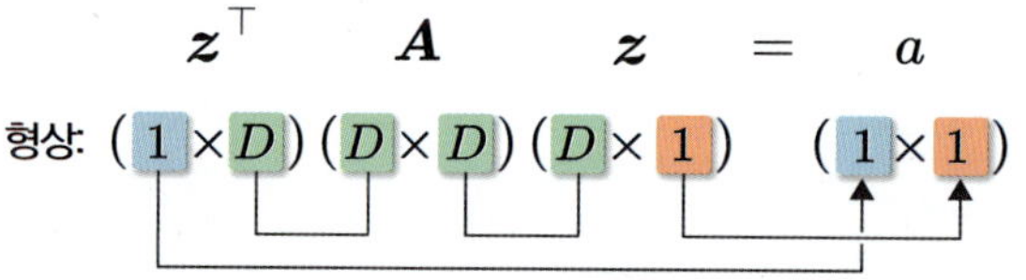

$$\begin{array}{cccccc} \boldsymbol{z}^\top & \boldsymbol{A} & \boldsymbol{z} & = & a \\ \text{형상:} & (1 \times D) & (D \times D) & (D \times 1) & & (1 \times 1) \end{array}$$

$\boldsymbol{A}$의 i행 j열의 원소를 a_{ij}로 표현하겠습니다. 실제로 $\boldsymbol{A}$의 원소들을 적어보면 다음과 같습니다.

$$\boldsymbol{A} = \begin{pmatrix} a_{11} & \cdots & a_{1j} & \cdots & a_{1D} \\ \vdots & \ddots & & & \vdots \\ a_{i1} & & a_{ij} & & a_{iD} \\ \vdots & & & \ddots & \vdots \\ a_{D1} & \cdots & a_{Dj} & \cdots & a_{DD} \end{pmatrix}$$

이때 $\boldsymbol{z}^\top \boldsymbol{A}\boldsymbol{z}$는 다음 식으로 표현할 수 있습니다.

$$\begin{aligned} \boldsymbol{z}^\top \boldsymbol{A}\boldsymbol{z} &= \boldsymbol{z}^\top (\boldsymbol{A}\boldsymbol{z}) \\ &= \sum_{i=1}^{D} z_i \left(\sum_{j=1}^{D} a_{ij} z_j \right) \\ &= \sum_{i=1}^{D} \sum_{j=1}^{D} a_{ij} z_i z_j \end{aligned}$$

다음으로 $\boldsymbol{z}^\top \boldsymbol{A}\boldsymbol{z}$의 $\boldsymbol{z}$에 대한 미분을 구합니다. 그러려면 k번째 원소 z_k에 대한 미분을 구합니다. 이는 다음 식으로 표현할 수 있습니다.

$$\begin{aligned} \frac{\partial}{\partial z_k}(\boldsymbol{z}^\top \boldsymbol{A}\boldsymbol{z}) &= \frac{\partial}{\partial z_k} \left(\sum_{i=1}^{D} \sum_{j=1}^{D} a_{ij} z_i z_j \right) \\ &= \sum_{i=1}^{D} \sum_{j=1}^{D} a_{ij} \left(\frac{\partial z_i}{\partial z_k} \right) z_j + \sum_{i=1}^{D} \sum_{j=1}^{D} a_{ij} z_i \left(\frac{\partial z_j}{\partial z_k} \right) \quad \text{[식 A.7]} \\ &= \sum_{j=1}^{D} a_{kj} z_j + \sum_{i=1}^{D} a_{ik} z_i \quad \text{[식 A.8]} \\ &= (\boldsymbol{A}\boldsymbol{z})_k + (\boldsymbol{A}^\top \boldsymbol{z})_k \\ &= (\boldsymbol{A}\boldsymbol{z} + \boldsymbol{A}^\top \boldsymbol{z})_k \quad \text{[식 A.9]} \end{aligned}$$

[식 A.7]에서는 다음과 같은 곱의 미분 공식을 적용했습니다.

$$\frac{\partial}{\partial z} (f(z)g(z)) = \frac{\partial f(z)}{\partial z} g(z) + f(z) \frac{\partial g(z)}{\partial z}$$

또한 [식 A.7]의 1항에서 $\frac{\partial z_i}{\partial z_k}$는 $i = k$ 이외에는 0이고, 2항의 $\frac{\partial z_j}{\partial z_k}$는 $j = k$ 이외에는 0입니다. 이를 통해 [식 A.8]을 얻을 수 있습니다. [식 A.9]의 $\left(Az + A^\top z\right)_k$는 벡터의 k번째 원소를 뜻합니다. k번째 원소에 대한 미분인 $\frac{\partial}{\partial z_k}(z^\top Az)$가 벡터의 k번째 원소, 즉 $\left(Az + A^\top z\right)_k$가 되므로 다음 식이 성립합니다.

$$\frac{\partial}{\partial z}(z^\top Az) = (A + A^\top)z$$

여기서 A가 대칭 행렬일 때($A = A^\top$) 다음 식이 성립합니다.

$$\frac{\partial}{\partial z}(z^\top Az) = 2Az$$

Σ^{-1}은 대칭 행렬이므로 $A = \Sigma^{-1}$을 대입합니다.

$$\frac{\partial}{\partial z}(z^\top \Sigma^{-1} z) = 2\Sigma^{-1} z$$

이어서 $z = x - \mu$라고 하면 다음 식을 얻을 수 있습니다.

$$\begin{aligned}\frac{\partial}{\partial \mu}\left((x-\mu)^\top \Sigma^{-1}(x-\mu)\right) &= \frac{\partial}{\partial \mu}\left(z^\top \Sigma^{-1} z\right) \\ &= \frac{\partial z}{\partial \mu}\frac{\partial}{\partial z}\left(z^\top \Sigma^{-1} z\right) \\ &= -I 2\Sigma^{-1} z \\ &= -2\Sigma^{-1}(x-\mu)\end{aligned}$$ [식 A.10]

[식 A.10]에서는 미분의 연쇄 법칙을 사용합니다. 연쇄 법칙은 $y = f(z), z = g(x)$일 때 다음 식으로 표현합니다.

$$\frac{\partial y}{\partial x} = \frac{\partial y}{\partial z}\frac{\partial z}{\partial x}$$

또한 [식 A.10]의 $\frac{\partial z}{\partial \mu}$는 벡터 z의 벡터 μ에 대한 미분입니다. '벡터의 벡터에 대한 미분' 결과는 행렬입니다. 그래서 $\frac{\partial z}{\partial \mu}$의 i행 j열의 원소는 다음 식으로 표현할 수 있습니다.

$$\left(\frac{\partial z}{\partial \mu}\right)_{ij} = \frac{\partial z_i}{\partial \mu_j}$$

$z = x - \mu$의 경우 $\frac{\partial z}{\partial \mu} = -\mathbf{I}$가 됩니다($\mathbf{I}$는 단위행렬). 이를 통해 다음의 [식 A.4]가 성립함을 증명했습니다.

$$\frac{\partial}{\partial \mu}\left((x-\mu)^\top \Sigma^{-1}(x-\mu)\right) = -2\Sigma^{-1}(x-\mu) \qquad \text{[식 A.4]}$$

A.3 Σ의 최대 가능도 추정

이어서 공분산 행렬의 Σ에 대해 알아보겠습니다. 목표는 다음과 같은 로그 가능도 $L(\mu, \Sigma)$에 대해 $\frac{\partial L}{\partial \Sigma}$을 구하는 것입니다.

$$L(\mu, \Sigma) = -\frac{N}{2}\log(2\pi)^D - \frac{N}{2}\log|\Sigma| - \frac{1}{2}\sum_{n=1}^{N}(x^{(n)}-\mu)^\top \Sigma^{-1}(x^{(n)}-\mu) \qquad \text{[식 A.3]}$$

Σ에 대한 미분이므로 Σ를 포함하지 않는 항은 0이 되어 다음 식을 얻을 수 있습니다.

$$\frac{\partial L}{\partial \Sigma} = -\frac{N}{2}\frac{\partial}{\partial \Sigma}\log|\Sigma| - \frac{1}{2}\frac{\partial}{\partial \Sigma}\sum_{n=1}^{N}(x^{(n)}-\mu)^\top \Sigma^{-1}(x^{(n)}-\mu)$$

여기서는 미분에 대해 다음 식이 성립한다는 사실을 이용합니다.

$$\frac{\partial}{\partial \Sigma}\log|\Sigma| = \left(\Sigma^{-1}\right)^\top \qquad \text{[식 A.11]}$$

$$\frac{\partial}{\partial \Sigma} \sum_{n=1}^{N} (x^{(n)} - \mu)^\top \Sigma^{-1} (x^{(n)} - \mu)$$

$$= - \left(\Sigma^{-1} \underbrace{\sum_{n=1}^{N} (x^{(n)} - \mu)(x^{(n)} - \mu)^\top}_{S} \Sigma^{-1} \right)^\top$$

$$= - \left(\Sigma^{-1} S \Sigma^{-1} \right)^\top \qquad \text{[식 A.12]}$$

[식 A.11]이 성립한다는 증명은 생략하고 [식 A.12]는 다음 절에서 증명하겠습니다. 한편 [식 A.12]에서는 새로운 기호 S를 도입하여 간소화했습니다($S = \sum_{n=1}^{N} (x^{(n)} - \mu)(x^{(n)} - \mu)^\top$). [식 A.11]과 [식 A.12]를 이용하면 다음 식을 얻을 수 있습니다.

$$\frac{\partial L}{\partial \Sigma} = -\frac{N}{2} \left(\Sigma^{-1} \right)^\top + \frac{1}{2} \left(\Sigma^{-1} S \Sigma^{-1} \right)^\top \qquad \text{[식 A.13]}$$

그리고 $\frac{\partial L}{\partial \Sigma} = 0$이므로 다음 식을 얻을 수 있습니다.

$$-\frac{N}{2} \left(\Sigma^{-1} \right)^\top + \frac{1}{2} \left(\Sigma^{-1} S \Sigma^{-1} \right)^\top = 0$$
$$\Leftrightarrow \quad N \left(\Sigma^{-1} \right)^\top = \left(\Sigma^{-1} S \Sigma^{-1} \right)^\top \qquad \text{(양변에 전치를 취한다.)}$$
$$\Leftrightarrow \quad N \Sigma^{-1} = \Sigma^{-1} S \Sigma^{-1} \qquad \text{(좌변에 } \Sigma \text{를 곱한다.)}$$
$$\Leftrightarrow \quad N \mathbf{I} = S \Sigma^{-1} \qquad \text{(우변에 } \Sigma \text{를 곱한다.)}$$
$$\Leftrightarrow \quad N \Sigma = S$$
$$\Leftrightarrow \quad \Sigma = \frac{1}{N} S$$
$$\therefore \quad \Sigma = \frac{1}{N} \sum_{n=1}^{N} (x^{(n)} - \mu)(x^{(n)} - \mu)^\top \qquad \text{[식 A.14]}$$

[식 A.14]에는 μ가 등장하는데 로그 가능도는 $\mu = \hat{\mu}$일 때 최대가 됩니다. 따라서 로그 가능도를 최대로 하는 공분산 행렬 $\hat{\Sigma}$은 다음 식으로 표현할 수 있습니다.

$$\hat{\Sigma} = \frac{1}{N} \sum_{n=1}^{N} (x^{(n)} - \hat{\mu})(x^{(n)} - \hat{\mu})^\top$$

> **정규 분포의 공분산 행렬에 대한 미분**
>
> [식 A.13]에서 $N = 1$로 설정하면 다음 식을 얻을 수 있습니다.
>
> $$\frac{\partial}{\partial \boldsymbol{\Sigma}} \log \mathcal{N}(\boldsymbol{x}; \boldsymbol{\mu}, \boldsymbol{\Sigma}) = \\ -\frac{1}{2}\left(\boldsymbol{\Sigma}^{-1}\right)^{\top} + \frac{1}{2}\left(\boldsymbol{\Sigma}^{-1}(\boldsymbol{x} - \boldsymbol{\mu})(\boldsymbol{x} - \boldsymbol{\mu})^{\top}\boldsymbol{\Sigma}^{-1}\right)^{\top}$$
>
> [식 A.15]
>
> 이 식은 가우스 혼합 모델의 해석적 해를 구할 때 사용합니다.

A.4 대각합과 미분([식 A.12]의 증명)

이번에는 다음의 [식 A.12]가 성립함을 증명합니다.

$$\frac{\partial}{\partial \boldsymbol{\Sigma}} \sum_{n=1}^{N} (\boldsymbol{x}^{(n)} - \boldsymbol{\mu})^{\top} \boldsymbol{\Sigma}^{-1} (\boldsymbol{x}^{(n)} - \boldsymbol{\mu})$$

$$= -\left(\boldsymbol{\Sigma}^{-1} \underbrace{\sum_{n=1}^{N} (\boldsymbol{x}^{(n)} - \boldsymbol{\mu})(\boldsymbol{x}^{(n)} - \boldsymbol{\mu})^{\top}}_{S} \boldsymbol{\Sigma}^{-1} \right)^{\top}$$

$$= -\left(\boldsymbol{\Sigma}^{-1} S \boldsymbol{\Sigma}^{-1} \right)^{\top} \quad\quad \text{[식 A.12]}$$

이를 증명하기 위해 대각합을 사용합니다. **대각합**trace은 정사각 행렬square matrix의 대각선 성분의 합을 말합니다. 예를 들어 $D \times D$ 형상의 정사각 행렬 $\boldsymbol{A}$의 대각합은 다음과 같이 대각선 성분의 합으로 표현합니다.

$$\text{Tr}(\boldsymbol{A}) = a_{11} + a_{22} + \ldots + a_{DD} \\ = \sum_{i=1}^{D} a_{ii}$$

이 책에서는 행렬 $\boldsymbol{A}$의 대각합을 $\mathrm{Tr}(\boldsymbol{A})$ 기호로 표현합니다. 대각합에서는 다음 식이 성립합니다.

$$\mathrm{Tr}(\boldsymbol{A} + \boldsymbol{B}) = \mathrm{Tr}(\boldsymbol{A}) + \mathrm{Tr}(\boldsymbol{B})$$

$$\mathrm{Tr}(\boldsymbol{AB}) = \mathrm{Tr}(\boldsymbol{BA})$$

$$\frac{\partial}{\partial a_{ij}}\mathrm{Tr}(\boldsymbol{AB}) = b_{ji}$$

이 식이 성립한다는 것은 원소들을 적어보면 쉽게 증명할 수 있습니다(증명은 생략합니다). 대각합 외에 또 다른 전제 지식으로 다음 식이 성립한다는 점도 활용합니다.

$$\frac{\partial \boldsymbol{A}^{-1}}{\partial x} = -\boldsymbol{A}^{-1}\frac{\partial \boldsymbol{A}}{\partial x}\boldsymbol{A}^{-1} \qquad \text{[식 A.16]}$$

이 식이 성립함은 다음 식을 통해 알 수 있습니다.

$$\frac{\partial}{\partial x}(\boldsymbol{A}^{-1}\boldsymbol{A}) = \frac{\partial \boldsymbol{A}^{-1}}{\partial x}\boldsymbol{A} + \boldsymbol{A}^{-1}\frac{\partial \boldsymbol{A}}{\partial x} \qquad \text{(곱의 미분 공식)}$$

여기서 좌변의 $\boldsymbol{A}^{-1}\boldsymbol{A} = \boldsymbol{I}$이므로 단위행렬이 되기 때문에 $\frac{\partial}{\partial x}(\boldsymbol{A}^{-1}\boldsymbol{A}) = \boldsymbol{0}$입니다. 따라서 다음 식이 성립합니다.

$$\frac{\partial \boldsymbol{A}^{-1}}{\partial x}\boldsymbol{A} + \boldsymbol{A}^{-1}\frac{\partial \boldsymbol{A}}{\partial x} = \boldsymbol{0}$$

$$\Leftrightarrow \frac{\partial \boldsymbol{A}^{-1}}{\partial x}\boldsymbol{A}\boldsymbol{A}^{-1} + \boldsymbol{A}^{-1}\frac{\partial \boldsymbol{A}}{\partial x}\boldsymbol{A}^{-1} = \boldsymbol{0} \qquad \text{(양변에 } \boldsymbol{A}^{-1}\text{를 곱한다.)}$$

$$\therefore \frac{\partial \boldsymbol{A}^{-1}}{\partial x} = -\boldsymbol{A}^{-1}\frac{\partial \boldsymbol{A}}{\partial x}\boldsymbol{A}^{-1}$$

이제 [식 A.12]를 증명하겠습니다. 먼저 대각합을 사용하여 다음과 같이 변환합니다.

$$\sum_{n=1}^{N}(\boldsymbol{x}^{(n)}-\boldsymbol{\mu})^{\top}\boldsymbol{\Sigma}^{-1}(\boldsymbol{x}^{(n)}-\boldsymbol{\mu})$$

$$=\sum_{n=1}^{N}\operatorname{Tr}\left((\boldsymbol{x}^{(n)}-\boldsymbol{\mu})^{\top}\boldsymbol{\Sigma}^{-1}(\boldsymbol{x}^{(n)}-\boldsymbol{\mu})\right) \quad \text{(스칼라이므로 Tr}(\cdot)\text{를 취할 수 있다.)}$$

$$=\sum_{n=1}^{N}\operatorname{Tr}\left(\boldsymbol{\Sigma}^{-1}(\boldsymbol{x}^{(n)}-\boldsymbol{\mu})(\boldsymbol{x}^{(n)}-\boldsymbol{\mu})^{\top}\right) \quad (\because \operatorname{Tr}(\boldsymbol{AB})=\operatorname{Tr}(\boldsymbol{BA}))$$

$$=\operatorname{Tr}\left(\boldsymbol{\Sigma}^{-1}\sum_{n=1}^{N}(\boldsymbol{x}^{(n)}-\boldsymbol{\mu})(\boldsymbol{x}^{(n)}-\boldsymbol{\mu})^{\top}\right) \quad (\because \operatorname{Tr}(\boldsymbol{A}+\boldsymbol{B})=\operatorname{Tr}(\boldsymbol{A})+\operatorname{Tr}(\boldsymbol{B}))$$

$$=\operatorname{Tr}\left(\boldsymbol{\Sigma}^{-1}\boldsymbol{S}\right) \quad \left(\boldsymbol{S}=\sum_{n=1}^{N}(\boldsymbol{x}^{(n)}-\boldsymbol{\mu})(\boldsymbol{x}^{(n)}-\boldsymbol{\mu})^{\top}\right)$$

다음은 미분 계산입니다. 먼저 $\boldsymbol{\Sigma}$의 (i,j) 원소인 σ_{ij}에 대한 미분을 구합니다.

$$\frac{\partial}{\partial \sigma_{ij}}\sum_{n=1}^{N}(\boldsymbol{x}^{(n)}-\boldsymbol{\mu})^{\top}\boldsymbol{\Sigma}^{-1}(\boldsymbol{x}^{(n)}-\boldsymbol{\mu})$$

$$=\frac{\partial}{\partial \sigma_{ij}}\operatorname{Tr}(\boldsymbol{\Sigma}^{-1}\boldsymbol{S})$$

$$=\operatorname{Tr}\left(\left(\frac{\partial}{\partial \sigma_{ij}}\boldsymbol{\Sigma}^{-1}\right)\boldsymbol{S}\right)$$

$$=-\operatorname{Tr}\left(\boldsymbol{\Sigma}^{-1}\left(\frac{\partial}{\partial \sigma_{ij}}\boldsymbol{\Sigma}\right)\boldsymbol{\Sigma}^{-1}\boldsymbol{S}\right) \quad (\because [\text{식 A.16}])$$

$$=-\operatorname{Tr}\left(\left(\frac{\partial}{\partial \sigma_{ij}}\boldsymbol{\Sigma}\right)\boldsymbol{\Sigma}^{-1}\boldsymbol{S}\boldsymbol{\Sigma}^{-1}\right) \quad (\because \operatorname{Tr}(\boldsymbol{AB})=\operatorname{Tr}(\boldsymbol{BA}))$$

$$=-\operatorname{Tr}\left(\left(\frac{\partial}{\partial \sigma_{ij}}\boldsymbol{\Sigma}\right)\boldsymbol{C}\right) \quad (\boldsymbol{C}=\boldsymbol{\Sigma}^{-1}\boldsymbol{S}\boldsymbol{\Sigma}^{-1})$$

마지막 $\frac{\partial}{\partial \sigma_{ij}}\boldsymbol{\Sigma}$는 i행 j열의 원소만 1이고 나머지는 0입니다. 따라서 $\left(\frac{\partial}{\partial \sigma_{ij}}\boldsymbol{\Sigma}\right)\boldsymbol{C}$의 각 원소를 적어 내려가면 [그림 A-2]처럼 됩니다.

그림 A-2 $\left(\frac{\partial}{\partial \sigma_{ij}}\Sigma\right)C$의 각 원소($C$는 $D \times D$ 행렬, i행 j열의 원소를 c_{ij}로 표기)

$$i\text{행}\begin{pmatrix} 0 & \cdots & 0 & \cdots & 0 \\ \vdots & \ddots & \vdots & \ddots & \vdots \\ 0 & \cdots & 1 & \cdots & 0 \\ \vdots & \ddots & \vdots & \ddots & \vdots \\ 0 & \cdots & 0 & \cdots & 0 \end{pmatrix}\!\!\begin{array}{c} \\ \\ j\text{열} \end{array} C = \begin{pmatrix} 0 & \cdots & 0 & \cdots & 0 \\ \vdots & \ddots & \vdots & \ddots & \vdots \\ c_{j1} & \cdots & c_{ji} & \cdots & c_{jD} \\ \vdots & \ddots & \vdots & \ddots & \vdots \\ 0 & \cdots & 0 & \cdots & 0 \end{pmatrix}i\text{행}$$

$\left(\frac{\partial}{\partial \sigma_{ij}}\Sigma\right)C$의 대각선 성분은 i행 i열의 원소만 c_{ji}이고 나머지는 0입니다. 따라서 다음 식을 얻을 수 있습니다.

$$\frac{\partial}{\partial \sigma_{ij}}\sum_{n=1}^{N}(\boldsymbol{x}^{(n)}-\boldsymbol{\mu})^\top \boldsymbol{\Sigma}^{-1}(\boldsymbol{x}^{(n)}-\boldsymbol{\mu}) = -\mathrm{Tr}\left(\left(\frac{\partial}{\partial \sigma_{ij}}\boldsymbol{\Sigma}\right)C\right)$$
$$= -c_{ji}$$

이로부터 다음 식을 얻을 수 있습니다.

$$\frac{\partial}{\partial \boldsymbol{\Sigma}}\sum_{n=1}^{N}(\boldsymbol{x}^{(n)}-\boldsymbol{\mu})^\top \boldsymbol{\Sigma}^{-1}(\boldsymbol{x}^{(n)}-\boldsymbol{\mu})$$
$$= -\boldsymbol{C}^\top$$
$$= -\left(\boldsymbol{\Sigma}^{-1}\boldsymbol{S}\boldsymbol{\Sigma}^{-1}\right)^\top$$
$$= -\left(\boldsymbol{\Sigma}^{-1}\sum_{n=1}^{N}(\boldsymbol{x}^{(n)}-\boldsymbol{\mu})(\boldsymbol{x}^{(n)}-\boldsymbol{\mu})^\top\boldsymbol{\Sigma}^{-1}\right)^\top$$

이상으로 [식 A.12]를 증명했습니다.

APPENDIX B

옌센 부등식

이번 부록에서는 옌센 부등식에 대해 설명합니다. 또한 옌센 부등식을 이용하여 ELBO를 도출할 수 있음을 알아보겠습니다(5.2절에서는 이번 부록과는 다른 방법으로 ELBO를 도출했습니다).

B.1 볼록 함수와 옌센 부등식

옌센 부등식은 볼록 함수의 성질을 나타내는 식입니다. $f(x)$가 **볼록 함수**convex function라는 것은 $f(x)$의 모든 할선이 함수 이상이라는 뜻입니다. 할선이란 [그림 B-1]과 같이 함수에서 임의의 두 점을 이은 선분입니다.

그림 B-1 함수와 할선

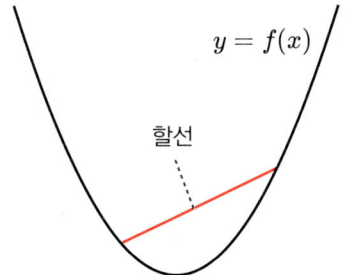

수식으로는 어떻게 표현할까요? 임의의 두 점 x_1, x_2에 대해 ϕ가 $[0, 1]$ 사이에서 다음 조건이 성립할 때 볼록 함수라고 합니다.

$$\phi f(x_1) + (1-\phi)f(x_2) \geq f(\phi x_1 + (1-\phi)x_2) \qquad \text{[식 B.1]}$$

[식 B.1]의 $\phi x_1 + (1-\phi)x_2$는 점 x_1과 x_2 사이를 $1-\phi : \phi$ 비율로 내분하는 점을 뜻합니다. 마찬가지로 $\phi f(x_1) + (1-\phi)f(x_2)$는 점 $f(x_1)$과 $f(x_2)$ 사이를 $1-\phi : \phi$ 비율로 내분하는 점입니다. [그림 B-2]는 이를 시각화한 모습입니다.

그림 B-2 내분점 위치

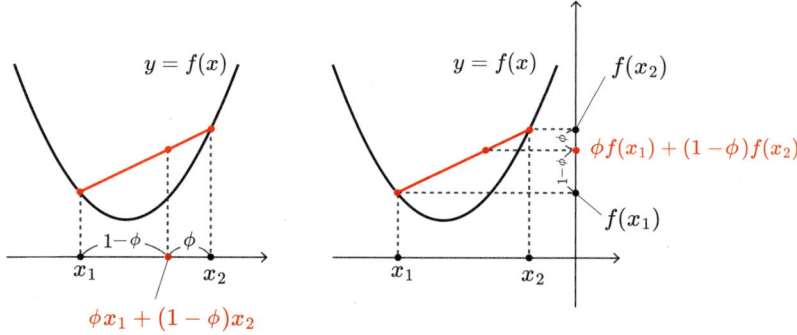

이 내분점 관계를 파악하면 볼록 함수의 조건인 [식 B.1]을 이해할 수 있습니다. [그림 B-3]을 살펴봅시다.

그림 B-3 [식 B.1]을 시각화한 모습

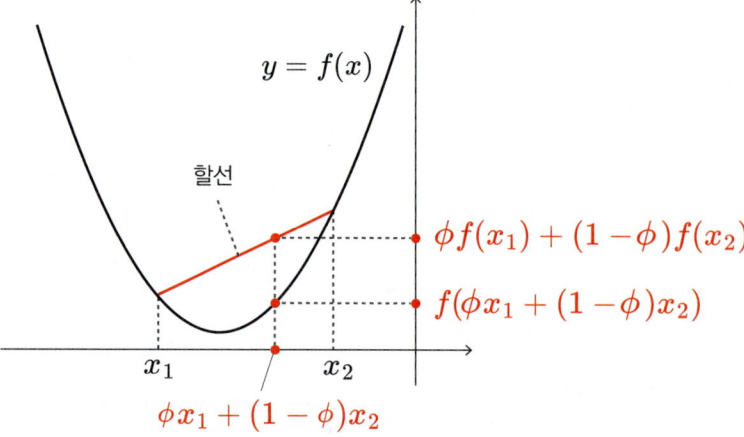

그림에서 볼 수 있듯이 할선 위의 점이 함수의 점보다 위쪽에, 즉 함수 위에 있다는 것이 핵심입니다. 이 성질이 임의의 두 점 (x_1, x_2)에 대해 모든 내분점([0, 1] 사이의 ϕ)에서 성립할 때 $f(x)$를 볼록 함수라고 합니다.

> **NOTE_** 볼록 함수인지는 함수의 2차 미분을 보면 알 수 있습니다. 모든 x에서 2차 미분이 0 이상이면 그 함수는 볼록 함수입니다. 예를 들어 $f(x) = x^2$의 2차 미분은 $f''(x) = 2$가 되므로 볼록 함수입니다.

[식 B.1]은 내분점 하나에 관한 식이며 이를 다수의 내분점으로 확장한 결과가 **옌센 부등식**^{Jensen's inequality}입니다. $\{\phi_1, \phi_2 \cdots \phi_N\}$이라는 N개의 양의 실수가 있다고 가정합니다($\sum_{n=1}^{N} \phi_n = 1$을 만족한다고 가정). 그리고 $f(x)$가 볼록 함수일 때 다음 식을 만족합니다. 이것이 옌센 부등식입니다.

$$\sum_{n=1}^{N} \phi_n f(x_n) \geq f\left(\sum_{n=1}^{N} \phi_n x_n\right)$$

[식 B.2]

[식 B.2]의 좌변은 각각 $f(x_n)$에 가중치 ϕ_n을 주어 합한 결과입니다. 한편 우변은 x_n에 가중치 ϕ_n을 적용하고 그 합을 구한 후 함수 f를 적용합니다(그림 B-4).

그림 B-4 함수 f와 가중치 ϕ_n의 관계

$$\sum_{n=1}^{N} \phi_n f(x_n) = \phi_1 f(x_1) + \phi_2 f(x_2) + \cdots + \phi_N f(x_N)$$

$$f\left(\sum_{n=1}^{N} \phi_n x_n\right) = f(\phi_1 x_1 + \phi_2 x_2 + \cdots + \phi_N x_N)$$

B.2 오목 함수와 로그 함수

볼록 함수의 반대 성질, 즉 모든 할선이 함수 이하인 경우도 생각할 수 있습니다. 이를 **오목 함수**^{concave function}라고 합니다. 함수 $f(x)$가 볼록 함수라면 여기에 마이너스를 붙인 $-f(x)$는 오목

함수입니다. 반대로 함수 $f(x)$가 오목 함수라면 여기에 마이너스를 곱한 $-f(x)$는 볼록 함수가 됩니다.

이번 절에서는 $y = \log x$가 오목 함수임을 보이겠습니다. 먼저 마이너스를 붙인 $f(x) = -\log x$에 대한 1차 미분과 2차 미분을 구합니다.

$$f'(x) = -\frac{1}{x}$$
$$f''(x) = \frac{1}{x^2}$$

2차 미분은 $f''(x) = \frac{1}{x^2} > 0$이 되므로 $-\log x$는 볼록 함수임을 알 수 있습니다. 따라서 여기에 마이너스를 곱한 $\log x$는 오목 함수입니다(그림 B-5).

그림 B-5 $y = \log x$ 그래프

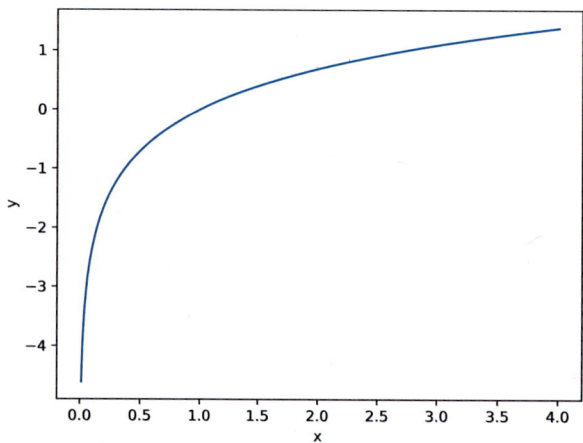

그렇다면 오목 함수에서도 옌센 부등식이 성립할까요? 다음과 같이 생각할 수 있습니다. 먼저 마이너스를 붙인 $f(x) = -\log x$를 봅시다. $-\log x$는 볼록 함수가 되므로 옌센 부등식인 [식 B.2]가 성립합니다. 수식으로는 다음처럼 표현됩니다.

$$\sum_{n=1}^{N} -\phi_n \log x_n \geq -\log \sum_{n=1}^{N} \phi_n x_n$$

이 식의 양변에 마이너스를 곱하면 다음 식을 얻을 수 있습니다.

$$\sum_{n=1}^{N} \phi_n \log x_n \leq \log \sum_{n=1}^{N} \phi_n x_n$$

이것이 $\log x$의 옌센 부등식입니다. 즉, 오목 함수의 경우 [식 B.2]의 부등호가 반대로 될 뿐입니다. 보통 옌센 부등식은 볼록 함수에 관한 부등식이지만 이 책에서는 오목 함수에 관한 부등식도 옌센 부등식이라고 부릅니다.

B.3 ELBO 도출

옌센 부등식을 사용하면 ELBO$^{\text{Evidence Lower BOund}}$를 도출할 수 있습니다. $q(z)$는 확률 분포이고 $0 \leq q(z) \leq 1$과 $\sum_z q(z) = 1$을 만족한다고 합시다. 임의의 함수 $f(z)$에 대해 옌센 부등식으로부터 다음 식이 성립합니다.

$$\sum_z q(z) \log f(z) \leq \log \sum_z q(z) f(z)$$

로그 가능도를 $\log p(x; \theta)$로 표현하면 옌센 부등식을 적용하여 다음처럼 전개할 수 있습니다.

$$\begin{aligned}
\log p(x; \theta) &= \log \sum_z p(x, z; \theta) \\
&= \log \sum_z p(x, z; \theta) \frac{q(z)}{q(z)} \quad \left(\frac{q(z)}{q(z)} = 1 \text{을 곱함}\right) \\
&= \log \sum_z q(z) \frac{p(x, z; \theta)}{q(z)} \\
&\geq \underbrace{\sum_z q(z) \log \frac{p(x, z; \theta)}{q(z)}}_{\text{ELBO}} \quad \text{(옌센 부등식)}
\end{aligned}$$

이상으로 옌센 부등식을 이용하여 ELBO를 도출했습니다.

… APPENDIX C

계층형 VAE의 이론과 구현 ★

이번 부록에서는 계층형 VAE에 대해 설명합니다. 단, 이해하기 쉽도록 [그림 C-1]과 같은 2계층 잠재 변수로 한정하여 이야기하겠습니다.

그림 C-1 2계층 VAE 모형도

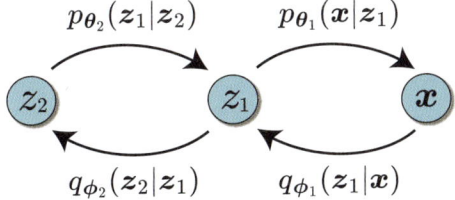

> **NOTE_** 지금부터 설명하는 내용은 잠재 변수가 T개인 경우에도 성립합니다. 관심 있는 분은 이후 수식에서 잠재 변수의 수를 T로 설정하여 전개해보세요.

C.1 2계층 VAE의 구성요소

[그림 C-1]의 2계층 VAE가 학습하는 방법은 단순 VAE와 똑같습니다. 두 경우 모두 ELBO를 목적 함수로 사용합니다. VAE의 ELBO는 다음 식으로 표현됩니다.

$$\text{ELBO}(\boldsymbol{x};\boldsymbol{\theta},\boldsymbol{\phi}) = \int q_\phi(\boldsymbol{z} \mid \boldsymbol{x}) \log \frac{p_\theta(\boldsymbol{x},\boldsymbol{z})}{q_\phi(\boldsymbol{z} \mid \boldsymbol{x})} d\boldsymbol{z}$$
$$= \mathbb{E}_{q_\phi(\boldsymbol{z}|\boldsymbol{x})} \left[\log \frac{p_\theta(\boldsymbol{x},\boldsymbol{z})}{q_\phi(\boldsymbol{z} \mid \boldsymbol{x})} \right]$$

2계층 VAE의 ELBO는 이 식의 $\boldsymbol{z}$에 $\boldsymbol{z}_1, \boldsymbol{z}_2$를 대입하여 얻을 수 있습니다. 수식으로는 표현하면 다음과 같습니다.

$$\text{ELBO}(\boldsymbol{x};\boldsymbol{\theta},\boldsymbol{\phi}) = \mathbb{E}_{q_\phi(\boldsymbol{z}_1,\boldsymbol{z}_2|\boldsymbol{x})} \left[\log \frac{p_\theta(\boldsymbol{x},\boldsymbol{z}_1,\boldsymbol{z}_2)}{q_\phi(\boldsymbol{z}_1,\boldsymbol{z}_2 \mid \boldsymbol{x})} \right]$$

이 식의 ELBO에는 두 가지 확률 분포 $p_\theta(\boldsymbol{x},\boldsymbol{z}_1,\boldsymbol{z}_2)$와 $q_\phi(\boldsymbol{z}_1,\boldsymbol{z}_2 \mid \boldsymbol{x})$가 등장합니다. 이들은 계층형 VAE의 확률 곱셈 정리와 마르코프 성질에 의해 다음과 같이 분해하여 표현할 수 있습니다.

$$p_\theta(\boldsymbol{x},\boldsymbol{z}_1,\boldsymbol{z}_2) = p(\boldsymbol{z}_2)\, p_{\theta_2}(\boldsymbol{z}_1 \mid \boldsymbol{z}_2)\, p_{\theta_1}(\boldsymbol{x} \mid \boldsymbol{z}_1)$$
$$q_\phi(\boldsymbol{z}_1,\boldsymbol{z}_2 \mid \boldsymbol{x}) = q_{\phi_1}(\boldsymbol{z}_1 \mid \boldsymbol{x})\, q_{\phi_2}(\boldsymbol{z}_2 \mid \boldsymbol{z}_1)$$

보다시피 $\boldsymbol{\theta} = \{\boldsymbol{\theta}_1, \boldsymbol{\theta}_2\}$로, $\boldsymbol{\phi} = \{\boldsymbol{\phi}_1, \boldsymbol{\phi}_2\}$로 분해했습니다. 한편 $p(\boldsymbol{z}_2)$는 고정된 정규 분포이며 다음 식으로 표현합니다.

$$p(\boldsymbol{z}_2) = \mathcal{N}(\boldsymbol{z}_2; \boldsymbol{0}, \mathbf{I})$$

나머지 확률 분포는 신경망과 정규 분포의 조합으로 모델링합니다. 디코더의 $p_{\theta_2}(\boldsymbol{z}_1 \mid \boldsymbol{z}_2)$와 $p_{\theta_1}(\boldsymbol{x} \mid \boldsymbol{z}_1)$은 다음과 같이 모델링합니다.

$$\hat{\boldsymbol{z}} = \text{NeuralNet}(\boldsymbol{z}_2; \boldsymbol{\theta}_2)$$
$$p_{\theta_2}(\boldsymbol{z}_1 \mid \boldsymbol{z}_2) = \mathcal{N}(\boldsymbol{z}_1; \hat{\boldsymbol{z}}, \mathbf{I})$$
$$\hat{\boldsymbol{x}} = \text{NeuralNet}(\boldsymbol{z}_1; \boldsymbol{\theta}_1)$$
$$p_{\theta_1}(\boldsymbol{x} \mid \boldsymbol{z}_1) = \mathcal{N}(\boldsymbol{x}; \hat{\boldsymbol{x}}, \mathbf{I})$$

그리고 인코더의 $q_{\phi_1}(\boldsymbol{z}_1 \mid \boldsymbol{x})$와 $q_{\phi_2}(\boldsymbol{z}_2 \mid \boldsymbol{z}_1)$은 다음과 같이 모델링합니다.

$$\boldsymbol{\mu}_1, \boldsymbol{\sigma}_1 = \text{NeuralNet}(\boldsymbol{x}; \boldsymbol{\phi}_1)$$
$$q_{\phi_1}(\boldsymbol{z}_1 \mid \boldsymbol{x}) = \mathcal{N}(\boldsymbol{z}_1; \boldsymbol{\mu}_1, \boldsymbol{\sigma}_1^2 \mathbf{I})$$
$$\boldsymbol{\mu}_2, \boldsymbol{\sigma}_2 = \text{NeuralNet}(\boldsymbol{z}_1; \boldsymbol{\phi}_2)$$
$$q_{\phi_2}(\boldsymbol{z}_2 \mid \boldsymbol{z}_1) = \mathcal{N}(\boldsymbol{z}_2; \boldsymbol{\mu}_2, \boldsymbol{\sigma}_2^2 \mathbf{I})$$

참고로 여기에 신경망까지 추가하면 [그림 C-2]처럼 됩니다.

그림 C-2 2계층 VAE와 신경망

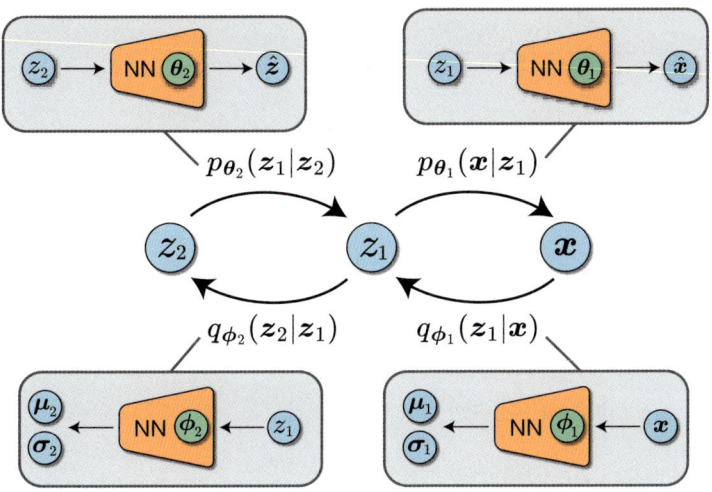

C.2 ELBO의 식 전개

이후 수식에서는 매개변수 표기법을 단순화하여 $\boldsymbol{\theta}_1$과 $\boldsymbol{\theta}_2$의 아래 첨자는 생략하고 단순히 $\boldsymbol{\theta}$로 표기합니다. 예를 들어 $p_{\theta_1}(\boldsymbol{x} \mid \boldsymbol{z}_1)$은 $p_\theta(\boldsymbol{x} \mid \boldsymbol{z}_1)$로, $q_{\phi_2}(\boldsymbol{z}_2 \mid \boldsymbol{z}_1)$은 $q_\phi(\boldsymbol{z}_2 \mid \boldsymbol{z}_1)$로 표기합니다. 이제 2계층 VAE의 ELBO 식을 전개해보겠습니다.

$$\begin{aligned}
\text{ELBO}(\boldsymbol{x}; \boldsymbol{\theta}, \boldsymbol{\phi}) &= \mathbb{E}_{q_\phi(z_1, z_2|x)} \left[\log \frac{p_\theta(\boldsymbol{x}, z_1, z_2)}{q_\phi(z_1, z_2 \mid \boldsymbol{x})} \right] \\
&= \mathbb{E}_{q_\phi(z_1, z_2|x)} \left[\log \frac{p(z_2)\, p_\theta(z_1 \mid z_2)\, p_\theta(\boldsymbol{x} \mid z_1)}{q_\phi(z_1 \mid \boldsymbol{x})\, q_\phi(z_2 \mid z_1)} \right] \\
&= \mathbb{E}_{q_\phi(z_1, z_2|x)} \left[\log \left(p_\theta(\boldsymbol{x} \mid z_1) \cdot \frac{p(z_2)}{q_\phi(z_2 \mid z_1)} \cdot \frac{p_\theta(z_1 \mid z_2)}{q_\phi(z_1 \mid \boldsymbol{x})} \right) \right] \\
&= \underbrace{\mathbb{E}_{q_\phi(z_1, z_2|x)} \left[\log p_\theta(\boldsymbol{x} \mid z_1) \right]}_{J_1} \\
&\quad + \underbrace{\mathbb{E}_{q_\phi(z_1, z_2|x)} \left[\log \frac{p(z_2)}{q_\phi(z_2 \mid z_1)} \right]}_{J_2} \\
&\quad + \underbrace{\mathbb{E}_{q_\phi(z_1, z_2|x)} \left[\log \frac{p_\theta(z_1 \mid z_2)}{q_\phi(z_1 \mid \boldsymbol{x})} \right]}_{J_3}
\end{aligned}$$

보다시피 ELBO를 세 개의 항(J_1, J_2, J_3)으로 나눴습니다. 이어서 각 항의 수식을 전개하겠습니다. J_1부터 시작합니다.

$$\begin{aligned}
J_1 &= \mathbb{E}_{q_\phi(z_1, z_2|x)} \left[\log p_\theta(\boldsymbol{x} \mid z_1) \right] \\
&= \int q_\phi(z_1, z_2 \mid \boldsymbol{x})\, \log p_\theta(\boldsymbol{x} \mid z_1)\, dz_1 dz_2 \\
&= \int q_\phi(z_1 \mid \boldsymbol{x})\, q_\phi(z_2 \mid z_1)\, \log p_\theta(\boldsymbol{x} \mid z_1)\, dz_1 dz_2 \\
&= \int q_\phi(z_1 \mid \boldsymbol{x}) \underbrace{\int q_\phi(z_2 \mid z_1) dz_2}_{1}\, \log p_\theta(\boldsymbol{x} \mid z_1)\, dz_1 \\
&= \int q_\phi(z_1 \mid \boldsymbol{x})\, \log p_\theta(\boldsymbol{x} \mid z_1)\, dz_1 \\
&= \mathbb{E}_{q_\phi(z_1|x)} \left[\log p_\theta(\boldsymbol{x} \mid z_1) \right]
\end{aligned}$$

여기서 중요한 점은 z_2에 대한 적분이 1이라서 z_2에 관한 식이 사라진다는 사실입니다. 결과적으로 첫 번째 식과 마지막 식에서 달라진 점은 $q_\phi(z_1, z_2 \mid \boldsymbol{x})$의 z_2가 사라졌다는 것입니다. 참고로 식을 한 단계씩 정성스럽게 전개했는데 다음과 같이 생각해보면 금방 이해할 수 있습니다.

- $\mathbb{E}_{q_\phi(z_1,z_2|x)}[\log p_\theta(x\mid z_1)]$은 $q_\phi(z_1,z_2\mid x)$에 대한 기댓값이다.
- 그러나 기댓값의 내용은 $\log p_\theta(x\mid z_1)$이며 z_2는 포함되지 않는다.
- 따라서 z_2에 대한 확률 분포는 무시할 수 있다.

이로부터 $\mathbb{E}_{q_\phi(z_1,z_2|x)}[\log p_\theta(x\mid z_1)] = \mathbb{E}_{q_\phi(z_1|x)}[\log p_\theta(x\mid z_1)]$임을 유도할 수 있습니다. 다음은 J_2 항 차례입니다.

$$\begin{aligned}
J_2 &= \mathbb{E}_{q_\phi(z_1,z_2|x)}\left[\log\frac{p(z_2)}{q_\phi(z_2\mid z_1)}\right] \\
&= \int q_\phi(z_1,z_2\mid x)\,\log\frac{p(z_2)}{q_\phi(z_2\mid z_1)}\,dz_1 dz_2 \\
&= \int q_\phi(z_1\mid x)\,q_\phi(z_2\mid z_1)\,\log\frac{p(z_2)}{q_\phi(z_2\mid z_1)}\,dz_2 dz_1 \\
&= -\int q_\phi(z_1\mid x)\,\underbrace{q_\phi(z_2\mid z_1)\,\log\frac{q_\phi(z_2\mid z_1)}{p(z_2)}\,dz_2}_{\text{KL 발산}}\,dz_1 \quad \left(\log\frac{A}{B}=-\log\frac{B}{A}\right) \\
&= -\mathbb{E}_{q_\phi(z_1|x)}\left[D_{\mathrm{KL}}(q_\phi(z_2\mid z_1)\parallel p(z_2))\right]
\end{aligned}$$

중간에 KL 발산이 등장합니다. 마지막으로 J_3 항을 봅시다.

$$\begin{aligned}
J_3 &= \mathbb{E}_{q_\phi(z_1,z_2|x)}\left[\log\frac{p_\theta(z_1\mid z_2)}{q_\phi(z_1\mid x)}\right] \\
&= \int q_\phi(z_1,z_2\mid x)\,\log\frac{p_\theta(z_1\mid z_2)}{q_\phi(z_1\mid x)}\,dz_1 dz_2 \\
&= \int q_\phi(z_2\mid z_1)\,q_\phi(z_1\mid x)\,\log\frac{p_\theta(z_1\mid z_2)}{q_\phi(z_1\mid x)}\,dz_1 dz_2 \\
&= -\int q_\phi(z_2\mid z_1)\,\underbrace{q_\phi(z_1\mid x)\,\log\frac{q_\phi(z_1\mid x)}{p_\theta(z_1\mid z_2)}\,dz_1}_{\text{KL 발산}}\,dz_2 \\
&= -\mathbb{E}_{q_\phi(z_2|z_1)}\left[D_{\mathrm{KL}}(q_\phi(z_1\mid x)\parallel p_\theta(z_1\mid z_2))\right]
\end{aligned}$$

여기에서도 J_2와 마찬가지로 KL 발산이 등장합니다. 이상의 세 항을 정리하면 다음과 같이 ELBO의 식 전개가 완성됩니다.

$$\begin{aligned}\mathrm{ELBO}(\boldsymbol{x};\boldsymbol{\theta},\boldsymbol{\phi}) = & \ \mathbb{E}_{q_{\boldsymbol{\phi}}(\boldsymbol{z}_1|\boldsymbol{x})}\left[\log p_{\boldsymbol{\theta}}(\boldsymbol{x}\mid\boldsymbol{z}_1)\right] \\ & - \mathbb{E}_{q_{\boldsymbol{\phi}}(\boldsymbol{z}_1|\boldsymbol{x})}\left[D_{\mathrm{KL}}(q_{\boldsymbol{\phi}}(\boldsymbol{z}_2\mid\boldsymbol{z}_1)\ \|\ p(\boldsymbol{z}_2))\right] \\ & - \mathbb{E}_{q_{\boldsymbol{\phi}}(\boldsymbol{z}_2|\boldsymbol{z}_1)}\left[D_{\mathrm{KL}}(q_{\boldsymbol{\phi}}(\boldsymbol{z}_1\mid\boldsymbol{x})\ \|\ p_{\boldsymbol{\theta}}(\boldsymbol{z}_1\mid\boldsymbol{z}_2))\right]\end{aligned}$$ [식 C.1]

C.3 몬테카를로 방법에 따른 ELBO의 근삿값

[식 C.1]에서 알 수 있듯이 ELBO는 세 개의 기댓값 항으로 구성됩니다. 기댓값은 몬테카를로 방법으로 근삿값을 구할 수 있습니다. 이번에는 $z_1, z_2 \sim q_{\phi}(z_1, z_2 \mid x)$로 샘플링하고 이렇게 샘플링한 z_1, z_2를 사용하여 기댓값을 계산해봅시다. 재매개변수화 트릭을 사용하면 z_1, z_2의 샘플링은 [그림 C-3]의 계산 그래프를 통해 구할 수 있습니다.

그림 C-3 z_1, z_2의 샘플링 계산 그래프

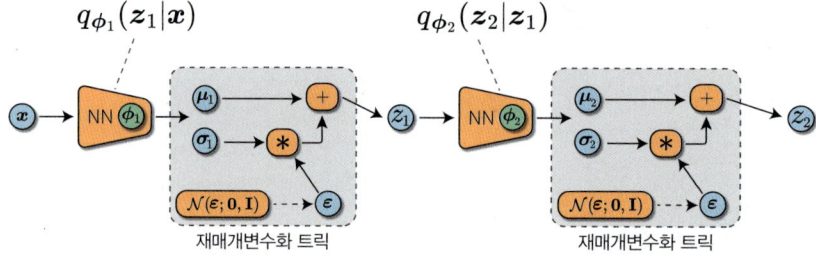

그림에서 볼 수 있듯이 재매개변수화 트릭을 사용하여 z_1, z_2를 생성합니다. 재매개변수화 트릭을 사용하면 나중에 역전파하여 매개변수의 기울기를 구할 수 있습니다. z_1, z_2를 샘플링할 수 있다면 [식 C.1]의 기댓값들을 계산할 수 있습니다. 수식으로 표현하면 다음과 같습니다.

$$\begin{aligned}\mathrm{ELBO}(\boldsymbol{x};\boldsymbol{\theta},\boldsymbol{\phi}) \approx &\ \log p_{\boldsymbol{\theta}}(\boldsymbol{x}\mid\boldsymbol{z}_1) & \textbf{❶} \\ & -D_{\mathrm{KL}}(q_{\boldsymbol{\phi}}(\boldsymbol{z}_2\mid\boldsymbol{z}_1)\ \|\ p(\boldsymbol{z}_2)) & \textbf{❷} \\ & -D_{\mathrm{KL}}(q_{\boldsymbol{\phi}}(\boldsymbol{z}_1\mid\boldsymbol{x})\ \|\ p_{\boldsymbol{\theta}}(\boldsymbol{z}_1\mid\boldsymbol{z}_2)) & \textbf{❸}\end{aligned}$$

이 계산식은 샘플 크기를 1로 설정할 때의 몬테카를로 방법입니다. 샘플 크기를 늘리면 근삿값의 정확도가 높아지지만 경험적으로 샘플 하나만으로도 잘 작동하는 경우가 많습니다. 여기서

는 샘플 크기를 1로 가정하고 이야기를 진행하겠습니다.

ELBO는 앞의 공식과 같이 세 개의 항으로 구성됩니다. 지금부터 각 항의 역할과 계산 방법을 설명합니다.

❶ 재구성 오차항: $\log p_\theta(x \mid z_1)$

잠재 변수 z_1은 원본 데이터 x로부터 $q_\phi(z_1 \mid x)$를 따라 샘플링됩니다. 샘플링된 z_1로부터 $p_\theta(x \mid z_1)$을 따라 다시 데이터를 생성하고 원본 데이터와 얼마나 비슷한지 평가합니다. 이 항은 VAE에서도 등장하는 재구성 오차입니다. 한편 $p_\theta(x \mid z_1)$은 다음 식으로 표현합니다.

$$\hat{x} = \text{NeuralNet}(z_1; \theta)$$
$$p_\theta(x \mid z_1) = \mathcal{N}(x; \hat{x}, \mathbf{I})$$

그리고 $\log p_\theta(x \mid z_1) = \log \mathcal{N}(x; \hat{x}, \mathbf{I})$가 되어 정규 분포에 log가 붙습니다. 결과적으로 제곱 오차와 상수항(θ를 포함하지 않는 항)의 합으로 다음과 같이 계산할 수 있습니다.

$$\log p_\theta(x \mid z_1) = -\frac{1}{2} \sum_{d=1}^{D} (x_d - \hat{x}_d)^2 + \text{const}$$

D는 x의 차원 수이고 상수항은 const로 표기했습니다.

❷ 사전 분포에 대한 무결성 항: $D_{\text{KL}}(q_\phi(z_2 \mid z_1) \parallel p(z_2))$

KL 발산값은 두 확률 분포가 비슷할수록 작아집니다. $p(z_2)$는 사전 분포(고정된 정규 분포)이므로 이 항은 $q_\phi(z_2 \mid z_1)$을 사전 분포에 가깝게 만드는 역할을 합니다. 이 항도 VAE에 등장합니다. 이번에는 다음 두 정규 분포에 대한 KL 발산을 구합니다.

$$q_\phi(z_2 \mid z_1) = \mathcal{N}(z_2; \mu_2, \sigma_2^2 \mathbf{I})$$
$$p(z_2) = \mathcal{N}(z_2; \mathbf{0}, \mathbf{I})$$

7.3.1절에서 설명한 바와 같이 정규 분포의 KL 발산은 해석적으로 구할 수 있습니다. 이번 KL 발산은 다음 식으로 표현할 수 있습니다(H는 z_2의 차원 수).

$$D_{\mathrm{KL}}(q_\phi(\boldsymbol{z}_2 \mid \boldsymbol{z}_1) \parallel p(\boldsymbol{z}_2)) = -\frac{1}{2}\sum_{h=1}^{H}(1 + \log \sigma_{2,h}^2 - \mu_{2,h}^2 - \sigma_{2,h}^2)$$

❸ **무결성 항:** $D_{\mathrm{KL}}(q_\phi(\boldsymbol{z}_1 \mid \boldsymbol{x}) \parallel p_\theta(\boldsymbol{z}_1 \mid \boldsymbol{z}_2))$

이 KL 발산은 $q_\phi(\boldsymbol{z}_1 \mid \boldsymbol{x})$와 $p_\theta(\boldsymbol{z}_1 \mid \boldsymbol{z}_2)$를 비슷한 확률 분포로 만드는 역할을 합니다. 잠재 변수를 계층화하여 새롭게 등장한 항입니다. $q_\phi(\boldsymbol{z}_1 \mid \boldsymbol{x})$와 $p_\theta(\boldsymbol{z}_1 \mid \boldsymbol{z}_2)$는 다음과 같은 정규 분포입니다.

$$q_\phi(\boldsymbol{z}_1 \mid \boldsymbol{x}) = \mathcal{N}(\boldsymbol{z}_1; \boldsymbol{\mu}_1, \boldsymbol{\sigma}_1^2 \mathbf{I})$$
$$p_\theta(\boldsymbol{z}_1 \mid \boldsymbol{z}_2) = \mathcal{N}(\boldsymbol{z}_1; \hat{\boldsymbol{z}}, \mathbf{I})$$

따라서 이 두 정규 분포의 KL 발산은 다음 식으로 표현할 수 있습니다.

$$D_{\mathrm{KL}}(q_\phi(\boldsymbol{z}_1 \mid \boldsymbol{x}) \parallel p_\theta(\boldsymbol{z}_1 \mid \boldsymbol{z}_2)) = -\frac{1}{2}\sum_{h=1}^{H}(1 + \log \sigma_{1,h}^2 - (\mu_{1,h} - \hat{z}_h)^2 - \sigma_{1,h}^2)$$

이상의 내용을 정리하면 ELBO 계산은 다음 식으로 표현할 수 있습니다.

$$\begin{aligned}\mathrm{ELBO}(\boldsymbol{x}; \boldsymbol{\theta}, \boldsymbol{\phi}) \approx & -\frac{1}{2}\sum_{d=1}^{D}(x_d - \hat{x}_d)^2 + \mathrm{const} \\ & + \frac{1}{2}\sum_{h=1}^{H}(1 + \log \sigma_{2,h}^2 - \mu_{2,h}^2 - \sigma_{2,h}^2) \\ & + \frac{1}{2}\sum_{h=1}^{H}(1 + \log \sigma_{1,h}^2 - (\mu_{1,h} - \hat{z}_h)^2 - \sigma_{1,h}^2)\end{aligned}$$

C.4 2계층 VAE 구현

지금까지 도출한 ELBO 계산식을 바탕으로 2계층 VAE를 구현하겠습니다. 신경망 학습에서는 손실 함수를 설정합니다. 앞서 구한 ELBO의 근사식에 '마이너스 2배'한 값을 손실 함수로 설정하겠습니다. 상수항은 무시할 수 있으므로 손실 함수는 다음 식으로 표현할 수 있습니다.

$$\text{Loss}(\boldsymbol{x}; \boldsymbol{\theta}, \boldsymbol{\phi}) = \sum_{d=1}^{D}(x_d - \hat{x}_d)^2 \\ - \sum_{h=1}^{H}(1 + \log \sigma_{2,h}^2 - \mu_{2,h}^2 - \sigma_{2,h}^2) \\ - \sum_{h=1}^{H}(1 + \log \sigma_{1,h}^2 - (\mu_{1,h} - \hat{z}_h)^2 - \sigma_{1,h}^2)$$

참고로 손실 함수를 구하는 계산 그래프는 [그림 C-4]와 같습니다. 이 계산 그래프를 참고하여 구현해나가겠습니다.

그림 C-4 2계층 VAE의 손실 함수를 구하는 계산 그래프

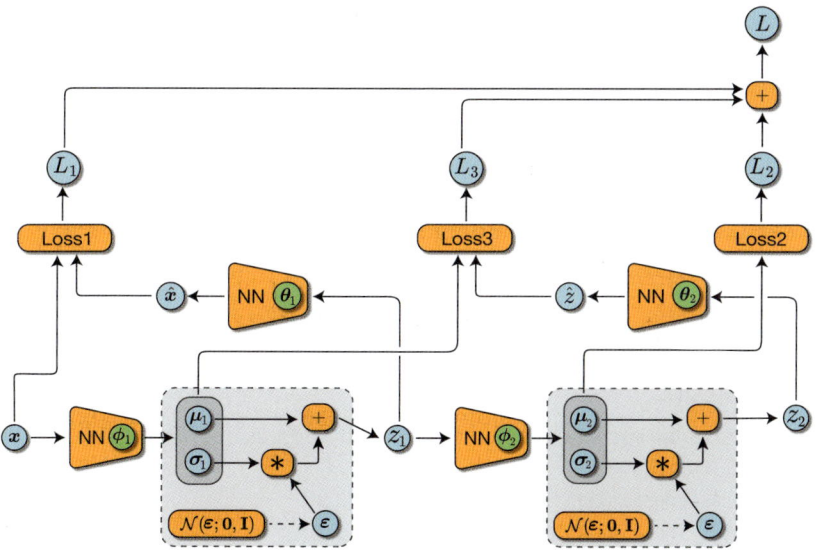

C.5 구현 코드

데이터셋은 MNIST를 사용합니다. 먼저 임포트 문과 신경망 구현 코드를 보겠습니다.

```python
                                                                    step08/hvae.py
import matplotlib.pyplot as plt
import torch
import torch.nn as nn
import torch.nn.functional as F
import torch.optim as optim
import torchvision
from torchvision import datasets, transforms

# 하이퍼파라미터 설정
input_dim = 784
hidden_dim = 100
latent_dim = 20
epochs = 30
learning_rate = 1e-3
batch_size = 32

class Encoder(nn.Module):
    def __init__(self, input_dim, hidden_dim, latent_dim):
        super().__init__()
        self.linear = nn.Linear(input_dim, hidden_dim)
        self.linear_mu = nn.Linear(hidden_dim, latent_dim)
        self.linear_logvar = nn.Linear(hidden_dim, latent_dim)

    def forward(self, x):
        h = self.linear(x)
        h = F.relu(h)
        mu = self.linear_mu(h)
        logvar = self.linear_logvar(h)
        sigma = torch.exp(0.5 * logvar)
        return mu, sigma

class Decoder(nn.Module):
    def __init__(self, latent_dim, hidden_dim, output_dim, use_sigmoid=False):
        super().__init__()
        self.linear1 = nn.Linear(latent_dim, hidden_dim)
        self.linear2 = nn.Linear(hidden_dim, output_dim)
        self.use_sigmoid = use_sigmoid
```

```python
    def forward(self, z):
        h = self.linear1(z)
        h = F.relu(h)
        h = self.linear2(h)
        if self.use_sigmoid:
            h = F.sigmoid(h)
        return h
```

Encoder 클래스와 Decoder 클래스를 구현했습니다. Decoder 클래스의 use_sigmoid 인수는 마지막 계층에서 시그모이드 함수를 사용할지를 정합니다. 다음은 VAE 클래스입니다.

step08/hvae.py

```python
def reparameterize(mu, sigma):
    eps = torch.randn_like(sigma)
    z = mu + eps * sigma
    return z

class VAE(nn.Module):
    def __init__(self, input_dim, hidden_dim, latent_dim):
        super().__init__()
        self.encoder1 = Encoder(input_dim, hidden_dim, latent_dim)
        self.encoder2 = Encoder(latent_dim, hidden_dim, latent_dim)
        self.decoder1 = Decoder(latent_dim, hidden_dim, input_dim,
                                use_sigmoid=True)
        self.decoder2 = Decoder(latent_dim, hidden_dim, latent_dim)

    def get_loss(self, x):  # 손실 함수
        mu1, sigma1 = self.encoder1(x)
        z1 = reparameterize(mu1, sigma1)
        mu2, sigma2 = self.encoder2(z1)
        z2 = reparameterize(mu2, sigma2)

        z_hat = self.decoder2(z2)
        x_hat = self.decoder1(z1)

        batch_size = len(x)
        L1 = F.mse_loss(x_hat, x, reduction='sum')
        L2 = - torch.sum(1 + torch.log(sigma2 ** 2) - mu2 ** 2 - sigma2 ** 2)
        L3 = - torch.sum(1 + torch.log(sigma1 ** 2) - (mu1 - z_hat) ** 2 -\
            sigma1 ** 2)
        return (L1 + L2 + L3) / batch_size
```

재매개변수화 트릭을 reparameterize(mu, sigma) 함수로 구현했습니다. 그리고 VAE 클래스는 두 개의 인코더와 두 개의 디코더를 사용합니다. 손실 함수의 코드는 수식을 그대로 구현합니다.

그 외 학습을 수행하는 코드와 새로운 이미지를 생성하는 코드는 7.4절에서 소개한 코드와 같습니다. 따라서 설명은 생략합니다. [그림 C-5]는 학습을 끝낸 모델이 새로 생성한 이미지입니다.

그림 C-5 2계층 VAE로 새로 생성한 이미지

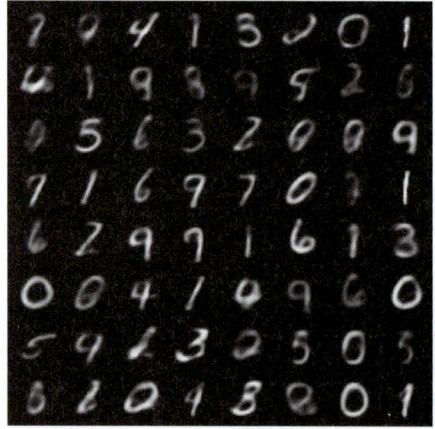

이상으로 2계층 VAE에 대한 설명을 마칩니다.

수식 기호 목록

D.1 이 책에서 사용하는 기호

- x – 실수(스칼라)
- $\boldsymbol{x}$ – 실수 벡터
- x_i – $\boldsymbol{x}$의 i번째 원소
- $\boldsymbol{x}^{(n)}$ – n번째 데이터
- $\mathcal{D} = \{\boldsymbol{x}^{(1)}, \boldsymbol{x}^{(2)}, \ldots, \boldsymbol{x}^{(N)}\}$ – N개짜리 데이터셋
- $p(\boldsymbol{x})$ – 확률 변수가 $\boldsymbol{x}$인 확률 분포
- $p(\boldsymbol{x}; \boldsymbol{\theta})$ – 확률 변수가 $\boldsymbol{x}$이고 매개변수가 $\boldsymbol{\theta}$인 확률 분포
- $p_{\boldsymbol{\theta}}(\boldsymbol{x})$ – 확률 변수가 $\boldsymbol{x}$이고 매개변수가 $\boldsymbol{\theta}$인 확률 분포(위와 $\boldsymbol{\theta}$의 위치만 다른 표기법)
- $p(x, y)$ – x와 y의 결합 확률 분포(두 확률 변수가 동시에 특정 값을 가질 확률)
- $p(x \mid y)$ – y가 주어진 조건 하에서 x의 확률을 나타내는 조건부 확률 분포 또는 사후 분포
- $\mathcal{N}(\boldsymbol{x}; \boldsymbol{\mu}, \boldsymbol{\Sigma})$ – 확률 변수가 $\boldsymbol{x}$이고 평균 벡터가 $\boldsymbol{\mu}$, 공분산 행렬이 $\boldsymbol{\Sigma}$인 정규 분포
- $\mathbf{I}$ – 단위행렬(행렬 크기는 해당 식에 맞게)
- $\mathbf{0}$ – 모든 원소가 0인 벡터
- $\mathbb{E}[x]$ – x의 기댓값
- $\mathbb{E}_{p(x)}[x]$ – x의 $p(x)$에 대한 기댓값($p(x)$에 대한 기댓값임을 명시하는 표기법)
- $\mathrm{Var}[x]$ – 확률 변수 x의 분산
- $\mathrm{Cov}[x, y]$ – 확률 변수 x와 y의 공분산
- $\frac{dy}{dx}$ – y의 x에 대한 미분

- $\frac{\partial y}{\partial x}$ – y의 x에 대한 편미분(이 책에서는 단순히 '미분'으로 표기)
- $\frac{\partial L}{\partial \mu}$ – L의 μ에 대한 기울기(스칼라의 벡터에 대한 미분)
- $\nabla_\mu L$ – L의 μ에 대한 기울기
- $x^\top$ – 벡터 x의 전치
- $|\Sigma|$ – 행렬 Σ의 행렬식
- Σ^{-1} – 행렬 Σ의 역행렬
- $\odot$ – 아다마르 곱, 벡터의 원소별 곱
- $\therefore$ – '따라서'를 뜻하는 기호
- $\Leftrightarrow$ – 두 식이 동등함을 뜻하는 기호
- $\because$ – '왜냐하면'을 뜻하는 기호
- $\propto$ – 비례
- $\approx$ – 근삿값(거의 같음)
- $\sim$ – $\sim$에 따라, $\sim$로부터 샘플링하는
- $x \sim p(x)$ – x는 $p(x)$를 따른다. x는 $p(x)$로부터 샘플링한다.
- $\arg\max_x f(x)$ – $f(x)$가 최대가 될 때의 x
- $\arg\min_x f(x)$ – $f(x)$가 최소가 될 때의 x
- $\|x\|_1$ – x의 L1 노름($\|x\|_1 = |x_1| + |x_2| + \cdots + |x_D|$)
- $\|x\|_2$ – x의 L2 노름($\|x\|_2 = \sqrt{x_1^2 + x_2^2 + \cdots x_D^2}$)
- $\|x\|$ – x의 L2 노름(이 책에서는 $\|x\|$의 오른쪽 아래 첨자를 생략하면 L2 노름을 뜻함)

D.2 이 책에서 사용하는 수식

로그

$$\log xy = \log x + \log y$$

$$\log x = -\log \frac{1}{x}$$

확률의 주변화

$$p(x) = \int p(x, y) dy \qquad (y\text{가 연속 변수일 때})$$
$$p(x) = \sum_y p(x, y) \qquad (y\text{가 이산 변수일 때})$$

확률의 곱셈 정리

$$p(x, y) = p(x \mid y) p(y)$$

베이즈 정리

$$p(x \mid y) = \frac{p(y \mid x) p(x)}{p(y)}$$

기댓값의 선형성

$$\mathbb{E}[x + y] = \mathbb{E}[x] + \mathbb{E}[y]$$

KL 발산

$$D_{\mathrm{KL}}(p \parallel q) = \int p(x) \log \frac{p(x)}{q(x)} dx \qquad (x\text{가 연속 변수일 때})$$
$$D_{\mathrm{KL}}(p \parallel q) = \sum_x p(x) \log \frac{p(x)}{q(x)} \qquad (x\text{가 이산 변수일 때})$$

정규 분포(1차원)

$$\mathcal{N}(x; \mu, \sigma) = \frac{1}{\sqrt{2\pi}\sigma} \exp\left(-\frac{(x-\mu)^2}{2\sigma^2}\right)$$

정규 분포(다차원)

$$\mathcal{N}(\boldsymbol{x}; \boldsymbol{\mu}, \boldsymbol{\Sigma}) = \frac{1}{\sqrt{(2\pi)^D |\boldsymbol{\Sigma}|}} \exp\left\{-\frac{1}{2}(\boldsymbol{x}-\boldsymbol{\mu})^\top \boldsymbol{\Sigma}^{-1}(\boldsymbol{x}-\boldsymbol{\mu})\right\}$$

정규 분포의 KL 발산

$q(\boldsymbol{z}) = \mathcal{N}(\boldsymbol{z}; \boldsymbol{\mu}_1, \boldsymbol{\sigma}_1^2 \mathbf{I})$이고 $p(\boldsymbol{z}) = \mathcal{N}(\boldsymbol{z}; \boldsymbol{\mu}_2, \boldsymbol{\sigma}_2^2 \mathbf{I})$라고 할 때($H$는 $\boldsymbol{z}$의 차원 수)

$$D_{\mathrm{KL}}(q \parallel p) = -\frac{1}{2} \sum_{h=1}^{H} \left(1 + \log \frac{\sigma_{1,h}^2}{\sigma_{2,h}^2} - \frac{(\mu_{1,h} - \mu_{2,h})^2}{\sigma_{2,h}^2} - \frac{\sigma_{1,h}^2}{\sigma_{2,h}^2} \right)$$

마치며

이로써 『밑바닥부터 시작하는 딥러닝』 시리즈도 다섯 번째 책이 탄생했습니다. 돌이켜보면 2년에 한 권의 속도로 글을 쓰고 있는 셈입니다. 이번에도 충분한 시간을 들여서 만족할 때까지 글을 다듬을 수 있었습니다. 아쉬운 부분도 있지만 여기까지 해냈다는 것만으로도 기쁩니다. 많은 분의 지원 덕분에 여기까지 올 수 있었습니다. 감사합니다.

이번 책도 전작과 마찬가지로 공개 리뷰 방식으로 교정을 진행했습니다. 이번에는 300명이 넘는 분이 많은 의견을 보내주셨습니다. 리뷰에 참여해주신 분들께 진심으로 감사드립니다. 책의 완성도가 한층 더 높아진 것은 바로 리뷰어 분들의 도움 덕분입니다. 아직 남아 있는 미비한 점이나 오류는 모두 저의 책임이며 리뷰어에게는 책임이 없습니다.

이 책의 매력을 묻는다면 저는 즉시 '10단계로 이어지는 하나의 스토리'라고 답합니다. 지난 1년 동안 이 '10단계'를 구성하는 데 상당한 시간을 쏟았습니다. 깊이 고민하며 수많은 논문과 책을 읽었습니다. 덧붙여서 '10단계'라는 아이디어를 처음 떠올린 시점은 캘빈 뤄$^{\text{Calvin Luo}}$의 「Understanding Diffusion Models: A Unified Perspective」라는 논문을 읽었을 때였습니다. 이 논문은 VAE와 확산 모델 등을 일관된 관점에서 고찰하고 수식을 동원하여 자세하게 설명합니다. 이 논문을 계기로 더 기본이 되는 정규 분포부터 이야기를 시작하면 어떨까 하는 생각에 10단계로 구성된 하나의 스토리를 만들어보았습니다.

시대의 명작 『The Art of Computer Programming』의 저자인 도널드 크누스는 이렇게 말했습니다. "인류의 소통 방식 중 가장 좋은 것은 스토리를 통한 소통이다." 저도 동의합니다. 이 작품은 저만의, 제가 나름대로 고민해서 만든 스토리입니다. 정규 분포부터 시작하여 10단계를 거쳐 확산 모델까지 가는 여정! 이 스토리가 여러분에게 생성 모델의 재미를 전달할 수 있었다면 저자로서 더 큰 행복은 없을 것입니다. 읽어주셔서 감사합니다.

사이토 고키

참고문헌

1장 정규 분포

[1] 학교 보건 통계 조사 '연령별 키 분포(2016년)': https://www.e-stat.go.jp/stat-search/files?page=1&layout=datalist&toukei=00400002&tstat=000001011648&cycle=0&tclass1=000001098858&tclass2=000001098859&stat_infid=000031557583&tclass3val=0

2장 최대 가능도 추정

[2] SOCR Data - 25,000 Records of Human Heights (in) and Weights (lbs): http://wiki.stat.ucla.edu/socr/index.php/SOCR_Data_Dinov_020108_HeightsWeights

[3] Ho, Jonathan, Ajay Jain, and Pieter Abbeel. "Denoising Diffusion Probabilistic Models." Advances in Neural Information Processing Systems 33 (2020). 6840-6851.

4장 가우스 혼합 모델

[4] Wills, Bill D., et al. "Correlates and Consequences of Worker Polymorphism in Ants." Annual Review of Entomology 63 (2018): 575-598.

[5] 위키백과 '올드 페이스풀 간헐천': https://ko.wikipedia.org/wiki/올드페이스풀_간헐천

5장 EM 알고리즘

[6] Dempster, Arthur P., Nan M. Laird, and Donald B. Rubin. "Maximum Likelihood from the Incomplete Data Via the EM Algorithm." Journal of the Royal Statistical Society. Series B (Methodological) 39.1 (1977): 1-22.

6장 신경망

[7] Duchi, John, Elad Hazan, and Yoram Singer. "Adaptive Subgradient Methods for Online Learning and Stochastic Optimization." Journal of Machine Learning Research 12.7 (2011).

[8] Zeiler, Matthew D. "ADADELTA: ADADELTA. An Adaptive Learning Rate Method." arXiv:1212.5701 (2012).

[9] Kingma, Diederik P., and Jimmy Ba. "Adam: A Method for Stochastic Optimization." arXiv:1412.6980 (2014).

7장 변이형 오토인코더

[10] Kingma, Diederik P., and Max Welling. "Auto-Encoding Variational Bayes." arXiv:1312.6114 (2013).

8장 확산 모델 이론

[11] Ho, Jonathan, Ajay Jain, and Pieter Abbeel. "Denoising Diffusion Probabilistic Models." Advances in Neural Information Processing Systems 33 (2020). 6840–6851.

[12] Kingma, Durk P., et al. "Improved Variational Inference with Inverse Autoregressive Flow." Advances in Neural Information Processing Systems 29 (2016).).

[13] Sønderby, Casper Kaae, et al. "Ladder Variational Autoencoders." Advances in Neural Information Processing Systems 29 (2016).

[14] W. Feller. "On the Theory of Stochastic Processes, with Particular Reference to Applications." Berkeley Symposium on Mathematical Statistics and Probability, 1: 403-432, (1949).

9장 확산 모델 구현

[15] Long, Jonathan, Evan Shelhamer, and Trevor Darrell. "Fully Convolutional Networks for Semantic Segmentation." Proceedings of the IEEE Conference on Computer Vision and Pattern Recognition. 2015.

[16] Ronneberger, Olaf, Philipp Fischer, Thomas Brox. "U-Net: U-Net. Convolutional Networks for Biomedical Image Segmentation." Medical Image Computing and Computer-Assisted Intervention, Springer, 2015.

[17] Vaswani, Ashish, et al. "Attention Is All You Need." Advances in Neural Information Processing Systems 30 (2017).

10장 확산 모델 적용

[18] Ho, Jonathan, et al. "Cascaded Diffusion Models for High Fidelity Image Generation." Journal of Machine Learning Research 23.1 (2022): 2249-2281.

[19] Song, Yang, et al. "Maximum Likelihood Training of Score-Based Diffusion Models." Advances in Neural Information Processing Systems 34 (2021): 1415-1428.

[20] Yang Song, "Generative Modeling by Estimating Gradients of the Data Distribution.": https://yang-song.net/blog/2021/score/

[21] Robbins, Herbert E. "An Empirical Bayes Approach to Statistics." Breakthroughs in Statistics: Foundations and basic theory. NY: New York, Springer New York, 1992. 388-394.

[22] Dhariwal, Prafulla, and Alexander Nichol. "Diffusion Models Beat GANs on Image Synthesis." Advances in Neural Information Processing Systems 34

(2021): 8780-8794.

[23] Ho, Jonathan, and Tim Salimans. "Classifier-Free Diffusion Guidance." arXiv preprint arXiv:2207.12598 (2022).

[24] 스테이블 디퓨전의 깃허브: https://github.com/CompVis/stable-diffusion

[25] Rombach, Robin, et al. "High-Resolution Image Synthesis with Latent Diffusion Models." Proceedings of the IEEE/CVF Conference on Computer Vision and Pattern Recognition. 2022.

[26] Radford, Alec, et al. "Learning Transferable Visual Models From Natural Language Supervision." International Conference on Machine Learning. 2021.

[27] 허깅 페이스의 Diffusers 라이브러리: https://huggingface.co/docs/diffusers/

책에서 사용하는 데이터셋

SOCR Data

http://www.socr.ucla.edu/htmls/SOCR_CitingLicense.html

데이터셋의 단위를 '인치'에서 '센티미터'로, '파운드'에서 '킬로그램'으로 변경(CC-BY 라이선스)

올드 페이스풀 간헐천 데이터

https://www.stat.cmu.edu/~larry/all-of-statistics/=data/faithful.dat

INDEX

ㄱ

가능도 63
가능도 기반 생성 모델 281
가능도 최대화 62
가능도 함수 63
가우스 노이즈 212
가우스 혼합 모델 105
가이던스 279
결합 확률 112
경사법 157, 160
계층형 VAE 210
곱셈 정리 113
공분산 83
관측값 32
관측 데이터 32
균등 분포 32
기댓값 34
기댓값의 선형성 224
기댓값 최대화 알고리즘 121
기울기 97, 159

ㄴ

노이즈 스케줄링 213
노이즈 제거 214
노이즈 제거 확산 확률 모델 209
노이즈 추가 213

ㄷ

다변량 정규 분포 81
다봉 분포 105
단위행렬 86

대각합 305
디노이즈 과정 214
디코더 186

ㄹ

라그랑주 승수법 144
로그 가능도 63
로그-합 119

ㅁ

마르코프 성질 211
매개변수 37
매개변수의 역할 40
매개변수 추정 56
모집단 56
모집단 분포 57
몬테카를로 방법 73, 126
미니배치 181

ㅂ

범주형 분포 113
베이지안 접근법 38
벡터 76
벡터의 내적 79
변분 근사 191
변분 베이즈 191
변이형 오토인코더 183
볼록 함수 309
분류기 283
분류기 가이던스 283
분류기 없는 가이던스 286

분산　35
분할 상환 추론　192

사인파 위치 인코딩　251
샘플　32
생성 모델　55
생성 모델의 목표　55
생성 모델의 용도　69
선형 회귀　162
손실 함수　165
스칼라　76
스킵 연결　247
스테이블 디퓨전　290
시맨틱 분할　246
쌍봉 분포　105
쌍선형 보간법　250

아다마르 곱　78, 199
어텐션　293
에포크　181
역전파　157
역행렬　86
역확산 과정　214
연속 확률 분포　33
열　76
열 벡터　76
옌센 부등식　311
오목 함수　311
오토인코더　198
옵티마이저　172

완전한 노이즈　213
원소별 연산　78
이산 확률 분포　33
인코더　192
일관성 항　197
임베딩 계층　276

잠재 공간　291
잠재 변수　115
재구성 오류　196
재구성 오차　196
재매개변수화 트릭　199
전치　84
점수　280
점수 기반 생성 모델　281
점수 함수　280
정규 분포　36
정규화　197
조건부 확률　113
조건부 확산 모델　273
조건 추가　274
종 모양 곡선　39
주변화　112
주변 확률　112
중심 극한 정리　42
증거 하한　132

차원　75
초해상도　273
최대 가능도 추정　62

찾아보기　337

INDEX

축   75

ㅋ
쿨백-라이블러 발산   122

ㅌ
텐서   76
토치비전   178

ㅍ
편미분   67
평균 제곱 오차   165
표본   32
표본 합   46
표준 정규 분포   38
표준 편차   36

ㅎ
학습   70
합-로그   119
행   76
행렬   76
행렬 곱   79
행렬식   85
행 벡터   76
확률 변수   31
확률 분포   32
확률의 주변화   128
확률적 경사 하강법   173
확산 과정   213, 256

확산 모델   209
확산 모델의 데이터 생성 방법   244, 265
확산 모델의 학습(구현)   268
확산 모델의 학습 알고리즘   239
확산 모델의 학습 알고리즘(노이즈 예측 버전)   243
활성화 함수   175

A
activation function   175
amortized inference   192
autoencoder   198
axis   75

B
backpropagation   157
Bayesian approach   38
bilinear interpolation   250
bimodal distribution   105

C
categorical distribution   113
central limit theorem   42
classifier   283
classifier-free guidance   286
classifier guidance   283
CLIP   292
column   76
concave function   311
conditional probability   113
convex function   309
covariance   83

D

DDPM 209
decoder 186
determinant 85
Diffusers 라이브러리 294
diffusion model 209
diffusion process 213
dimension 75

E

ELBO 132
ELBO 계산 216
embedding layer 276
EM 알고리즘 121, 128
EM 알고리즘 도출 127
encoder 192
epoch 181
expected value 34
E-스텝 135, 139

G

Gaussian Mixture Model 105
Gaussian noise 212
GMM 105
GMM의 매개변수 추정 118
gradient 97, 159
gradient method 160
guidance 279

H

Hadamard product 78, 199

I

inverse matrix 86

J

Jensen's inequality 311
joint probability 112

K

KL 발산 122
KL 발산과 최대 가능도 추정의 관계 125
Kullback–Leibler divergence 122

L

L1 norm 221
L1 노름 221
L2 norm 221
L2 노름 221
Lagrange Multiplier Method 144
latent variable 115
likelihood 63
likelihood-based generative model 281
likelihood function 63
log-sum 119
loss function 165

M

marginalization 112
marginal probability 112
mean squared error 165
mini-batch 181

INDEX

Monte Carlo method 73, 126
multimodal distribution 105
M-스텝 135, 141

N

noise scheduling 213
normal distribution 36

O

observed value 32
optimizer 172

P

parameter 37
parameter estimation 56
population 56
population distribution 57
probability distribution 32

R

random variable 31
reconstruction error 196
regularization 197
reparameterization trick 199
reverse diffusion process 214
row 76

S

sample 32
score 280

score-based generative model 281
score function 280
semantic segmentation 246
SGD 173
sinusoidal positional encoding 251
skip-connection 247
Stable Diffusion 290
standard deviation 36
sum-log 119
super resolution 273

T

tensor 76
torchvision 178
trace 305
transpose 84

U

U-Net 246
uniform distribution 32
unit matrix 86

V

VAE 183
variance 35
variational approximation 191
variational autoencoder 183
variational bayes 191